Biographisches Handbuch des deutschen Auswärtigen Dienstes 1871-1945

Band 4: S

Biographisches Handbuch des deutschen Auswärtigen Dienstes

1871-1945

Herausgeber:

Auswärtiges Amt
– Historischer Dienst –

Ferdinand Schöningh
Paderborn · München · Wien · Zürich

Biographisches Handbuch des deutschen Auswärtigen Dienstes

1871-1945

Band 4
S

Bearbeiter:

Bernd Isphording
Gerhard Keiper
Martin Kröger

2012

Ferdinand Schöningh
Paderborn · München · Wien · Zürich

Biographisches Handbuch des deutschen Auswärtigen Dienstes 1871-1945

Band 1: A–F
2000. XLVIII + 633 Seiten, zahlr. Abb.,
Leinen mit Schutzumschlag
ISBN 978-3-506-71840-2

Band 2: G–K
2005. XIV + 715 Seiten, zahlr. Abb.,
Leinen mit Schutzumschlag
ISBN 978-3-506-71841-9

Band 3: L–R
2008. XIV + 749 Seiten, zahlr. Abb.,
Leinen mit Schutzumschlag
ISBN 978-3-506-71842-6

Bibliografische Information der Deutschen Nationalbibliothek

Die Deutsche Nationalbibliothek verzeichnet diese Publikation in der Deutschen Nationalbibliografie; detaillierte bibliografische Daten sind im Internet über http://dnb.d-nb.de abrufbar.

Alle Rechte, auch die des auszugsweisen Nachdrucks, der fotomechanischen Wiedergabe und der Übersetzung, vorbehalten. Dies betrifft auch die Vervielfältigung und Übertragung einzelner Textabschnitte, Zeichnungen oder Bilder durch alle Verfahren wie Speicherung und Übertragung auf Papier, Transparente, Filme, Bänder, Platten und andere Medien, soweit es nicht §§ 53 und 54 UrhG ausdrücklich gestatten.

© 2012 Ferdinand Schöningh, Paderborn
(Verlag Ferdinand Schöningh GmbH & Co. KG, Jühenplatz 1, D-33098 Paderborn)

Internet: www.schoeningh.de

Einbandgestaltung: Evelyn Ziegler, München
Printed in Germany.
Herstellung: Ferdinand Schöningh GmbH & Co. KG, Paderborn

ISBN 978-3-506-71843-3

Inhalt

Verzeichnis der Abkürzungen VII

Abbildungsnachweis XIII

Biographien

    S 1

Verzeichnis der Abkürzungen

AA	Auswärtiges Amt
Abt.	Abteilung
a.D.	außer Dienst
ADB	Allgemeine Deutsche Biographie
ADGB	Allgemeiner Deutscher Gewerkschaftsbund
ägypt.	ägyptisch
AG	Aktiengesellschaft
a.i.	ad interim
altenburg.	altenburgisch
amerik.	amerikanisch
Amtsbez.	Amtsbezeichnung
AO	Auslandsorganisation
AOK	Armeeoberkommando
APA	Außenpolitisches Amt
arab.	arabisch
argent.	argentinisch
Art.	Artikel
Aufl.	Auflage
Aug.	August
B	Botschaft
B.A.	Bachelor of Arts
bad.	badisch
bayer.	bayerisch
Bd.	Band
Bearb., bearb.	Bearbeiter, bearbeitet
belg.	belgisch
BGB	Bürgerliches Gesetzbuch
BK	Berufskonsulat
brasil.	brasilianisch
brem.	bremisch
brit.	britisch
bulgar.	bulgarisch
bzw.	beziehungsweise
ca.	circa
cand.phil.	Kandidat der Philosophie
CD	engl., compact disc

CDU	Christlich-Demokratische Union Deutschlands
chin.	chinesisch
Co.	Compagnie
DA	Dienstantritt
DAAD	Deutscher Akademischer Austauschdienst
DAF	Deutsche Arbeitsfront
dän.	dänisch
DDP	Deutsche Demokratische Partei
DDR	Deutsche Demokratische Republik
ders.	derselbe
Dez.	Dezember
d.i.	das ist
dies.	dieselbe, dieselben
Dipl.Ing.	Diplomingenieur
Diss.	Dissertation
DIWAG	Deutsche Industrie-Werke Aktiengesellschaft
d.L.	der Landwehr
DNB	Deutsches Nachrichtenbüro
DNSAP	Deutsche nationalsozialistische Arbeiterpartei
DNVP	Deutschnationale Volkspartei
DP	Deutsche Partei
d.R.	der Reserve
Dr.	Doktor
Dr.Ing.	Doktor der Ingenieurwissenschaften
Dr.jur.	Doktor der Rechtswissenschaften
Dr.med.	Doktor der Medizin
Dr.med.vet.	Doktor der Tierheilkunde
Dr.oec.publ.	Doktor der Staatswissenschaften
Dr.phil.	Doktor der Philosophie
Dr.rer.nat.	Doktor der Naturwissenschaften
Dr.rer.pol.	Doktor der Staatswissenschaften
Dr.sc.rel.	Doktor der Religionswissenschaft
dt.	deutsch
D.theol.	Doktor der Theologie
DVP	Deutsche Volkspartei
ebd.	ebenda
e.h.	ehrenhalber
ehem.	ehemalig, ehemals
eingel.	eingeleitet
engl.	englisch
erw.	erweitert
estländ.	estländisch
etc.	et cetera
europ.	europäisch
e.V.	eingetragener Verein
ev.	evangelisch
ev.A.B.	evangelisch Augsburgischen Bekenntnisses
ev.-luth.	evangelisch-lutherisch
ev.-ref.	evangelisch-reformiert
EWG	Europäische Wirtschaftsgemeinschaft

FDP	Freie Demokratische Partei
Febr.	Februar
finn.	finnisch
franz.	französisch
G	Gesandtschaft
geb.	geboren
gen.	genannt
gesch.	geschieden
Gestapo	Geheime Staatspolizei
Ghzgl., ghzgl.	Großherzoglich, großherzoglich
GK	Generalkonsulat
GmbH	Gesellschaft mit beschränkter Haftung
griech.	griechisch
H.	Heft
hamburg.	hamburgisch
h.c.	honoris causa
hess.	hessisch
Hrsg., hrsg.	Herausgeber, herausgegeben
Hzgl., hzgl.	Herzoglich, herzoglich
i.Br.	im Breisgau
i.G.	im Generalstab
IG Farben	Interessengemeinschaft der deutschen Farbenindustrie
Ing.agr.	Agraringenieur
i.Pr.	in Preußen
ital.	italienisch
Jan.	Januar
japan.	japanisch
j.L.	jüngere Linie
jüd.	jüdisch
jugoslaw.	jugoslawisch
K	Konsulat
kath.	katholisch
KG	Kommanditgesellschaft
KGB	russ., Komitet Gosudarstwennoi Bezopasnosti (Komitee für Staatssicherheit)
Kgl., kgl.	Königlich, königlich
Kl.	Klasse
Ks., ks.	Kaiserlich, kaiserlich
lett.	lettisch
Lic.theol.	theologisches Lizentiat (Lehrerlaubnis)
marok.	marokkanisch
MdB	Mitglied des Bundestages
MdL	Mitglied des Landtages
MdR	Mitglied des Reichstages
meckl.	mecklenburgisch
mein.	meiningisch
MR	Ministerresidentur
MS	Maschinenschrift
NATO	North Atlantic Treaty Organisation
NDB	Neue Deutsche Biographie

N.F.	Neue Folge
niederl.	niederländisch
NKWD	russ., Narodnyj Komissariat Wnutrennich Del (Volkskommissariat des Innern)
norweg.	norwegisch
Nov.	November
Nr.	Nummer
NSDAP	Nationalsozialistische Deutsche Arbeiterpartei
NSDStB	Nationalsozialistischer Deutscher Studentenbund
Obb.	Oberbayern
OEEC	Organization for European Economic Cooperation
österr.	österreichisch
OHL	Oberste Heeresleitung
o.J.	ohne Jahr
Okt.	Oktober
OKW	Oberkommando der Wehrmacht
o.O.	ohne Ort
pers.	persisch
poln.	polnisch
portug.	portugiesisch
preuß.	preußisch
Prof.	Professor
PUA	Parlamentarischer Untersuchungsausschuss
RAM	Reichsaußenminister, Reichsminister des Auswärtigen
Ref.	Referat
rhein.	rheinisch
RIAS	Rundfunk im amerikanischen Sektor Berlins
RSHA	Reichssicherheitshauptamt
rumän.	rumänisch
russ.	russisch
S.	Seite
SA	Sturmabteilung der NSDAP
sächs.	sächsisch
schwed.	schwedisch
schwer.	schwerinisch
SD	Sicherheitsdienst
Sept.	September
serb.	serbisch
slowak.	slowakisch
sowjet.	sowjetisch
span.	spanisch
SPD	Sozialdemokratische Partei Deutschlands
SS	Schutzstaffel der NSDAP
SS	Sommersemester
St.	Sankt
StGB	Strafgesetzbuch
strel.	strelitzisch
süddt.	süddeutsch
TH	Technische Hochschule
tschechoslowak.	tschechoslowakisch

türk.	türkisch
u.	und
u.a.	und andere(s)
u.d.T.	unter dem Titel
übers.	übersetzt
ungar.	ungarisch
USA	United States of America
usw.	und so weiter
v.	von
verw.	verwitwet
VK	Vizekonsulat
WGK	Wahlgeneralkonsulat
WK	Wahlkonsulat
WS	Wintersemester
WTB	Wolff's Telegraphisches Büro
Württ., württ.	Württemberg, württembergisch
WVK	Wahlvizekonsulat
z.b.V.	zur besonderen Verwendung
z.D.	zur Disposition
z.S.	zur See
z.V.	zur Verfügung
z.Wv.	zur Wiederverwendung

Abbildungsnachweis

Abgesehen von den nachfolgend aufgeführten Photographien befinden sich alle Bildvorlagen in der Bildersammlung oder in Nachlässen im Politischen Archiv des Auswärtigen Amts.

Sassenbach, Johann(es): http://www.gewerkschaften-sassenbach.de/img/fotos/jsassenbach.jpg (28.11.2011) – **Sauer, Hermann:** Hartmuth Sauer, München – **Schattenfroh, Franz:** Der Großdeutsche Reichstag 1938, S. 532 – **Schaumburg-Lippe, Stephan Prinz zu**: http://www.royaltyguide.nl/images-families/lippe/schaumburglippe3/1891%20Stephan-02a.jpg (19.12.1011) – **Scheibert, Peter:** Die Stammfolge Scheibert aus Penkun in Vorpommern, zusammengestellt und herausgegeben von Horst Scheibert, Weilburg 1966 – **Scheliha, Rudolf von:** Zum Gedenken. Auswärtiges Amt, Berlin 2002 – **Schilken, Eugen:** Prof. Dr. Eberhard Schilken, Bonn – **Schimmel, Annemarie:** Universitätsbibliothek Basel – **Schleier, Rudolf:** Bundesarchiv – **Schlesinger, Moritz:** Deutsche Nationalbibliothek Deutsches Exilarchiv 1933-1945, Frankfurt/Main – **Schlieben, Hans:** Das Echo. Organ der Deutschen im Auslande. Wochenschrift für Politik, Literatur, Kunst und Wissenschaft 27 Jg. (20.2.1908), S. 651 – **Schmidt, Franz:** Ein Schulmannsleben in der Zeitenwende. Weinheim/Bergstraße 1962, S. 58 – **Schmid, Walter:** Bundesbildstelle – **Schmidt, Geo A.:** Reichshandbuch der deutschen Gesellschaft. 2. Bd. Berlin 1931, S. 1658 – **Schnee, Heinrich:** Stadt- und Universitätsbibliothek Frankfurt/Main, Bildarchiv der Deutschen Kolonialgesellschaft – **Schneider, Heinrich:** http://www.saarland-biografien.de/Schneider-Heinrich (28.11.2011) – **Schneider, Oswald:** Ullstein Bilderdienst, Berlin – **Schnurre, Karl:** Anna Schnurre, Bonn - **Schönburg-Waldenburg, Hermann Prinz von:** http://www.royaltyguide.nl/families/schonburg/schonburgwaldenburg1.htm (30.12.2011) – **Scholl, Günther:** Bundesbildstelle – **Schubert, Hans Werner:** https://www.kranich-schutz.de/kranich-schutz/stiftung-biosphaere-schaalsee.php (28.11.2011) – **Schuckmann, Bruno von:** Stadt- und Universitätsbibliothek Frankfurt/Main, Bildarchiv der Deutschen Kolonialgesellschaft - **Schulze, Richard:** http://upload.wikimedia.org/wikipedia/en/d/d3/Richschulze.jpg (13.12.2011) – **Schumacher, Hermann:** http://www.buergerpark.de/img/bild_schumacher.jpg (13.12.2011) – **Schumburg, Emil:** Bundesarchiv – **Seitz, Theodor:** Stadt- und Universitätsbibliothek Frankfurt/Main, Bildarchiv der Deutschen Kolonialgesellschaft – **Sieburg, Friedrich:** Max von Brück, Friedrich Sieburg, Stuttgart 1958 – **Six, Franz Alfred:** Bundesarchiv – **Smend, Hans:** Das Deutsche Führerlexikon, Berlin 1934, S. 461 – **Soden, Julius Freiherr von:** Stadt- und Universitätsbibliothek Frankfurt/Main, Bildarchiv der Deutschen Kolonialgesellschaft – **Spiecker, Carl:** Bildarchiv Konrad Adenauer Stiftung, St. Augustin – **Spiegel von und zu Peckelsheim, Edgar Freiherr:** http://www.uboat.net/wwi/men/commanders/334.html – **Spuler, Bertold:** http://www.iranicaonline.org/uploads/files/spuler_fig_1.jpg (13.12.2011) – **Stephan, Werner:** http://50jahre.freiheit.org/files/5292/1/source_4820ad765dfc9_Stephan.jpg (16.12.2011) – **Stahlecker, Walter:** http://www.zeichen-der-erinnerung.org/syspict/n5/2/stahlecker_walter.jpg – **Stockhammern, Karl Edler von:** Lonny Freifrau Koenig von Warthausen, Warthausen – **Stolberg-Wer-**

nigerode, Otto Graf zu:** Konrad Breitenborn: Im Dienste Bismarcks. Die politische Karriere des Grafen Otto zu Stolberg-Wernigerode. Berlin 1984, nach S. 160 – **Strachwitz, Rudolf Graf:** Bundesbildstelle – **Strack, Hans:** Bundesbildstelle – **Strahl, Richard:** Reichshandbuch der deutschen Gesellschaft, 2. Bd., S. 1863 – **Strempel, Heribert von:** Vicky von Schmieden – **Stumm, Wilhelm von:** Friedrich-Karl Freiherr von Michel, München.

S

Sabath, Hermann

* 3.10.1888 Köln
† 29. 5.1968 Bonn

ev.

Eltern: Hermann S., Direktor und Mitglied des Vorstands der Wasserwerk für das nördliche Westfälische Kohlenrevier AG; Anna geb. Nüssen

∞ 1.5.1922 Marie-Elisabeth geb. von Teichman und Logischen (Vater: Kurt v.T.u.L., preuß. Offizier)

Kinder: Hermine (2.9.1924), Ilsa-Maria (25.2.1926), Ingrid (23.7.1928), Herma (7.1.1931)

Gymnasium in Gelsenkirchen – 19.3.1908 Abitur; 1908 bis 1911 Studium in Lausanne, München und Münster: Jura, Staatswissenschaften – 15.7.1911 Referendarexamen; seit 5.8.1911 im preuß. Justizdienst, seit Herbst 1913 im Gouvernement von Deutsch-Ostafrika – 22.9.1920 Assessorexamen; 1.10.1911 bis 30.9.1912 Einjährig Freiwilliger, seit 16.8.1914 Militärdienst in Deutsch-Ostafrika, 2.3.1919 Rückkehr nach Deutschland, 24.12.1920 Charakter als Oberleutnant; 3.12.1920 Hilfsarbeiter in der Reichskanzlei, seit 2.1.1922 im Reichsfinanzministerium, 1.4.1922 Regierungsrat, 6.12.1924 Oberregierungsrat, seit 2.4.1927 Persönlicher Referent des Vizekanzlers, seit 1.6.1928 beim Reichssparkommissar, seit 6.6.1933 im Büro des Stellvertreters des Reichskanzlers, 18.7.1933 Ministerialrat.- 1.1.1940 NSDAP.

6.11.1934	Einberufung in den Auswärtigen Dienst, AA, DA 13.11., Gruppe W/Wirtschaft (seit 15.5.1936 Handelspolitische, seit Frühjahr 1938 Wirtschaftspolitische, seit 1.1.1943 Handelspolitische Abt.), Ref. I/Westeuropa, dann Leitung des Ref. II (zuletzt IIa)/West- und Südosteuropa außer Großbritannien und Italien

13.11.1934   Vortragender Legationsrat

Nach Kriegsende Wohnsitz in Garmisch-Partenkirchen, seit 7.9.1949 Tätigkeit als Gutachter beim Rechnungshof im Vereinigten Wirtschaftsgebiet, Hamburg, dann bis 1956 beim Bundesrechnungshof in Bonn, Ministerialrat.

Nachlass im Bundesarchiv und im Politischen Archiv des Auswärtigen Amts.

Sachs, Hans-Georg

*   9. 7.1911 Langenöls/Niederschlesien
† 10. 7.1975 Ratače/Jugoslawien (Bergunfall)

ev.-luth.

Eltern: Oskar S., Möbelfabrikant; Ellen geb. Reisch

∞ 10.3.1949 Karin geb. Brügelmann (Vater: Friedrich Wilhelm Viktor B.)

Kinder: Klaus-Michael (26.7.1951), Annette (31.3.1955)

Realgymnasium in Eisenach – Ostern 1930 Abitur; 1930 bis 1932 kaufmännische Lehre bei einer Exportfirma in Hamburg; 1930 bis 1933 Studium in Hamburg, Königsberg i.Pr. und Berlin: Jura, Volkswirtschaft – 6.12.1933 Referendarexamen, 14.5.1934 Dr.jur.; seit 1.4.1934 im Justizdienst, davon sechs Monate bei der Außenhandelsstelle Bremen – 28.7.1937 Assessorexamen; 1.11.1937 bis 15.5.1938 bei der AO der NSDAP, seit 16.5.1938 im Reichswirtschaftsministerium, Hauptabt. V (Außenhandel).- März 1932 und seit 1.5.1933 NSDAP.

26. 2.1940	DA AA, Wirtschaftspolitische (seit 1.1.1941 Handelspolitische) Abt., Ref. IV (seit 1.1.1941 V)/Osteuropa
26. 6.1941	Legationssekretär
3. 5.1942	Militärdienst, 11.5. bis Okt. 1943 in alliierter Kriegsgefangenschaft in Tunesien
16.11.1943	beim Bevollmächtigten des Großdeutschen Reichs bei der ital. faschistischen Nationalregierung, Fasano, DA 23.11., dann bis 4.6.1944 (Schließung) in der Dienststelle Rom, seit 20.6. in Bologna, zuletzt beim K Mailand

Seit 26.4.1945 in alliierter Internierung in Italien, seit 5.3.1946 in amerik. Internierung in der Festung Hohenasperg; 1.11.1946 bis 15.6.1948 Generalsekretär des amerik. Council of Relief Agencies Licensed for Operations in Germany, Baden-

Baden, dann Leiter der Dt. Geschäftsstelle für den Marshallplan in der franz. Zone, Baden-Baden, seit 1.10.1949 Angestellter im Bundesministerium für den Marshallplan, Leiter des Ref. für Fragen der ERP-Politik und -durchführung, 18.3.1950 Leiter der Abt. III (ERP-Politik und -durchführung), 27.11.1950 Regierungsdirektor, 20.12.1951 Ministerialrat.

12. 5.1952	Einberufung in den Auswärtigen Dienst, AA, DA 3.6., Abt. IV (Handelspolitik), Leitung des Ref. A1/Grundsatzfragen der europäischen wirtschaftlichen Integration
13. 6.1952	Vortragender Legationsrat
28. 4.1955	Diplomatische Vertretung (seit 26.5. B) Paris, Botschaftsrat, DA 9.5., bis 10.5.1958
10. 4.1958	AA, Vortragender Legationsrat I.Kl., DA 12.5., Wahrnehmung der Geschäfte des Dirigenten der Unterabt. 40 (Allgemeine Handelspolitik)
7.11.1958	Ministerialdirigent
27. 7.1961	Ministerialdirektor, Leitung der Abt. 8 (Entwicklungspolitik), seit 15.1.1963 Leitung der Abt. III (Handels- und Entwicklungspolitik)
4. 6.1965	Botschafter, Leitung der Vertretung bei der EWG und der EURATOM, Brüssel, Übernahme der Geschäfte 21.6., bis 11.6.1973
30. 4.1973	Staatssekretär
8. 5.1973	AA, Übernahme der Geschäfte als Staatssekretär im AA 12.6.

Literatur:

Hans-Georg Sachs: Probleme des Agrarmarktes in der erweiterten EWG, in: Vorträge auf dem Hohenheimer Universitätstag (1972), S.76-93; ders.: Europäische Integration und Gipfelkonferenz, Vortrag am 9.11.1972 in Hamburg, in: Mitteilungen. Übersee-Club Hamburg (1972), 6, S.15-31.

Sacklowski, Wilhelm

* 19. 4.1895 Berlin

ev.

Eltern: Karl S., Obertelegrapheninspektor; Bertha geb. Salewski

∞ 12.8.1926 Erna geb. Meiners

Oberrealschule in Steglitz/Berlin – Okt. 1913 Abitur; Aug. 1914 bis 1916 Militärdienst; 1913 bis 1919 Studium in Berlin und Greifswald: Mathematik, Naturwissenschaften – 14.8.1919 1. Staatsexamen für das höhere Lehramt, 23.10.1919 Pädagogische Prüfung; dann im preuß. Schuldienst, 1919 bis 1921 an der Bildungsanstalt in

Köslin, 1922 in Berlin, 1.9.1922 bis 1933 Leiter der Dt. Schule in Peking, zugleich seit 1927 Dozent an der Universität Peking und an der Amerik. Hochschule in Peking, 1.10.1928 Studienrat, seit 8.11.1933 am Kaiser Wilhelm-Gymnasium in Berlin-Neukölln, seit 14.9.1934 am Falk-Realgymnasium, 20.3.1936 bis Sommer 1942 Leiter der Dt. Schule in Quito, 29.8.1941 Amtsbez. Studiendirektor.- 1.8.1937 NSDAP.

3. 8.1942	DA AA, Kulturpolitische Abt., Ref. S/Deutsches Schulwesen im Ausland, bis 30.11.1944, seit Sept. 1943 in der Ausweichstelle des AA in Krummhübel

Rückkehr in den Berliner Schuldienst; seit 16.2.1945 Lehrer an der Dt. Schule in Dorf Tirol.

Saenger, Samuel

* 17. 2.1864 Saagar/Kurland
† 6. 5.1944 Los Angeles

jüd., seit 1.7.1902 ev.

Eltern: Elias S., Musiker; Caecilie geb. Cohn

∞ 31.7.1897 Irma geb. Sethe (gebürtige belg. Staatsangehörige; Vater: Gerhard S., Großfabrikant)

Kinder: Elisabeth (1.5.1898), Magdalena (26.8.1907)

Gymnasium in Bromberg, Kaiser Wilhelm-Realgymnasium in Berlin – 1884 Abitur; Studium in Berlin und Freiburg i.Br.: Philosophie, Philologie, Volkswirtschaft – 7.7.1888 Dr.phil.; 5.5.1891 Lehrerprüfung, 8.12.1891 Oberlehrerprüfung; dann Aufenthalt in England; seit 28.9.1894 im preuß. Schuldienst, 1.11.1895 bis 28.2.1896 an der Anglo-German School in Hampstead/London – 24.10.1896 Prüfung für das Lehramt an Höheren Schulen, zeitweise Aufenthalt in Frankreich, seit 1.4.1898 Oberlehrer an der Friedrichswerderschen Oberrealschule in Berlin, 20.4.1910 Prädikat Professor; seit 1908 zugleich politischer Redakteur bei der „Neuen Rundschau" (Pseudonym „Junius"); 1917 im Auftrag des AA Beobachtung des Sozialistenkongresses in Stockholm.- SPD.

11. 3.1919	Einberufung in den Auswärtigen Dienst, Dienstvertrag, Bevollmächtigter Vertreter bei der tschechoslowak. Regierung, Prag, Übernahme der Geschäfte 31.3., Übergabe des Einführungsschreibens 3.7.1919, bis 17.10.1921
11. 2.1920	Geschäftsträger

28. 2.1921	Vortragender Legationsrat
17. 9.1921	AA, DA 21.10., Attachéausbildung
9. 9.1923	Versetzung in den einstweiligen Ruhestand
24. 9.1923	AA, kommissarische Beschäftigung, Presseabteilung der Reichsregierung, bis 31.3.1926
25. 2.1929	Versetzung in den Ruhestand

23.5.1939 Emigration nach Frankreich, Mai 1941 in die USA, 25.11.1941 (11. Verordnung zum Reichsbürgergesetz) Ausbürgerung.

Literatur:

Samuel Saenger: Syntaktische Untersuchungen zu Rabelais. Diss. Halle 1888; Friedrich von Schiller (mit einer Einleitung von Samuel Saenger): Vom Erhabenen. Eine Ergänzung zu den gangbaren Schiller-Ausgaben. Leipzig 1890; Samuel Saenger: John Ruskin. Sein Leben und Lebenswerk, ein Essay. Straßburg 1900; ders.: John Stuart Mill. Sein Leben und Lebenswerk. Stuttgart 1901 (Frommanns Klassiker der Philosophie, 14); John Ruskin (Hrsg. von Samuel Sänger): Das Adlernest. Fünf Vorlesungen über die Beziehungen zwischen Kunst und Wissenschaft. Straßburg 1901; Samuel Saenger: Chamberlain als Erzieher, in: „Die Zukunft". 12. u. 19. Juli 1902; ders.: English humanists of the nineteenth century. A selection from the works of John Stuart Mill, Thomas Carlyle, Ralph Waldo Emerson and John Ruskin. Berlin 1903; ders.: Goethe. Carlyle's Goetheportrait. Berlin 1907; ders.: Die wirtschaftlichen Aussichten des britischen Imperialismus. Vortrag gehalten am 7. Februar 1907. Berlin 1907; ders.: Commercial reading book. Berlin 1908; Theodor Fontane (Hrsg.: Samuel Saenger): Der englische Charakter, heute wie gestern. Berlin 1915; Thomas Carlyle (deutsch von Paul Baudisch, mit einem Nachwort von Samuel Saenger): Helden und Heldenverehrung. Berlin 1926.

Stephan Dolezel: Grundprobleme der tschechoslowakischen Innenpolitik im Spiegel der Gesandtschaftsberichte von Dr. Samuel Saenger (1919-1921) [Forschungsbericht], in: Zeitschrift für Ostforschung 23 (1974), S. 455-467; Manfred Alexander, Heidrun und Stephan Dolezel (Hrsg.): Deutsche Gesandtschaftsberichte aus Prag. Innenpolitik und Minderheitenprobleme in der 1. Tschechoslowakischen Republik. Teil I: Von der Staatsgründung bis zum ersten Kabinett Beneš 1918-1921. Berichte des Generalkonsuls von Gebsattel, des Konsuls König und des Gesandten Professor Saenger. München, Wien 1983.

Sahm, Heinrich

* 12. 9.1877 Anklam
† 3.10.1939 Oslo

ev.

Eltern: Heinrich S., Nadler, Kurzwarenhändler; Wilhelmine (Minna) geb. Schußmann

∞ 10.10.1906 Dorothea (Dora) geb. Rolffs (Vater: Heinrich R., Apothekenbesitzer)

Kinder: Marianne (13.9.1907), Heinrich-Detlef (23.10.1910), Gundel (29.1.1914), Heinz-Ulrich (13.10.1917)

Humanistisches Gymnasium in Anklam – Frühjahr 1896 Abitur; 1896 bis 1899 Studium in München, Berlin und Greifswald: Jura, Staatswissenschaften – Frühjahr 1900 Referendarexamen, später Dr.jur.h.c. der Universität Königsberg i.Pr., Dr. Ing.e.h. der TH Danzig, Ehrensenator der Universität Tübingen; seit 31.3.1900 im preuß. Justizdienst – Okt. 1904 Assessorexamen; seit 7.7.1905 beim Magistrat in Stettin, 16.8.1906 besoldeter Stadtrat in Magdeburg, 27.9.1912 Zweiter Bürgermeister in Bochum; 20.8.1915 bis 11.2.1918 Kommunalreferent bei der dt. Zivilverwaltung des Generalgouvernements Warschau; seit 1.7.1918 Geschäftsführer des Dt. und Preuß. Städtetages, 25.2.1919 Oberbürgermeister in Danzig, zugleich Vorsitzender des Staatsrats der Freien Stadt Danzig, 6.12.1920 bis 9.1.1931 Präsident des Senats der Freien Stadt Danzig, 20.4.1931 bis 9.12.1935 Oberbürgermeister von Berlin, 7.5. bis 30.7.1931 und 20.4.1932 bis 14.2.1934 zugleich Bevollmächtigter der Stadt Berlin beim Reichsrat, 1935 Mitglied des Preuß. Staatsrats.- 1.11.1933 NSDAP.

5. 5.1936	Einberufung in den Auswärtigen Dienst, Gesandter in Oslo, Übernahme der Geschäfte 30.5., Übergabe des Beglaubigungsschreibens 6.6., zugleich Generalkonsul für Norwegen

Literatur:

Heinrich Sahm: Die Entwicklung des Hospitals St. Georgii zu Magdeburg in der Zeit von 1860-1910. Magdeburg 1911; Hermann Reimarus, Heinrich Sahm (Hrsg.): Magdeburg. Oldenburg i. Gr. 1912; Heinrich Sahm: Zum 75jährigen Bestehen der städtischen Sparkasse Bochum. Bochum 1913; ders.: Entwurf einer Verfassung für die Freie und Hansestadt Danzig, dem Vorbereitenden Ausschuss für den Entwurf einer Verfassung vorgelegt. Danzig 1919; ders. Führer durch die Danzig-Ausstellung des Deutschen Ausland-Instituts, Stuttgart. Stuttgart 1928; ders. Material zur Geschichte der Freien Stadt Danzig. Danzig 1930; ders.: Erinnerungen aus meinen Danziger Jahren 1919-1930. Marburg 1958.

Heinrich Sprenger: Heinrich Sahm. Kommunalpolitiker und Staatsmann. Köln 1969 (darin Schriftenverzeichnis); Kurt Jeserich: Heinrich Sahm, in: Persönlichkeiten der Verwaltung. Biographien zur deutschen Verwaltungsgeschichte 1648 – 1945 hrsg. im Auftrag der Freiherr-vom-Stein-Gesellschaft e.V. von Kurt G. A. Jeserich und Helmut Neuhaus. Stuttgart 1991, S. 355-359; Martina Sönnichsen: Heinrich Sahm, in: Wolfgang Ribbe (Hrsg.): Stadtoberhäupter. Biographien Berliner Bürgermeister im 19. und 20. Jahrhundert. Berlin 1992 (Berlinische Lebensbilder 7), S. 235-252; NDB 22, S. 353 ff. (darin Literaturverzeichnis).

Nachlass der Familie im Bundesarchiv.

Saint Pierre, Julius Alexander

* 5. 4.1813 Lingen/Ems
† 12.10.1871 Gütersloh

franz.-ref.

Eltern: Johann Heinrich S.P., Sprachlehrer, Kreispostdirektor; Amalia Dorothea geb. Spall

∞ Anna geb. Wichmann (Vater: Joseph W., Appellationsgerichtsdirektor)

Kinder: Adolph (8.3.1855), Julius (30.5.1856), Gaston (23.7.1857), Edmund (23.12.1858)

Gymnasium in Frankfurt/Main – 21.6.1833 Abitur; 1832 bis 1826 Studium in Bonn und Berlin: Jura – 4.3.1837 Auskultatorexamen; seit 28.4.1837 im preuß. Justizdienst – 29.9.1838 Referendarexamen; dann im preuß. Verwaltungsdienst – 18.4.1843 Assessorexamen.

10. 1.1849	Einberufung in den preuß. Auswärtigen Dienst (konsularische Laufbahn), Ministerium der auswärtigen Angelegenheiten, DA 10.1., Abt. II (Handels-, Rechts- und Konsularsachen)
1. 4.1849	Expedient
23.12.1851	Charakter als Legationsrat, Hilfsarbeiter
5.1855	Wirklicher Legationsrat und Vortragender Rat
20. 7.1860	Generalkonsul in Bukarest, Übernahme der Geschäfte 10.11, bis 2.8.1867, zugleich preuß. Kommissar bei der Europäischen Donauschifffahrtsgesellschaft
22. 7.1867	Ministerresident in Rio de Janeiro, Übernahme der Geschäfte 1868
27. 3.1871	Ministerresident des Deutschen Reichs, Übergabe des Beglaubigungsschreibens 6.5., seit 24.7. Urlaub

Sakowsky, Gustav Adolf

* 25.11.1890 Baldenburg/Westpreußen
† 12. 5.1985 Düren

ev.

Eltern: Johannes S., Alwine geb. Plaumann

∞ 31.5.1920 Emma Martha (Marga) geb. Geidel (Vater: Johann Gustav G., Brennermeister)

Kind: Hans-Günter (4.12.1920)

Studium in Jena: Jura – 16.5.1914 Referendarexamen; Aug. 1914 bis Ende Nov. 1919 Militärdienst, zuletzt Leutnant; seit 14.2.1920 Tätigkeit im Reichsschatzministerium.- 1.1.1934 NSDAP.

2.10.1921	Einberufung in den Auswärtigen Dienst, AA, Attaché, DA 15.10., Abt. VII (seit 1.1.1922 IVb) Ostasien
14.12.1923	Diplomatisch-konsularische Prüfung
29. 2.1924	G Peking, Amtsbez. Legationssekretär, DA 4.7., bis 10.7.1925
21. 4.1925	Vizekonsul
1. 5.1925	GK Shanghai, DA 21.7., bis 1.3.1927
16.11.1926	GK Canton, DA 9.3.1927, bis 5.3.1932, 14.3. bis 5.11.1931 Urlaub
30.12.1931	GK Hankau, Erster Vizekonsul, DA 17.3.1932, bis 30.5.1936, 8.3. bis 1.11.1935 Urlaub
14.10.1933	Konsul II.Kl.
13. 2.1936	kommissarische Leitung des K Manila, Übernahme der Geschäfte 11.6., seit 8.5.1939 Urlaub
19.10.1936	Konsul in Manila
8. 9.1939	AA, DA 14.9., seit 17.9. Tätigkeit beim AOK 7
24. 1.1940	Rechtsabt., Ref. V/Arbeitsrecht etc.
19. 3.1940	Konsul (fliegend)
17.10.1941	Konsul I.Kl.
24.11.1941	DA G Lissabon, kommissarische Beschäftigung, bis 7.12.1942
17.11.1942	AA, DA 11.12., Rechtsabt., Ref. IV/Wehrpflicht, Arbeitsdienstpflicht, Kriegsgräber, dann in Ref. XIII/Zivilinternierte, seit Nov. 1943 in der Ausweichstelle des AA in Liebenau
22. 6.1944	Personal- und Verwaltungsabt., Ref. S/Sicherheitsfragen

Saldern, Conrad von

* 3. 1.1847 Plattenburg/Brandenburg
† 8. 6.1908 Charlottenburg/Berlin

ev.

Eltern: Adolph v.S., preuß. Offizier, Rittergutsbesitzer; Alexandrine geb. von Buch

ledig

Klosterschule in Roßleben – 21.3.1866 Abitur; 1866 bis 1869 Studium in Berlin: Jura – 23.4.1870 Referendarexamen; 1.10.1867 bis 30.9.1868 Einjährig Freiwilliger, 1870/71 Teilnahme am dt.-franz. Krieg, 24.9.1870 Sekonde-Lieutenant d.R., 12.9.1878 Premier-Lieutenant d.R.; 4.5.1871 bis 27.6.1878 im preuß. Justizdienst und im Justiz- und Verwaltungsdienst des Reichslandes Elsaß-Lothringen; dann Reisen.

14. 4.1880	Einberufung in den Auswärtigen Dienst (konsularische Laufbahn), AA, Hilfsexpedient, DA 15.4., Abt. II (Handelspolitik und Recht)
4.12.1882	kommissarische Leitung des K Ragusa/Dalmatien, Übernahme der Geschäfte 29.12., bis 15.9.1884
6. 9.1883	zugleich Vertreter bei der Regierung von Montenegro, Übergabe des Einführungsschreibens 17.11.
28. 8.1884	kommissarische Leitung des GK Sofia, Übernahme der Geschäfte 26.9., bis 17.9.1886
9. 5.1885	Ständiger Hilfsarbeiter
18. 3.1886	Charakter als Legationsrat
5. 7.1886	AA, DA 22.9., Abt. II (Handelspolitik), außereuropäisches Handelsref.
29. 1.1887	kommissarische Leitung der MR Tanger, Übernahme der Geschäfte 12.2., seit 28.9. Urlaub
6.12.1887	GK Warschau, kommissarische Beschäftigung, DA 15.12., bis 8.6.1888
2. 6.1888	kommissarische Leitung des GK Odessa, Übernahme der Geschäfte 15.6., bis 27.7
1. 8.1888	DA AA, Abt.II (Handelspolitik)
6.12.1888	Konsul in Tiflis, Übernahme der Geschäfte 25.1.1889, bis 4.7.1893
29. 8.1893	Konsul in Basel, Übernahme der Geschäfte 4.11., bis 26.5.1897
18. 4.1897	Konsul in Stockholm, Charakter als Generalkonsul, Übernahme der Geschäfte 1.7., bis 12.1.1899
18.12.1898	Ministerresident in Bangkok, Übernahme der Geschäfte 13.4.1899, Übergabe des Beglaubigungsschreibens 15.4., seit 18.4.1902 Urlaub
31. 3.1903	Ministerresident in Seoul, Übernahme der Geschäfte 25.4., Übergabe des Beglaubigungsschreibens 14.5., seit 4.12.1905 Krankenurlaub
26. 3.1906	Titel und Rang eines außerordentlichen Gesandten und bevollmächtigten Ministers
22. 6.1906	Versetzung in den einstweiligen Ruhestand

Saller, Hans

* 2. 2.1884 Teunz/Oberpfalz
† 20. 3.1965 Penzberg/Obb.

kath.

Eltern: Johann S., Landwirt; Anna Maria geb. Winkler

∞ 3.5.1913 Therese geb. Kühnlein

Kind: Hans Helmut (14.9.1919)

Altes Gymnasium in Regensburg – 14.7.1904 Abitur; 1904 bis 1908 Studium in München: Jura, Volkswirtschaft – 21.10.1908 1. juristisches Examen, Juli 1928 Dr.jur.h.c. der Universität Innsbruck; seit 3.11.1908 im bayer. Justiz- und Verwaltungsdienst, seit 1905 zugleich journalistische Tätigkeit, seit 1.10.1910 politischer Redakteur der „Münchener Neuesten Nachrichten", Korrespondent in Berlin; 1.8.1916 bis 30.11.1918 Militärdienst; 1.1.1921 leitender Redakteur bei der „Deutschen Allgemeinen Zeitung".- Nov. 1938 NSDAP.

1. 7.1922	DA AA, Angestellter, Abt. P (Presse), stellvertretende Leitung des Ref. für die deutsche Presse
11.1922	Leitung des Ref. J/Innere und auswärtige Politik mit Bezug auf die innere Presse
23. 6.1923	Oberregierungsrat
22. 8.1924	Vortragender Legationsrat
9. 2.1926	kommissarische Leitung des K Innsbruck, Übernahme der Geschäfte 15.2., bis 31.7.1938 (Schließung, seit April 1938 Dienststelle des AA)
30. 6.1927	Amtsbez. Generalkonsul
7.12.1928	Versetzung in den einstweiligen Ruhestand, jedoch Weiterbeschäftigung in Innsbruck
3. 6.1931	Konsul I.Kl.
1. 8.1938	Konsul I.Kl. (fliegend)
15. 8.1938	DA AA, Personal- und Verwaltungsabt., Leitung des Ref. D/Verwaltung des Fonds für Geschäftsbedürfnisse
20. 4.1939	Vortragender Legationsrat
1. 2.1940	Versetzung in den einstweiligen Ruhestand, jedoch Weiterbeschäftigung
1941	Handelspolitische Abt., Ref. XII b/Sonstige Verkehrsfragen, dann in der Informationsstelle XIV/Antijüdische Auslandsaktion

17.10.1944	DA in der Ausweichstelle in Hain/Riesengebirge, Personal- und Verwaltungsabt., Ref. D/Verwaltung des Fonds für Geschäftsbedürfnisse

Sallet, Richard

* 17. 2.1900 Strasburg/Westpreußen
† 15. 7.1975 Madrid

ev.

Eltern: Daniel Gottfried S., Seminaroberlehrer; Martha geb. Galling

∞ I. 23.12.1933 Margarete geb. Stolzenbach; II. 24.3.1943 Ellen geb. Trendelenburg, Sekretärin, fremdsprachliche Büroangestellte im AA (Vater: Paul T., Prof. für Pharmakologie)

Stiefkind: Karl August (13.5.1924); Kinder aus I. Ehe: Maja (10.5.1932), Herbert (8.1.1935), Dirse (10.8.1936); Kinder aus II. Ehe: Gottfried Ulrich (17.3.1944)

Kaiser Wilhelm-Gymnasium in Osterode/Ostpreußen – 1920 Abitur; 5.6.1915 bis Aug. 1920 Militärdienst: 22.8.1917 Leutnant; 1920 bis 1931 Studium in Königsberg i.Pr., New York, Cambridge/Massachusetts und Chicago: Jura, Volkswirtschaft, amerik. Staats- und Verwaltungsrecht, Geographie, Geschichte – 1929 Bachelor of Arts, 28.6.1930 Dr.phil.; 1921 Schriftsetzer in Druckereien in Lyck und Allenstein, Oktober 1921 bis 1927 Redakteur der „Dakota Freie Presse" in New Ulm/Minnesota; 1929 bis 1931 Studienreisen nach Litauen und Polen, in die Sowjetunion, nach Irland und Großbritannien, auf den Balkan und in die USA; seit 1.2.1931 Assistent am Institut für Luftrecht an der Northwestern University in Chicago, seit 1.5.1931 Dozent für Vergleichende Verfassungslehre und Politik, zugleich Redakteur des „Journal of Air Law", Juli 1932 Mitglied einer amerik. Delegation beim internationalen Kongress für vergleichendes Recht in Den Haag, Sommer 1933 Beteiligung an einer Hilfsaktion für dt. Flüchtlinge aus der Sowjetunion (Nansenhilfe) in Berlin, seit 1.8.1933 Referent im Reichsministerium für Volksaufklärung und Propaganda, 18.5.1934 bis 3.8.1937 Presseattaché an der Botschaft in Washington, dann Studienreise durch die USA, Kanada und Mexiko, seit 1.10.1937 Dozent an der Columbus University in Washington, 1.6.1938 Professor, seit 15.12.1938 Referent in der Dienststelle Ribbentrop, Zuteilung zum persönlichen Stab RAM.- 1.10.1938 NSDAP.

18. 1.1939	AA, Dienstvertrag als Wissenschaftlicher Hilfsarbeiter, DA 17.1., im persönlichen Stab RAM
1. 5.1939	Nachrichten- und Presseabteilung, Ref. IX/Vereinigte Staaten, Kanada, Mittel- und Südamerika

29. 9.1942	G Lissabon, DA 21.11., Referent für alle mit England und den USA zusammenhängenden Pressefragen, seit 9.2.1943 Presseattaché, bis 31.7.1943
17. 7.1943	AA, DA 9.8., Nordamerikakomitee
14. 1.1944	Gesandtschaftsrat

Seit Sept. 1950 Gastprofessor am Alma College in Alma/Michigan, später Professor für Politische Wissenschaft am Livingstone College in Salisbury/North Carolina, zuletzt Wohnsitz in Madrid.

Literatur:

Richard Sallet: Rußlanddeutsche Siedlungen in den Vereinigten Staaten von Amerika. Chicago 1931 (englisch: Fargo/North Dakota 1974); ders.: Bericht des Auswärtigen Amts über die Rechtsgestaltung des Auswärtigen Dienstes ausländischer Staaten und die dort für den Auswärtigen Dienst geltenden Einstellungsbedingungen überreicht dem Ausschuss für das Besatzungsstatut und Auswärtige Angelegenheiten (7. Ausschuss) gemäß Beschluss des Deutschen Bundestages vom 22.Januar 1953. (Maschinenschrift in der Bibliothek des Auswärtigen Amts); ders.: Der diplomatische Dienst. Seine Geschichte und Organisation in Frankreich, Großbritannien und den Vereinigten Staaten. Stuttgart 1953 (russisch: Moskau 1956); ders.: Wie das Foreign Office arbeitet, in: Aussenpolitik 4 (1953), S. 171-179; ders.: Die Vereinigten Staaten von Amerika. Land – Leute – Leben. Darmstadt 1956; ders.: On Francis Lieber and his contribution to the law of nations of today, in: Göttinger Arbeitskreis (Hrsg.): Recht im Dienste der Menschenwürde. Festschrift für Herbert Kraus. Würzburg 1964, S 279-306.

La Vern J. Rippley: F. W. Sallet and the Dakota Freie Presse, in: North Dakota History (1992), S. 2-20.

Salza und Lichtenau, Nickel Freiherr von

* 27. 1.1903 Dresden
† 25.12.1977 Bonn

ev.

Eltern: Hugo Freiherr v.S.u.L., sächs. Offizier; Margaret geb. Soutter

∞ 27.8.1938 Eleonore geb. von Kleist (Vater: Hans v.K., preuß. Offizier, Gutsbesitzer)

Kinder: Hermann (6.7.1939), Günther (2.7.1940), Margaret (7.10.1941), Elisabeth (30.12.1944), Christoph (7.10.1947)

1923 Abitur; Studium in Heidelberg und an der TH München – Diplom-Landwirt; landwirtschaftliche Tätigkeit, dann Sachverständiger der Leipziger Hagelversicherungsgesellschaft.- 1.5.1933 NSDAP.

25.10.1941	AA, Dienstvertrag als Wissenschaftlicher Hilfsarbeiter, DA 20.10., Abt. Protokoll

| 17.11.1941 | Zweigstelle der B Paris in Vichy, DA 23.11. |
| 7. 9.1944 | Ausweichstelle der B Paris in Sigmaringen |

Später Tätigkeit bei der Leipziger Hagelversicherungsgesellschaft in Hannover; zuletzt Versicherungsdirektor.

Samson-Himmelstjerna, Johannes von

* 18. 4.1843 Reval
† 29. 1.1895 St. Petersburg

russ. Staatsangehöriger

ev.-ref.

Eltern: Wilhelm v. S.-H., Gutsbesitzer; Emilie geb. Witte von Schwanenberg

∞ 1872 Mathilde geb. Hehn (Vater: Arzt)

Adoptivsohn

Erstes Kadettencorps in St. Petersburg, seit 1862 im russ. Militärdienst, 1862 Sekonde-Lieutenant, 1868 bis 1871 Studien an der Militärjuristischen Akademie in St. Petersburg, 1871 Kapitän; 1871 bis 1889 im ks. russ. Hofressort, Intendant des ks. Michaels-Palais und Beamter für besondere Aufträge, 1881 Kollegienrat.

1. 6.1889	DA K St. Petersburg, Wahrnehmung der Geschäfte des Kanzlers, bis 18.11., seit 1.10. zugleich Wahrnehmung der Geschäfte des Dolmetschers
22. 4.1890	Einberufung in den Auswärtigen Dienst, K St. Petersburg, Hilfsdolmetscher
14. 4.1894	2. Dragoman

Samwer, Hans

* 8. 7.1913 Jena
† 9. 1.2006

ev.

Vater: Dr.jur. Viktor S., Richter, Senatspräsident

∞ 15.11.1940 Dr.med. Hildegard geb. Wirtz

Kind: Karl-Friedrich (7.1.1942)

1932 Abitur; Studium in Jena und Köln: Jura – 12.10.1935 Referendarexamen, 18.2.1937 Dr.jur.; 1.12.1935 bis 31.8.1936 Fakultätsassistent an der Universität Jena, 1.1. bis 15.8.1939 bei der Industrie- und Handelskammer in Köln – 2.10.1939 Assessorexamen.- 1.3.1937 NSDAP.

10. 4.1941	AA, Dienstvertrag als Wissenschaftlicher Hilfsarbeiter, DA 1.4., Kulturpolitische Abt., Ref. R/Rundfunkangelegenheiten (seit 22.7. Rundfunkpolitische Abt.), persönlicher Referent der Referats- bzw. Abteilungsleiters
10. 2.1943	Militärdienst

Dann Tätigkeit bei der Gothaer Allgemeinen Versicherungs-AG, 1968 bis 1978 Vorstandsvorsitzender der Gothaer Lebensversicherung AG und der Gothaer Allgemeinen Versicherung AG, dann bis 1990 Mitglied in deren Aufsichtsräten.

Literatur:

Hans Samwer: Das sogenannte Bereicherungsverbot im Privatversicherungsrecht. Düsseldorf 1937.

Sanden, Wilhelm von

* 20.12.1858 Danzig
† 22. 5.1922 Zürkow/Pommern

ev.

Eltern: Leopold v.S., preuß. Offizier; Marie geb. von Groddeck

∞ 23.3.1893 Amalie geb. Hoffmann (Vater: August H., Kaufmann)

Kinder: Leopold (22.1.1894), Werner (16.6.1895), Maria (8.2.1899), Günther (2.1.1901), Editha (26.2.1903)

Gymnasien in Thorn und Danzig – Ostern 1878 Abitur; 1878 bis 1881 Studium in Straßburg, Paris und Berlin: Jura – 3.3.1882 Referendarexamen; 1.4.1879 bis 31.3.1880 Einjährig Freiwilliger, 14.10.1882 Sekonde-Lieutenant, 1891 Premier-Lieutenant; seit 17.3.1882 im preuß. Justizdienst – 16.7.1887 Assessorexamen.

11. 7.1888	Einberufung in den Auswärtigen Dienst (konsularische Laufbahn), AA, DA 18.7., Abt. II (Handelspolitik), Okt. 1888 bis Jan. 1889 zugleich Beschäftigung in Abt. IB (Personal und Verwaltung)
2. 3.1891	Charakter als Vizekonsul
13. 3.1891	K Buenos Aires, DA 1.5., bis 1.6.1892
30. 3.1892	kommissarische Leitung des K Montevideo, Übernahme der Geschäfte 2.6., bis 23.3.1893

30.12.1892	Leitung des K Asunción, Übernahme der Geschäfte 8.4.1893, bis 22.10.1898, 17.2.1895 bis 13.2.1896 Urlaub, währenddessen 2.5. bis 2.9.1895 kommissarische Beschäftigung im AA, Abt. III (Recht)
8.12.1895	Konsul in Asunción
9. 5.1899	Konsul in Montevideo, Übernahme der Geschäfte 21.7., seit 1.3.1902 Urlaub
18. 6.1902	AA, kommissarische Beschäftigung, DA 23.6., Abt. III (Recht)
2. 1.1903	Abt. IC (Konsulate, Neueinrichtung), kommissarische Leitung des Ref. Personalien der Konsuln
31. 3.1903	Charakter als Generalkonsul
1. 4.1903	Leitung des GK Buenos Aires, Übernahme der Geschäfte 3.6., bis 2.7.1911, 25.2. bis 13.10.1910 Urlaub
25.11.1905	Generalkonsul
5. 5.1911	Ministerresident in La Paz, Titel und Rang eines außerordentlichen Gesandten und bevollmächtigten Ministers, Übernahme der Geschäfte 13.7., bis 13.4.1917 (Abbruch der diplomatischen Beziehungen), 4.6.1913 bis 17.2.1914 Urlaub
30. 7.1917	Versetzung in den einstweiligen Ruhestand
14.12.1917	Vertreter der Reichsleitung beim Oberbefehlshaber Ost (Dienstsitze Brest-Litowsk und Kowno), Übernahme der Geschäfte in Kowno 9.1.1918, seit 1.10.1918 ohne Verwendung

Sandmeier, Julius

* 27.11.1881 München
† 19.10.1941 Rom

kath., seit 1911 konfessionslos

Eltern: Philipp S., Hotelier; Friederike geb. Rebhann

∞ 7.3.1910 Maria Mathilde Emilie geb. Angermann (Vater: Alwin Johann Gottfried A.)

Verlagsdirektor.

3. 9.1918	G Kristiania, Leiter der Pressestelle, DA Mitte Sept.
23. 8.1919	Beendigung des Dienstverhältnisses

Kunstmaler, Schriftsteller, Drehbuchautor und Übersetzer skandinavischer Literatur (u.a. Knut Hamsun, Rudolf Kjellen, Fridtjof Nansen u. Sigrid Undset).

Literatur:

Julius Sandmeier (Hrsg.): Neue Deutsche Erzähler. 2 Bde. Berlin 1918; ders.: Das Gebirge. 3 Novellen. München 1919 und zahlreiche Übersetzungen.

Sandstede, Gottfried

* 25. 1.1903 Osternburg/Oldenburg

† 9. 3.1944 Ostfront bei Kirowograd (gefallen)

ev.

Eltern: Georg Diedrich S., Kaufmann; Frida Karoline geb. Brandes

∞ I. 31.8.1929 Asta geb. Brandes; II. 17.12.1943 Eva geb. Bahlmann (Vater: Robert B., Kaufmann)

Kinder aus I. Ehe: Etta (29.4.1934), Klaus (30.6.1937), Jürgen (26.8.1940); aus II. Ehe: Gerd (7.8.1944)

Kaiser Friedrich-Realschule in Emden; 1918 bis 1921 kaufmännische Ausbildung, 1921 bis 1933 kaufmännischer Angestellter in Buenos Aires, seit 1.7.1933 Leiter der Zweigstelle Buenos Aires der Reichsbahnzentrale für den deutschen Reiseverkehr GmbH.- 1.8.1931 NSDAP.

28. 7.1939	G Buenos Aires, Dienstvertrag als Presseattaché, DA 3.9., bis 26.8.1941
1.11.1941	DA AA, Abt. D (Deutschland), Ref. Org/Organisationsfragen des Auswärtigen Dienstes, zusammenfassende Bearbeitung aller Angelegenheiten der Auslandspropaganda („Sonderref. Krümmer")
9.10.1942	Legationsrat I.Kl.
17. 4.1943	Militärdienst

Sandstede, Karl Heinz

* 6.11.1910 Emden

ev.

Eltern: Georg Diedrich S., Kaufmann; Frida Karoline geb. Brandes

ledig

Obersekunda-Reife; kaufmännische Tätigkeit, seit Dez. 1935 Angestellter der Zweigstelle Buenos Aires der Reichsbahnzentrale für den deutschen Reiseverkehr GmbH.- 1.10.1928 NSDAP.

30. 3.1941	DA G La Paz, Presseattaché, bis 29.1.1942 (Abbruch der diplomatischen Beziehungen), Abreise 9.4.1942
25. 8.1941	Dienstvertrag

28. 5.1942	DA AA, Urlaub
8. 6.1942	Dienstvertrag als Wissenschaftlicher Hilfsarbeiter, Abt P (Presse)
17. 7.1942	Militärdienst

Sapper, Gustav

* 11. 6.1866 Havelberg
† 5. 7.1934 Berlin

ev.

Eltern: Gustav S., Rentier; Dorothea geb. Zachert

∞ I. 1899; II. 18.4.1918 Charlotte geb. Kohring (Vater: Architekt)

Kind: Gerhard (30.12.1922)

Realgymnasium in Havelberg, Joachimsthalsches Gymnasium in Wilmersdorf – Ostern 1887 Abitur; 1887 bis 1891 Studium in Berlin und Marburg: Philologie, Geschichte – 18.11.1891 Dr.phil.; seit 1.4.1891 Volontär in der Universitätsbibliothek in Marburg, seit 11.11.1891 in der Universitätsbibliothek in Berlin, seit 24.7.1893 Hilfsarbeiter in der Reichstagsbibliothek, seit 8.2.1895 im ks. Patentamt, Abt. für Warenzeichen.

15. 2.1895	Einberufung in das AA, DA 21.2., Abt. IA (Politik), Ref. Presseangelegenheiten
15. 7.1895	Bibliothek der Abt. IA, mehrmalige kommissarische Beschäftigung im Ref. Presseangelegenheiten
4. 6.1898	Leitung der Bibliothek
4. 7.1899	Titel Bibliothekar
30. 6.1900	Büroassistent
1. 6.1901	Expedient
23.12.1905	Charakter als Vizekonsul
23. 4.1907	Abt. III (Recht), Expedition, zugleich bis 11.5.1910 Beschäftigung in der Bibliothek der Reichskanzlei, seit 20.6.1907 in Ref. IIId/Kirchen- und Schulsachen, Kunst und Wissenschaft, seit 20.3.1920 in Abt. IX (Kultur, seit 1.1.1922 Abt. VI)
24.12.1915	Charakter als Konsul
1. 4.1922	Ministerialamtmann
11. 6.1931	Versetzung in den Ruhestand zum 30.9.

Literatur:

Gustav Sapper: Beiträge zur Geschichte der preußischen Politik und Strategie im Jahre 1744. Marburg 1891.

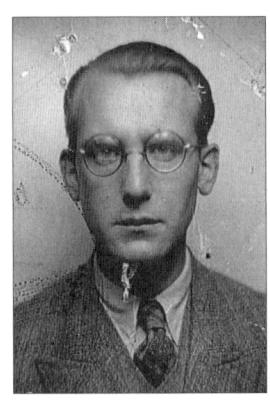

Sarow, Friedrich

* 25. 2.1905 Wallmow/Uckermark
† 19. 7.1983 Schruns/Österreich

ev.

Eltern: August S., Gutsstatthalter; Wilhelmine geb. Schramm

∞ 23.2.1935 Martha geb. Burmeister (Vater: Wilhelm B., Knappschaftsbeamter)

Kinder: Gerhard (17.5.1938), Ilse (18.9.1940)

Kaempff-Realschule in Berlin; kaufmännische Ausbildung und Tätigkeit als Korrespondent; 1932 Abitur (Sonderreife); Studium in Frankfurt/Main – Diplom-Handelslehrer, 11.6.1937 Dr.rer.pol.; zuletzt Redakteur beim Frankfurter Verlag.

1. 5.1944	DA AA, Handelspolitische Abt., Wissenschaftlicher Hilfsarbeiter
11.12.1944	Dienstvertrag

Literatur:

Friedrich Sarow: Offenmarktpolitik zur Konjunkturregelung. Erfahrungen in England, den Vereinigten Staaten und in Deutschland. München 1937 (Neue Reihe staatswissenschaftlicher Arbeiten 5); ders.: Die deutsche Papierwirtschaft, in: Die Wirtschaftskurve 18 (1939), S.280-291; ders.: Verrechnungszentrum Berlin, in: ebd. 19 (1940), S.181-190; ders.: Dividendenbegrenzung und Kapitalausgleich in: ebd. 20 (1941), S.187-193; ders.: Kautschukherrscher Amerika? in: ebd. 23 (1944), S.423-431; ders.: Die Zukunft Südamerikas, in: ebd., S.543-555; ders.: Von der Kriegsproduktion zur Friedenswirtschaft. Deutschland und die Weltwirtschaft im Frühjahr 1946. Weimar 1946; ders: Kapitalistischer Währungskurs in Berlin, in: Das Sozialistische Jahrhundert 3 (1949), 3, S.121-128; Arno Scholz, Walther G. Oschilewski, Friedrich Sarow: Kurt Heinig. Der Mann und sein Werk. Zum 70. Geburtstag am 19. Januar 1956. Berlin 1956.

Sass, Johann

* 22.12.1867 Koldenbüttel/Eiderstedt
† 19. 8.1951 Regensburg

ev.

Eltern: Ludwig S., Beamter, Regierungs- und Schulrat; Elisabeth geb. Büttner

∞ 28.6.1902 Adele geb. Eckermann (Vater: Christian E., Landesbaurat)

Gymnasium in Wandsbek – 22.2.1887 Abitur; 1887 bis 1892 Studium in Leipzig, Freiburg i.Br. und Berlin: Philologie, Geschichte – 30.6.1892 Dr.phil., 1.3.1928 Dr.jur.h.c. der Universität Königsberg i.Pr.; seit 1.12.1892 Hilfsarbeiter in der Universitätsbibliothek Kiel – 31.5.1895 Befähigungszeugnis für den wissenschaftlichen Bibliotheksdienst, 1.4.1899 Hilfsbibliothekar, seit 1.4.1902 Bibliothekar in der Universitätsbibliothek Berlin.

28.11.1906	Einberufung in das AA, DA 16.12., Leitung der Bibliothek
21.12.1914	Titel Oberbibliothekar
30.12.1914	Ständiger Hilfsarbeiter
17. 1.1921	Amtsbez. Regierungsrat
23. 5.1921	Amtsbez. Oberregierungsrat
8. 3.1928	Vortragender Legationsrat
21. 3.1930	zugleich Vertreter der Reichsregierung im Verwaltungsrat der Deutschen Bücherei in Leipzig
31.12.1932	Versetzung in den Ruhestand zum 31.3.1933

Literatur:

Johann Sass: Zur Kultur- und Sittengeschichte der sächsischen Kaiserzeit. Berlin 1892 (auch unter dem Titel: Deutsches Leben zur Zeit der sächsischen Kaiser); Christian Eckermann: As ik so'n Jung weer. Hrsg. v. Johann Sass. Norden 1906; Johann Sass: Zur Geschichte der Bibliothek des Auswärtigen Amtes, in: Zentralblatt für Bibliothekswesen 29 (1912), H. 1; ders.: Ausgewählte Neuerwerbungen der Bibliothek des Auswärtigen Amts 1914-1918. Berlin 1918; ders.: Die deutschen Weißbücher zur auswärtigen Politik 1870-1914. Berlin 1928; ders.: Die 27 deutschen Parteien 1930 und ihre Ziele. Hamburg 1930; zahlreiche Beiträge in der ADB und im Biographischen Jahrbuch und deutschen Nekrolog.

Nachlass im Politischen Archiv des Auswärtigen Amts.

Sasse, Heinz Günther

* 26. 9.1906 Zehlendorf/Berlin
† 10.11.1982 Berlin

ev.

Eltern: Max S., Bankier; Betty geb. Herrig

⚭ 29.9.1939 Anne Elisabeth geb. Schlettstößer, Bibliothekarin (Vater: Paul Wilhelm S., Beamter im Luftwaffendienst)

Kinder: Hans Jürgen (30.4.1943), Barbara (16.7.1949)

Gymnasium in Berlin-Zehlendorf – 10.3.1927 Abitur; 1927 bis 1932 Studium in Paris und Berlin: Geschichte, Völkerrecht, Volkswirtschaft, Zeitungswissenschaften – 29.10.1936 Dr.phil.; 1.1.1933 bis 31.12.1936 Wissenschaftlicher Hilfsarbeiter in der Zentralstelle für Erforschung der Kriegsursachen, dann Privatassistent des ehemaligen Leiters der Zentralstelle, Alfred von Wegerer, seit 16.5.1938 Tätigkeit bei der Kriegsgeschichtlichen Forschungsanstalt des Heeres, Potsdam; seit 15.5.1939 Militärdienst.

5. 2.1940	DA AA, Wissenschaftlicher Hilfsarbeiter, Personal- und Verwaltungsabt., Politisches Archiv, seit Ende April Tätigkeit für die Kommission zur Auswertung erbeuteter Akten (seit 1.11.1940 Archivkommission), seit Jan. 1941 bei der B Paris, Zweigstelle der Archivkommission, bis 15.10.1941
7. 6.1940	Dienstvertrag

16.10.1941 Rückkehr in die Kriegsgeschichtliche Forschungsanstalt des Heeres, Potsdam; seit 24.2.1942 Militärdienst, 16.8.1944 bis 28.9.1947 in amerik. Kriegsgefangenschaft; 1.3.1948 bis 31.3.1953 Archivar beim Berliner Verlag, Berlin.

27. 1.1954	Einberufung in den Auswärtigen Dienst, AA, Angestellter, DA 1.3., Abt. 1 (Personal und Verwaltung), Ref. 117/Politisches Archiv und Historisches Referat
16. 5.1956	Legationsrat
29. 7.1959	Abt. 7 (Ost), Ref. 701/Deutsche Ostfragen (seit 15.1.1963 Abt. II/Politik, Ref. 2/Deutsche Ostfragen), DA 17.8.
15.11.1963	Legationsrat I.Kl.
13.10.1965	Dienststelle des AA in Berlin, stellvertretender Leiter, DA 15.11., bis 22.5.1966
28. 4.1966	AA, DA 23.5., Abt. Z (Personal und Verwaltung), Leitung des Ref. B 8/Politisches Archiv und Historisches Referat
12. 8.1966	Vortragender Legationsrat
25. 9.1967	Vortragender Legationsrat I.Kl.
1. 7.1971	Versetzung in den Ruhestand zum 30.9.

Dann bis 1973 Mitarbeit bei der Herausgabe der Serie C der „Akten zur deutschen auswärtigen Politik 1918-1945".

Literatur:

Heinz Günther Sasse: War das deutsche Eingreifen in die Bosnische Krise im März 1909 ein Ultimatum? Ein Beitrag zur diplomatischen Geschichte der Vorkriegszeit und zur Bestimmung des Begriffs Ultimatum. Stuttgart 1936; ders.: England, Deutschlands Widerpart. Die deutsch-englischen Beziehungen von 1815-1940. Berlin-Wilmersdorf 1941; ders.: Die ostdeutsche Frage auf den Konferenzen von Teheran bis Potsdam. Tübingen 1954; ders.: Die Entstehung der Bezeichnung „Auswärtiges Amt", in: Nachrichtenblatt der Vereinigung Deutscher Auslandsbeamter e.V. 19 (1956), S. 85-89; ders.: Das Problem des diplomatischen Nachwuchses im Dritten Reich, in: Richard Dietrich, Gerhard Oestreich (Hrsg.): Forschungen zu Staat und Verfassung. Festgabe für Fritz Hartung. Berlin 1958, S.367-383; ders.: Zur Geschichte des Auswärtigen Amts, in: Nachrichtenblatt der Vereinigung Deutscher Auslandsbeamter e.V. 22 (1959), S. 171-191; ders.: Die Vorgeschichte von Austreibungen und Oder-Neisse-Linie, 1939-1945. in: Das östliche Deutschland. Ein Handbuch hrsg. vom Göttinger Arbeitskreis. Würzburg 1959, S.527-578 (engl. The prelude to the expulsions and Oder-Neisse Line from 1939-1945, in: Eastern Germany. A Handbook ed. by the Goettingen Research Committee. Würzburg 1963); ders.: 100 Jahre Botschaft in London. Aus der Geschichte einer Deutschen Botschaft. Bonn, 1963 (Sonderdruck aus dem Mitteilungsblatt der Vereinigung der Angestellten des Auswärtigen Dienstes e.V., H. 10/1962); ders.: Der heutige Stand der Interpretation der Oder-Neiße-Frage nach dem Potsdamer Abkommen. Vortrag v. 30. Okt. 1965, Katholischer Flüchtlingsrat in Deutschland. Würzburg 1965; ders: Das Politische Archiv des Auswärtigen Amts, in: [Almanach 1968 des Carl Heymanns Verlags], Bonn 1967, S. 125-137; ders.: 100 Jahre Auswärtiges Amt: 1870-1970. Bonn 1970; ders.: Die Wilhelmstraße 74-76, 1870-1945. Zur Baugeschichte des Auswärtigen Amts in Berlin, in: Oswald Hauser (Hrsg.): Preußen, Europa und das Reich. Köln 1987 (Neue Forschungen zur Brandenburg-Preußischen Geschichte, Bd. 7), S. 357-376.

Nachlass im Politischen Archiv des Auswärtigen Amts.

Sassenbach, Johannes

* 12.10.1866 Breun/Rheinland
† 19.11.1940 Frankfurt/Main

kath., dann konfessionslos

Eltern: Franz S., Sattlermeister; Sophie geb. Dörpinghaus

ledig

Landschule in Süng und Volksschule in Thier; 1880 bis 1883 Lehre als Sattler, dann Tätigkeit als Sattlergeselle, zuletzt in Berlin; 1891 bis 1923 Verleger, Buchhändler und Redakteur, 1896 bis 1898 Herausgeber der Zeitschrift „Neuland"; Jan. 1891 bis April 1906 Vorsitzender des Allgemeinen Deutschen Sattlervereins (seit 1900 Verband der Sattler und Berufsgenossen), dann bis Juni 1909 2. Vorsitzender, Juni 1902 bis Juli 1919 Mitglied der Generalkommission der Gewerkschaften Deutschlands, dann bis Juni 1923 Mitglied des Vorstands des ADGB; 18.3.1915 bis Sept. 1920 unbesoldeter Stadtrat in Berlin.- SPD (Jan. 1906 bis Mai 1915 Berliner Stadtverordneter).

4.11.1919	Deutsche Kommission zur Wiederanknüpfung wirtschaftlicher Beziehungen mit Italien (seit 29.4.1920 Diplomatische Vertretung, seit 5.11. B) Rom (Quirinal), Sozialattaché, DA 2.4.1920, bis 26.4., erneut vom 11. bis 25.5. und vom 29.9. bis 10.12.

21. 2.1921	DA AA, Sozialsachverständiger, bis 3.3.
14. 4.1921	DA G Brüssel, bis 23.4.
14. 6.1921	DA B Rom (Quirinal), bis 6.7.
22. 7.1921	DA AA, bis 30.7., erneut vom 3. bis 11.9.

1923 bis 1927 Sekretär des Internationalen Gewerkschaftsbundes, Amsterdam, 1927 bis Jan. 1931 Generalsekretär; seit Mai 1931 Wohnsitz in Frankfurt/Main, 7.5. und 15.5. bis 1.6.1934 Verhaftungen wegen „staatsfeindlicher Handlungen" und des „Verdachts zur Vorbereitung zum Hochverrat".

Literatur:

Johannes Sassenbach: Erinnerungen. Faksimile hrsg. von der Johannes-Sassenbach-Gesellschaft. Mit einem Vorwort von Helga Grebing und einer Einleitung von Daniela Münkel. Berlin 1999 (Schriftenreihe der Johannes-Sassenbach-Gesellschaft, Bd. 1, darin Schriften- und Literaturverzeichnis).

Johannes Sassenbach (12.10.1866-19.11.1940). Ehrung in Berlin anlässlich seines 140. Geburtstages. Vorträge, gehalten im Rahmen einer Festveranstaltung der Johannes-Sassenbach-Gesellschaft im Bundesarchiv in Berlin-Lichterfelde am 12. Oktober 2006 anlässlich des 140. Geburtstages von Johannes Sassenbach. Berlin 2007 (Vortragsreihe zur Geschichte der deutschen Gewerkschaftsbewegung, H. 6, darin Schriften- und Literaturverzeichnis).

Jacques Schwarz: Johann Sassenbach (1866-1940), in: Günter Benser, Michael Schneider (Hrsg.): „Bewahren – Verbreiten – Aufklären. Archivare, Bibliothekare und Sammler der Quellen der deutschsprachigen Arbeiterbewegung. Bonn-Bad Godesberg 2009, S. 282-286.

Nachlass im Bundesarchiv (SAPMO), im Archiv der sozialen Demokratie der Friedrich-Ebert-Stiftung, Bonn.

Saucken, Hans von

* 1.11.1893 Königsberg i.Pr.
† 27. 1.1966 New York

ev.

Eltern: Kurt v.S., preuß. Offizier, Lotterieeinnehmer; Anna geb. Freiin von Heyking

∞ 4.10.1932 Nora geb. Menger (Vater: John M., Landrat, Oberregierungsrat)

Kinder: Manfred (26.8.1933), Vera (8.8.1939)

Friedrichs-Kollegium in Königsberg i.Pr. – 1.3.1913 Abitur; Sommer 1913 bis März 1920 Militärdienst: 7.8.1914 Leutnant, seit 5.5.1917 in franz. Kriegsgefangenschaft, 1920 Oberleutnant a.D., 27.8.1939 Hauptmann d.R.; 1913 und 1920/21 Studium in Königsberg i.Pr.: Jura, Staatswissenschaften – 12.11.1921 Dr.rer.pol.- 1.8.1936 NSDAP.

16.12.1921	Einberufung in den Auswärtigen Dienst, AA, Attaché, DA 2.1.1922, Abt. IVa (Osteuropa, Skandinavien), 1.3. bis 17.8. Fortbildungsurlaub
3.12.1923	Diplomatisch-konsularische Prüfung
9. 5.1924	GK Danzig, Amtsbez. Vizekonsul, DA 25.5., bis 2.12.1925
5.12.1925	K Odessa, 12.12.1925 bis 15.3.1926 kommissarische Beschäftigung am GK Charkow, DA in Odessa 16.3.1926, bis Sept. 1928
27. 5.1926	Vizekonsul
21. 6.1928	GK Charkow, DA 27.9., bis 13.12.1928
13. 1.1929	DA K Odessa, kommissarische Leitung, bis 15.2.
12. 2.1929	GK Tiflis, DA 20.2., bis 19.6.1931
15. 4.1931	G Sofia, Amtsbez. Legationssekretär, DA 29.6., bis 8.7.1932
6. 8.1932	K Neapel, Amtsbez. Vizekonsul, DA 13.9., bis 15.11.1934
19.10.1934	GK Istanbul, DA 22.11., bis 16.10.1936
5. 9.1936	Konsul II.Kl.
30. 9.1936	Konsul in Wladiwostok, 14.12.1936 bis 10.1.1937 kommissarische Beschäftigung im AA, Politische Abt., Ref. V/Osteuropa, Übernahme der Geschäfte in Wladiwostok 1.3.1937, bis 10.8. (sowjet. Verlangen nach Schließung des K); Abreise nach Tokyo
25. 9.1937	kommissarische Leitung des GK Hankau, Übernahme der Geschäfte 23.10., bis 12.7.1938
9. 7.1938	kommissarische Leitung des K Tsingtau, Übernahme der Geschäfte 12.8.
15. 3.1940	Konsul in Tsingtau

Nach Kriegsende bis Febr. 1948 in China, April bis Okt. 1948 in Havanna/Kuba, dann in Louisville/Kentucky; Tätigkeit als Übersetzer und Sprachlehrer.

12.11.1951	DA GK New York, Angestellter, Leitung der Pass- und Sichtvermerksstelle
16.12.1958	Beendigung des Dienstverhältnisses

Literatur:

Hans-Eberhard von Saucken: Die Pariser Wirtschaftskonferenz vom 14. bis 17. Juni 1916 und der Friedensvertrag von Versailles. Königsberg i.Pr. 1921.

Nachlass im Institut für Zeitgeschichte, München, und im Politischen Archiv des Auswärtigen Amts.

Saucken, Reinhold von

* 7. 7.1889 Königsberg i.Pr.
† 5. 6.1966 München

ev.

Eltern: Kurt v.S., preuß. Offizier, Lotterieeinnehmer; Anna geb. Freiin von Heyking

∞ I. 15.6.1923 Elisabeth Charlotte geb. Sarawinsky; II. 4.1.1954 Walburga geb. Paula (Vater: Joseph P., Landwirt)

Friedrichs-Kollegium in Königsberg i.Pr. – Sept. 1906 Abitur; 1907 bis 1910 Studium in Heidelberg und Königsberg i.Pr.: Jura, Staatswissenschaften – 5.5.1910 Referendarexamen; seit 29.5.1910 im preuß. Justiz-, seit Juli 1912 im Verwaltungsdienst – 24.1.1920 Assessorexamen; 1.4.1911 bis 31.3.1912 Einjährig Freiwilliger; 1.8.1914 bis 30.11.1918 Militärdienst: Leutnant d.R., 1914 bis März 1918 in russ. Kriegsgefangenschaft; seit Jan. 1920 beim Oberversicherungsamt in Königsberg i.Pr.- Juni 1931 bis Mai 1932 Deutsche Staatspartei, 1939 NSDAP, SS (Sturmbannführer, 17.4.1940 Obersturmbannführer, Standartenführer).

3. 6.1920	Einberufung in den Auswärtigen Dienst, AA, Attaché, DA 31.7., Abt. X (Außenhandel), Ref. L.9/Polen, ehem. Rußland ohne Finnland
31.12.1921	preuß. Regierungsrat
23. 1.1922	Deutsche Vertretung (seit 3.11. B) Moskau, Amtsbez. Legationssekretär, DA 3.3., bis 1.3.1925, 27.9. bis 18.12.1922 kommissarische Leitung der Dienststelle des Dt. Bevollmächtigten in Charkow
11. 6.1923	Legationssekretär
23. 1.1925	K Alexandrien, Amtsbez. Vizekonsul, DA 9.3., bis 27.4.1927
24. 2.1926	Amtsbez. Konsul
18. 3.1927	GK Neapel, DA 8.7., bis 1.4.1928
10. 3.1928	AA, DA 5.4., Abt. IV (Osteuropa, Skandinavien, Ostasien)
6. 6.1928	Abt. P (Presse), Leitung des Ref. IV/Rußland, Kaukasus, Ukraine, Randstaaten, Polen, Persien, Orient
28. 4.1931	Legationsrat
27. 4.1933	Legationsrat I.Kl.
28. 6.1934	Generalkonsul in Memel, Übernahme der Geschäfte 1.10., bis 3.6.1939
25. 5.1939	AA, kommissarische Beschäftigung, DA 8.6.
15.10.1939	bei der Kommission für die Bearbeitung bestimmter dt.-russ. Aufgaben

8.11.1939	„Verbindungsmann zwischen dem deutschen Hauptbevollmächtigten für die Umsiedlung der Volksdeutschen aus dem sowjetrussischen Interessengebiet im ehemaligen Polen und den sowjetrussischen Behörden", DA in Moskau 16.12.
27.11.1939	Vortragender Legationsrat
5. 3.1940	B Moskau, kommissarische Beschäftigung, „Bearbeitung der sich mit der Rücksiedlung der Volksdeutschen aus dem sowjetrussischen Interessengebiet des früheren Polen ergebenden Fragen"
14. 4.1940	Leitung der dt. Delegation in der dt.-sowjet. Zentral-Grenzkommission
24. 5.1940	Gesandter I.Kl.
8. 7.1941	Vertreter des AA (VAA) beim AOK 11, Übernahme der Geschäfte 24.6., bis Sept.
2.12.1941	VAA beim Reichskommissar für die Ukraine, DA in Königsberg i.Pr. 9.12., seit 14.2.1942 in Rowno, zeitweise und zuletzt in Königsberg i.Pr., bis 28.8.1944 (Schließung der Dienststelle)
28. 8.1944	AA
10.10.1944	Leitung der Verbindungsstelle im AA für die Sonderaufgaben der Dienststelle des AA in Wien (Dienststelle Gesandter Altenburg), DA 21.10.

Sauer, Hermann

* 29. 4.1902 Frankfurt/Main
† 15. 2.1959 Geisenheim

ev.

Eltern: Hermann S., Expedient bei der „Frankfurter Allgemeinen Rundschau"; Anna Catherina geb. Engelfried

∞ Elfriede geb. Widmaier (Vater: Missionar, Pfarrer)

Kinder: Helmut (26.10.1934), Reinhardt (22.9.1936), Hartmut (3.10.1940), Otfried (8.2.1945), Hermann (12.3.1949)

1921 Abitur; 1921 bis 1923 Ausbildung am Lehrerseminar in Schlüchtern – Prüfung für das Lehramt an Volksschulen, Prüfung für das Lehramt an Mittelschulen; Studium in Frankfurt/Main, Heidelberg, Marburg, Gießen und Berlin: Theologie, Geschichte, Kunstgeschichte – 27.3.1941 Lic.theol.; seit 1929 Stadtvikar, dann Hilfspfarrer in Frankfurt/Main; Militärdienst.

27. 6.1941	AA, Dienstvertrag als Wissenschaftlicher Hilfsarbeiter, DA 12.6., Personal- und Verwaltungsabt., Ref. Z/Chiffrier- und Nachrichtenwesen
3. 7.1942	Beendigung des Dienstverhältnisses zum 31.8.

Seit 1945 Pfarrer in Geisenheim/Rhein.

Literatur:

Hermann Sauer: Abendländische Entscheidung. Arischer Mythus und christliche Wirklichkeit. Leipzig 1938; ders: Was sollen wir unseren Soldaten sein? in: Das Evangelische Deutschland (1940), Nr. 22; ders.: Die Stunde des Offiziers. Berlin 1938 (2. Aufl. u.d.T. Die Sendung des soldatischen Menschen. Die Stunde des Offiziers. Berlin 1940); ders.: Amt der Christenheit heute. Thesen zur Neubegründung der christlichen Glaubenslehre. Dresden, Leipzig 1940 (Homiletisch-katechetisches Archiv Stück 3); ders.: Europäische Weltpolitik in evangelischer Sicht. Aufsätze zur Neuorientierung des deutschen Menschen. Stuttgart 1955; ders., Erich Przywara: Gespräch zwischen den Kirchen. Das Grundsätzliche. Nürnberg 1957.

Fritz Wenzel: Die abendländische Geschichte vor der Christusentscheidung. Eine Auseinandersetzung mit Hermann Sauer und Oswald Spengler. Leipzig 1938; Friedrich Wilhelm Kantzenbach: Der theologische Publizist Hermann Sauer (1902-1959), in: Deutsches Pfarrerblatt 85 (1985), S. 460-464.

Saunier, Albert

* 11. 1.1880 Stettin
† 29. 8.1932 Berlin

ev.

Eltern: Paul S., Buchhändler; Stiefvater: Dr.jur. Richard Schröder, Universitätsprofessor, bad. Geheimer Rat; Frida geb. Forster

⚭ 24.4.1919 Sophie geb. von Stülpnagel (Vater: Hans v.S., preuß. Offizier)

Stadtgymnasium in Stettin und Gymnasium in Heidelberg – Aug. 1898 Abitur; 1898 bis 1902 Studium in Lausanne, Heidelberg, Erlangen, München und Bonn: Jura – 28.5.1902 Referendarexamen, Jan. 1903 Dr.jur.; seit 23.6.1902 im preuß. Justizdienst – 4.1.1908 Assessorexamen; 1.10.1902 bis 30.9.1903 Einjährig Freiwilliger, 18.12.1905 Leutnant d.R.

11. 8.1908	Einberufung in den Auswärtigen Dienst (konsularische Laufbahn), AA, DA 26.8., Abt. III (Recht)
1.10.1909	Abt. II (Handelspolitik)
10. 2.1910	GK Singapur, DA 29.4., bis 12.6.1914, 27.5. bis 15.12.1913 kommissarische Leitung des K Bombay, 8.4.1913 bis 31.1.1914 Urlaub, währenddessen 26.5. bis 30.6. kommissarische Beschäftigung im AA
15. 3.1910	Charakter als Vizekonsul
11. 4.1914	GK Kapstadt, Ankunft 2.8., 3.8. kommissarische Leitung, bis 4.8. (Kriegszustand), Abreise 19.8.

16.12.1914	Militärdienst (1915 Oberleutnant d.R., später Hauptmann d.R.)
10. 4.1917	DA AA, Abt. IV (Nachrichten), Ref. G/Verbreitung von Nachrichten über feindliche Greueltaten und andere Rechtsverletzungen, Überwachung des Bild- und Filmamtdienstes nach dem Auslande
30. 4.1919	Amtsbez. Konsul
25. 6.1919	Außenhandelsstelle
2. 7.1919	Abt. IB (Personal und Verwaltung), zur Verfügung des Abteilungsleiters
12.11.1919	Ständiger Hilfsarbeiter, Amtsbez. Legationsrat
1. 4.1920	Legationsrat I.Kl.
8. 7.1920	Abt. II (Westeuropa), Ref. Besetzte Gebiete
14. 9.1920	Ref. Va/Vatikan
27. 9.1920	Leitung der Dt. Grenzkommission für Elsaß-Lothringen, Baden-Baden
3.12.1920	zugleich in Abt. IV (Osteuropa), Ref. Rd/Randstaaten, wirtschaftliche Angelegenheiten
31. 3.1921	GK Zürich, DA 11.4., bis 15.2.1923, 29.11. bis 19.12.1922 kommissarische Leitung der Passstelle Bregenz
4.12.1922	Versetzung in den einstweiligen Ruhestand, jedoch Weiterbeschäftigung
8. 2.1923	Leitung der Passstelle Linz, Übernahme der Geschäfte 7.3., bis 2.7.
18. 6.1923	Leitung der Passstelle Wien, Übernahme der Geschäfte 3.7., bis 31.3.1925
17. 3.1925	AA, DA 1.4., beim Kommissar für internationale Schifffahrtsverhandlungen und Delegierten in den Stromkommissionen
4.12.1926	Vortragender Legationsrat
17. 7.1932	Gesandter in Bangkok (Posten nicht mehr angetreten)

Saurma Freiherr von und zu der Jeltsch, Ludwig Anton Graf von

* 25. 8.1893 Dyhernfurth/Niederschlesien

kath.

Eltern: Thassilo Graf v.S. Freiherr v.u.z.d.J., preuß. Offizier; Marie Antoinette geb. d'Abzac Gräfin Hoym, Fideikommissherrin

ledig

Johannes-Gymnasium in Breslau – Ostern 1912 Abitur; 1912 bis 1914 Studium in Freiburg i.Br., München und Halle/Saale: Jura – 31.5.1920 Dr.jur. et rer.pol.; seit 4.8.1914 Militärdienst: 22.3.1915 Leutnant.- NSDAP.

5. 9.1918	Einberufung in den Auswärtigen Dienst (diplomatische Laufbahn), AA, Attaché, DA 19.9., Abt. IA (Politik), 15.3.1919 bis 13.7.1920 Urlaub zur Fortsetzung des Studiums
19. 6.1920	AA, DA 13.7, Abt. II (Westeuropa), 19.1. bis 24.2.1921 kommissarische Beschäftigung bei der dt. Friedensdelegation, Paris, Amtsbez. Legationssekretär
19. 9.1921	Konsularische Prüfung
26.10.1921	GK Posen, Amtsbez. Vizekonsul, DA 8.11., bis 26.4.1922
16. 4.1922	AA, DA 26.6., Abt. IVa (Osteuropa, Skandinavien), Ref. Ru/Rußland
17. 6.1922	Konsularstelle (seit 5.10. GK) Petersburg (Wiedereinrichtung, seit 26.1.1924 Leningrad), DA 22.7., bis 13.8.1925
21. 5.1924	Vizekonsul
23. 7.1925	AA, DA 25.9., Abt. IV (Osteuropa, Skandinavien, Ostasien)
11. 5.1926	B Paris, Amtsbez. Legationssekretär, DA 26.4., bis 10.7.1928
1. 7.1928	AA, DA 12.7., Abt. P (Presse), Leitung des Ref. IIa/Frankreich und Kolonien, Marokko, Belgien und Kolonien, Luxemburg, Schweiz, Völkerbund
31.10.1931	B Rom (Vatikan), DA 22.12., bis 30.10.1933
21.10.1933	AA, DA 1.11., dann Urlaub
21.12.1933	Versetzung in den Ruhestand

Seit Mitte 1941 in Untersuchungshaft, 1942 neunmonatige Haftstrafe aufgrund § 175 StGB; seit Jan. 1945 vermisst.

Literatur:

Ludwig Anton Graf von Saurma-Jeltsch: Der Syndikalismus in Frankreich und die syndikalistischen Tendenzen der deutschen Arbeiterbewegung. Breslau 1920.

Saurma von der Jeltsch, Anton Freiherr von

* 27. 3.1836 Adelsdorf/Schlesien

† 28. 4.1900 Brauchitschdorf/Schlesien

kath.

Eltern: Alexander Freiherr S.v.d.J.-Lorzendorf (15.10.1840 preuß. Grafenstand), Fideikommissherr; Luise geb. Gräfin von Frankenberg und Ludwigsdorf

∞ I. 27.6.1872 Margarete geb. Gräfin von Hatzfeldt-Trachenberg (Vater: Maximilian Graf v.H.-T., preuß. Diplomat)

Kinder: Maximilian (5.4.1873), Carmen (29.11.1875)

Katholisches Gymnasium in Sagan – 18.8.1855 Abitur; 1855 bis 1859 Studium in Bonn, Berlin und Breslau: Jura, Volkswirtschaft – 14.8.1858 Auskultatorexamen; 1855/56 Einjährig Freiwilliger, 15.6.1858 Sekonde-Lieutenant d.R., 2.9.1870 Premier-Lieutenant d.R., 13.4.1878 Rittmeister d.R.,; seit 16.10.1858 im preuß. Justizdienst – 22.9.1860 Referendarexamen; seit 4.10.1860 im preuß. Verwaltungsdienst.

14. 3.1862	Einberufung in den preuß. Auswärtigen Dienst (diplomatische Laufbahn), G St. Petersburg, Attaché, DA 29.3, seit 29.3.1863 Urlaub
15. 1.1864	Diplomatische Prüfung
12. 4.1864	G München, Legationssekretär, kommissarische Beschäftigung, DA 15.4., bis 26.9.
7.10.1864	B Paris, bis Anfang Juli 1867, 1866 Militärdienst, Teilnahme am Krieg gegen Österreich
5. 8.1867	G Madrid, Legationssekretär
1871	Militärdienst, Teilnahme am dt.-franz. Krieg
6. 5.1871	kommissarische Leitung der G Stockholm, Legationssekretär, DA 15.5., bis 26.8.
14.10.1871	kommissarische Leitung der G Kopenhagen, Übernahme der Geschäfte 13.11.1871, bis 15.1.1872
31. 3.1872	AA, DA 1.4., Abt. I (Politische Sachen)
28. 5.1872	Charakter als Legationsrat
12. 7.1872	kommissarische Leitung der preuß. G Dresden, Übernahme der Geschäfte 24.7., bis 9.9.
23.11.1872	kommissarische Leitung der G Kopenhagen, Übernahme der Geschäfte 30.11., bis 31.1.1873
23. 6.1873	kommissarische Leitung der G Madrid, Übernahme der Geschäfte 10.7., bis 14.9.
3. 9.1873	G (seit 7.7.1874 B) Konstantinopel, Legationssekretär, bis 4.6.1875
31. 1.1875	1. Sekretär
22. 4.1875	Generalkonsul in Belgrad, Übernahme der Geschäfte 4.9., bis 22.4.1876
3. 4.1876	Generalkonsul in Alexandrien, Übernahme der Geschäfte 13.7., bis 11.1.1883
3. 7.1882	Charakter als Geheimer Legationsrat
13.11.1882	Gesandter in Bukarest, Übernahme der Geschäfte 28.1.1883, Übergabe des Beglaubigungsschreibens 18.2., bis 28.6.1885
10. 5.1885	Gesandter in Den Haag, Übernahme der Geschäfte 14.7., Übergabe des Beglaubigungsschreibens 23.7., bis 3.4.1891

4. 3.1891	preuß. Gesandter in Stuttgart, Übernahme der Geschäfte 11.4., Übergabe des Beglaubigungsschreibens 18.4., bis 23.6.1893
27. 1.1892	Wirklicher Geheimer Rat mit dem Prädikat Exzellenz
22. 5.1893	Botschafter in Washington (Umwandlung der G in eine B), Übernahme der Geschäfte 27.8., Übergabe des Beglaubigungsschreibens 4.9., bis 26.4.1895
26. 3.1895	Botschafter in Konstantinopel, Übernahme der Geschäfte 20.6., Übergabe des Beglaubigungsschreibens 29.6., bis 9.11.1897
19.10.1897	Botschafter in Rom (Quirinal), Übernahme der Geschäfte 24.11., Übergabe des Beglaubigungsschreibens 5.12., bis 7.7.1899
3. 6.1899	Versetzung in den einstweiligen Ruhestand

Sayn-Wittgenstein-Sayn, Gustav Alexander Prinz zu

✶   4.10.1880 Sayn
† 22. 9.1953 Glion/Montreux

kath.

Eltern: Alexander 4. Fürst zu S.-W.-S. (seit 18.3.1883 Graf von Hachenburg); Yvonne geb. de Blacas d'Aulps

⚭ 30.5.1914 Walburga geb. Freiin von Friesen (Vater: Heinrich Freiherr v.F., Kgl. sächs. Kammerherr und Diplomat)

Kinder: Ludwig (4.5.1915), Heinrich (14.8.1916), Alexander (1.2.1925)

Gymnasium in Baden-Baden – Juli 1901 Abitur; 1901 bis 1905 Studium in Freiburg i.Br., Lausanne und Straßburg: Jura – 11.11.1905 Referendarexamen; seit 9.12.1905 im Justiz- und Verwaltungsdienst des Reichslandes Elsaß-Lothringen.

19.12.1906	Einberufung in den Auswärtigen Dienst (diplomatische Laufbahn), AA, Attaché, DA Jan. 1907, Abt. III (Recht)
28. 1.1907	G Bern, DA 16.2., bis 22.1.1908, 28.9. bis 18.10. kommissarische Leitung, 28.7. bis 17.9. kommissarische Leitung der G Belgrad
8. 1.1908	B Wien, DA 24.1., bis 14.11., 6.8. bis 8.9. kommissarische Beschäftigung an der preuß. G Dresden
19.10.1908	AA, DA 15.11., Abt. II (Handelspolitik)
15.12.1910	Diplomatische Prüfung
18.12.1910	G Sofia, Legationssekretär, DA 9.1.1911, bis 23.7.1912, 29.4. bis Anfang Juli 1912 kommissarische Beschäftigung an der G Bukarest, währenddessen 4.5. bis 24.6. kommissarische Leitung
26. 6.1912	preuß. G München, Legationssekretär, DA 26.7., bis 19.8.1914

14. 8.1914	G Kopenhagen, kommissarische Beschäftigung, DA 23.8., bis 24.11.1919, 21.7. bis 31.10.1919 Urlaub
16. 7.1917	Legationssekretär
16.10.1917	Charakter als Legationsrat
4.11.1919	AA, DA 26.11., Außenhandelsstelle, Ref. L.10/Nordische Länder, seit 12.12. Urlaub
20.12.1919	Legationssekretär (fliegend)
13. 1.1920	Versetzung in den einstweiligen Ruhestand
7.10.1930	Versetzung in den Ruhestand

Wohnsitz in der Schweiz.

Sayur, Michael

* 15. 2.1885 Beirut
† 18.12.1961 Beirut

griech.-kath.-uniert

Eltern: Anton Jussuf S., ehem. lübischer Generalkonsul in Beirut; Ida geb. Wehner

⚭ 13.6.1928 Henriette verw. Krüger geb. Israels

Sophien-Gymnasium in Berlin – 3.3.1904 Abitur; 1904 bis 1908 Studium in Freiburg i.Br. und Berlin: Jura, Staatswissenschaften – 17.1.1908 Referendarexamen, 10.2.1908 Dr.jur.; seit 10.2.1908 im preuß. Justiz-, seit 6.5.1909 im Verwaltungsdienst – 8.2.1913 Assessorexamen; Febr. bis Sept. 1913 Reise nach Syrien und Ägypten; dann im Landratsamt in Ohlau/Schlesien, seit Juni 1914 kommissarischer Landrat in Namslau/Schlesien, 12.7.1919 Landrat, 22.9.1920 Versetzung in den einstweiligen Ruhestand, seit 16.10.1920 im Regierungspräsidium in Breslau.- Zentrum.

15.12.1920	Zuteilung zur Diplomatischen Vertretung (seit Juli 1921 G) Warschau, kommissarische Beschäftigung, DA 31.12., Bearbeitung von oberschlesischen Propagandaangelegenheiten, bis 23.11.1921
15.11.1921	AA, DA 25.11., Abt. IV (Osteuropa)
12.12.1921	DA GK Posen, bis 21.1.1922
22. 1.1922	DA AA, Hilfsarbeiter, Abt. IVa (Osteuropa, Skandinavien, seit 15.7.1924 Abt. IV/Osteuropa, Skandinavien, Ostasien), Ref. Po/Polen
29. 3.1923	G Warschau, DA 29.3., bis 24.6.1927, Leitung der Konsularabt.

14. 4.1923	Amtsbez. Legationssekretär
10.11.1926	Diplomatisch-konsularische Prüfung
27.11.1926	Legationssekretär
21. 4.1927	G Buenos Aires, DA 18.7., bis 19.6.1928
11. 5.1928	G Kowno, DA 17.7., seit 23.4.1931 Urlaub
17. 7.1928	Amtsbez. Gesandtschaftsrat
23.12.1929	Gesandtschaftsrat II.Kl.
4. 8.1931	DA AA, kommissarische Beschäftigung, Abt. IV (Osteuropa, Skandinavien, Ostasien)
15. 8.1931	Versetzung in den einstweiligen Ruhestand
18. 7.1933	Versetzung in den Ruhestand

Dann Wohnsitz in Rom, 1944/45 in brit. Internierung in Süditalien, dann Wohnsitz in Beirut, Tätigkeit als Übersetzer bei einer libanesischen Exportfirma, seit Dez. 1952 Wohnsitz in Damaskus.

6. 1.1953	Amtsbez. Vortragender Legationsrat a.D. (Wiedergutmachungsbescheid gemäß Gesetz zur Regelung der Wiedergutmachung nationalsozialistischen Unrechts für Angehörige des öffentlichen Dienstes vom 11.5.1951)

Literatur:

Michele Sayur: Grundzüge des egyptischen Staatsrechtes. Breslau 1909.

Schaab, Hans-Werner

* 13.10.1910 Trier
† 11. 8.1959 für tot erklärt

kath.

Eltern: Rudolf S., Kaufmann, Fabrikbesitzer; Erna geb. Camphausen

ledig

Gymnasium – 1.3.1929 Abitur; 1929 bis 1933 Studium in Genf, Freiburg i.Br. und Bonn: Jura, Staatswissenschaften – 2.6.1933 Referendarexamen, 31.5.1935 Dr.jur.; seit 7.11.1933 im Justizdienst – 15.9.1937 Assessorexamen; 1.1.1938 bis 1.7.1941 bei den Victoria-Versicherungs-Gesellschaften, Berlin, zuletzt als Leiter der Verwaltungsabt., dann Tätigkeit bei der IG Farben, zugleich Mitarbeiter des Generalbevollmächtigten für Sonderfragen der chemischen Erzeugung beim Beauftragten für den Vierjahresplan; seit 29.12.1941 Militärdienst, Militärverwaltungsrat beim OKW, Wirtschaftsstab Ost, Sondergruppe des Generalbevollmächtigten Chemie.

| 12.1943 | AA, Wissenschaftlicher Hilfsarbeiter, DA Jan. 1944, Handelspolitische Abt., Ref. IVc/Rumänien, Bulgarien |

Literatur:

Hans-Werner Schaab: Die vermögensrechtlichen Wirkungen der Ehevernichtung. Ein Beitrag zur Lehre von der Nichtigkeit und Anfechtbarkeit der Ehe. Berlin 1937.

Schabinger, Emil

(auch Karl Emil Schabinger Freiherr von Schowingen)

* 27. 9.1877 Gernsbach/Baden
† 4. 4.1967 Baden-Baden

ev.

Eltern: Friedrich S., Kommissionskaufmann; Babette geb. Hoffmann

∞ 16.9.1911 Maria geb. Camara-Rodrigues da Silva (portug.-brasil. Staatsangehörige; Vater: Antonio R.d.S., Großkaufmann)

Kind: Karl (12.10.1912)

Gymnasium illustre in Karlsruhe – 14.7.1897 Abitur; 1897 bis 1901 Studium in Heidelberg, Berlin, Freiburg und am Seminar für orientalische Sprachen in Berlin: Jura, Arabisch, Persisch, Türkisch – Juli 1900 Diplom in der syrisch-arab. Sprache, 18.11.1901 1. juristisches Examen, 29.5.1906 Diplom in der pers. Sprache.- 1931 NSDAP.

10. 1.1902	Einberufung in den Auswärtigen Dienst (Dolmetscherdienst), G Tanger, Dragomanats-Aspirant, DA 18.2., bis 7.2.1904
24. 1.1904	K Casablanca, DA 9.2., bis 28.7.1905
25. 7.1905	G Tanger, DA 29.7., bis 19.8.1914 (Schließung der G durch die franz. Militärbehörden in Marokko), Aug. bis Nov. 1905 beim Gesandten Tattenbach in Fes, 29.11.1905 bis 6.6.1906 Urlaub, währenddessen 9.1. bis 22.4.1906 Teilnahme an der Konferenz in Algeciras, seit 17.7.1909 dt. und schwed. Delegierter bei der Entschädigungskommission in Casablanca, 27.8. bis 25.12.1909 zugleich kommissarische Leitung des K Casablanca, 26.12.1909 bis 1.5.1910 Urlaub, 18.8.1910 bis 10.1.1911 Krankenurlaub, 9.5. bis 23.8.1913 Urlaub
8.12.1905	Titel Dolmetscher
19. 2.1910	2. Dolmetscher
20. 7.1914	Konsularische Prüfung

15. 9.1914	AA, DA 1.10., Telegrammzensur
23. 3.1915	Titel Konsul
24. 3.1915	Leitung der Nachrichtenstelle für den Orient
13. 4.1915	Versetzung in den einstweiligen Ruhestand, jedoch Weiterbeschäftigung
22. 2.1916	GK Jerusalem, Ankunft 12.5., 16.5. bis 10.1.1918 kommissarische Leitung des K Jaffa, dann Urlaub und ohne Verwendung

Seit 17.6.1918 Tätigkeit im bad. Ministerium des Innern; 14.6.1919 bis 13.11.1920 beim Reichswanderungsamt, Leiter der Reichsfürsorgestelle für deutsche Wehrmänner aus der Schweiz in Singen/Hohentwiel.

4. 7.1921	AA, kommissarische Beschäftigung, Dragoman z.D., DA 13.7., Abt. X (Außenhandel), Referategruppe VII/Lateinisches Amerika, Iberische Halbinsel
3. 9.1921	Amtsbez. Konsul
9.11.1921	Abt. II (Westeuropa), Ref. Spanien und Besitzungen, seit 24.9.1923 Urlaub, dann ohne Verwendung
18. 7.1933	Versetzung in den Ruhestand

Wohnsitz in Oppenau/Baden.

Literatur:

Karl Emil Schabinger Freiherr von Schowingen: Salomo in der arabischen Literatur, in: Augsburger Postzeitung, Aug. 1895; ders.: „Heldentod", nach dem Arabischen erzählt. Episode von Ǧundaba und der Quattālet eššuǧān, in: Westdeutsche Zeitung v. 10.12.1898; ders.: Marokkos Rolle in der Weltgeschichte, in: Deutsche Marokkozeitung v. 30.10., 2. u. 11.11.1912; ders.: Arabisches [Buchbesprechungen], in: Deutsche Marokkozeitung v. 27.11.1912; ders.: Die Kulturträger in den Maurischen Staaten, in: Die Welt des Islam. Zeitschrift der Deutschen Gesellschaft für Islamkunde. Bd. I, S. 109-126; ders.: Die Geheimnisse des Koran, in: Die Gegenwart 44 (1915), S. 678-682; Schaich Salih Aschscharif Attunisi: Die Wahrheit über den Glaubenskrieg. Übersetzung und Nachwort v. Karl Emil Schabinger Freiherr von Schowingen. Mit einem Geleitwort v. Martin Hartmann. Hrsg. v. d. Deutschen Gesellschaft für Islamkunde. Berlin 1915; Karl Emil Schabinger Freiherr von Schowingen: Zur Geschichte des Saldschugen-Reichskanzler Niṣāmu'l-Mulk, in: Historisches Jahrbuch der Görresgesellschaft 62/69 (1949), S. 250-283; ders.: Misâmulmulk und das Abbasidische Chailfat, in: ebd. 71 (1951/52), S. 91-136; Misâmulmulk: Siyâsatnâma. Gedanken und Geschichten. Zum ersten Male aus dem Persischen ins Deutsche übertragen und eingeleitet v. Karl Emil Schabinger Freiherr von Schowingen. Freiburg, München 1960; Tughrai: Wehklage über Zeit und Welt. Ein berühmtes, früh im Abendland bekann gewordenes arabisches Gedicht. Übersetzt und eingeleitet v. Karl Emil Schabinger Freiherr von Schowingen, in: Historisches Jahrbuch der Görresgesellschaft 83 (1964), S. 278-299; Karl Emil Schabinger Freiherr von Schowingen: ‚Ali Ǧawâd at-Tâhir: at-Tuġra'i (sein Leben und seine Dichtung) [Buchbesprechung], in: Der Islam 42 (1966), S. 285 f.; ders.: Weltgeschichtliche Mosaiksplitter. 1967 (MS im Nachlass).

Nachlass im Politischen Archiv des Auswärtigen Amts.

Schacht, Hans Werner

* 10. 9.1907 Klein Hansdorf/Bargteheide
† 1. 1.1981 Bad Kissingen

ev.-luth.

Eltern: Hinrich Joachim S., Hufner; Johanna geb. Bartelmann

ledig

1927 Abitur; Studium: Jura – 5.6.1935 Referendarexamen; seit 1.10.1935 im hamburg. Justizdienst – 3.7.1939 Assessorexamen.- 1.5.1932 NSDAP, SS.

18. 4.1940	AA, Dienstvertrag als Wissenschaftlicher Hilfsarbeiter, DA 3.4., Kulturpolitische Abt., Ref. K/Beziehungen zum Ausland auf dem Gebiet der Kunst, mehrmalige Reisen als Diplomatischer Kurier
14.11.1941	G Kopenhagen, DA 14.11., Kulturattaché
28.12.1943	Gesandtschaftsrat
16. 3.1945	AA

Später Notar in Hamburg.

Schacht, Roland

* 13. 2.1888 Reichenberg/Böhmen
† 22. 9.1961 Berlin

ev.

Eltern: Eduard S., Schauspieler; Mathilde geb. Quendt

∞ I. Elise geb. von Hager (Vater: Otto v.H., Gutsbesitzer); II. 24.4.1936 Gretchen geb. Zacharias

Realgymnasium – Ostern 1906 Abitur; 1906 bis 1910 Studium in Göttingen, Paris, Berlin, Münster und Greifswald: Neuere Sprachen, Germanistik, Kunstgeschichte – 10.3.1910 Dr.phil., 12.11.1910 1. Staatsexamen für das höhere Lehramt; 1911 bis 1915 Oberlehrer am Böhm'schen Mädchenlyzeum in Berlin; 23.4. bis 22.12.1915 Militärdienst; dann bei der Baudirektion des Generalgouvernements für Belgien, Brüssel; seit Okt. 1916 bei der dt. Zivilverwaltung in Flandern, Bibliothekar, Dolmetscher; seit 1920 nebenberufliche Tätigkeit als Kulturjournalist für den „Berliner Börsen-Courier", die „Grenzboten", die „Preußischen Jahrbücher" und den „Abend", seit 1922 Filmkritiker für den Ullstein-Verlag, 1928 bis 1930 Dramaturg der Universum Film AG, 1941/42 der Tobis-Tonbild-Syndikat AG.

1. 1.1919	DA AA, Abt. IV (Nachrichten, seit Frühjahr 1920 Abt. P/Presse), Ref. J/Innere und auswärtige Politik mit Bezug auf die innere Presse, Lektor
1.12.1920	Dienstvertrag als Hilfsarbeiter
1934	Leitung des Ref. XI/Pressevortrag und Pressebericht
14. 7.1939	Dienstvertrag als Wissenschaftlicher Hilfsarbeiter

Mai bis Okt. 1945 Leiter des Kulturamts in Berlin-Friedenau, zuletzt in Berlin-Schöneberg, dann freier Schriftsteller; 8.6.1951 bis 31.10.1953 Referent im Bundespresseamt.

2.11.1953	AA, Honorarauftrag zur Vorbereitung einer Darstellung der Geschichte des Auswärtigen Amts seit 1914, bis 31.12.1955
1. 2.1956	beim Generalsekretariat der Truppenvertragskonferenz, Überprüfer deutscher Texte, bis 31.8.

Literatur:

Roland Schacht: Die Entwicklung der Tragödie in Theorie und Praxis von Gottsched bis Lessing. Göttingen 1910; ders.: Henri Matisse. Dresden 1922; ders.: Madame Steinhell (Drama). Berlin 1933; ders.: „Sie hat natürlich recht" (Lustspiel). Berlin 1934; ders.: Christine von Schweden (Drama). Berlin 1935; ders.: Mama räumt auf (Lustspiel). Berlin 1936; ders.: Schauspielerin (Schauspiel). Berlin 1936; ders.: Die schöne Frau Gloria (Komödie). Berlin 1938; ders.: „Sprechstunde" (Komödie). Berlin 1939; ders.: Die ganz große Liebe (Lustspiel). Berlin 1940; ders.: Zum Glück gehört Charakter (Lustspiel). Berlin 1940; ders.: Bißchen Charme ins Leben! (Lustspiel). Berlin 1941; ders. (Red.): Theater, Film, Funk. Illustrierte Halbmonatsschrift. Berlin 1946; ders. (Red.): Kristallkugel. Beiträge zum Berliner Kulturleben (Jahrbuch). Berlin 1948; ders.: Liebling der Damen. Berlin 1948 (Sammlung Dichtung und Leben); ders.: Aufstand der Asketen (Roman). Düsseldorf, Köln 1955; ders. Fremdwörter-Lexikon. 2. erw. Aufl. Frankfurt/Main, Berlin 1961 (Ullstein-Bücher 178); außerdem Herausgabe von Texteditionen von Emanuel Geibel und Franz Grillparzer, zahlreiche Übersetzungen aus dem Englischem Französischen, Spanischen und Russischen sowie dt. Bühnenbearbeitungen von Theatertexten.

Nachlass in der Stiftung Archiv der Akademie der Künste, Berlin.

Schack, Eckhard von

* 6. 3.1879 Stendal
† 10. 9.1961 Ludwigsburg

ev.

Eltern: Conrad v.S., preuß. Offizier; Elisabeth geb. von Berg

⚭ I. 2.4.1914 Margarete geb. von Cölln (Vater: Georg v.C., preuß. Kommerzienrat, Großkaufmann); II. 14.2.1948 Susanne-Catherina geb. von Cramon (Vater: Bertram v.C.-Taubadel, Offizier, Fideikommissherr)

Kinder aus I. Ehe: Margarete (29.5.1915), Eckhard (6.4.1923); aus der I. Ehe der II. Frau: Huberta Freiin von Kap-herr (14.3.1944)

Humanistische Gymnasien in Wohlau und Liegnitz – März 1900 Abitur; 1900 bis 1905 Studium in Heidelberg, Leipzig und Berlin: Jura – 6.7.1905 Referendarexamen, 13.12.1906 Dr.jur.; seit 9.2.1906 im hamburg. Justizdienst – 24.6.1909 Assessorexamen.– 1922 bis 1924 DNVP.

25. 3.1910	Einberufung in den Auswärtigen Dienst (konsularische Laufbahn), AA, DA 1.4., Abt. III (Recht)
1. 4.1911	Abt. II (Handelspolitik)
31.12.1911	GK New York, DA 6.2.1912, bis 1.1.1913
23. 1.1912	Charakter als Vizekonsul
13.12.1912	K Chicago, DA 2.1.1913, bis 29.3.
20. 1.1913	kommissarische Leitung des K Cincinnati, Übernahme der Geschäfte 2.4., bis 21.10.
2.10.1913	GK San Francisco, DA 28.10., Jan. 1917 Verurteilung wegen Neutralitätsverletzung zu zwei Jahren Haft, Internierung auf Angel Island und Alcatraz Island, 30.4.1918 Verurteilung wegen Neutralitätsverletzung zu zwei Jahren Haft und 10 000 $ Geldstrafe, seit 3.5. Haft auf McNeils Island, 8.6.1918 bis 13.10.1920 in Leavenworth/Kansas, dann Rückkehr nach Deutschland
23.12.1920	DA AA, Urlaub
16.11.1923	Versetzung in den einstweiligen Ruhestand, außerplanmäßiger Vizekonsul z.D.
21.11.1925	AA, kommissarische Beschäftigung, Vizekonsul z.D., DA 17.11., Abt. IV (Osteuropa, Skandinavien, Ostasien), Leitung des Ref. Aufwertungs- und Liquidationssachen, Staatsangehörigkeitsangelegenheiten (Wiener Abkommen), Fürsorge für den Grundbesitz Deutschstämmiger in Polen, Vertragsverhandlungen

30.11.1925	Amtsbez. Gesandtschaftsrat
24. 4.1926	Legationssekretär
31. 3.1928	Legationsrat I.Kl.
26.11.1928	Vortragender Legationsrat
5. 7.1934	Gesandter in Riga, Übernahme der Geschäfte 27.9., Übergabe des Beglaubigungsschreibens 29.9., bis 1.12.1938
2. 9.1938	Versetzung in den einstweiligen Ruhestand
25. 4.1939	AA, kommissarische Beschäftigung, Gesandter z.D., DA 2.5., Politische Abt., Ref. IV/Südosteuropa
1.11.1940	zugleich Leitung der Archivkommission
25.11.1944	Versetzung in den Ruhestand
25.10.1952	Wiedergutmachungsbescheid gemäß Gesetz zur Wiedergutmachung nationalsozialistischen Unrechts für Angehörige des öffentlichen Dienstes vom 11.5.1951

Literatur:

Eckhard von Schack: Das Inkassomandatindossament unter besonderer Berücksichtigung der §§ 43, 46 KO. Borna-Leipzig 1906.

Nachlass (Handakten) im Politischen Archiv des Auswärtigen Amts.

Schaefer-Rümelin, Max

* 2.11.1889 Ludwigsburg
† 28. 8.1966 Heilbronn

ev.

Eltern: Paul von S., württ. Offizier; Marie geb. Otto

⚭ 3.10.1917 Maria geb. Rümelin, literarische Übersetzerin

Gymnasien in Stuttgart, Straßburg, Berlin und Ludwigsburg – 1907 Abitur; Nov. 1907 bis 1920 Militärdienst: 1916 Hauptmann, seit Juni 1917 Generalstabsoffizier; 1919 bis 1921 Studium in Heidelberg und Kiel: Jura – 28.9.1921 Referendarexamen, 1.7.1922 Dr.jur.- 1.8.1935 NSDAP.

16.12.1921	Einberufung in den Auswärtigen Dienst, AA, Attaché, DA 2.1.1922, Abt. IIb (Österreichische Nachfolgestaaten, Balkan), dann in Abt. IIa (Westeuropa; seit 1.1.1923 Abt. II/West- und Südosteuropa)
29. 5.1923	Diplomatisch-konsularische Prüfung

25. 6.1923	B Paris, Amtsbez. Legationssekretär, DA 13.7., bis 3.5.1926
7. 1.1925	Legationssekretär
5. 5.1926	G Kairo, DA 11.5., seit 9.8.1930 Urlaub
7. 1.1931	AA, DA 23.1.
20. 1.1931	GK Amsterdam, Amtsbez. Vizekonsul, DA 16.2., bis 22.6.1934
24.12.1931	Konsul II.Kl.
28. 5.1934	GK Zürich, DA 9.7., bis 22.8.1936, 16.3. bis 31.3.1936 kommissarische Leitung des K St. Gallen
13. 7.1936	GK Mailand, DA 24.8., bis 5.12.1937
21.10.1936	Konsul I.Kl.
26.10.1937	AA, DA 6.12., Kulturpolitische Abt., Leitung des Ref. U/Hochschulwesen, 23.9. bis 12.10.1939 Dienstleistung zu Propagandazwecken beim AOK 14, 21.11. bis 2.2.1940 Vertreter des AA beim AOK 2
13. 9.1938	Legationsrat I.Kl.
19. 5.1943	B Rom (Quirinal), Amtsbez. Generalkonsul, Kulturreferent, DA 5.7., bis 8.9.
12.10.1943	Generalkonsul
6.11.1943	beim Bevollmächtigten des Großdeutschen Reichs bei der ital. faschistischen Nationalregierung, Fasano, DA 26.10.
15. 1.1945	Versetzung in den einstweiligen Ruhestand

Literatur:

Max Schaefer-Rümelin: Die Donauversinkung. Eine öffentlich-rechtliche Untersuchung. Diss. Kiel 1922; Salvador de Madariaga: Spanien. Wesen und Wandlung. Ins Deutsche übertragen von A. Dombrowsky u. Max Schaefer-Rümelin. Stuttgart 1955.

Schäffer, Armin

* 11. 2.1848 Berlin
† 8.11.1920 Dessau

Vater: Kaufmann

∞ 26.9.1881 Martha geb. Studt (Vater: Rechtsanwalt)

Kinder: Kurt (18.3.1883), Hildegard

Friedrich-Wilhelms-Gymnasium und Handelsschule in Berlin – 28.3.1866 Abitur; 1866 bis Okt. 1868 Tätigkeit in einer Berliner Bank; Aufenthalt in der franz. Schweiz; Sept. 1869 bis Juli 1870 Tätigkeit bei einem Bank- und Rohseidehaus in Mailand; 1.8.1870 bis 31.7.1871 Einjährig Freiwilliger; dann in Italien, 1872 bis April 1874 Tätigkeit in einem Handelshaus in Japan.

1. 5.1875	DA K Yokohama, Hilfsschreiber, bis 1.8.1881, Dez. 1875 bis 8.7.1876 kommissarische Leitung, 17.5.1879 bis 15.6.1880 Urlaub
13. 9.1875	Wahrnehmung der Aufgaben eines Konsulatssekretärs
31. 8.1880	Konsularische Prüfung
19. 5.1881	MR Buenos Aires, Vizekonsul, DA 1.11., bis 22.4.1885
23. 4.1885	DA K Montevideo, kommissarische Leitung, 1.12.1885 bis 15.1.1886 kommissarische Leitung der MR Buenos Aires, 14.5.1886 bis 26.1.1887 und seit 2.6.1892 Urlaub
13.10.1885	Konsul in Montevideo
20.12.1892	Konsul in Kiew, Übernahme der Geschäfte 20.1.1893, bis 20.8.1899
30. 7.1899	Generalkonsul in Odessa, Übernahme der Geschäfte 23.8., bis 15.5.1908
20. 4.1908	Ministerresident in Montevideo (Umwandlung des K in eine MR), Übernahme der Geschäfte 27.7., Übergabe des Beglaubigungsschreibens 30.7., bis 27.7.1911
15. 7.1910	Titel und Rang eines außerordentlichen Gesandten und bevollmächtigten Ministers
29. 2.1912	Versetzung in den Ruhestand

Schätzel, Walter

* 29. 3.1890 Berlin
† 9. 4.1961 Koblenz

ev.

Eltern: Georg S., Rechnungsrat bei der Reichsbank; Agnes geb. Schmidt

∞ I. 25.6.1917 Gertrud geb. Fockenbrock (Vater: Magnus F., Geheimer Rechnungsrat im Kriegsministerium); II. 23.2.1927 Lenore Döhring geb. von Pelchrzim (Vater: Franz v.P., preuß. Offizier)

Kinder aus I. Ehe: Hans Jürgen (30.3.1918), Waltraud (2.8.1920); aus II. Ehe: 1 Tochter

Gymnasialabt. der Hohenzollernschule in Schöneberg/Berlin – 1908 Abitur; 1908 bis 1911 Studium in Lausanne und Berlin: Jura, Staatswissenschaften – 1.7.1911 Referendarexamen, 27.1.1912 Dr.jur.; dann im preuß. Justizdienst – 24.10.1919 Assessorexamen; 4.8.1914 bis Dez. 1918 Militärdienst, 1917/18 bei Militärgerichten im besetzten franz. Gebiet; seit 30.10.1919 Hilfsarbeiter im Reichsjustizministerium, 1.4.1922 Landgerichtsrat in Berlin.

29. 5.1922	DA AA, Abt. V (Recht), Ref. G/Gemischte Schiedsgerichte (seit 1.1.1923 Geschäftsbereich des Kommissars des AA für die Gemischten Schiedsgerichtshöfe und die Staatsvertretungen), Geschäftsstelle Berlin der dt. Staatsvertretung am franz.-dt. Gemischten Schiedsgerichtshof, Gruppe I/Angelegenheiten der in Paris vereinigten Schiedsgerichtshöfe, während der franz. Besetzung des Ruhrgebiets Verteidiger vor Militärgerichten in Recklinghausen
3.1924	DA Geschäftsstelle Paris der dt. Staatsvertretung am franz.-dt. Gemischten Schiedsgerichtshof, zugleich Staatsvertreter am franz.-dt. Gemischten Schiedsgerichtshof, bis 15.3.1927
16. 3.1927	DA Geschäftsstelle Berlin der dt. Staatsvertretung am franz.-dt. Gemischten Schiedsgerichtshof, Gruppe I/Angelegenheiten der in Paris vereinigten Schiedsgerichtshöfe, bis 30.6.1928

23.7.1927 Habilitation, Privatdozent für Staats- und Völkerrecht an der Universität Kiel, seit 1.7.1928 Landgerichtsrat in Kiel, 1931 Oberlandesgerichtsrat in Königsberg i.Pr., 1937 Professor in Königsberg i.Pr., 1941 in Marburg, 1946 in Mainz, 1951 in Bonn.

Literatur:

Erik Brüel, Dimitri Constantopoulos u.a. (Hrsg.): Internationalrechtliche und staatsrechtliche Abhandlungen. Festschrift für Walter Schätzel zu seinem 70. Geburtstag. Düsseldorf 1960 (Nachdruck Goldbach 1995, darin Schriftenverzeichnis); NDB 20, S. 48 (darin Schriften- und Literaturverzeichnis).

Schaffarczyk, Herbert

* 2. 1.1901 Königshütte/Oberschlesien
† 17. 4.1979 Bonn

kath.

Eltern: Johann S., Fabrikant; Martha geb. Greiner

∞ 28.12.1938 Charlotte geb. Franz

Kind: Jutta-Dagmar (3.10.1939)

Gymnasium in Königshütte – 15.2.1921 Abitur; 1921 bis 1924 Studium in München, Freiburg i.Br. und Breslau: Jura, Staatswissenschaften – 9.2.1925 Referendarexamen, 15.6.1925 Dr.jur.; seit 25.3.1925 im preuß. Justizdienst – 11.12.1928 Assessorexamen, 4.3.1931 Amtsgerichtsrat.- 1930 bis 1933 Zentrum.

27. 8.1936	Einberufung in den Auswärtigen Dienst, AA, Attaché, DA 3.9., Politische Abt., Ref. V/Osteuropa, bis 2.3.1938

Dann Landgerichtsrat am Landgericht Berlin.

17.11.1939	AA, DA 13.11., Personal- und Verwaltungsabt., Politisches Archiv
29. 3.1940	Informationsabteilung, bis 31.1.1943

Dann Landgerichtsrat am Landgericht Berlin; seit Juli 1944 und wieder seit 1.6.1945 beim Magistrat von Groß-Berlin, Dezernent im Hauptamt für Kriegssachschäden, später Leiter des Hauptliegenschaftsamts, zugleich Tätigkeit als Rechtsanwalt, Notar und Aufsichtsratsvorsitzender der Kontinentale Öl AG und der Kontinentale Öl Transport AG, Berlin.

13. 7.1950	Einberufung in den Auswärtigen Dienst, Bundeskanzleramt, Dienststelle für Auswärtige Angelegenheiten (seit 15.3.1951 AA), Angestellter, DA 15.9., Abt. IIIa (Recht), Leitung des Ref. III/Staats- und Verwaltungsrecht, Staatsangehörigkeitsrecht, Strafrecht, Passrecht etc.
28. 3.1952	Vortragender Legationsrat
19. 8.1953	Generalkonsul in Barcelona, Übernahme der Geschäfte 4.10., bis 12.2.1959
6. 1.1959	Botschafter in Lissabon, Übernahme der Geschäfte 25.3., Übergabe des Beglaubigungsschreibens 21.4., bis 30.4.1966
21. 3.1966	Versetzung in den Ruhestand

Literatur:

Herbert Schaffarczyk: § 1404 B.G.B. und seine Anwendbarkeit auf das Gesamtgut der vertragsmäßigen Güterstände. Diss. Breslau 1925; ders.: Neues deutsches Paßrecht. Kommentar zum Gesetz über das Paßwesen vom 4.3.1952. Karlsruhe 1954 (2. neu bearb. Aufl. 1956).

Schafhausen, Heinrich

* 29. 7.1911 London
† 9.10.1955 Kalkutta

bis 1954 zugleich brit. Staatsangehöriger

kath.

Eltern: Heinrich S., Beamter im AA; Josefine geb. Zimmermann

∞ 30.11.1946 Gertrud gesch. Denzer geb. Vogel

Schulen in den USA, Köln und Kanada – 1929 Abitur; 1930 bis 1937 Studium in München und Montreal: Jura, Staatswissenschaften, Neuere Sprachen – Mai 1933 B.A., 12.1.1938 Bar Examinations; 1938/39 Rechtssachverständiger der Guardian Trust Co., Montreal.- 1.4.1940 NSDAP.

28. 8.1939	DA GK Ottawa, Bürohilfsarbeiter
2. 9.1939	DA B Washington
11. 9.1939	DA WK Buffalo
28.10.1939	DA GK New York, bis Juni 1941 (Schließung der dt. Konsularbehörden in den USA), Abreise 16.7., zeitweise Tätigkeit als Schriftleiter in der Dt. Informationsbibliothek in New York
19. 8.1941	DA AA, Nachrichten- und Presseabt., Ref. IXb/Mittel- und Südamerika, Spanien, Portugal
24. 9.1941	Dienstvertrag als Wissenschaftlicher Hilfsarbeiter
20. 3.1942	Militärdienst
8.1944	DA AA, stellvertretende Leitung des Nordamerikaprogramms des Dt. Kurzwellensenders Königswusterhausen

1945 bis Herbst 1948 freiberuflicher Übersetzer in Hamburg, dann Marktforscher in den USA, seit 1949 Handelsvertreter einer amerik. Metallwarenfirma, 1950 Vertriebsleiter in Portland/Oregon, später in Oakland/Kalifornien.

12. 7.1954	Einberufung in den Auswärtigen Dienst, Angestellter, GK Kalkutta, Wahrnehmung der Aufgaben eines Vizekonsuls, DA AA 9.8., DA in Kalkutta 17.11.

Schaller, Georg

* 26. 2.1902 Dresden
† 9. 8.1981 Lenggries

ev.-luth.

Eltern: Edmund S., Oberlehrer; Helene geb. Illgen

∞ I. 30.8.1932 Bettina Byrd geb. Beals (gebürtige amerik. Staatsangehörige; Vater: Frank Lee B., Präsident einer Militärakademie in Wisconsin); II. 12.7.1950 Anneliese geb. Klei

Kinder aus I. Ehe: Georg (26.5.1933), Christoph (9.4.1942); aus II. Ehe: Renate (31.12.1953)

Staatsgymnasium in Dresden-Neustadt – 5.3.1921 Abitur; 1921 bis 1925 Studium an der TH Dresden, in München, Kiel und Leipzig: Jura, Staatswissenschaften – 22.5.1924 Dr.jur., 9.5.1925 1. juristisches Examen; seit Mai 1925 im sächs. Justizdienst.- 1.5.1933 NSDAP, 15.3.1941 SS.

28. 4.1927	Einberufung in den Auswärtigen Dienst, AA, Attaché, DA 3.5., Abt. V (Recht)
21.12.1929	Diplomatisch-konsularische Prüfung
10. 4.1930	GK Chicago, Amtsbez. Vizekonsul, DA 16.5., bis 29.8.1932
15. 7.1932	AA, DA 12.9., Protokoll
7.10.1932	Abt. VI (Kultur)
8. 8.1933	G Prag, Attaché, DA 30.8., bis 6.6.1936
5. 3.1934	Legationssekretär
26. 3.1936	GK Kattowitz, Vizekonsul, DA 9.6., bis 1.9.1939 (Kriegszustand)
9. 9.1939	G Kopenhagen, Legationssekretär, DA 15.9., bis 4.10.1942
16. 3.1940	Gesandtschaftsrat
25. 9.1942	AA, DA 6.10., Nachrichten- und Presseabt., Leitung des Ref. VI/Skandinavien
11. 7.1944	Militärdienst
28. 9.1944	Versetzung in den Ruhestand (aufgrund des Führererlasses vom 19.5.1943 über die Fernhaltung international gebundener Männer von maßgebenden Stellen in Staat, Partei und Wehrmacht)
12.1944	Kommandierung zur Dienstleistung im Kriegsgefangenenlager Stalag VII A in Moosburg an der Isar, Gesandtschaftsrat a.D.

1945 bis 1950 Wohnsitz in Bad Orb und Frankfurt/Main, zeitweise kaufmännische Tätigkeit; 1950 bis 1957 Geschäftsführer der Gesellschaft zur Förderung des Deutsch-Amerikanischen Handels mbH, Köln, April bis Okt. 1958 beim dt. Generalkommissar bei der Weltausstellung in Brüssel, Leiter der Informationsabt.; seit 1965 Wohnsitz in Bairawies/Dietramszell.

Literatur:

Georg Schaller: Paneuropa? in: Preussische Jahrbücher 199 (1925), S. 306-324.

Scharfenberg, Dietrich von

* 23. 6.1882 Kalkhof bei Wanfried/Werra
† 2.12.1962 Kalkhof

ev.

Eltern: Karl Xaver v.S., Rittergutsbesitzer, Kgl. preuß. Kammerherr, Offizier; Bertha Julie geb. Freiin von Diergardt

∞ 29.6.1911 Irma geb. von Knoop (Vater: Ludwig v.K., Leiter eines Handelshauses in Manchester)

Kinder: Mary (8.8.1912), Wolfgang (28.11.1914), Harald (15.11.1918)

Joachimsthalsches Gymnasium in Wilmersdorf und Gymnasium in Frankfurt/Main – Ostern 1902 Abitur; 1902 bis 1905 Studium in München und Berlin: Jura – 2.3.1907 Referendarexamen; seit 25.4.1907 im preuß. Justizdienst.

29. 1.1908	Einberufung in den Auswärtigen Dienst (diplomatische Laufbahn), B St. Petersburg, Attaché, DA 25.2., bis 25.5.1909
15. 5.1909	AA, DA Anfang Juni, Abt. IB (Personal und Verwaltung)
21. 6.1911	Diplomatische Prüfung
25. 6.1911	Legationssekretär
22. 9.1911	G Den Haag, 2. Sekretär, DA 13.10., bis 25.10.1913, 11. bis 21.3., 1. bis 21.6., 30.9. bis 28.11.1912, 1. bis 22.4. und seit 24.9.1913 kommissarische Leitung
7.10.1913	G Belgrad, Legationssekretär, DA 1.11., bis 6.8.1914 (Kriegszustand)
9. 8.1914	B Konstantinopel, kommissarische Beschäftigung, DA 16.8., bis 30.10.1918 (Abbruch der diplomatischen Beziehungen gemäß Art. 23 des Waffenstillstandsvertrages zwischen der Türkei und der Entente), Abreise 7.12.
12.11.1914	Versetzung in den einstweiligen Ruhestand, jedoch Weiterbeschäftigung
11. 4.1918	Charakter als Legationsrat
4. 2.1919	DA AA, Abt. IB (Personal und Verwaltung, seit Frühjahr 1920 Abt. I), Ref. Personalien der höheren Beamten, Organisation des Auswärtigen Dienstes etc.
3. 3.1919	Ständiger Hilfsarbeiter
1. 4.1920	Legationsrat I.Kl.
23. 4.1921	G Wien, DA 21.5., bis 14.5.1925
22. 6.1922	Gesandtschaftsrat I.Kl.
30. 4.1925	AA, DA 2.6., Leitung des Ref. D/Deutschland, Innerdeutsche Angelegenheiten
31. 8.1925	Amtsbez. Vortragender Legationsrat
4. 6.1926	Versetzung in den einstweiligen Ruhestand, ohne Verwendung
10.11.1926	AA, DA 25.11., Abt. I (Personal und Verwaltung), Leitung des Ref. H/Personalien der höheren Beamten und Attachés
24.12.1926	Vortragender Legationsrat
30. 7.1930	Versetzung in den einstweiligen Ruhestand
16. 3.1934	Versetzung in den Ruhestand

Nachlass im Politischen Archiv des Auswärtigen Amts und in Privatbesitz.

Scharnagl, Franz

* 9. 1.1916 Eger/Böhmen

gebürtiger österr., dann tschechoslowak. Staatsangehöriger

ledig

Dt. Staats-Realschule in Eger – 1933 Abitur; Besuch der Privat-Handelsschule Bergmann in Prag; 1935 bis 1939 Studium an der Dt. Universität in Prag: Jura – 7.2.1936 rechtshistorische Staatsprüfung, 2.3.1939 judizielle Staatsprüfung, 25.11.1939 Dr.jur.

30.12.1939	DA G Belgrad, Bürohilfsarbeiter, bis 4.4.1941
1. 5.1941	DA AA, Rechtsabt., Ref. V/Arbeitsrecht etc.
27. 6.1941	Dienstvertrag als Wissenschaftlicher Hilfsarbeiter
1.11.1941	Militärdienst

Schattenfroh, Franz

* 17. 9.1898 Linz/Donau
† 31.10.1974 Gehrden/Hannover

gebürtiger österr. Staatsangehöriger

kath., gottgläubig

Eltern: Oskar S.; Johanna geb. Hartig

∞ 18.6.1924 Hermine geb. Schanner

1 Kind (17.12.1924)

Realschule in Linz; Militärdienst: Theresianische Militärakademie in Wiener Neustadt, 18.8.1916 Leutnant, 4.12.1918 Rittmeister a.D.; Studium an der Hochschule für Welthandel in Wien – 1922 Diplom-Kaufmann; Studien in Wien: Jura; Tätigkeit in einem Wiener Industriekonzern, seit 1925 Hauptschriftleiter der „Deutschen Arbeiterpresse", 1.2.1927 bis Aug. 1933 der „Deutschösterreichischen Tageszeitung", mehrmalige Inhaftierung.- Sept. 1926 österr. NSDAP (Mitglied der Landesleitung, 24.5.1932 bis 1.7.1933 Mitglied des österr. Bundesrates, Fraktionsführer, seit April 1938 MdR), 1940 SA (Gruppenführer).

1. 1.1940	AA, Dienstvertrag als Verbindungsmann zum OKW, Amtsbez. Generalkonsul, Vertreter des AA beim AOK 4
5.1942	Kulturpolitische Abt., Leitung des Ref. K/Beziehungen zum Ausland auf dem Gebiet der Kunst
10. 8.1943	Dienstvertrag als Wissenschaftlicher Hilfsarbeiter

Seit 20.11.1944 beim Reichsministerium des Innern, Kommunalabt., 2.2.1945 kommissarischer Landeshauptmann der Provinz Hannover; später Generalvertreter der Zementfabrik Beckum für Niedersachsen.

Literatur:

Franz Schattenfroh: Wille und Rasse. Berlin 1939; ders.: Du und die Partei. Gedanken über die innere und äußere Haltung des Nationalsozialisten. Wien 1940; ders.: Britenfaust und Judengeist. Eine Reise durch Aegypten und Palästina im Schatten des Krieges. Berlin 1940.

Schauenburg-Herrlisheim, Rudolf Freiherr von

* 25.10.1860 Gaisbach bei Oberkirch/Baden
† 23. 5.1923 Gaisbach

kath.

Eltern: Emil Freiherr v.S.-H., Grundbesitzer; Emma geb. Freiin von Schönau-Wehr

∞ 14.10.1901 Bertha geb. Freiin von Ow-Wachendorf (Vater: Hans-Otto Freiherr v.O.-W., Kgl. württ. Kammerherr und Staatsrat, Rittergutsbesitzer, Land- und Forstwirt, Präsident der württ. Zentralstelle für Landwirtschaft, 1876 bis 1906 ritterschaftliches Mitglied der württ. Kammer der Abgeordneten, Mitglied der Ersten Kammer der württ. Landstände, 1878 bis 1880 MdR)

Kinder: Gertrud (10.11.1902), Ulrich (23.4.1905)

Privatunterricht und Gymnasien in Offenburg und Rastatt – 29.9.1879 Abitur; 1879 bis 1883 Studium in Straßburg, Leipzig und Heidelberg: Jura – 9.12.1886 1. juristisches Examen, 1887 Dr.jur.; seit 11.12.1886 im bad. Justiz- und Verwaltungsdienst – 17.6.1890 2. juristisches Examen; 18.8.1896 Ghzgl. bad. Kammerjunker, 11.4.1902 Kammerherr.

2. 9.1891	Einberufung in den Auswärtigen Dienst (konsularische Laufbahn), AA, DA 15.9., Abt. III (Recht)
27.10.1891	Abt. II (Handelspolitik)
8.12.1892	Abt. III (Recht)
21.10.1893	Abt. IB (Personal und Verwaltung)
1. 5.1894	K Neapel, DA 28.5., 17.8. bis 8.10.1895 kommissarische Leitung des GK Genua, seit Anfang Dez. 1895 Urlaub
19. 6.1895	Charakter als Vizekonsul
13. 1.1896	GK Genua, DA 18.1., bis 7.12.1897, 26.5. bis 22.6.1897 kommissarische Leitung des K Basel
2.12.1897	GK Sofia, DA 10.12., bis 19.11.1900, mehrmalige kommissarische Leitung des K Sarajevo
18.11.1900	AA, Hilfsarbeiter, DA 21.11., Abt. II (Handelspolitik)

30. 9.1901	Ständiger Hilfsarbeiter
11.10.1901	Charakter als Legationsrat
6. 7.1903	kommissarische Leitung des K Neapel, Übernahme der Geschäfte 15.7., seit 19.9. Urlaub
17.10.1903	Konsul in Brüssel, Übernahme der Geschäfte 16.11., bis 24.6.1906, 28.8. bis 19.9.1904 kommissarische Leitung des K Mailand
17. 5.1906	Konsul in Palermo, 28.6. bis 8.7. und 21.7. bis Ende Aug. kommissarische Leitung des GK Zürich, Übernahme der Geschäfte in Palermo 11.11., bis 15.1.1915, 29.6. bis 2.9.1907 kommissarische Leitung des K Galatz
14. 1.1915	B Rom (Quirinal), Mitglied der Warenaustausch-Vertrauenskommission, DA 22.1., bis 24.5. (Abbruch der diplomatischen Beziehungen)
10. 2.1915	Charakter als Generalkonsul
27. 5.1915	AA, kommissarische Beschäftigung, DA 31.5., bis 7.7.
31. 5.1915	Versetzung in den einstweiligen Ruhestand
21.12.1915	GK Zürich, DA 30.12., bis 11.6.1918
27. 4.1918	kommissarische Leitung des K St. Gallen, Übernahme der Geschäfte 11.6., bis 31.3.1920, dann ohne Verwendung

Literatur:

Familiengeschichte der Reichsfreiherrn von Schauenburg. Bearb. von Freiherrn Rudolf von Schauenburg. Hrsg. von Freifrau Bertha von Schauenburg. 1954.

Schauffler, Rudolf

* 11. 8.1889 Ulm

† 6. 2.1968

ev.

Eltern: Theodor S., Gymnasiallehrer; Mathilde geb. Schmid

∞ 23.5.1928 Else geb. Krumhaar (Vater: Max K., Forstmeister)

Gymnasium und Realgymnasium in Ulm – 1907 Abitur; 1907 bis 1912 Studium in Tübingen, München und an der TH München: Mathematik, Physik – 14.11.1912 1. Dienstprüfung für das realistische Lehramt/mathematische Richtung; seit 8.11.1912 im württ. Schuldienst – 18.11.1913 2. Dienstprüfung für das realistische Lehramt; dann Hilfslehrer in Stuttgart, 4.7.1918 Oberreallehrer; seit 15.1.1915 Militärdienst, seit Mai 1916 bei der Nachrichtentruppe im Großen Hauptquartier, Entzifferungsstelle.- 1.1.1942 NSDAP.

1.12.1918	DA AA, Wissenschaftlicher Hilfsarbeiter, Politische Nachrichtenstelle
21.12.1920	Übernahme in den Auswärtigen Dienst, Anwärter für den höheren Chiffrierdienst, Chiffrierbüro, seit 1.10.1919 Personal- und Verwaltungsabt., Chiffrier- und Nachrichtenwesen (seit Dez. 1926 Ref. Z), seit März 1945 in der Ausweichstelle des AA in Schloss Burgscheidungen
20. 4.1923	Regierungsrat
21. 7.1937	Oberregierungsrat

Seit 21.4.1945 in amerik. Internierung, 8.5. bis 9.6.1945 Internierung in London, dann bis 4.1.1946 zu Befragungszwecken in Marburg; dann als Statistiker in der Universitätsverwaltung in Marburg, zugleich Lehrtätigkeit, 14.9.1948 Dr.phil.; 24.4.1950 bis 31.3.1954 Mitglied des Wissenschaftlichen Beirats für Chiffrierwesen beim AA; 1. bis 28.2.1955 Sonderauftrag des AA zur Anfertigung einer wissenschaftlichen Arbeit über die Kommunikationstheorie, Abfassung mehrerer Abhandlungen zur Kryptologie.

Literatur:

Theodor Schauffler: Goethe's Leben, Leisten und Leiden in Goethe's Bildersprache. Hrsg. v. Rudolf Schauffler. Heidelberg 1913; Rudolf Schauffler: Über wiederholbare Funktionen, in: Mathematische Annalen 84 (1921), S.137-142; ders.: Eine Anwendung zyklischer Permutationen und ihre Theorie. Diss. Marburg 1948; ders.: Über die Bildung von Codewörtern, in: Archiv der elektrischen Übertragung 10 (1956), S. 303-314; ders: Die Assoziativität im Ganzen, besonders bei Quasigruppen, in: Mathematische Zeitschrift 67 (1957), S.428-435; Fumitomo Maeda: Kontinuierliche Geometrien. Aus dem Japanischen übers. u. f. d. dt. Ausgabe bearb. v. Sibylla Crampe, Günter Pickert u. Rudolf Schauffler. Berlin 1958; Rudolf Schauffler: Über wiederholte Funktionen, in: Mathematische Annalen 78 (1964), S.52-62.

Nachlass (Lebenserinnerungen) im Politischen Archiv des Auswärtigen Amts.

Schaumburg-Lippe, Stephan Prinz zu

* 21. 6.1891 Stadthagen
† 10. 2.1965 Kempfenhausen/Starnberger See

ev.-ref.

Eltern: Georg Fürst z.S.-L., Landesherr; Marie Anna geb. Prinzessin von Sachsen-Altenburg, Herzogin von Sachsen

∞ 4.6.1921 Ingeborg Alix geb. Herzogin von Oldenburg (Vater: Dr.Ing.h.c. Friedrich August Großherzog von Oldenburg, Landesherr, preuß. Offizier)

Kinder: Marie-Alix (2.4.1923), Georg-Moritz (9.3.1924)

Kadettenkorps – 1910 Abitur; ein halbes Jahr Sprachstudien in Paris, seit 1.2.1911 im preuß. Militärdienst, Dez. 1916 Rittmeister.

1915	Kommandierung zur G Bukarest, DA 1.11., bis 1.8.1916

1917 Leiter der Politischen Abt. des Gouvernements Bukarest.

1918	Kommandierung zur Dienstleistung ins AA, DA 1.10., bis 9.11.

1919 bis 1921 Tätigkeit in der Hofkammer in Bückeburg; 1924/25 Studienreise durch Niederländisch-Indien; seit 1928 Wohnsitz in Monaco.- 1919 bis 1924 DNVP, 1.10.1930 NSDAP, SS (Hauptsturmführer, Sturmbannführer, Obersturmbannführer).

20. 7.1933	Einberufung in den Auswärtigen Dienst, G Sofia, Hilfsarbeiter, DA 26.7., bis 30.6.1936
29.11.1933	Legationssekretär
9. 5.1934	Diplomatisch-konsularische Prüfung
9. 4.1936	1. Legationssekretär
11. 6.1936	B Rom (Quirinal), DA 6.7., bis 16.9.1938
15. 8.1936	Gesandtschaftsrat II.Kl.
24.11.1937	Gesandtschaftsrat I.Kl.
15. 8.1938	B Rio de Janeiro, DA 26.10., bis 30.5.1940
27. 4.1940	B Buenos Aires, DA 4.6., bis 13.9.1942
22. 7.1942	Leitung des GK Valparaíso, Übernahme der Geschäfte 15.9., bis 20.1.1943 (Abbruch der diplomatischen Beziehungen), 29.9.1943 Abreise
15.12.1943	DA AA, dann Urlaub
28. 9.1944	Versetzung in den Ruhestand (aufgrund des Führererlasses vom 19.5.1943 über die Fernhaltung international gebundener Männer von maßgebenden Stellen in Staat, Partei und Wehrmacht)

März/April 1945 Abwehrbeauftragter des SD bei der Firma Thomsen & Co., Werft, Fahrzeug- und Maschinenfabrik GmbH, Boitzenburg/Elbe.

Literatur:

Alexander vom Hofe: Vier Prinzen zu Schaumburg-Lippe und das parallele Unrechtsystem. Madrid 2006, S. 77-86.

Scheer, Walter

* 25. 2.1901 Breslau
† 2. 3.1979 Bad Aibling

ev.

Eltern: Hermann Polko; Ida Scheer

Studium: Jura – 25.6.1925 Referendarexamen, 4.11.1929 Assessorexamen; zuletzt Amtsgerichtsrat.

   1. 5.1942   DA AA, Rechtsabt., Ref. I/Völkerrecht etc.

Scheer, Wilhelm

*   9. 9.1875 Oranienbaum/Dessau

verheiratet

Kind: Wolfgang (9.6.1919)

Studium: Physik – 15.8.1904 Dr.phil.; Kreisschulinspektor; Studium: Jura – 22.1.1914 Dr.jur.; Oberregierungsrat a.D.

30. 6.1941	AA, Dienstvertrag als Wissenschaftlicher Hilfsarbeiter, DA 23.6., Personal- und Verwaltungsabt., Ref. Z/Chiffrier- und Nachrichtenwesen
23. 9.1941	Beendigung des Dienstverhältnisses zum 30.9.

Literatur:

Wilhelm Scheer: Die Verwendung des Kohärers zur Messung von Dielektricitätskonstanten. Greifswald 1904; ders.: Die Zeugenaussage und die Vorstellungstypen der Kinder. Langensalza 1914; ders.: Lerntechnik und Berufsarbeit. Langensalza 1916; ders.: Neudeutsche Arbeitsweise und Arbeitsgemeinschaft im Organisationsstaat. Eine sozialökonomische Betrachtung. Langensalza 1917; ders.: Die verbesserte russische Rechenmaschine als Gruppenmaschine. Langensalza 1918; ders.: Freiheit, Gleichheit, Brüderlichkeit im sozialen Organismus. Breslau 1919.

Scheffler, Georg

*   9. 7.1888 Danzig

ev.

Eltern: Georg S., Oberpostassistent; Marie geb. Czygan

ledig

Lessing-Gymnasium in Berlin – Febr. 1907 Abitur; 1907 bis 1910 Studium in Berlin und am Seminar für orientalische Sprachen in Berlin: Jura, Chinesisch – 23.7.1909 Diplomprüfung in der chin. Sprache, 19.11.1910 Referendarexamen; 1.10.1910 bis 30.9.1911 Einjährig Freiwilliger; seit 19.10.1911 im preuß. Justizdienst.

24.10.1911	Einberufung in den Auswärtigen Dienst, (Dolmetscherdienst), G Peking, Dolmetscher-Eleve, DA 26.11., bis 9.4.1912
15. 3.1912	K Tientsin, DA 10.4., bis 20.9.
23. 9.1912	GK Shanghai, DA 26.9., bis 30.4.1914
10. 2.1914	K Nanking, DA 2.5., bis 14.3.1917 (Abbruch der diplomatischen Beziehungen), Abreise 6.4., 13.4. bis 14.10.1916 kommissarische Leitung
21. 6.1917	Militärdienst (3.1.1918 Leutnant d.R.)
6. 7.1918	G Stockholm, DA 15.7., Handelsabt., seit 3.2.1920 Urlaub
19. 9.1919	Amtsbez. Vizekonsul
11. 8.1920	DA AA, Abt. II (Westeuropa), Ref. Besetzte Gebiete
18.11.1920	Abt. VII (Ostasien)
5. 1.1921	Konsularische Prüfung
29. 7.1921	GK Hankau, Vizekonsul, DA 16.1.1922, bis 7.5.1926
27. 1.1926	GK Canton, DA 19.5., seit 4.2.1927 Urlaub
23. 6.1926	Amtsbez. Konsul
27. 6.1927	GK Batavia, DA 16.10., bis 2.3.1929
25. 8.1928	GK Tientsin, DA 23.3.1929, bis 24.6.1931
20. 4.1931	GK Shanghai, DA 27.6., bis 21.2.1932
8. 6.1931	K Chungking, DA 11.3.1932, bis 19.12., 12.3. bis 1.12. kommissarische Leitung
3. 6.1932	Konsul II.Kl.
18. 1.1933	G Peking, DA in der Dienststelle Nanking 10.1., seit 27.4. Urlaub
24.12.1933	DA GK Tientsin, bis 9.4.1934
10. 3.1934	GK Osaka-Kobe, DA 14.4., bis 16.3.1935, 15.7. bis 3.10.1934 und 12.11.1934 bis 9.1.1935 kommissarische Leitung
20. 2.1935	GK Hankau, DA 25.3., bis 14.11.
10.10.1935	K Chungking, DA 25.11., bis 12.9.1938, seit 1.12.1935 kommissarische Leitung
30. 6.1936	Konsul in Chungking
6. 9.1938	kommissarische Leitung des GK Hankau, Übernahme der Geschäfte 14.9., seit 10.2.1940 Urlaub
15. 4.1939	Konsul I.Kl.
5. 7.1940	Versetzung in den einstweiligen Ruhestand

Wohnsitz in Berlin, seit 1.9.1942 in Johannisburg/Ostpreußen.

Scheffler, Leopold

* 18.11.1898

verheiratet

Kind: Klaus Norbert (19.11.1928)

Seit 10.12.1923 bei der Reichsbank, 1.10.1928 Reichsbankinspektor, 1.7.1930 Reichsbankoberinspektor, 1.11.1931 Reichsbankamtmann, 1.6.1933 Reichsbankrat, 1.10.1936 Direktor einer Reichsbanknebenstelle, 1.4.1940 Direktor bei der Reichsbank, 1.2.1943 Reichsbankdirektor.

27. 3.1944	DA G Budapest

Scheibert, Peter

* 3. 5.1915 Lichterfelde/Berlin
† 31. 3.1995 Berlin

ev.

Eltern: Friedrich Wilhelm S., preuß. Offizier; Johanne geb. Prinz

ledig

Reformrealgymnasium in Berlin-Lichterfelde – Ostern 1933 Abitur; 1933 bis 1939 Studium in Berlin, Breslau und Königsberg i.Pr.: Geschichte, Kunstgeschichte, Slawistik, Philosophie – 20.6.1939 Dr.phil.; Studienreisen in Nord- und Osteuropa, Juni bis Dez. 1938 in Helsinki.- 1.5.1937 NSDAP, SA.

3.11.1939	DA AA, Wissenschaftlicher Hilfsarbeiter, Personal- und Verwaltungsabt., Politisches Archiv/Kommission zur Auswertung erbeuteter Akten (seit 1.11.1940 Archivkommission), zeitweise Auswertung niederl. Akten
7.1941	beim Sonderkommando des AA von Künsberg (Beschlagnahme diplomatischer Akten, später auch anderer Kulturgüter in von dt. Truppen besetzten Ländern)

Seit 1.4.1942 Militärdienst (Waffen SS), Untersturmführer (F), seit 1.8.1943 beim RSHA, Abt. VI G (Wissenschaftlich-methodischer Forschungsdienst) und Abt. III C (Kultur), dann bis April 1944 „Sonderauftrag zur Sicherung von Kunstschätzen" in Rom und Fasano.

17. 4.1944	AA, Kulturpolitische Abt., Ref. Gen.II/Allgemeine Fragen der Auslandsinformation
31. 7.1944	G Budapest, DA 1.9., bis 6.10.
4.10.1944	K Kaschau, Informationsbeauftragter, Bearbeitung der Propagandamaßnahmen im russinischen Raum (Flugzettel und Plakatpropaganda), dann bei der Armeegruppe Heinrici, Abtransport ungar. Wehrpflichtiger aus der Slowakei, zuletzt bei der Dienststelle Gesandter Altenburg, Wien
14.12.1944	Ausweichstelle der G Budapest in Steinamanger, Gehilfe des Kulturreferenten

Tätigkeit als Gutachter für das westdeutsche Bibliothekswesen im Auftrag der Notgemeinschaft der deutschen Wissenschaft, 1952 Habilitation, 1955 Privatdozent in Köln, 1959 außerordentlicher, 1960 ordentlicher Professor für osteuropäische Geschichte in Marburg, 1972/73 Gastprofessor an der Columbia University, New York.

Literatur:

Schriftenverzeichnis in Inge Auerbach, Andreas Hillgruber, Gottfried Schramm (Hrsg.): Felder und Vorfelder russischer Geschichte. Studien zu Ehren von Peter Scheibert. Freiburg i.Br. 1985, S. 322-341.

Inge Auerbach, Hans Lemberg (Hrsg.): Peter Scheibert zum Gedächtnis. Nachrufe – Erinnerungen – Würdigungen. Marburg 1997 (Schriften der Universitätsbibliothek Marburg, 80).

Nachlass im Hessischen Staatsarchiv, Marburg.

Scheidemann, Ulrich

* 21. 5.1870
† 23.12.1932 Dresden

Vater: Dr.med. S., Generalarzt a.D., Medizinalrat

∞ 27.8.1913 Margarethe geb. Balke

Landwirtschaftliche Ausbildung und Tätigkeit; 1889 bis 1891 Studium an der Landwirtschaftlichen Hochschule in Berlin – Ostern 1891 Abgangsprüfung; dann Tätigkeit als Inspektor auf einem landwirtschaftlichen Gut, 1892 Studienreise nach England; Landwirt in Wulka/Posen.

29. 6.1895	B Wien, Landwirtschaftlicher Sachverständiger, DA 27.7., bis April 1898
29. 3.1898	G Bukarest, Landwirtschaftlicher Sachverständiger, DA 22.4.
16. 9.1905	Entlassung aus dem Reichsdienst zum 31.3.1906

Dann Wohnsitz in Dresden; 5.10.1922 bis 1.7.1928 Wissenschaftlicher Hilfsarbeiter beim Landeskulturrat Sachsen (Landwirtschaftskammer für den Freistaat Sachsen).

Scheiger, Franz von

* 22. 2.1891 Graz
† 1960

gebürtiger österr., seit 25.10.1929 dt. Staatsangehöriger

kath.

ledig

1908 Abitur; 1911 bis 1919 im österr.-ungar. Militärdienst: zuletzt Hauptmann, Charakter als Major; 1921 bis 1923 Straßenbautechniker der albanischen Regierung.

6.11.1923	DA Diplomatische Vertretung (seit 17.6.1925 G, seit 23.10.1930 K, seit 14.6.1934 G, seit 1.4.1939 GK) Tirana, Hilfsdragoman, später Amtsbez. Handelsattaché, bis 18.2.1943
22. 7.1941	Dienstvertrag als Wissenschaftlicher Hilfsarbeiter
2.12.1942	AA, DA 12.3., dann Krankenurlaub
30. 6.1943	DA Politische Abt., Ref. IV/Italien und Balkan
11. 7.1944	DA G Tirana, bis 16.10.1944, dann bei der Dienststelle des AA für Griechenland, Serbien, Montenegro und Albanien, Wien

Später Wohnsitz in Graz.

Nachlass in der Österreichischen Nationalbibliothek, Wien, und im Wissenschaftszentrum Ost- und Südosteuropa, Regensburg (darin Franz von Scheiger: Bibliographie zum albanischen Nationalitätenproblem. Kiel 1925; ders.: Albanien. Geographischer Abriß, Bevölkerung, Geschichte. o.O. o.J.; ders.: König Zog I. Eine biographische Skizze. Graz o.J.; ders.: Die Vorgeschichte des Kabinettswechsels in Albanien im November 1936. o.O., o.J.; ders.: Die Arbeit der österreichischen Ingenieure in Albanien. o.O., o.J.).

Scheliha, Rudolf von

* 31. 5.1897 Zessel/Oels
† 22.12.1942 Berlin (hingerichtet)

ev.

Eltern: Rudolph v.S., preuß. Offizier, Grundbesitzer; Elisabeth geb. von Miquel

∞ 24.10.1927 Marie-Louise geb. Edle von Medinger (gebürtige österr. Staatsangehörige; Vater: Ing.agr. Dr.phil. Wilhelm Edler v.M., Großindustrieller)

Kinder: Sylvia (14.11.1930), Elisabeth (9.3.1934)

Privatunterricht, Gymnasien in Oels und Wohlau – Febr. 1915 Abitur; 1.3.1915 bis 23.12.1918 Militärdienst, Nov. 1916 Leutnant d.R., später Oberleutnant d.R.; 1918 bis 1921 Studium in Breslau und Heidelberg: Jura – 11.10.1921 1. juristisches Examen; seit Ende 1921 Volontär bei der Handelskammer in Hamburg, seit 15.2.1922 Tätigkeit in der Zweigstelle des AA für Außenhandel in Hamburg.- 1.7.1933 NSDAP.

30. 6.1922	Einberufung in den Auswärtigen Dienst, AA, Attaché, DA 1.9., Abt. IVa (Osteuropa, Skandinavien)
31.12.1922	Abt. III (Britisches Reich, Amerika, Orient)
28.10.1924	Abt. II (West-, Süd- und Südosteuropa)
15.12.1924	Diplomatisch-konsularische Prüfung
5. 1.1925	G Prag, DA 21.1., bis 15.9.1926
30.11.1925	Amtsbez. Legationssekretär
12. 8.1926	B Konstantinopel, DA 20.9., seit 13.12.1928 Dienstsitz in Ankara, bis 30.5.1929
4. 6.1927	Legationssekretär
16. 4.1929	GK Kattowitz, Vizekonsul, DA 12.6., bis 16.10.1932
14. 7.1932	G Warschau, Legationssekretär, DA 17.10., bis 27.8.1939, 27.6. bis 26.7.1938 kommissarische Leitung des K Brünn
28. 9.1937	Gesandtschaftsrat II.Kl.
1.11.1939	DA AA, Protokoll
1.12.1939	Informationsabt., Leitung des Ref. XI/Bekämpfung der feindlichen Greuelpropaganda
10. 7.1941	Legationsrat I.Kl.
11.12.1942	Entlassung aus dem Reichsdienst

29.10.1942 Verhaftung, Prozess vor dem 2. Senat des Reichskriegsgerichts, 14.12. Verurteilung zum Tod wegen Landesverrats; Okt. 1995 Urteilsaufhebung durch das Verwaltungsgericht Köln.

Literatur:

Ulrich Sahm: Rudolf von Scheliha. Ein deutscher Diplomat gegen Hitler. München 1990; Susanne Kienlechner: The Nazi *Kultur* in Poland. Rudolf von Scheliha und Johann von Wühlisch. Zwei Deutsche Diplomaten gegen die nationalsozialistische Kultur in Polen: http://www.zukunft-braucht-erinnerung.de/images/stories/Zweiter_Weltkrieg/scheliha_070623.pdf (24.11.2011).

Scheller-Steinwartz, Robert von
(seit 3.10.1912 sächs.-altenburg. Adelsstand)

* 17. 7.1865 Dresden
† 23. 4.1921 München

ev.-luth.

Eltern: Richard Scheller, Kommerzienrat, Generalkonsul von Portugal; Elise geb. Steinwartz

∞ 7.4.1915 Maria geb. Guillaume verw. Neven du Mont

Gymnasium in Dresden-Neustadt – Ostern 1884 Abitur; 1884 bis 1887 Studium in Heidelberg, Göttingen und Halle/Saale: Jura – 11.6.1887 Referendarexamen, 22.7.1887 Dr.jur.; 1.10.1887 bis 30.9.1888 Einjährig Freiwilliger, 9.11.1889 Sekonde-Lieutenant d.R., Juli 1897 Premier-Lieutenant d.R.; seit 31.10.1888 im Justiz- und Verwaltungsdienst des Reichslandes Elsaß-Lothringen – 15.4.1893 Assessorexamen; Okt. 1893 bis März 1900 im Reichsamt des Innern, 1895 neunmonatige Reise in die USA, 1897 achtmonatige Reise durch Europa und den Nahen Osten mit dem Prinzen von Sachsen-Altenburg.

21. 3.1900	Attachierung zur B London, unentgeltliche Beschäftigung, DA 3.4., bis 17.11.
1.12.1900	Zulassung zur diplomatischen Laufbahn
7. 5.1901	Legationssekretär
4. 7.1901	B London, 3. Sekretär, DA 9.7., seit 5.7.1902 Urlaub
24. 7.1902	2. Sekretär
30.10.1902	G Bukarest, Legationssekretär, DA 8.11., bis Ende März 1903
11. 3.1903	B Washington, Wahrnehmung der Geschäfte des 2. Sekretärs, DA 23.4., bis 21.12.1905
2. 7.1903	2. Sekretär
24.12.1904	Charakter als Legationsrat
11. 4.1906	G Kristiania, Legationssekretär, DA 29.4., bis 30.10.1908, 14.8. bis 23.9.1906 und 17.11. bis 30.11.1907 zugleich kommissarische Leitung des GK Kristiania
10.10.1908	Gesandter in Addis Abeba, Übernahme der Geschäfte 8.12., Übergabe des Beglaubigungsschreibens 20.2.1909, bis 27.8.1910
22.12.1911	kommissarische Leitung der G Guatemala, Übernahme der Geschäfte 11.2.1912, Übergabe des Beglaubigungsschreibens 17.2., bis 1.5.1912
28. 8.1912	Entlassung aus dem Reichsdienst

4.10.1912 bis Mai 1915 leitender Staatsminister von Sachsen-Altenburg, Wirklicher Geheimer Rat mit dem Prädikat Exzellenz, später Leitung der Inlandsstelle des Presseamts der OHL.

Literatur:

Robert von Scheller-Steinwartz: Amerika und wir. Ein Wink am Scheideweg. München 1919; ders.: Niederbruch und Aufstieg. Wege zu Deutschlands Errettung. Leipzig 1921; ders.: Unsere Diplomatie im Weltkriege, in: Handbuch der Politik. Bd. 2. S. 203-207, Berlin, Leipzig 1920; ders.: Auswärtige Politik und Diplomatenkunst, in: ebd. Bd. 3, S. 345-351. Berlin und Leipzig 1921; ders: Reform des Auswärtigen Dienstes, in: ebd. S. 355-359.

Nachlass im Bundesarchiv.

Schellert, Gerhard

* 28. 9.1887 Farsleben/Wolmirstedt
† 23. 2.1966 Marburg/Lahn

ev.

Eltern: Hermann S., Superintendent; Anna geb. Loß

∞ 23.3.1924 Eva geb. Hirschfeld (Vater: Paul H., Beamter im Auswärtigen Dienst)

Kinder: Jürgen (22.3.1925), Peter (23.12.1927), Dietrich (11.4.1930)

Gymnasium in Dessau – 1906 Abitur; 1906 bis 1909 Studium in Lausanne, München, Berlin und Halle/Saale: Jura – 18.9.1909 Referendarexamen, 15.6.1910 Dr.jur.; seit 2.10.1909 im preuß. Justizdienst – 26.12.1914 Assessorexamen; 1.10.1910 bis 23.5.1911 Einjährig Freiwilliger; Dez. 1914 bis Dez. 1918 Militärdienst, Juli 1915 bis Mai 1918 in russ. Kriegsgefangenschaft.- 1925 bis 1927 DNVP, 1.1.1942 NSDAP.

21. 3.1919	Einberufung in den Auswärtigen Dienst, AA, DA 11.4., Außenhandelsstelle
19. 7.1920	G Belgrad, Amtsbez. Legationssekretär, DA 8.8., bis 23.6.1923
31. 1.1921	Legationssekretär
27. 7.1922	AA, DA 27.6.1923, Abt. V (Recht), Ref. J/Völkerrecht
6. 8.1925	Amtsbez. Gesandtschaftsrat
24.12.1926	Legationsrat
3.12.1927	Konsul in Preßburg, Übernahme der Geschäfte 12.1.1928, bis 22.6.1932

23. 5.1932	G Buenos Aires, DA 27.7., bis 28.11.1934
3. 6.1932	Gesandtschaftsrat II.Kl.
22.12.1932	Gesandtschaftsrat I.Kl.
22. 6.1934	AA, DA 2.1.1935, Abt. I (Personal und Verwaltung; seit 15.5.1936 Personal- und Verwaltungsabt.), 16.1. bis Nov. 1935 Leitung des Ref. B/Besoldungs- und Versorgungsangelegenheiten, Reisekosten etc., dann Leitung der Haushalts- und Finanzangelegenheiten
9. 6.1936	Vortragender Legationsrat
20. 4.1939	Generalkonsul in Antwerpen, Übernahme der Geschäfte 2.6., bis 2.5.1940, Mai 1940 zeitweise Vertreter des AA bei den Heeresgruppen A und B, 14.6. bis 28.7.1940 Leitung der Abwicklungsstelle des GK Antwerpen
21. 8.1940	bei der dt. Waffenstillstandsdelegation für Wirtschaft, Wiesbaden, Referent für Schifffahrtsangelegenheiten, DA 21.8., bis 17.2.1942
14. 2.1942	AA, DA 18.2., Personal- und Verwaltungsabt., Personalinspekteur für die Auslandsvertretungen
22. 5.1943	Leitung des K Valencia (Umwandlung des WK in ein BK), Übernahme der Geschäfte 11.6.

Febr. 1946 Rückkehr nach Deutschland, 13.2. bis 16.7.1946 in amerik. Internierung auf dem Hohenasperg; seit 1.7.1948 Leitung der Auswandererberatungsstelle der Inneren Mission und des Ev. Hilfswerks für Hessen, Marburg/Lahn.

6. 2.1950	Einberufung in den Auswärtigen Dienst, Bundeskanzleramt, Dienststelle für Auswärtige Angelegenheiten (seit 15.3.1951 AA), Angestellter, Generalkonsul I.Kl.z.Wv., DA 2.3., Abt. IIIa (Recht), seit 15.6. Leitung des Ref. V/Friedensregelung, Entschädigungsansprüche fremder Staatsangehöriger etc., Rückerstattung und Wiedergutmachung, beschlagnahmtes dt. Vermögen im Ausland
16.10.1952	Dienstvertrag
31. 5.1953	Beendigung des Dienstverhältnisses
1. 6.1953	Sonderauftrag betr. Nachforschungen über den Verbleib der Kassenbestände der früheren G Lissabon, bis 30.9.

Literatur:

Gerhard Schellert: Der Abholungsanspruch des § 867 BGB unter Berücksichtigung des Zurückbehaltungsrechtes des Grundstücksbesitzers. Wolmirstedt 1910.

Nachlass im Politischen Archiv des Auswärtigen Amts.

Schellhorn, Fritz

* 24. 9.1888 Rottweil
† 4. 5.1982 Rottenburg

kath.

Eltern: Benedikt S., Rechtsanwalt, Notar; Sophie geb. Endress

∞ I. 16.11.1931 Maria geb. Winkelmann (gebürtige österr. Staatsangehörige; Vater: Rainer W., Musiklehrer, Komponist; II. 29.10.1942 Ottilie geb. Bindewald (gebürtige österr., dann rumän., seit Aug. 1941 dt. Staatsangehörige)

Kind: Sophie Tudora (5.2.1944)

Humanistisches Gymnasium in Rottweil – Sommer 1906 Abitur; 1.10.1906 bis 1.4.1907 Militärdienst; 1907 bis 1912 Studium in Tübingen, Berlin, Lausanne und München: Medizin – 12.6.1912 med. Staatsexamen, 25.1.1914 Dr.med.; 1.6. bis 20.9.1913 Tätigkeit im Staatlichen Pathologischen Institut in Tübingen; 1.10.1913 bis 31.3.1914 Militärdienst als Arzt; seit 15.5.1914 Assistenzarzt am Staatlichen Pathologischen Institut in Tübingen; 2.8.1914 bis 12.12.1918 Militärdienst, Stabsarzt d.R.; 1919/20 Studium in Tübingen: Staatswissenschaften, Geschichte, Jura – Juli 1920 Dr.rer.pol.- Jan. 1919 bis Okt. 1910 Württembergische Bürgerpartei, 1.5.1933 NSDAP.

22.10.1920	Einberufung in den Auswärtigen Dienst, AA, Attaché, DA 2.11., Abt. X (Außenhandel), Ref. L.10/Nordische Länder
3. 9.1921	Konsularische Prüfung
23. 9.1921	G Brüssel, Amtsbez. Legationssekretär, DA 24.10., bis 24.1.1926
30. 1.1923	Legationssekretär
31.12.1925	AA, DA 25.1.1926, Abt. IV (Osteuropa, Skandinavien, Ostasien), Ref. Po/Polen
8. 3.1928	Leitung des WGK Reykjavik, Amtsbez. Konsul, Übernahme der Geschäfte 4.4., bis 13.12.
11. 1.1929	G Wien, Amtsbez. Legationssekretär, DA 27.1., bis 14.4.1931
4. 2.1929	Amtsbez. Gesandtschaftsrat
31. 3.1931	B Paris, 1. Legationssekretär, DA 1.6., bis 15.8.1933
8. 7.1932	Gesandtschaftsrat
15. 7.1933	AA, DA 1.9., Abt. VI (Kultur), Ref. W/Wissenschaftliche Beziehungen zum Ausland
18. 3.1934	Konsul in Czernowitz, Übernahme der Geschäfte 17.5., 20.3. bis 27.5.1939 kommissarische Beschäftigung an der G Bukarest, Lei-

	tung der Konsularabt. und Abwicklung der tschechoslowak. G, Mitte Dez. 1940 bis Nov. 1941 Dienstsitz in Jassy, seit Mitte März 1944 in der Ausweichstelle des K in Vatra Dornei, bis 20.5.1944
2. 9.1938	Konsul I.Kl.
21. 8.1941	Amtsbez. Generalkonsul
24. 5.1944	G Bukarest, DA 22.5., bis 25.8. (Kriegszustand)

23.8.1944 bis 14.10.1955 in sowjet. Gefangenschaft; dann Wohnsitz in Tübingen.

Literatur:

Fritz Schellhorn: Über die Frage des Vorkommens von typischen Langhansschen Riesenzellen in syphilitischen Produkten, in: Arbeiten auf den Gebieten der pathologischen Anatomie und Bakteriologie aus dem pathologisch-anatomischen Institut zu Tübingen. Bd. 8. Leipzig 1913, S. 242-255; ders.: Auswärtige Politik im Lichte von Staatstheorie und moderner Verfassung. MS Diss. Tübingen 1920.

Hartwig Cremers: Generalkonsul Dr.Dr. Fritz Schellhorn, in: Halbjahresschrift für südosteuropäische Literatur und Politik 23 (2011), H. 1/2, S. 129-141.

Nachlass im Politischen Archiv des Auswärtigen Amts.

Schelling, Gustav von

* 23. 8.1858 Berlin
† 16. 5.1897 Berlin

ev.

Eltern: Dr.phil. Dr.jur. Hermann v.S., Wirklicher Geheimer Rat, preuß. Justizminister, Staatssekretär des Reichsjustizamts, Mitglied des preuß. Herrenhauses; Leonie geb. Freiin Billing von Treuburg

Wilhelmsgymnasium in Berlin, Pädagogium in Putbus – 2.9.1876 Abitur; 1876 bis 1879 Studium in München und Berlin: Jura – 12.4.1880 Referendarexamen; seit 22.4.1880 im preuß. Justizdienst – 11.7.1885 Assessorexamen; 1.10.1880 bis 30.9.1881 Einjährig Freiwilliger, 13.9.1882 Sekonde-Lieutenant, 17.9.1892 Premier-Lieutenant.

17. 1.1886	Einberufung in den Auswärtigen Dienst (konsularische Laufbahn), AA, DA 26.1., Abt. II (Handelspolitik)
22. 8.1886	Abt. III (Recht)
29. 4.1887	GK Yokohama, Charakter als Vizekonsul, DA 24.6., seit 8.10.1889 Urlaub
16. 4.1889	Vizekonsul

14. 2.1890	kommissarische Leitung des VK Nizza, Übernahme der Geschäfte 23.2., bis 5.6.
27. 5.1890	GK Konstantinopel, 1. Vizekonsul, DA 28.6., bis Dez. 1891
28. 1.1892	AA, Hilfsarbeiter, DA 1.2., Abt. IV (Kolonien), Bearbeitungen der Angelegenheiten des Schutzgebiets Deutsch-Südwestafrika
26. 3.1892	Ständiger Hilfsarbeiter
9.11.1892	Charakter als Legationsrat
10.1895	Abt. II (Handelspolitik), Bearbeitung der Konsulatspersonalien
1. 1.1896	Wirklicher Legationsrat und Vortragender Rat
16. 1.1897	zugleich Mitglied der Disziplinarkammer für die Schutzgebiete

Schenck zu Schweinsberg, Gustav (Gustolf)
(20.3.1875 ghzgl. hess. Freiherrnstand)

* 24. 3.1843 Sterbfritz (heute Sinntal/Hessen)
† 16.10.1909 Schweinsberg/Ohm (heute Stadtallendorf/Hessen)

ev.-luth.

Eltern: Karl S.z.S., Forstjunker, Brigadierförster; Charlotte geb. Jungk

ledig

Privatunterricht, Gymnasium in Rinteln/Weser – Ostern 1862 Abitur; 1862 bis 1866 Studium in Heidelberg, Göttingen und Marburg: Jura – 7.7.1866 1. juristisches Examen, 17.4.1867 Referendarexamen; seit 4.7.1867 im preuß. Justizdienst – 21.3.1873 Assessorexamen.

20. 6.1873	Einberufung in den Auswärtigen Dienst (Expeditionsfach), AA, DA 11.7., Abt. II (Handels-, Rechts- und Konsularsachen)
10.11.1874	Abt. I (Politische Sachen), Ref. für Presseangelegenheiten
24. 1.1875	Expedient
28. 3.1875	Abt. II (Handels-, Rechts- und Konsularsachen)
11. 1.1876	G Peking, Legationssekretär, DA 1.6., bis 8.5.1879
27.12.1879	AA, DA 3.1.1880, Abt. IA (Politik), 26.5. bis 1.9.1880 kommissarische Leitung der G Bukarest
18. 9.1880	G Madrid, Legationssekretär, DA 29.9., bis 8.6.1881
13.12.1880	Charakter als Legationsrat
13. 7.1881	Ministerresident in Santiago de Chile, Übernahme der Geschäfte 4.11., Übergabe des Beglaubigungsschreibens 11.11., bis 5.3.1886

31. 7.1886	Gesandter in Teheran, Übernahme der Geschäfte 10.12., Übergabe des Beglaubigungsschreibens 13.12., 18.5. bis 5.11.1888, 24.4. bis 7.12.1890 und seit 16.4.1892 Urlaub
7. 2.1893	Gesandter in Peking, Übernahme der Geschäfte 10.7., Übergabe des Beglaubigungsschreibens 22.7., bis 24.6.1896
2. 5.1896	Gesandter in Tanger, Übernahme der Geschäfte 16.12., Übergabe des Beglaubigungsschreibens 30.12., bis 21.5.1899
3. 9.1896	Wirklicher Geheimer Rat mit dem Prädikat Exzellenz
11. 4.1899	Versetzung in den einstweiligen Ruhestand
6. 7.1899	Versetzung in den Ruhestand

Scherer, Hans

* 5. 4.1901 Iserlohn
† 3.11.1986 Rüdesheim

ev.-ref.

Eltern: Wilhelm S., Spediteur; Wilhelmine geb. Wiechers

∞ 13.11.1944 Anni geb. Berchtenbreiter

Realgymnasium in Gevelsberg – 1920 Abitur; 1921 bis 1926 Studium in Gießen, Hamburg, Münster, Bonn und Rostock: Jura, Zeitungswissenschaften, Volkswirtschaft – 15.6.1928 Dr.jur.; Tätigkeit als Journalist, 1927 bei der „Berliner Morgenzeitung", 1.10.1927 bis 1.10.1928 Redakteur bei der „Vossischen Zeitung", 1.10.1928 bis 31.12.1933 Politischer Redakteur beim „Berliner Börsencourier", seit 1.1.1934 bei der „Berliner Börsenzeitung"; 11.3.1943 bis 8.5.1944 Militärdienst.

17. 7.1944	AA, Dienstvertrag als Wissenschaftlicher Hilfsarbeiter, DA 1.7., Nachrichten- und Presseabt., Ref. Deutsche Presse

Seit 29.4.1946 Journalist bei „Die Welt", Hamburg, Chef vom Dienst, dann Chefredakteur, seit 1951 Korrespondent in London, Okt. 1953 bis Juli 1955 freiberuflicher Journalist, seit Aug. 1955 Redakteur für Politik des „Tagesspiegel", Berlin.

22. 8.1956	Einberufung in den Auswärtigen Dienst, AA, Angestellter, DA 24.9.
27. 9.1956	B London, Pressereferent, DA 6.10.
30. 4.1966	Beendigung des Dienstverhältnisses

Literatur:

Hans Scherer: Das Vergleichsverfahren. Der Bryan'sche Friedensplan und seine Fortentwicklung bis zur Neuzeit. Rostock 1928.

Scherpenberg, Albert Hilger van

* 4.10.1899 München
† 13. 9.1969 Hohenpeißenberg

gebürtiger niederl., seit Herbst 1922 dt. Staatsangehöriger

ev.

Eltern: Dr.med. Pieter Adolf v.S., Arzt; Hermine Antonie geb. Waller

∞ 22.4.1930 Inge geb. Schacht (Vater: Dr.phil. Hjalmar S., Bankier und Politiker, Reichsbankpräsident, Reichswirtschaftsminister)

Kinder: Harald (23.4.1931), Helga (15.3.1933), Normann (19.8.1938), Jens-Christoph (22.1.1946)

Humanistisches Gymnasium in München – Juli 1918 Abitur; 1918 bis 1922 Studium in Genf, Freiburg i.Br. und München: Jura – 14.7.1922 1. juristisches Examen, 14.10.1931 Dr.jur.; dann im bayer. Justiz- und Verwaltungsdienst, 10.4. bis 31.8.1923 bei der Geschäftsstelle Berlin der dt. Staatsvertretung an den Gemischten Schiedsgerichtshöfen – Dez. 1925 2. juristisches Examen.- 1919 bis 1931 SPD.

23.12.1925	Einberufung in den Auswärtigen Dienst, AA, Attaché, DA 4.1.1926, Abt. II (West-, Süd- und Südosteuropa)
30. 4.1926	K Thorn, DA 7.5., bis 13.10.
17. 8.1926	AA, DA 14.10.
21. 1.1928	Diplomatisch-konsularische Prüfung
11. 2.1928	Ref. Völkerbund
21. 3.1928	GK Genf, Amtsbez. Vizekonsul, DA 5.4., bis 20.7.
11. 7.1928	B London, DA 23.7., bis 30.11.1935
7.11.1928	Amtsbez. Legationssekretär
30. 4.1931	Legationssekretär
12. 7.1935	AA, DA 1.12., Gruppe W/Wirtschaft, Ref. III/Großbritannien, Türkei, Orient, Nord- und Südamerika, 3.1. bis 1.5.1936 Militärdienst
8. 5.1936	DA AA, Handelspolitische (Frühjahr 1938 bis 1.1.1941 Wirtschaftspolitische) Abt., Leitung des Ref. V (seit 1.1.1941 VI)/Nordeuropa
26. 1.1937	Legationsrat

1.2.1944 Verhaftung durch die Gestapo, 1.7.1944 Verurteilung durch den Volksgerichtshof zu zwei Jahren Gefängnis wegen „Nichtanzeige eines hochverräterischen Unternehmens", Entlassung aus dem Reichsdienst auf Grund § 53 des Deutschen Beamtengesetzes vom 26.1.1937, Ende April 1945 Entlassung aus der Haft; dann

Tätigkeit als Landwirt; seit 1.8.1945 Angestellter beim bayer. Staatsministerium für Wirtschaft, Leitung der Aus- und Einfuhrabt., 3.1.1946 Oberregierungsrat, 15.5.1946 Beurlaubung, 26.6.1947 Aufhebung des Volksgerichtshofsurteils durch das Landgericht München I, seit Ende 1947 Leitung des bayer. Amts für Reparationsangelegenheiten, 26.4.1949 stellvertretender Leiter des Regierungswirtschaftsamts Oberbayern; seit 17.8.1949 bei der Verwaltung für Wirtschaft des Vereinigten Wirtschaftsgebiets bzw. beim Bundesministerium für Wirtschaft, Bonn, Abt. V (Außenhandel), Leitung der Ländergruppe Sterlinggebiet, 29.11.1950 Ministerialrat; 1.4.1952 Wiedergutmachungsbescheid gemäß Gesetz zur Wiedergutmachung nationalsozialistischen Unrechts für Angehörige des öffentlichen Dienstes vom 11.5.1951.

24. 2.1953		Einberufung in den Auswärtigen Dienst, AA, DA 9.3., Abt. IV (Handelspolitik, seit Dez. 1953 Abt. 4)
5. 6.1953		Ministerialdirigent
18. 6.1953		Leitung der Unterabt. 41 (Handelspolitische Beziehungen zu fremden Staaten)
19. 5.1955		kommissarische Leitung der Abt. 4 (Handelspolitik)
12. 9.1955		Ministerialdirektor, Abteilungsleiter
19. 5.1958		Staatssekretär
8. 4.1961		Botschafter in Rom (Vatikan), Übernahme der Geschäfte 16.6., Übergabe des Beglaubigungsschreibens 19.6., bis 31.12.1964
19.10.1964		Versetzung in den Ruhestand

Literatur:

Albert Hilger van Scherpenberg: Die Privatrechtsentwicklung in Elsaß-Lothringen vom Waffenstillstand bis zur allgemeinen Einführung des französischen Rechts. München 1931; ders.: Außenhandel und internationale Finanzpolitik. Frankfurt/Main 1956; Erich Kaufmann: Gesammelte Schriften. 3 Bde. zum 80. Geburtstag hrsg. v. Albert Hilger van Scherpenberg u.a. Göttingen 1960.

Nachlass im Politischen Archiv des Auswärtigen Amts.

Scherschmidt, Hermann

* 20. 9.1893 Schwiebus
† 20. 3.1971

ev.

Eltern: Hermann S., Brauer; Marie geb. Nippe

∞ 3.3.1945 Dr.med. Gertrud geb. Duttenhofer (Vater: Robert D., Rechtsanwalt)

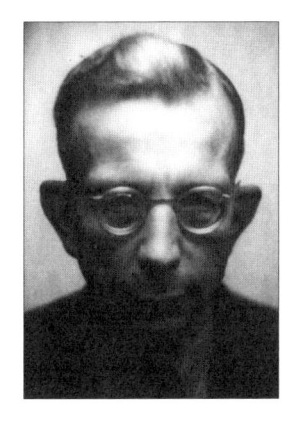

Höhere Knabenschule in Schwiebus, Prinz Heinrich-Gymnasium in Schöneberg/ Berlin, Kaiserin Augusta-Gymnasium in Charlottenburg/Berlin – 9.3.1912 Abitur; 1912 bis 1916 Studium in Freiburg i.Br. und Berlin: Klassische Philologie, Geschichte, Slawistik – 4.11.1919 Wissenschaftliche Fachprüfung für das höhere Lehramt, 22.6.1920 Pädagogische Prüfung für das höhere Lehramt; 1.10.1916 bis 30.11.1918 Militärdienst.- 23.10.1940 NSDAP.

1.12.1918	DA AA, Wissenschaftlicher Hilfsarbeiter, Politische Nachrichtenstelle, seit 1920 Chiffrierbüro, seit 1.10.1919 Abt. IB (Personal- und Verwaltungsabt., seit März 1920 Abt. I), Chiffrier- und Nachrichtenwesen (seit Dez. 1926 Ref. Z), 1.9.1943 bis 31.8.1944 aushilfsweise Tätigkeit bei Ref. L/Sprachendienst
1.10.1920	Übernahme in den Auswärtigen Dienst, Anwärter für den höheren Chiffrierdienst
22. 9.1927	Regierungsrat
10. 2.1942	Oberregierungsrat

Nach 1945 Wohnsitz in Salem/Baden, später in Karlsruhe.

Scheven, Waldemar von

* 22. 7.1879 Krefeld

ev.

Eltern: Emil v.S., Großkaufmann, Teilhaber der Firma W. Schroeder & Co.; Margarethe geb. Simon

Gymnasium in Krefeld – Ostern 1898 Abitur; seit 22.3.1898 Militärdienst: 16.11.1899 Leutnant.

12. 1.1904	Kommandierung zur G Bukarest, DA 8.2., seit 16.11. Urlaub
10. 1.1905	Kommandierung zur Dienstleistung ins AA, DA 1.2., Abt. IB (Personal und Verwaltung)
29. 3.1905	G Peking, kommissarische Beschäftigung, DA 8.10., bis Jan. 1907, 23.4. bis 4.7.1906 Begleitung des Gesandten Mumm von Schwarzenstein nach Japan
11. 4.1906	Zulassung zum Auswärtigen Dienst (diplomatische Laufbahn), Attaché
1.12.1906	GK Shanghai, kommissarische Beschäftigung, DA 9.1.1907, seit 9.3. Urlaub, währenddessen 24.6. bis 20.10. Teilnahme an der II. Haager Friedenskonferenz
18. 1.1908	Diplomatische Prüfung

13. 2.1908	G Tanger, DA 27.2., bis 27.9.
18. 2.1908	Ausscheiden aus dem Militärdienst
21. 2.1908	Legationssekretär
22. 8.1908	AA, DA 2.10., im Sekretariat der Urheberrechtskonferenz
12.11.1908	G Belgrad, Legationssekretär, DA 11.1., bis 3.8.1909
12. 7.1909	G Buenos Aires, Legationssekretär, DA 27.9., seit 24.11.1910 Urlaub
17.10.1910	B Madrid, 2. Sekretär, DA 1.3.1911, bis 17.1.1913
1. 3.1913	Entlassung aus dem Reichsdienst

Aug. 1914 bis 1918 Militärdienst, zuletzt Rittmeister; 1919/20 Studium in Berlin und Bern: Jura, Volkswirtschaft – 1920 Dr.rer.pol.; 1924/25 Syndikus einer Amsterdamer Bank, 1926 bis 1929 Wohnsitz in Berlin, Jan. 1929 bis 15.4.1933 Kurdirektor von Baden-Baden.

Literatur:

Waldemar von Scheven: Die Wechselwirkung zwischen Staats- und Wirtschafts-Politik in den schweizerisch-französischen Beziehungen der Restaurationszeit. Bern 1921; ders.: Meine rotarische Reise nach Amerika. Baden-Baden 1934; ders.: Der Klubdienst-Ausschuss. Baden-Baden 1935.

Schieche, Emil

* 10.11.1901 Wien
† 28. 2.1985 Stockholm

gebürtiger österr. Staatsangehöriger

Vater: Elektrizitätswerksleiter

verheiratet (gebürtige norweg. Staatsangehörige)

Kinder: Helge (25.1.1931), Heinrich (25.4.1933), Bertha (30.5.1934), Astrid (12.10.1936)

Deutsches Staatsrealgymnasium in Prag – 1920 Abitur; 1920 bis 1924 Studium in Wien und Prag: Geschichte, Kunstgeschichte, Philosophie – 1924 Dr.phil.; seit 1925 Archivar in Prag, seit 1930 in Breslau, seit 1933 Lektor für Tschechisch an der Universität Breslau.- 1940 NSDAP.

4.1939	zugleich beim Vertreter des AA beim Reichsprotektor in Böhmen und Mähren, Prag, Leitung der Zweigstelle des Politischen Archivs (Abwicklung des Archivs des ehemaligen tschechoslowak. Außenministeriums), bis 10.12.1941
3.11.1941	Beendigung des Dienstverhältnisses

1942 bis 1945 Militärdienst; 1946 Ausreise nach Schweden, 1949 Tätigkeit im schwed. Reichsarchiv, seit 1950 Lehrbeauftragter für historische Hilfswissenschaften, seit 1955 Dozent, in Stockholm; Mitglied der schwed. Akademie der Wissenschaften.

Literatur:

Emil Schieche: Neues über Johann von Neumarkt, in: Zeitschrift des Vereins für Geschichte Schlesiens 65 (1931), S.292-301; Emil Schieche u.a.: Kultur der slawischen Völker. Potsdam 1936; Emil Schieche: Die tschechische Auslandspropaganda in der Gegenwart, in: Volk und Reich 1937,9, S. 605-625; ders.: Politische Geschichte von 1327-1526, in: Hermann Aubin (Hrsg.): Geschichte Schlesiens Bd. 1. Breslau 1938; ders.: Höhepunkt tschechisch-deutscher Kultursynthese, in: Ostdeutsche Monatshefte 1939, 3, S. 147-151; ders.: Wie weit reichen die Tschechen im Osten?, in: Volk und Reich 1939,3, S. 203-207; ders.: Die deutschen Bibliotheken, in: Historisk tidskrift (1947); ders.: Östeuropa som historiskt problem och den östeuropeiska historieskrivningen, in: Historisk tidskrift (1948); ders.: Det österrikiska arkivväsendet, in: Historisk tidskrift (1949); ders.: Das schwedische Archivwesen in den letzten 20 Jahren, in: Der Archivar 11 (1949); ders.: Schwedens Bemühungen um die deutsch-lutherische Gemeinde Bukarest, in: Geschichtliche Landeskunde und Universalgeschichte (1950), S.149-162; ders.: Tyska ordens arkiv, dess nuvarande öde och dess öppnande för vetenskaplig forskning, in: Historisk tidskrift (1950), S.285-297; ders.: Die Archive der deutschböhmischen Städte nach der Aussiedlung, in: Stifter-Jahrbuch 2 (1951), 101-158; ders.: Die skandinavische Geschichtsschreibung der Gegenwart und die große nordische Krise von 1808 bis 1814, in: Die Welt als Geschichte 10 (1951), H. 4; ders.: Geschichte der deutschen St. Gertruds-Gemeinde zu Stockholm. Bd. 1: Die Anfänge im 16. Jahrhundert. Köln 1952; ders.: Das Recht in der Sudetenfrage, in: Aussenpolitik 5 (1954), S. 647-652; ders.: Edvard Beneš und die slawischen Ideen, in: Zeitschrift für Ostforschung 4 (1955), S. 194-220; ders.: Intryck från en arkivresa i Tyskland, in: Arkiv. Samhälle och forskning (1958), S. 49-55; ders.: Die dänische Blockade Rostocks 1628 und Schweden, in: Hansische Geschichtsblätter 77 (1959), S.94-119; ders.: Sudetenländische und slowakische Geschichte in tschechischer marxistischer Sicht, in: Stifter-Jahrbuch 6 (1959), S. 39-62; ders.:. Ein Memorial des schwedischen Kanzlers Axel Oxenstierna. Blätter für deutsche Landesgeschichte 97 (1961), S. 99-132; ders.: Die Problematik einer Kulturgeschichte der Tschechen, in: Bohemia 3 (1962), S.260-272; ders.: Der schwedische Ratskonstitutionalismus im 17. Jahrhundert, in: Spiegel der Geschichte (1964), S.388-428; ders.: Umfang und Schicksal der von den Schweden 1645 in Nikolsburg und 1648 in Prag erbeuteten Archivalien, in: Bohemia 8 (1967), S. 111-133; ders.: Johann Amos Comenius und Schweden, in: Archiv für Kulturgeschichte 50 (1968), S.165-171; ders.: 400 Vierhundert Jahre Deutsche Sankt-Gertruds-Gemeinde in Stockholm 1571-1971. Festschrift. Stockholm 1971; ders.: Peter Hinrich Fuhrman 1714-1773. Stockholm 1972; ders.: František Palacký, Antonín Boček und der mährische Separatismus, in: Bohemia 13 (1972), S. 211-252; ders.: Die schwedischen Grafen von Thurn, in: ebd. 14 (1973), S. 81-94; ders.: Das Schicksal der deutschen Militärinternierten in Schweden, in: Erich Maschke (Hrsg.): Zur Geschichte der deutschen Kriegsgefangenen des Zweiten Weltkrieges, Bd. 15. Bielefeld 1974, S. 279-315; ders.: T. G. Masaryks Präsidentschaftsdemokratie, in: Bohemia 17 (1976), S. 267-281; ders.: Die Deutsche Schule in Stockholm. Stockholm 1977; ders.: Erlebte Bewahrung in turbulenten Zeiten, in: Festschrift zum 60. Geburtstag von Erik Turnwald, hrsg. von Gerhard Messler. Heidelberg 1979, S. 188-192.

Ernst Eichler u.a. (Hrsg.): Slawistik in Deutschland von den Anfängen bis 1945. Ein biographisches Lexikon. Bautzen 1993, S. 335 f.; Biogramme der Mitglieder der Historischen Kommission der Sudetenländer im Gründungsjahr 1954, in: Stephan Albrecht u.a. (Hrsg.): Die „sudetendeutsche Geschichtsschreibung". München 2008.

Schiedlausky, Lothar

* 18. 1.1905 Genthin

ev., gottgläubig

Eltern: Arthur S., Kaufmann, Prokurist; Else geb. Hoffmann

∞ Ursula geb. Blänkner

Kind: Hannelore (21.5.1939)

Realgymnasium – Abitur; Studium: Jura – 21.7.1927 Referendarexamen; seit 13.8.1927 im preuß. Justizdienst – 28.5.1931 Assessorexamen; seit 1.12.1931 beim Reichskommissar für die Osthilfe, seit 29.5.1933 im preuß. Finanzministerium, 1.10.1933 Regierungsassessor, später Oberregierungsrat und stellvertretender Landrat des Kreises Rügen, seit 1938 Hauptgeschäftsführer der IHK Krefeld, später Abteilungsleiter im Ministerium für die besetzten Ostgebiete, seit 22.7.1942 im Reichswirtschaftsministerium.- 1.3.1930 bis Juli 1930 NSDAP, SA (20.4.1943 Oberführer).

    1941/42   beim Bevollmächtigten des Reichs für Griechenland, Athen, Wirtschaftsberater, bis 1.5.1942

Später Wohnsitz in Österreich.

Schiffner, Erhard

* 8. 1.1887 Pola/Istrien
† 30. 7.1964 Wien

gebürtiger österr. Staatsangehöriger

ev.A.B.

Eltern: Franz S., Regierungsrat, Direktor einer Staatsrealschule; Anna geb. Kreibich

∞ 1.6.1920 Wilhelmine geb. Ferlan

Kinder: Edith (16.12.1921), Helmut (15.2.1929)

Realschule in Wien – 1904 Abitur; 1904 bis 1912 Studium in Wien: Philosophie, Jura – 15.7.1909 rechtshistorische Staatsprüfung, 6.7.1912 judizielle Staatsprüfung, 12.7.1913 staatswissenschaftliche Staatsprüfung, 14.7.1913 Dr.jur.; seit 23.7.1913 im österr. Justizdienst; 1.10.1909 bis 30.9.1910 Einjährig Freiwilliger; 30.5.1914 bis 2.8.1920 Militärdienst (Militärjustizdienst): 3.10.1914 Militärrichteramtsprüfung,

1.1.1915 Oberleutnantauditor, 1.5.1918 Hauptmannauditor; seit 9.8.1920 Richter in Wien – 20.10.1921 zivilrechtliche Ergänzungsprüfung; seit 1928 im österr. Auswärtigen Dienst, zuletzt Ministerialrat.- 1933 bis 1938 Vaterländische Front, 1.1.1940 NSDAP.

26. 3.1938	Einberufung in den Auswärtigen Dienst, kommissarische Beschäftigung, AA, DA 28.3., Rechtsabt., Ref. IV (seit 15.2.1939 Ref. IX)/Konsularrecht, Internationales Finanzwesen, Urheberrecht etc.
31. 1.1939	Überleitung in den Reichdienst mit Wirkung vom 1.10.1938, Vortragender Legationsrat
6.10.1944	Militärdienst (Volkssturm)
25.11.1944	Versetzung in den einstweiligen Ruhestand

Literatur:

Erhard Schiffner: Kriegsmaßnahmen gegen das deutsche Vermögen im feindlichen Ausland. Wortlaut der Vorschriften in deutscher Übersetzung nebst einer Einleitung. München 1939.

Schilken, Eugen

* 23. 2.1912 Saarbrücken
† 15. 4.2003 Bad Honnef

kath.

Eltern: Josef S., Amtmann bei der Reichsbahn; Maria Elisabeth geb. Biehl

∞ Maria geb. Heim (Apothekerin)

Kinder: Eberhard (6.2.1945), Renate (1946), Eva (1949), Eugen-Johannes (1953), Ralph (1960)

1932 bis 1935 Studium: Jura – 16.3.1935 Referendarexamen, 5.4.1937 Dr.jur.; im Justizdienst – 17.2.1939 Assessorexamen.- 1.5.1933 NSDAP.

1. 7.1939	DA AA, Wissenschaftlicher Hilfsarbeiter, Wirtschaftspolitische (seit 1.1.1941 Handelspolitische) Abt., Ref. X/Reichsstelle für den Außenhandel
4.10.1939	außerplanmäßiger Beamter im Reichsjustizdienst, Weiterbeschäftigung im AA

Seit 19.1.1942 Militärdienst, Dolmetscherabt. der Luftwaffe; 12. 6.1942 Staatsanwalt; 1945 in franz. Kriegsgefangenschaft, dann Tätigkeit als Staatsanwalt, seit 1951

Richter am Landgericht Koblenz, später im Bundesamt für Wehrtechnik und Beschaffung, Koblenz, seit 1964 beim Deutsch-Französischen Jugendwerk, Bad Honnef-Rhöndorf, 1967 bis 1977 im Bundeswehrverwaltungsamt, Leiter der Wirtschafts- und Sozialabt.; dann Tätigkeit als Rechtsanwalt; Stadtrat in Bad Honnef.

Literatur:

Eugen Schilken: Eisenbahn und Weg. Ein Beitrag zum öffentlichen Nachbarrecht. Würzburg 1937; ders.: 1001 Mots pour parler allemand. Neuwied/Rhein 1946; ders.: Änderungen im Rückerstattungsrecht der französischen Zone, in: Die Restitution. Baden-Baden 1951; ders.: Entwurf eines bundeseinheitlichen Rückerstattungsgesetzes. Baden Baden 1951 und Veröffentlichungen zum Wiedergutmachungsrecht.

Schiller, Otto

* 27. 9.1901 Krotoschin/Posen
† 11. 5.1970 während einer Bahnfahrt nach Bonn

ev.

Eltern: Michael S., Baurat; Margarete geb. Eberstein

∞ 19.7.1936 Ilse Meyer geb. Berkner (Fritz B., Universitätsprofessor für Pflanzenbau und Pflanzenzüchtung)

Wilhelmsgymnasium in Krotoschin – Herbst 1918 Kriegsabitur; Jan. bis April 1919 Militärdienst; dann Wirtschaftsassistent auf dem Thurn und Taxis'schen Rittergut Rübenfeld/Posen; 1919 bis 1922 Studium in Breslau: Landwirtschaft – 12.5.1922 Diplom-Landwirt, 14.6.1922 Dr.phil., 22.5.1924 Saatzuchtinspektorprüfung; Mai 1922 bis Juni 1923 Verwalter auf dem Rittergut des Freiherrn von Tauchnitz in Wanscha/Zittau, Juli bis Okt. 1923 und April bis Sept. 1924 Saatzuchtleiter bei der Saatzuchtwirtschaft M. Suckert, Klein-Sägewitz/Breslau, Okt. 1923 bis März 1924 Fachhilfslehrer an der Landwirtschaftsschule Neustadt/Oberschlesien, seit Okt. 1924 Saatzuchtleiter bei der Dt.-Russ. Saatbau AG im Wolgagebiet, 15.2.1927 bis 30.9.1928 im Nordkaukasus; 1928 bis 1930 Studium in Berlin und Königsberg i.Pr.: Volkswirtschaft, – 27.7.1929 Prüfung in landwirtschaftlicher Verwaltungskunde und Genossenschaftswesen, 28.7.1930 Dr.rer.pol.; seit Okt. 1929 zugleich Tätigkeit am Wirtschaftsinstitut für Rußland und die Oststaaten in Königsberg i.Pr.

9. 5.1931	B Moskau, Landwirtschaftlicher Sachverständiger, DA 5.6., Aug. bis Nov. 1936 Studienreise nach Japan, Mandschurei und China
17.12.1936	Beendigung des Dienstverhältnisses zum 31.3.1937

April bis Okt. 1937 Studienreise in die USA; 1.11.1937 bis 9.6.1941 Landwirtschaftlicher Sachverständiger bei der IG Farben, seit 1.10.1938 bei der Soja AG in Bukarest, dann Kriegsverwaltungsrat beim Wirtschaftsstab Ost, 1.11.1941 Oberkriegsverwaltungsrat, 10.6.1943 Militärverwaltungsoberrat; Mai bis Okt. 1945 Landarbeiter bei Landshut; 10.12.1945 bis 31.8.1946 Referent beim Bayer. Staatsministerium für Ernährung, Landwirtschaft und Forsten; 1.9.1946 Abteilungsleiter beim Süddt. Länderrat in Stuttgart, 1.4.1947 beim Ernährungs- und Landwirtschaftsrat, zuletzt bei der Verwaltung für Ernährung, Landwirtschaft und Forsten in Frankfurt/Main; seit Jan. 1946 zugleich Tätigkeit an der Landwirtschaftlichen Hochschule Hohenheim, 15.10.1947 Professor.

14.11.1956	AA, Dienstvertrag als Berater für Wirtschaftsfragen des Ostens und für Ostforschung, DA 2.11.
26. 4.1957	B Moskau, Berater für Wirtschaftsfragen, Amtsbez. Gesandtschaftsrat, DA 30.4., bis 22.9.
15. 4.1958	Sonderauftrag des AA („Vorschläge für die geistig-ideologische Auseinandersetzung mit dem Osten"), bis 31.10.
5. 8.1960	Forschungsauftrag des AA („Agrarfrage in den Entwicklungsländern im Hinblick auf die Auseinandersetzung mit dem Kommunismus"), bis 31.3.1961

Seit 27.6.1961 Professor in Heidelberg.

Literatur:

Heinrich Bechtoldt (Hrsg.): In dankbarer Verbundenheit widmen Kollegen und Schüler diese Schrift Otto Schiller zum 65. Geburtstag. Stuttgart 1966 (darin Schriftenverzeichnis).

Nachlass im Bundesarchiv, Berlin.

Schilling-Bardeleben, Adolf

* 15. 7.1910 Moskau
† 9. 9.1999 Bonn

Journalist, 1932 Herausgeber der Pressekorrespondenz „Service International", dann bis 1935 Hauptschriftleiter der „Deutschen Briefe", später bis Sept. 1939 Korrespondent dt. Zeitungen in Paris.- 1933 NSDAP.

	AA, Wissenschaftlicher Hilfsarbeiter, Informationsabt., dann Nachrichten- und Presseabt.
10.1940	B Paris, bis 1.10.1941

Dann Militärdienst, Sonderführer Z, Beauftragter des OKW (W.Pr.) im Stalag X B in Sandbostel; später Journalist (Pseudonym: Maximilian Benda).

Nachlass im Politischen Archiv des Auswärtigen Amts.

Schillinger, August

* 21. 9.1879 Miesbach
† 19.11.1940 für tot erklärt

kath.

Eltern: Dr.phil.h.c. Alfred S., Gutsbesitzer, Fischereikonsulent für Bayern; Berta geb. Waitzinger

ledig

Maximiliansgymnasium in München – 1895 Abitur; 1.10.1895 bis 30.9.1896 Einjährig Freiwilliger, 1900 Leutnant d.R., Okt. 1911 Oberleutnant d.R.; 1896 bis 1900 Studium in München und Erlangen: Jura, Naturwissenschaft, Philosophie – 12.7.1900 1. juristisches Examen; seit 1.8.1900 im bayer. Justiz- und Verwaltungsdienst – Dez. 1903 2. juristisches Examen; Nov. 1904 bis 1905 Hilfsarbeiter bei der Handels- und Gewerbekammer für Oberbayern, München.- 1.12.1937 NSDAP.

18. 8.1905	Einberufung in den Auswärtigen Dienst (konsularische Laufbahn), AA, DA 22.9., Abt. III (Recht)
2. 2.1906	Abt. II (Handelspolitik), Mai bis Juli 1907 an der Akademie für Sozial- und Handelswissenschaften in Frankfurt/Main
1. 8.1907	DA K Paris, bis 22.8.
20. 8.1907	K Chicago, DA 18.9., bis 22.12.1912, 3.11.1910 bis 24.5.1911 Urlaub, währenddessen 7.2. bis 22.3.1911 kommissarische Beschäftigung am K Paris
9. 2.1908	Charakter als Vizekonsul
28. 9.1912	kommissarische Leitung des K Manila, Ankunft 22.1.1913, Übernahme der Geschäfte 6.2., bis 9.10.1913
24. 9.1913	kommissarische Leitung des K St. Louis, Übernahme der Geschäfte 17.11., bis 29.1.1914, dann Urlaub
17. 3.1914	GK Amsterdam, DA 27.4., bis 28.6., seit 3.5. kommissarische Leitung
11. 6.1914	Konsul in Panama (Posten nicht angetreten)
26. 7.1914	kommissarische Leitung des K Fiume, Übernahme der Geschäfte 29.7., bis 3.6.1915
16. 6.1915	Militärdienst (2.9.1915 Rittmeister d.R.), bis 22.5.1918
28. 5.1918	kommissarische Leitung des K Schaffhausen, Übernahme der Geschäfte 6.6., bis 10.9.
11. 9.1918	kommissarische Leitung des K Rostow (Neueinrichtung), Übernahme der Geschäfte 6.10., bis 6.2.1919 (Schließung des K), seit 15.4. Urlaub

7. 8.1919	AA, DA 16.8., Außenhandelsstelle
14. 2.1920	Diplomatische Vertretung (seit 29.9. B) Paris, Leitung der Passstelle, DA 23.2., seit 22.2.1921 ohne Verwendung
19. 2.1920	Amtsbez. Legationsrat
17.10.1920	Gesandtschaftsrat II.Kl.
21. 1.1921	Versetzung in den einstweiligen Ruhestand
8.12.1921	B Washington, kommissarische Beschäftigung, Gesandtschaftsrat z.D., DA 20.1.1922, seit 22.8. ohne Verwendung
14. 2.1923	AA, kommissarische Beschäftigung, Gesandtschaftsrat z.D., DA 1.3., beim Kommissar für die Gemischten Schiedsgerichtshöfe und die Staatsvertretungen
4.11.1924	G Warschau, kommissarische Beschäftigung, Leitung der Passabt., DA 18.11., bis 2.1.1930
29. 1.1930	DA AA, Abt. V (Recht)
9. 5.1930	kommissarische Leitung des WGK Reykjavik, Übernahme der Geschäfte 25.5., seit 3.12. ohne Verwendung
20. 5.1931	kommissarische Leitung des WGK Reykjavik, Übernahme der Geschäfte 20.7., bis 2.12.
26. 1.1932	kommissarische Leitung des K Krakau, Übernahme der Geschäfte 29.2., bis 1.9.1939 (Kriegszustand)
3. 6.1932	Konsul II.Kl.
5. 3.1934	Konsul I.Kl.
29.11.1938	Amtsbez. Generalkonsul

Seit 8.9.1939 bei Falenica/Polen vermisst.

Schimmel, Annemarie

* 7. 4.1922 Erfurt
† 26. 1.2003 Bonn

ev.

Eltern: Paul S., Postbeamter; Anna geb. Ulfers

verheiratet

Goethe-Lyzeum und Königin-Luise-Schule in Erfurt – Febr. 1939 Abitur; 3.4. bis 15.10.1939 Reichsarbeitsdienst; 1939 bis 1941 Studium in Berlin: Chemie, Physik, dann islamische Kunstgeschichte, Arabistik – 20.11.1941 Dr.phil.

1.12.1941	DA AA, Dienstvertrag als Wissenschaftliche Hilfsarbeiterin, Personal- und Verwaltungsabt., Ref. Z/Chiffrier- und Nachrichtenwesen

1.5. bis Sept. 1945 in amerik. Internierung in Marburg, dann bis 1954 Forschungs- und Lehrtätigkeit an der Universität Marburg, 5.1.1946 Habilitation, 1951 Dr.sc. rel., 1953 außerplanmäßige Professorin, 1954 bis 1959 Professorin in Ankara, dann erneut Lehrtätigkeit in Marburg, 1961 bis 1967 Dozentin in Bonn, 1967 bis 1992 Lehrtätigkeit in Havard, 1970 Full Professor; 1980 bis 1990 Präsidentin der International Association for the History of Religion, 1995 Friedenspreis des dt. Buchhandels.

Literatur:

Annemarie Schimmel: Kalif und Kadi im spätmittelalterlichen Ägypten, Leipzig 1943; dies.: Geplant war es eigentlich nicht, in: Ursula Müller, Christiane Scheidemann (Hrsg.): Gewandt, geschickt und abgesandt. Frauen im Diplomatischen Dienst. München 2000, S. 93-95; dies.: Morgenland und Abendland. Mein west-östliches Leben. München 2003, sowie zahlreiche Monographien, Aufsätze und Übersetzungen zur Kultur- und Religionsgeschichte der islamischen Welt, vgl. Mohammed Ikram Chaghatai, Burzine K. Waghmar: „And here the twain did meet". Bibliography of the Works of the Scholar-Hermit Prof. Dr. Annemarie Schimmel from 1943 through 2003. Lahore 2004.

Nachlass in der Universitätsbibliothek Basel.

Schindel, Rolf

* 9. 3.1913 Berlin
† 20.10.2003 Berlin

Eltern: Otto S.; Barbara geb. Happe

∞ Ursula

Kind: Dirk (28.6.1942)

Seit 1.1.1939 Tätigkeit beim Reichsverband der Deutschen Presse.

15.11.1940	DA AA, Wissenschaftlicher Hilfsarbeiter, Nachrichten- und Presseabt., Persönlicher Referent des Abteilungsleiters
22. 2.1943	Militärdienst, bis 15.11.
16.11.1943	DA AA, Nachrichten- und Presseabt., Persönlicher Referent des Abteilungsleiters
21.10.1944	Militärdienst

Später Journalist in Berlin, Kulturredakteur beim RIAS.

Literatur:

Rolf Schindel (Hrsg.): Fürsorgerinnen berichten. Frau Elisabet Nitzsche zu ihrem 70. Geburtstag am 19. Mai 1958 gewidmet. Skizzen aus der praktischen Arbeit. Berlin 1958; ders.: Berlin – UN der Religionen. Religionsgemeinschaften in Berlin hrsg. vom Presse- und Informationsamt des Landes Berlin. Berlin 1970.

Schirmer, Hans

* 9. 1.1911 Schöneberg/Berlin
† 6.11.2002 Hamburg

ev.

Eltern: Hermann Conrad S., preuß. Offizier; Henriette gen. Hansen

⚭ I. 23.6.1938 Charlotte geb. von Lilienfeld (Vater: Charles v.L., Gutsbesitzer); II. 30.12.1943 Ruth Soehring geb. Fulda, Stenotypistin im Auswärtigen Amt (Vater: Konrad F., Polizeipräsident); III. 9.6.1951 Gabriele geb. Achard (Vater: Eugen Adolf A.)

Kinder aus der I. Ehe der II. Frau: Ulrike Soehring (20.3.1940); aus III. Ehe: Gabriele (15.3.1952), Hans Christian (22.5.1956)

Gymnasium in Weimar – Ostern 1929 Abitur; 1929 bis 1933 Studium in Bonn, München, Heidelberg und Berlin: Jura, Staatswissenschaften, Soziologie, Geschichte, Philosophie – 31.7.1933 Dr.phil.; 1933/34 an der London School of Economics, 1.4.1934 bis 1.4.1935 Assistent an der Zweigstelle des DAAD in London; seit 12.12.1935 Lektor für ausländische Literatur und Referent für das schöngeistige Übersetzungswesen in der Reichsschrifttumskammer, seit Mai 1937 im Reichsministerium für Volksaufklärung und Propaganda.- 1.5.1933 NSDAP.

8. 3.1939	AA, Dienstvertrag als Wissenschaftlicher Hilfsarbeiter, DA 1.3., Kulturpolitische Abt., später im Ref. R/Rundfunkangelegenheiten (seit 22.7.1941 Rundfunkabt., seit 13.2.1942 Rundfunkpolitische Abt.), stellvertretender Leiter des Ref. bzw. der Abt.
22. 6.1939	Legationsrat
14. 9.1942	Legationsrat I.Kl.
3.1943	Militärdienst (zuletzt Leutnant d.R.)

28.3.1945 bis 20.8.1946 in amerik. Kriegsgefangenschaft, dann bis 1949 Aufenthalt auf einem Bauernhof; 25.1.1950 bis 17.11.1955 beim Presse- und Informationsamt der Bundesregierung, Leitung der Auslandsabt., 10.4.1951 Oberregierungsrat, 4.9.1953 Ministerialrat.

12.11.1955	Einberufung in den Auswärtigen Dienst, B Kairo, Botschaftsrat, DA AA 18.11., DA in Kairo 9.12., bis 9.4.1960
11. 7.1960	AA, DA 25.7., Abt. 3 (West II)
3. 1.1961	kommissarische Leitung des GK Hongkong, Amtsbez. Generalkonsul, Übernahme der Geschäfte 21.1., bis 23.12.

3.11.1961	AA, DA 24.1.1962, Vortragender Legationsrat I.Kl., Abteilung 7 (Ostabt.), Leitung des Ref. 708/Naher Osten und Nordafrika (seit Jan. 1963 Abt. I/Politische Abt., Ref. B4)

1.6.1966 Versetzung in das Presse- und Informationsamt der Bundesregierung, Leitung der Auslandsabt.

13. 2.1968	Wiedereinberufung in den Auswärtigen Dienst
3. 3.1968	Botschafter in Canberra, Übernahme der Geschäfte 6.5., Übergabe des Beglaubigungsschreibens 8.5., bis 14.5.1970
14. 4.1970	Botschafter in Wien, Übernahme der Geschäfte 8.6., Übergabe des Beglaubigungsschreibens 25.6., bis 28.9.1974
23. 7.1974	AA, DA 30.9., Chefinspektor, zugleich Leiter des Arbeitsstabes europäisch-arabischer Dialog
20.12.1974	Versetzung in den Ruhestand, zugleich Honorarvertrag bis 30.6.1977

Literatur:

Hans Schirmer: Die Entwicklung des deutschen Nationalbewusstseins bei Friedrich Christoph Dahlmann. Neumünster 1936.

Schirmer, Kurt

* 27. 4.1877 Breslau
† 3. 8.1930 Tsingtau (Tollwutinfektion)

ev.

Eltern: Hermann S., Beamter im preuß. Kriegsministerium, Bankbeamter; Marie geb. Podjorski

∞ 25.6.1913 Johanna geb. Goedhart (Vater: P.C. G., Direktor der Gebr. Goedhart AG)

Kinder: Heinz Stöllger (6.7.1909); Brigitte (22.12.1914), Kurt Hans (8.1.1917), Margund (27.2.1919), Dietgart (27.10.1922), Hermann Egbert (25.6.1924)

Johannes-Gymnasium und Elisabeth-Gymnasium in Breslau – 10.3.1896 Abitur; 1896 bis 1900 Studium in Breslau und Berlin: Jura – 19.4.1901 Referendarexamen; seit 10.8.1901 im preuß. Justizdienst; 1901/02 Studium am Seminar für Orientalische Sprachen in Berlin: Chinesisch.

4. 7.1902	Einberufung in den Auswärtigen Dienst (Dolmetscherdienst), GK Shanghai, Dolmetscher-Eleve, DA 30.8., bis 14.3.1917 (Abbruch der diplomatischen Beziehungen), Abreise 17.9.1917, 30.6.1908 bis 3.3.1909 und 27.1. bis 7.9.1913 Urlaub
8.11.1905	2. Dolmetscher
20. 4.1907	1. Dolmetscher
19. 8.1915	Konsularische Prüfung
30. 9.1917	Versetzung in den einstweiligen Ruhestand
13. 1.1918	Leitung des K Kristiansand (Umwandlung des WK in ein BK), Konsul a.i., Übernahme der Geschäfte 25.2., bis 11.1.1919
18. 1.1919	AA, DA 3.2., Abt. IV (Nachrichten, seit Frühjahr 1920 Abt. P/Presse)
12. 4.1920	bei der Kommission für die Wiederherstellung der diplomatischen und wirtschaftlichen Beziehungen zu China, Amtsbez. Konsul, DA in Shanghai 11.7., bis 20.1.1922, 28.7. bis 24.9.1920 Beschäftigung bei der Kommission in Peking
15. 7.1921	Konsul in Tsinanfu, Übernahme der Geschäfte 21.1.1922, bis 12.5.1924
11. 4.1924	G Peking, Wahrnehmung der Geschäfte des Gesandtschaftsrats, DA 14.5., bis 7.12.1926
21. 6.1926	Konsul in Tsingtau (Neueinrichtung), Übernahme der Geschäfte 2.1.1927, 10.9.1927 bis 23.4.1928 Urlaub
14. 8.1926	Amtsbez. Generalkonsul

Nachlass im Politischen Archiv des Auswärtigen Amts.

Schlegelberger, Günther

* 29. 9.1909 Berlin
† 23. 3.1974 Panama

kath.

Eltern: Dr.jur. Franz S., Staatssekretär im Reichsjustizministerium; Olga Antonie Elvira geb. Kloht

∞ 2.1.1952 Hella geb. Rerup (Vater: Johannes Peter Christian R.)

Kinder: Felizitas (9.2.1953), Tilman (5.2.1954), Thekla (15.2.1956), Beatrix (18.2.1960)

Fichte-Gymnasium in Berlin – 1927 Abitur; 1927 bis 1935 Studium in Neuchâtel, München und Berlin: Jura, Geschichte, Volkswirtschaft, Philosophie – 20.6.1935 Dr.phil.; 1936/37 Stipendiat des Eötvös-Kollegiums in Budapest, dann private wissenschaftliche Studien.

1. 4.1940	DA AA, Wissenschaftlicher Hilfsarbeiter, Kulturpolitische Abt., Ref. W/Wissenschaftliche Beziehungen zum Ausland
19. 5.1940	Dienstvertrag
7. 8.1942	Beendigung des Dienstverhältnisses

Seit 20.8.1942 Militärdienst: Leutnant d.R.; nach Kriegsende bis 1.8.1945 in amerik. Kriegsgefangenschaft; 2.8. bis 18.12.1945 landwirtschaftlicher Arbeiter in Österreich, dann ohne Beschäftigung.

17. 7.1951	Einberufung in den Auswärtigen Dienst, AA, Angestellter, DA 1.8., Abt. VI (Kultur)
31. 5.1952	Leitung des Ref. 3/Kulturarbeit des Europarats und verwandter Gebiete, Kulturabkommen, dann Leitung des Ref. 600/Grundsatzfragen, später stellvertretender Abteilungsleiter
26. 6.1953	Legationsrat
15. 3.1955	Legationsrat I.Kl.
13. 2.1958	Generalkonsul in Osaka-Kobe, Übernahme der Geschäfte 7.4., bis 2.5.1963
18. 4.1963	Botschafter in Manila, Übernahme der Geschäfte 11.5., Übergabe des Beglaubigungsschreibens 6.6., seit 4.11.1963 Urlaub
1. 3.1964	AA, DA 2.3., Abt. IV (Kultur)
26. 6.1964	Botschafter in Saigon, Übernahme der Geschäfte 19.8, Übergabe des Beglaubigungsschreibens 18.9., bis 29.11.1965
8.11.1965	B Rio de Janeiro, Botschaftsrat, DA 4.12., seit 19.2.1968 Urlaub
5. 4.1968	B Bern, Botschaftsrat, DA 3.5., bis 13.3.1972
1. 2.1972	Botschafter in Panama, Übernahme der Geschäfte 7.4., Übergabe des Beglaubigungsschreibens 19.4.

Literatur:

Günther Schlegelberger: Die Fürstin Daschkowa. Eine biographische Studie zur Geschichte Katharinas II. Berlin 1935.

Schleier, Rudolf

* 31. 8.1899 Hamburg
† 4. 1.1959 Hamburg

ev., gottgläubig

Eltern: Louis S., Ingenieur, Gewerbelehrer; Emilie geb. Graf

∞ 14.9.1929 Elisabeth geb. Bertram

Kinder: Hans-Ludolph (10.10.1931), Erich (8.7.1934), Reinhart (7.1.1938), Irmgard (23.9.1944)

Realschule in Hamburg-Barmbek – Mittlere Reife; 1916/17 kaufmännische Lehre; Juni 1917 bis Ende Jan. 1920 Militärdienst, seit Sept. 1918 in franz. Kriegsgefangenschaft; dann Tätigkeit als Kaufmann, später Prokurist der Gesellschaft für Überseehandel mbH in Hamburg und Gesellschafter der Schmidt & Schleier KG, seit 1.4.1938 Prokurist der Havero Handelsvereeniging Overzee NV, Rotterdam.- seit 1920 Deutsch-Völkischer Schutz- und Trutzbund, 1920 bis Ende 1923 DNVP, 1.12.1931 NSDAP (Mai 1933 bis April 1935 Referent für Frankreich in der Leitung der AO der NSDAP, Mai 1935 bis 31.3.1938 Landesgruppenleiter Frankreich, 2.9.1939 Gauamtsleiter z.V.).

5.1940	AA, Mitarbeit im Frankreichausschuss
15. 6.1940	DA Dienststelle des Bevollmächtigten des AA beim Militärbefehlshaber in Frankreich, Paris (seit 20.11. B Paris), Stellvertreter des Bevollmächtigten des AA (seit 15.8. des Botschafters), bis 29.2.1944
18.10.1940	Amtsbez. Generalkonsul
3. 2.1941	Dienstvertrag als Wissenschaftlicher Hilfsarbeiter
10. 7.1941	Botschaftsrat, Amtsbez. Gesandter
20. 4.1943	Gesandter I.Kl.
16. 2.1944	AA, DA 24.3., Leitung der Informationsstelle XIV/Antijüdische Auslandsaktion, seit 21.4. zugleich Wahrnehmung der Aufgaben des Dirigenten der Kulturpolitischen Abt.

Bis Dez. 1947 in amerik. Internierung in Dachau, Nov. 1948 Verhaftung, Freilassung auf Kaution; Außenhandelskaufmann in Hamburg.

Nachlass im Politischen Archiv des Auswärtigen Amts.

Schleinitz-Prokesch, Nikolaus Freiherr von

* 25. 2.1895 Innsbruck
† 5. 8.1955 Bern

gebürtiger österr. Staatsangehöriger

kath.

Eltern: Viktor Freiherr v.S., österr. Offizier; Johanna geb. Gräfin Prokesch von Osten

∞ 3.5.1921 Margarethe geb. Freiin von Babo (gebürtige österr. Staatsangehörige; Vater: August Freiherr v.B., Ingenieur)

Kinder: Haubold (31.1.1922), Werner (29.7.1924), Marie-Therese (10.12.1930)

Gymnasien in Meran und Baden/Wien, Theresianum in Wien – Juni 1913 Abitur; 1913 bis 1915 und 1917 bis 1919 Studium an der Konsularakademie in Wien: 5.7.1919 Abschlussprüfung; 15.3.1915 bis 3.11.1917 Militärdienst, 1.8.1916 Leutnant d.R.; seit 27.7.1919 im österr. Auswärtigen Dienst, zuletzt Legationsrat an der G Prag.- 10.12.1933 Vaterländische Front, 1.7.1940 NSDAP.

14. 3.1938	DA G (seit 17.3.1939 Dienststelle des AA, seit Mitte April 1939 Vertreter des AA beim Reichsprotektor in Böhmen und Mähren) Prag, zuletzt Leitung der Konsularabt., bis 29.7.1939
31. 1.1939	Überleitung in den Reichsdienst mit Wirkung vom 1.10.1938, Amtsbez. Gesandtschaftsrat I.Kl.
5. 4.1939	Gesandtschaftsrat I.Kl.
2. 6.1939	G (seit Aug. 1940 Deutsche Vertretung) Reval, DA 7.8., bis 18.4.1941 (Schließung der Vertretung)
27. 3.1941	AA, DA 6.5., Protokoll
10. 3.1942	B Madrid, DA 24.3.
15. 5.1942	Generalkonsul

1947 bis Ende 1949 im Finanzdienst des Landes Kärnten, 1949 Oberfinanzrat; seit 2.1.1950 im österr. Auswärtigen Dienst, zuletzt Gesandter in Bern.

Schlemann, Josef

* 10. 9.1895 Münster
† 6. 4.1968

kath.

Eltern: Bernhard Antonius S.; Anna geb. Willwoll

∞ 17.12.1932 Hedwig geb. Stricker

Kinder: Ingeborg (27.9.1933), Jürgen (21.5.1937)

Gymnasium Paulinum in Münster – 4.6.1915 Abitur; Mai 1915 bis Nov. 1918 Militärdienst, Leutnant d.R.; 1918 bis 1921 Studium in Heidelberg und Münster: Jura – 9.5.1921 Referendarexamen, 1923 Dr.jur.; seit 14.5.1921 im preuß. Justizdienst – 24.10.1924 Assessorexamen.- 1930 Zentrum.

9.12.1924	Einberufung in den Auswärtigen Dienst, AA, Attaché, DA 2.1.1925, Abt. II (West- und Südosteuropa)
11. 7.1925	Abt. V (Recht)
20.12.1926	Diplomatisch-konsularische Prüfung
10. 1.1927	GK Marseille, Amtsbez. Vizekonsul, DA 28.1., Juli/Aug. 1927 bei der dt. Handelsvertragsdelegation in Paris, 4.2. bis 18.5.1928 kommissarische Leitung des K Bordeaux
16. 5.1928	kommissarische Leitung des K Tetuan, Übernahme der Geschäfte 26.6., bis 18.10.
20. 9.1928	G Mexiko, Amtsbez. Legationssekretär, DA 23.1.1929, bis 16.9.1930
30. 8.1930	AA, DA 8.10., dann Urlaub
20. 1.1931	K Rotterdam, Amtsbez. Vizekonsul, DA 7.4., bis 20.12.1932
27. 7.1931	Vizekonsul
25.11.1932	G Dublin, DA 1.2.1933, bis 8.1.1936
3. 2.1933	1. Legationssekretär
15.11.1935	AA, DA 13.1.1936, Abt. P (Presse, seit 15.5. Presseabt., seit 11.3.1938 Nachrichten- und Presseabt.), Leitung des Ref. Skandinavien
3. 2.1940	Informationsabt., Leitung des Ref. III/Fremdsprachiger Artikeldienst
12. 2.1941	Handelspolitische Abt.
22. 4.1941	Vertreter des AA beim AOK 9, DA 8.5., bis Aug., dann bis März 1942 im Lazarett
24. 4.1941	Legationsrat
1942	Leitung der Sonderstelle des Protokolls in Baden-Baden, Übernahme der Geschäfte April

27.12.1944   Versetzung in den einstweiligen Ruhestand

1946 bis 1949 Rechtsanwalt in Traunstein; 1948 bis 1950 Syndikus der Firma Schlömer, Rotterdam; 2.2. bis 1.7.1950 persönlicher Referent des Bevollmächtigten der Bundesrepublik Deutschland in Berlin, Legationsrat z.Wv.; dann Wohnsitz in Hinterschnaitt/Obb.

26. 3.1953   Amtsbez. Legationsrat I.Kl.a.D. (Wiedergutmachungsbescheid gemäß Gesetz zur Regelung der Wiedergutmachung nationalsozialistischen Unrechts für Angehörige des öffentlichen Dienstes vom 11.5.1951)

Literatur:

Josef Schlemann: Die rechtliche Stellung der Mieteinigungsämter. Eine historisch-dogmatische Untersuchung. Münster 1923.

Schlenzka, Alfred

* 8. 2.1888 Berlin

verheiratet

1939 bis 1943 Tätigkeit beim OKW.

9. 2.1943   DA AA, Nachrichten- und Presseabt., Ref. Z/Sonderauftrag im Rahmen der Überwachung der Auslandspresse
31.12.1943   Beendigung des Dienstverhältnisses

Schlesinger, Moritz

* 19. 9.1886 Magdeburg
† 10. 2.1974 Washington D.C.

jüd.

Eltern: Siegmund S., Kaufmann; Kunigunde geb. Groß

∞ Olga geb. Fiks (gebürtige russ. Staatsangehörige)

Kinder: Lilly (8.5.1912), Leo (8.1.1914)

1.10.1904 bis 30.9.1905 Einjährig Freiwilliger; Importkaufmann, 1911 bis Aug. 1914 selbständiger

Handlungsreisender in Rußland und Persien; seit Okt. 1914 Militärdienst, dann Leitung des Arbeitsamts des Kriegsgefangenenlagers in Döberitz, zuletzt Hilfsarbeiter im Unterkunftsdepartement des preuß. Kriegsministeriums; 1.1.1919 bis 31.3.1922 Abteilungsleiter und stellvertretender Leiter der Reichszentralstelle für Kriegs- und Zivilgefangene; dann beim Deutschen Roten Kreuz (Nansenhilfe zur Rückführung der dt. Kriegsgefangenen aus Rußland); zugleich ehrenamtlicher Sachverständiger für dt.-russ. Wirtschaftsfragen.- SPD.

10. 1.1923		B Moskau, Teilnahme an Verhandlungen zum Ausbau des Rapallo-Vertrages, DA 20.1., bis 2.3.
31. 5.1923		AA, Dienstvertrag als Mitglied der dt. Delegation für die dt.-russ. Verhandlungen zur Ausgestaltung des Rapallovertrages, DA 7.3.
18. 6.1923		Amtsbez. Generalkonsul
21. 5.1924		Dienstvertrag als wirtschaftlicher Sachverständiger, zeitweise bis Aug. 1930 zugleich Mitglied des Völkerbundskomitees für Flüchtlingsfragen
	10.1931	zugleich Referategruppe W/Wirtschaft, Leitung des Ref. für wirtschaftliche Beziehungen zum Nahen Osten
23. 8.1932		Dienstvertrag als Angestellter
10. 5.1933		Beendigung des Dienstverhältnisses zum 30.9.

Seit Mai 1933 in Paris, seit Mitte Juli in New York; seit 1939 amerik. Staatsangehöriger; zeitweise Bauarbeiter, später Mitglied einer Beratungskommission des amerik. Außenministeriums für sowjet. Angelegenheiten.

10. 2.1953	Amtsbez. Generalkonsul II.Kl.a.D. (Wiedergutmachungsbescheid gemäß Gesetz zur Regelung der Wiedergutmachung nationalsozialistischen Unrechts für Angehörige des öffentlichen Dienstes vom 11.5.1951)

April 1954 bis Ende der 60er Jahre Wohnsitz in Italien und Südfrankreich, dann in Washington D.C.

Literatur:

Moritz Schlesinger: Erinnerungen eines Außenseiters im diplomatischen Dienst. Aus dem Nachlass hrsg. u. eingel. von Hubert Schneider. Köln 1977.

Hartmut Unger: Zwischen Ideologie und Improvisation. Moritz Schlesinger und die Rußlandpolitik der SPD 1918-1922. Frankfurt/Main 1996.

Nachlass in der Yale University Library/Sterling Memorial Library, New Haven/Connecticut, im Politischen Archiv des Auswärtigen Amts und im Deutschen Exilarchiv 1933-1945 der Deutschen Nationalbibliothek, Frankfurt/Main.

Schlieben, Hans

* 3. 9.1865 Berlin
† 6. 2.1943 Dachau

ev.

Eltern: Wilhelm S., Weingroßhändler, Lotterieeinnehmer; Valeria geb. Fischer

∞ 15.7.1896 Noémi geb. Galmard (gebürtige franz. Staatsangehörige; Vater: Bankier)

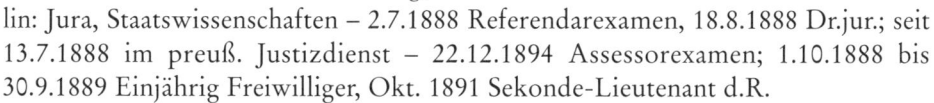

Wilhelmsgymnasium in Berlin – Ostern 1885 Abitur; 1885 bis 1888 Studium in Heidelberg, Genf und Berlin: Jura, Staatswissenschaften – 2.7.1888 Referendarexamen, 18.8.1888 Dr.jur.; seit 13.7.1888 im preuß. Justizdienst – 22.12.1894 Assessorexamen; 1.10.1888 bis 30.9.1889 Einjährig Freiwilliger, Okt. 1891 Sekonde-Lieutenant d.R.

24. 8.1895	Einberufung in den Auswärtigen Dienst (konsularische Laufbahn), AA, DA 18.9., Abt. II (Handelspolitik)
27.11.1897	K Buenos Aires, DA 9.2.1898, seit 28.8.1899 Urlaub
14.12.1897	Charakter als Vizekonsul
25.12.1899	K Neapel, DA 19.1.1900, bis 20.2.1901
4. 3.1901	GK New York, DA 23.4., seit 11.3.1902 Urlaub, 16.6. bis 18.7.1901 kommissarische Leitung des K Philadelphia
15. 5.1902	kommissarische Leitung des K Managua, Charakter als Konsul, Übernahme der Geschäfte 3.8., bis 29.7.1903, zugleich konsularische Befugnisse in San Salvador
11. 6.1903	kommissarische Leitung des K Pará (Umwandlung des WK in ein BK), Übernahme der Geschäfte 16.9., seit 18.5.1904 Urlaub
4.11.1904	kommissarische Leitung des K Madrid, Übernahme der Geschäfte 17.11., bis 24.4.1909, 29.11.1906 bis 21.9.1907 kommissarische Beschäftigung an der G Tanger
14. 1.1905	Konsul
28. 3.1909	Konsul in Belgrad, Übernahme der Geschäfte 8.5., seit 22.9.1913 Urlaub
9. 8.1914	Versetzung in den Ruhestand zum 30.11.

1917 Gründer und Redakteur der pazifistischen „Freien Zeitung", Bern; seit 1925 Wohnsitz in Nieully-sur-Seine, Vertreter dt. Firmen des Maschinen-, Binnenschiff- und Tiefbaus; seit Ende Juni 1942 Haft im Gefängnis des Polizeipräsidiums in Berlin, seit 23.10.1942 im KZ Dachau.

Literatur:

Hans Schlieben: Die deutsche Diplomatie wie sie ist, wie sie sein sollte. Zürich 1917 (Nachdruck Nendeln 1976).

Schlien, Hellmut

* 10. 3.1909 Dresden
† 10.10.1992 Feldafing

ev.-luth., gottgläubig

Eltern: Johannes Georg Max S., Militärintendanturbeamter; Bartha Margarete geb. Schreiter

ledig

Oberprima-Reife; Studium in Heidelberg: Germanistik, Geschichte, Zeitungswissenschaften; dann Redakteur; seit Sept. 1940 beim Reichsamt für Technische Nothilfe.

16.10.1941	DA AA, Wissenschaftlicher Hilfsarbeiter, Rundfunkabt. (seit 13.2.1942 Rundfunkpolitische Abt.), Ref. XII/Nachrichtenzentrale
5.11.1942	Militärdienst

Okt. 1956 bis 1963 Redakteur bei „Die Deutsche Bühne. Monatsschrift des Deutschen Bühnenvereins".

Schliep, Martin

* 16. 4.1891 Berlin
† 27. 5.1964 Wiesbaden

ev.-luth.

Eltern: Johannes Nathanael S., Superintendent; Martina geb. Lindau-Floret

∞ 24.4.1939 Erika von Breska geb. Richter (Vater: Hermann Adolf Daniel R., Oberregierungsrat a.D.)

Kinder aus der I. Ehe der Frau: 1 Tochter, ein weiteres Kind

Pädagogium in Putbus – Febr. 1909 Abitur; 1909 bis 1913 Studium in Heidelberg und Berlin: Jura – 15.11.1913 Referendarexamen, 9.5.1914 Dr.jur.; seit 18.12.1913 im preuß. Justizdienst – 28.6.1919 Assessorexamen; 7.8.1914 bis 20.2.1916 Militärdienst.- 1.11.1933 NSDAP.

6. 5.1920	Einberufung in den Auswärtigen Dienst, AA, Attaché, DA 22.5., Abt. X (Außenhandel), Ref. L.5/Schweiz
2.10.1920	Abt. F (Frieden)
21.11.1922	G Kopenhagen, Amtsbez. Legationssekretär, DA 1.12., bis 29.1.1924
31. 1.1923	Legationssekretär
22.12.1923	GK Danzig, Vizekonsul, DA 31.1.1924, bis 20.6.
1. 5.1924	GK Petersburg, DA 23.7., bis 30.1.1926
10.11.1925	B Moskau, Legationssekretär, DA 31.1.1926, bis 22.3.1930
25. 2.1929	Amtsbez. Gesandtschaftsrat
19.11.1929	AA, DA 5.5.1930, Abt. I (Personal und Verwaltung), Ref. M/Personalien des einfachen und mittleren Dienstes
25. 7.1932	Gesandtschaftsrat II.Kl.
31. 7.1932	G (seit 4.10.1934 B) Warschau, DA 29.8., bis 10.9.1936
7. 3.1935	Botschaftsrat
1. 8.1936	Vortragender Legationsrat
17. 8.1936	AA, DA 15.9., Politische Abt., Leitung des Ref. V/Osteuropa
19.11.1941	Generalkonsul in Tirana, Übernahme der Geschäfte 18.12., seit 5.4.1943 zugleich dt. Sonderbeauftragter in der Dt.-Ital. Sonderbeauftragten-Kommission für Siebenbürgen in Wien
28.12.1943	Generalkonsul I.Kl.
27. 6.1944	Gesandter I.Kl. (Umwandlung des GK in eine G am 11.7.), Übergabe des Beglaubigungsschreibens 4.9., bis 16.10.1944, seit 11.12. in Wien
21.12.1944	Dienststelle des AA für Griechenland, Serbien, Albanien und Montenegro, Wien
23.12.1944	Abt. Protokoll, DA 3.1.1945, zuletzt Betreuung ausländischer Diplomaten im Böhmerwald

Mai 1945 bis März 1947 in amerik. Internierung; 12.7.1949 bis 30.9.1951 Sonderbeauftragter des Magistrats der Stadt Wiesbaden, Bearbeitung von Besatzungsangelegenheiten.

20. 9.1951	Einberufung in den Auswärtigen Dienst, AA, Angestellter, Gesandter I.Kl.z.Wv., DA 1.10., Abt. VI (Kultur), Leitung des Ref. VI/Buchwesen, Vortrags- und Lichtspielwesen
1.10.1952	Abt. I (Personal und Verwaltung), Leitung des Ref. Org.D (seit Dez. 1953 Abt. 1, Ref. 111)/Unterbringung und Ausstattung der Auslandsvertretungen, Dienstwagen etc.

14. 1.1953	Vortragender Legationsrat
23.12.1954	Leitung des GK Genua, Übernahme der Geschäfte 8.1.1955, bis 31.7.1956
24. 1.1954	Generalkonsul
13. 3.1956	Versetzung in den Ruhestand zum 30.4., jedoch Weiterbeschäftigung
5. 5.1956	Dienstvertrag, Leitung des GK Genua, Amtsbez. Generalkonsul
15. 5.1957	Leitung der dt. Delegation für die dt.-schweizer. Verhandlungen über den Status von Büsingen, bis Dez. 1962

Literatur:

Martin Schliep: Die Ansprüche des Arztes gegen die Eltern aus der Behandlung eines gemeinsamen Kindes. Greifswald 1914; ders.: Erinnerungen des GK a.D. Martin B. Schliep an seine Amtszeit in Tirana (1941-1944). MS 1963 (in der Bibliothek des Auswärtigen Amts).

Schlimpert, Martin

* 31.10.1890 Meißen
† 15.12.1944 Landshut

ev.-luth.

Eltern: Waldemar S., Verlagsbuchhändler, Gutsbesitzer; Martha geb. Hönicke

∞ 14.5.1925 Margherita Klippgen geb. Günther

Kinder: Alexandra (3.2.1926); aus der I. Ehe der Frau: Franziska Klippgen (26.1.1919)

König Georg-Gymnasium in Dresden-Neustadt – 1910 Abitur; 1910 bis 1914 Studium in Grenoble, Cambridge/Massachusetts und Leipzig: Jura – 1914 1. juristisches Examen, 23.5.1919 Dr.jur.; 1912/13 Einjährig Freiwilliger, 1.8.1914 bis 31.12.1918 Militärdienst, Leutnant d.R., später Oberleutnant d.R.- 1.5.1933 NSDAP.

8. 4.1919	Einberufung in den Auswärtigen Dienst, AA, Attaché, DA 16.4., Außenhandelsstelle
18. 3.1920	Diplomatische Vertretung (seit 10.9. B) in London, Amtsbez. Legationssekretär, DA 5.4., bis 30.4.1921
4. 4.1921	AA, DA 3.5., Abt. VI (Amerika, Spanien, Portugal), seit 1.1.1922 in Abt. III (Britisches Reich, Amerika, Orient), Ref. A/Vereinigte Staaten von Amerika nebst Besitzungen (ausgenommen Philippinen), Kuba, Haiti, Dominikanische Republik, Liberia

20.12.1921	Legationssekretär
23.11.1922	G Lissabon, DA 5.2.1923, bis 15.12.1925
6.12.1924	Amtsbez. Gesandtschaftsrat
25. 8.1925	B Washington, DA 27.1.1926, bis 15.2.1928
10. 1.1928	AA, DA 29.2., Abt. II (West- und Südosteuropa), Ref. F/Entwaffnungs-, militärpolitische und Luftfahrtfragen, Aufgabengebiet: Entwaffnungsfragen
28. 5.1931	G Budapest, DA 20.5., bis 25.8.1934
3. 6.1932	Gesandtschaftsrat II.Kl.
28. 5.1934	GK Montreal, DA 9.10., bis Sept. 1936
14. 6.1934	Konsul II.Kl.
8. 8.1936	B Rio de Janeiro, DA 2.10., bis 29.1.1942 (Abbruch der diplomatischen Beziehungen), Abreise 7.5., 5.11.1938 bis 27.9.1939 Urlaub, währenddessen 2.5. bis 13.9.1939 kommissarische Beschäftigung im AA, Politische Abt., Ref. IX/Amerika
13. 9.1937	Gesandtschaftsrat I.Kl.
17. 9.1942	DA AA, Abt. Protokoll
13. 8.1943	Wahrnehmung der Geschäfte des Vertreters des AA bei der dt. Waffenstillstandskommission, Wiesbaden, DA 16.8.

Literatur:

Martin Schlimpert: Die Neutralität Belgiens. Meißen 1919.

Schlitter, Oskar

* 15. 6.1904 Essen
† 12.11.1970 Schloss Offenstetten/Kelheim

ev.

Eltern: Oskar S., Bankdirektor; Anna geb. Bandhauer

∞ 12.9.1932 Daisy geb. Freiin von Freyberg-Eisenberg (gebürtige russ. Staatsangehörige, Filmschauspielerin "Daisy d'Ora", Schönheitskönigin; Vater: Ludwig Freiherr v.F.-E., preuß. Offizier)

Kinder: Marion (20.10.1933), Alexander (23.4.1942)

Falk-Realgymnasium in Berlin – 15.9.1922 Abitur; 1922 bis 1926 Studium in München und Berlin: Jura, Staatswissenschaften, Volkswirtschaft – 19.7.1926 Referendarexamen; sei 1.10.1926 im preuß. Justizdienst.- 1.12.1934 NSDAP.

22. 5.1929	Einberufung in den Auswärtigen Dienst, AA, Attaché, DA 3.6., Abt. IV (Osteuropa, Skandinavien, Ostasien)
18.12.1931	Diplomatisch-konsularische Prüfung
11. 1.1932	Abt. III (Britisches Reich, Amerika, Orient), Ref. A/USA, Mexiko, Kuba, Haiti etc.
5. 2.1932	GK New York, DA 19.3., bis 7.5.1936
5. 3.1936	Vizekonsul
31. 3.1936	B London, Legationssekretär, DA 15.5., bis 3.9.1939 (Kriegszustand)
7. 9.1939	AA, DA 12.9., Politische Abt., Ref. II/Westeuropa
7.12.1939	Legationsrat
13. 8.1942	Legationsrat I.Kl.
16. 8.1943	kommissarische Leitung des WK Lugano, Übernahme der Geschäfte 9.9., bis 10.1.1944
13. 1.1944	DA AA, Handelspolitische Abt., Leitung des Ref. IIc/Italien, Äthiopien, Libyen
24.11.1944	beim Generalsekretär für die Kriegsgefangenenpropaganda im AA, Gesandter Windecker

1946 bis 1952 Verwaltung der eigenen Landwirtschaft in Offenstetten/Niederbayern.

23. 7.1952	Einberufung in den Auswärtigen Dienst, B Madrid, Angestellter, Legationsrat I.Kl.z.Wv., Amtsbez. Botschaftsrat, DA AA 18.8., DA in Madrid 7.10., bis 17.11.1953
28.10.1952	Botschaftsrat
26.10.1953	Diplomatische Vertretung in London, DA 1.12.
22. 3.1955	Versetzung in den einstweiligen Ruhestand
24. 7.1958	AA, DA 20.9., Abt. 4 (Handelspolitik), Leitung des Ref. 410/ Staaten der EWG etc.
11. 9.1958	Vortragender Legationsrat I.Kl.
27. 9.1962	Ministerialdirigent
7.11.1962	Amtsbez. Botschafter
14. 1.1963	Beauftragter für Vertragsverhandlungen aus dem Bereich der Abt. III (Handels- und Entwicklungspolitik)
7. 1.1965	Botschafter in Athen, Übernahme der Geschäfte 9.2., Übergabe des Beglaubigungsschreibens 17.2., bis 30.6.1969
25. 4.1969	Versetzung in den Ruhestand

Nachlass im Stadtarchiv München.

Schlitz gen. von Görtz, Karl Erbgraf von

* 28.12.1877 München
† 29.12.1911 Kristiania

ev.-luth.

Eltern: Prof.h.c. Emil Friedrich Graf und Herr v.S.gen.v.G., Standesherr von Schlitz, Bildhauer, Direktor der Kunsthochschule in Weimar, Erbliches Mitglied und Präsident der Ersten Kammer des Großherzogtums Hessen; Sophia geb. Cavalcanti de Albuquerque de Villeneuve

∞ 29.8.1905 Amélie geb. Prinzessin von Thurn und Taxis (Vater: Adolf Prinz v.T.u.T., Beamter im österr. Ministerium des Innern)

Kinder: Sophia (13.5.1906), Margarethe (28.1.1909)

Gymnasium in Weimar – März 1897 Abitur; 22.3.1897 bis 30.9.1899 Militärdienst: 5.4.1898 Leutnant; 1899 bis 1904 Studien in Leipzig, Freiburg i.Br., München und Giessen: Jura, Geschichte.

13. 1.1906	B Rom, unentgeltliche Beschäftigung, DA 27.2., bis 8.11.1907
21. 3.1907	Einberufung in den Auswärtigen Dienst (diplomatische Laufbahn), AA, Attaché, DA 19.1.1908, Abt. II (Handelspolitik)
4. 5.1908	Abt. III (Recht), seit 9.7.1908 Urlaub
8. 6.1910	Diplomatische Prüfung
14. 6.1910	G Kristiania, Legationssekretär, DA 16.6.

Schlobies, Hans

* 15. 3.1904 Heydekrug/Memelland
† Herbst 1949 Speziallager 2 des NKWD in Buchenwald

ev.

Eltern: Johann S.; Berta geb. Dilba

∞ 8.8.1934 Erika geb. Bartsch

Kinder: Urte (13.6.1935), Jutta (22.7.1936), Michael (7.12.1937), Christoph (4.6.1939), Martin (13.12.1943)

Gymnasium in Insterburg – 10.3.1922 Abitur; 1922 bis 1925 Studium in Königsberg i.Pr., Berlin und am Seminar für orientalische Sprachen in Berlin: Semitische Philologie, Sprachen des Vorderen Orients – 12.8.1925 Dr.phil.; 1925/26 Studien in

Äthiopien, währenddessen Hauslehrer einer dt. Kaufmannsfamilie, zugleich kaufmännische Tätigkeit in Addis Abeba.

1. 1.1927   G Addis Abeba, Angestellter, Dolmetscher, bis 29.2.1928

1927 zugleich Studien in Sanaa/Jemen und Südarabien; 1.5.1928 bis 31.3.1930 Forschungsauftrag der Notgemeinschaft der Deutschen Wissenschaft in Berlin, zugleich juristische Studien, 1.4.1930 bis 30.9.1931 Lehrer für Amharisch am Seminar für orientalische Sprachen in Berlin, 1.10.1931 bis 31.8.1932 arabische Studien, 1.9.1932 bis 31.12.1934 Forschungsaufträge der Notgemeinschaft der Deutschen Wissenschaft, Studien in Sanaa/Jemen und Südarabien, seit 1.4.1934 zugleich Lehrauftrag für abessinische Sprachen am Seminar für orientalische Sprachen in Berlin.

2. 1.1935   DA AA, Wissenschaftlicher Hilfsarbeiter, Abt. III (Britisches Reich, Amerika, Orient), Ref. O/Orient (seit 15.5.1936 Politische Abt., Ref. VII/Orient)

8.12.1937   Diplomatisch-konsularische Prüfung

16.12.1938   Legationssekretär

22. 6.1942   Legationsrat

9.10.1952   Legationsrat I.Kl. (posthumer Wiedergutmachungsbescheid gemäß Gesetz zur Regelung der Wiedergutmachung nationalsozialistischen Unrechts für Angehörige des öffentlichen Dienstes vom 11.5.1951)

Literatur:

Hans Schlobies: Der akkadische Wettergott in Mesopotamien. Leipzig 1925, Nachdruck Osnabrück 1972; ders.: Italienisch-Afrika, in: Jahrbuch der Weltpolitik (1943), S. 1028-1035; ders.: Italienisch-Afrika, in: Jahrbuch der Weltpolitik (1944), S. 1073-1076; ders.: Die wissenschaftliche Erschließung Südarabiens, in: Der Orient in deutscher Forschung (1944), S. 239-247.

Nachlass im Archiv der Berlin-Brandenburgischen Akademie der Wissenschaften, Berlin.

Schlösser, Wilhelm

* 7. 4.1908 Frankfurt/Main

kath.

Eltern: August Wilhelm S., Tischlermeister; Susanne geb. Rosenkranz

verheiratet

Kind: Isolde

Mittelschulabschluss; kaufmännische Lehre als Drogist, seit 1928 Tätigkeit als Verlagsvertreter der Union Deutsche Verlagsgesellschaft, Stuttgart, 17.10.1933 bis

27.3.1935 gemeinsam mit Georg von Holtzbrinck Werbeleiter für den Zeitschriftenhandel des Verlags, 15.2.1937 gemeinsam mit Holtzbrinck und Georg Ackermann Kauf des Zeitungsvertriebs und Versicherungsunternehmens Deutsche Verlagsexpedition (Devex), 16.3.1940 gemeinsam mit Holtzbrinck Beteiligung am Verlag Deutsche Volksbücher, Aug. 1943 Geschäftsführer bei Aufgabe seiner Unternehmensanteile.- 1.4.1940 NSDAP.

4.1940	Dt. Informationsstelle II, Sonderaufgaben als Schriftleiter
1. 6.1941	DA B Paris, Angestellter, kommissarische Beschäftigung, Rundfunkref.
25. 1.1942	Militärdienst

1945 geschäftliche Trennung von Holtzbrinck und Gründung des Europäischen Buchklubs.

Literatur:

Herz der Heimat. Eine Morgengabe für die deutsche Frau im Kriegsjahr 1940. Von Hans Ludwig Oeser und Wilhelm Schlösser gestaltet und zusammengestellt. Hrsg. durch die Deutsche Arbeitsfront, NS-Gemeinschaft Kraft durch Freude, Reichsamt Deutsches Volksbildungswerk. Wiesbaden 1940; Benno Wundhammer, Wilhelm Schlösser (Hrsg.): Deutsche Chronik 1954. Stuttgart 1955; Wilhelm Schlösser (Hrsg.): Vorwiegend heiter. Stuttgart u.a. 1956; ders. und Karl Staudinger: Von Adam bis Adenauer. Ein Anekdotenbrevier. Stuttgart u.a. 1957.

Thomas Garke-Rothbart: „... für unseren Betrieb lebensnotwendig ..." Georg von Holtzbrinck als Verlagsunternehmer im Dritten Reich. München 2008.

Schlözer, Karl von

* 22. 4.1854 Stettin
† 6.10.1916 Dresden

ev.

Eltern: Nestor v.S., russ. Diplomat und Staatsrat, Gutsbesitzer; Louise geb. von Meyern-Hohenberg

∞ 26.9.1891 Maria geb. Freiin von Rigal-Grunland (Vater: Ludwig Freiherr v. R.-G., Fideikommissherr, Mitglied des preuß. Herrenhauses)

Friedrich-Wilhelmsstädtisches Gymnasium in Stettin und Gymnasium in Eutin – 12.9.1873 Abitur; 1.10.1873 bis 30.9.1874 Einjährig Freiwilliger, Juli 1879 Sekonde-Lieutenant d.R., 12.8.1890 Premier-Lieutenant d.R.; 1873 bis 1877 Studium in Straßburg, Leipzig, Wien und Göttingen: Jura – 25.1.1879 Referendarexamen; seit 3.3.1879 im preuß. Justizdienst.

17. 9.1885	Einberufung in den Auswärtigen Dienst (diplomatische Laufbahn), AA, Attaché, DA 1.10., Abt. II (Handelspolitik)
22. 1.1886	B St. Petersburg, DA 2.2., seit 16.8. Urlaub
14. 3.1887	G Rio de Janeiro, Legationssekretär, DA 1.5., bis 19.4.1889
26. 3.1887	Diplomatische Prüfung
13. 3.1889	G Belgrad, DA 15.6., bis 30.10.1891
14.10.1891	G Athen, DA 18.11., bis 22.3.1893
2. 3.1893	G Bukarest, DA 15.4., bis 11.12.1895
9.11.1894	Charakter als Legationsrat
23.11.1895	G Den Haag, Legationssekretär, DA 15.12., bis 17.7.1897
7. 7.1897	B Konstantinopel, 1. Sekretär, DA 14.8., bis 10.12.1899
2.12.1899	B Paris, 1. Sekretär, DA 16.12., bis 15.12.1902
5.12.1900	Titel und Rang eines außerordentlichen Gesandten und bevollmächtigten Ministers
17.11.1902	Gesandter in Den Haag, Übernahme der Geschäfte 28.12., Übergabe des Beglaubigungsschreibens 30.12., bis 23.12.1907
25.10.1907	preuß. Gesandter in München, Übernahme der Geschäfte 16.1.1908, Übergabe des Beglaubigungsschreibens 26.1.1908, bis 18.10.1911
24. 9.1911	Versetzung in den Ruhestand, Charakter als Wirklicher Geheimer Rat mit dem Prädikat Exzellenz

Literatur:

Karl von Schlözer: Aus Dur und Moll. Concertstücke ohne Noten. Berlin 1885 (3. Aufl. 1926); ders.: Seltsame Geschichten. Vermehrte Aufl. v. „Dur u. Moll". Berlin 1893; ders.: Padma. Eine Erzählung vom Ugley. Berlin 1900; ders.: Einleitung zu Padma. Bilder aus Holsteins Urzeit. Berlin o.J.; ders.: Vom Haag zum Hindukusch. Aus dem Skizzenbuch eines Diplomaten. Berlin 1904; Karl von Schlözer: In der Steppe. Russisches Bild. Bonn o.J.; ders.: Das Irrlicht. Einakter in zwei Bildern. Bonn o.J.; ders.: Die Knallerbsen. Novellistischer Versuch des Oberhofgärtner-Gehülfen Moritz Rübekohl. Bonn 1905; ders.: Die Brüder. Episode aus den Römerkriegen. Bonn o.J.; ders.: Die Regentin. Geschichtliche Handlung in 20 Bildern und einem Vorspiel. Berlin 1905; ders.: Das Schuylenburch'sche Haus. Kaiserlich Deutsche Gesandtschaft. Berlin 1906; ders.: Der Sarkophag. Venezianisches Zauberspiel. Berlin 1908; ders.: Rocaille. Lustspiel in einem Aufzug. Berlin 1911; ders.: Ein Ausflug ins Drachenreich. o.O. ca. 1914; ders.: Menschen und Landschaften. Aus dem Skizzenbuch eines Diplomaten. Hrsg. von seinem Bruder Leopold von Schlözer. Stuttgart, Berlin, Leipzig. 1926.

Nachlass in der Niedersächsischen Staats- und Universitätsbibliothek, Göttingen (Familiennachlass Schlözer-Stiftung).

Schlözer, Kurd von

* 5. 1.1822 Lübeck
† 13. 5.1894 Berlin

ev.

Eltern: Karl v.S., Kaufmann, russ. Generalkonsul in Lübeck; Friederike geb. Platzmann

ledig

Katharineum in Lübeck – Herbst 1842 Abitur; 1842 bis 1845 Studium in Göttingen, Bonn, Berlin: Philosophie, Geschichte, Orientalische Sprachen – 24.4.1845 Dr.phil.; Privatgelehrter, 1845 bis 1847 Aufenthalt in Paris, dann in Frankfurt/Main und Berlin.

3. 9.1849	preuß. Ministerium der Auswärtigen Angelegenheiten, „unter unmittelbarer Leitung" des Ministers, franz. Redaktion
12. 2.1850	Einberufung in den preuß. Auswärtigen Dienst (Expeditionsfach), Geheimer expedierender Sekretär, DA 1.3., Abt. für staats- und zivilrechtliche Angelegenheiten
24.11.1856	Zulassung zur diplomatischen Laufbahn, G St. Petersburg, Hilfeleistung beim Legationssekretär, DA 3.1.1857, bis 16.7.1862
26. 6.1857	Charakter als Legationssekretär
6. 5.1858	2. Legationssekretär
24. 6.1862	Charakter als Legationsrat
27. 6.1862	Ministerium der Auswärtigen Angelegenheiten, Hilfsarbeiter, Abt. I (Politische Sachen), DA Ende Juli, 19.9. bis 22.10.1863 kommissarische Leitung der G Kopenhagen
19. 1.1864	G Rom (Vatikan), Legationssekretär, DA 24.2., bis 27.1.1869, seit 2.9.1864 Geschäftsträger
27. 2.1869	Generalkonsul des Norddeutschen Bundes in Mexiko, Geschäftsträger, Übernahme der Geschäfte 30.4., seit Ende März 1871 Urlaub
28. 5.1871	Gesandter in Washington, Übergabe des Beglaubigungsschreibens 1.8., seit 2.1.1882 Urlaub, Aug./Sept 1881 und seit 3.2.1882 Verhandlungen beim Heiligen Stuhl
29. 7.1880	Wirklicher Geheimer Rat mit dem Prädikat Exzellenz
2. 4.1882	preuß. Gesandter in Rom (Vatikan), Übergabe des Beglaubigungsschreibens 24.4., bis 12.7.1892
4. 7.1892	Versetzung in den Ruhestand

Literatur:

Kurd von Schlözer: Abu-Dolef Misaris Ben-Mohalhal De itinere Asiatico commentarius. Diss. Berlin 1845; ders.: Les premiers habitants de la Russie: Finnois, Slaves, Scythes et Grecs. Paris 1846; ders.: Rußlands älteste Beziehungen zu Scandinavien und Constantinopel. Berlin 1847; ders.: Choiseul und seine Zeit. Berlin 1848 (2. Aufl. 1857); ders.: Livland und die Anfänge deutschen Lebens im baltischen Norden. Berlin 1850; ders.: Die Hansa und der deutsche Ritter-Orden in den Ostseeländern. Berlin 1851 (Nachdruck Wiesbaden 1981); ders.: Verfall und Untergang der Hansa und des deutschen Ordens in den Ostseeländern. Berlin 1853 (Nachdruck Wiesbaden 1981); ders.: Die Familie von Meyern in Hannover und am Markgräflichen Hofe um Baireuth. Berlin 1855; ders.: Chasot. Berlin 1856; ders.: Friedrich der Große und Katharina die Zweite. Berlin 1859; ders.: General Graf Chasot. 2. umgearbeitete und vermehrte Aufl. Berlin 1878; ders.: Mexikanische Briefe 1869–1871. Stuttgart 1913 (mehrere Aufl.); ders.: Römische Briefe. Stuttgart 1913 (mehrere Aufl.); ders.: Jugendbriefe 1841-1856. Stuttgart 1920 (2. Aufl. 1922); ders.: Petersburger Briefe 1857-1862. Stuttgart 1922 (2. Aufl. 1923, Neuaufl. München 1997); ders.: Letzte römische Briefe 1882-1894. Stuttgart 1924; ders.: Amerikanische Briefe. Stuttgart 1927 (auch u.d.T.: Briefe aus Washington 1871-1881. Berlin 1927); ders.: Aus einem köstlichen Leben. Ausgewählte Briefe. Stuttgart, Berlin 1935; ders.: Briefe eines Diplomaten. Stuttgart 1957; ders.: General Graf Egmont von Chasot. Zur Geschichte Friedrichs des Großen und seiner Zeit. Berlin 2004.

Paul Curtius: Kurd von Schloezer. Ein Lebensbild. Berlin 1912; Max Lenz: Bismarck und Schlözer. Nach einer unvollendeten Niederschrift herausgegeben von Adolf Hasenclever, in: Zeitschrift des Vereins für Lübeckische Geschichte und Altertumskunde 28 (1936), S. 1-58; Franciscus Hanus: Die preussische Vatikangesandtschaft 1747-1920. München 1954; S. 319-381; Frank Lambach: Unser Mann in Washington. Von den ersten preußischen Ministerresidenten bis zu den Botschaftern der Bundesrepublik Deutschland. Washington 2004, S. 27-37; Friedrich Hassenstein: Schlözer, Conrad (Kurd) Nestor von, in: Lübecker Lebensläufe. Neumünster, S. 346-350.

Nachlass im Politischen Archiv des Auswärtigen Amts, im Bundesarchiv, Berlin, und in der Niedersächsischen Staats- und Universitätsbibliothek, Göttingen (Familiennachlass Schlözer-Stiftung).

Schlosser, Franz

* 8.11.1872 Schwaan/Mecklenburg
† 9. 1.1942 Berlin

ev.-luth.

Eltern: Heinrich S., Landgerichtsrat; Hedwig geb. Passow

ledig

Humanistisches Gymnasium – Abitur; seit 22.3.1890 Militärdienst: Oberleutnant, seit Juli 1900 Adjutant bei der Schutztruppe in Kamerun, Hauptmann; später im Kolonialdienst, 1912 Bezirksamtmann in Lomie, dann Regierungsrat beim Gouvernement Kamerun; seit Aug. 1914 Militärdienst, seit 1916 in span. Internierung; 1919 Versetzung in den Ruhestand, Charakter als Geheimer Regierungsrat; dann kaufmännische Tätigkeit in Spanien, später niederl. Vizekonsul in Madrid, Sommer 1936 niederl. Geschäftsträger in Madrid, 1937 bis Ende Febr.

1939 niederl. Generalbevollmächtigter bei der span. republikanischen Regierung in Valencia.

15. 5.1939	B in Spanien (Dienstsitz San Sebastián, seit 12.9.1939 Madrid), Angestellter, DA 22.5., seit 24.5. Leitung der Dienststelle in Burgos, seit Dez. Leitung der Konsularabt. in Madrid, bis 19.8.1940
28. 8.1940	Beendigung des Dienstverhältnisses zum 31.8.

Schlottmann, Gert

* 16. 2.1913 Berlin
† 22. 1.1991 Bergisch Gladbach

ev.

Eltern: Dr.jur. Rudolf S., Ministerialrat; Friederike geb. Bartel

verheiratet

Gymnasium – 1931 Abitur; 1931 bis 1937 Studium in Berlin: Jura – 26.1.1937 Referendarexamen; zugleich zeitweise Tätigkeit im Auslandsamt der Universität Berlin; seit 12.2.1937 Referent in der Dienststelle Ribbentrop, Hauptref. X/England, Informationsgruppe; seit Sommer 1937 zugleich Geschäftsführer der Deutsch-Englischen Gesellschaft; 28.8. bis 25.9.1939 Militärdienst.- 5.11.1933 SS (30.1.1939 Untersturmführer, 30.1.1942 Obersturmführer), 1.5.1937 NSDAP.

1. 1.1940	DA AA, Wissenschaftlicher Hilfsarbeiter, im Persönlichen Stab RAM, zeitweise als Pressereferent
26. 3.1941	Legationssekretär
25. 1.1942	Militärdienst

Schlottmann, Henning

* 17. 3.1914 Dahlem/Berlin

ev., dann gottgläubig

Eltern: Dr.jur. Rudolf S., Ministerialrat; Friederike geb. Bartel

∞ 14.2.1942 Olga geb. Huzar, Dolmetscherin im AA (gebürtige österr., seit 1919 tschechoslowak., seit 1938 dt. Staatsangehörige; Vater: Dipl.Ing. Eugen H., Werksdirektor)

Kind: Brigitte (9.5.1943)

Realgymnasium in Berlin-Lichterfelde – 1932 Abitur; 1932 bis 1936 Studium in Graz, Grenoble und Berlin: Jura – 29.2.1937 Referendarexamen; seit 1.3.1937 im Justizdienst, Juli 1943 Assessor; 1.4. bis 30.11.1938 Geschäftsführer der Dt.-Franz. Gesellschaft im Rheinland e.V.; seit 1.10.1938 Militärdienst.- 21.9.1934 SS, 1.5.1937 NSDAP.

22. 9.1939	DA AA, Wissenschaftlicher Hilfsarbeiter, Kulturpolitische Abt., Ref. R/Rundfunkangelegenheiten
31. 5.1940	Dienstvertrag
10. 7.1940	beim OKW (W.Pr.), Sonderführer Z bei der Propagandaabt. Frankreich, Verbindungsoffizier zwischen dem Rundfunkref. und der B Paris
11.12.1941	Kommandierung zur B Paris, Rundfunkabt.
1. 4.1943	Militärdienst

Später Sozius in der Rechtsanwaltskanzlei Ernst Achenbach, Essen.

Schmaltz, Wolfgang

* 13. 9.1898 Dresden
† 5.12.1964 München

ev.-luth.

Eltern: Dr.jur. Dr.Ing.h.c. Dr.med.vet.h.c. Georg S., Ministerialdirektor im sächs. Ministerium für Kultur und öffentlichen Unterricht; Mathilde Friederike Elsbeth geb. Spaltenholz

∞ 26.12.1926 Adelheid (Heida) von Mechow geb. von Tresckow (Vater: Wilhelm v.T., preuß. Offizier)

Kinder: Eva (23.11.1927), Dieter (26.10.1929)

Sommer 1916 Abitur; 25.9.1916 bis 27.3.1919 Militärdienst: Leutnant d.R.; 1919 bis 1923 Studium: Jura – Juli 1923 1. juristisches Examen; dann im bayer. Justiz und Verwaltungsdienst; 6.7. bis 31.12.1924 kaufmännische Tätigkeit.- bis 1922 DNVP, 1.11.1935 NSDAP.

18. 6.1925	Einberufung in den Auswärtigen Dienst, AA, Attaché, DA 2.7.
3. 7.1925	GK Posen, DA 8.7., bis 16.1.1926
7. 1.1926	AA, DA 18.1., Abt. IV (Osteuropa, Skandinavien, Ostasien)
21. 1.1928	Diplomatisch-konsularische Prüfung
6.11.1928	GK Osaka-Kobe, Amtsbez. Vizekonsul, DA 18.2.1929, 27.3.1933 bis 13.1.1934 kommissarische Leitung des K Haiphong (Dienst-

sitz Hanoi), 14.1. bis 26.8.1934 Urlaub, 21.4. bis 20.9.1937 kommissarische Leitung des K Haiphong (Dienstsitz Hanoi), seit 11.11.1938 Urlaub

30. 4.1931	Vizekonsul
13. 9.1937	Konsul II.Kl.
21. 4.1939	AA, DA 15.5., Politische Abt., Ref. IV/Südosteuropa
30. 8.1939	Ref. VIII/Ostasien, Australien
18. 1.1940	Legationsrat
23. 3.1940	Militärdienst: zuletzt Major d.R.

Schmelzer, Robert

* 7. 3.1914 Herne
† 3. 3.1996 Kirchhundem/Sauerland

kath.

Eltern: Robert S., Lokführer; Christine geb. Hufnagel

∞ II. 1975 Maria geb. Schmelter

2 Kinder

Gymnasium in Attendorn – 23.2.1934 Abitur; Mai 1934 bis Mai 1935 Volontariat bei der „Rheinhessisch-Pfälzischen Tageszeitung" in Alzey, 1935 Reichspresseschule in Berlin; dann Tätigkeit für verschiedene Zeitungen; zugleich Studien in München, Köln und Berlin: Zeitungswissenschaften, Germanistik und Niederländisch.- 1.5.1937 NSDAP.

| 12. 4.1940 | AA, Dienstvertrag als Wissenschaftlicher Hilfsarbeiter, DA 7.3., Nachrichten- und Presseabt., Ref. XII/Nachrichtendienst, dt. Zeitschriften |
| 31. 1.1941 | Beendigung des Dienstverhältnisses |

Dann bis 2.9.1944 Leitung des Berliner Büros der „Brüsseler Zeitung", zuletzt stellvertretender Hauptschriftleiter; seit 1949 Chefredakteur der „Ruhr-Nachrichten", seit 1961 zugleich der „Westfalenpost", 1967 bis 1979 Chefredakteur der „Frankfurter Neuen Presse", 1980 bis 1987 Herausgeber der „Westfalenpost".

Literatur:

Robert Schmelzer: 50 x RS. Leitartikel und Kommentare. 1949-1964. Dortmund 1964; ders.: Mein Rückblick – Tanzen Sie mal mit Frau Minister. Fredeburg 1984.

Schmerschneider, Hans

* 21. 2.1901 Wanzleben
† 21. 3.1980 Wiesbaden

ev.

Eltern: Otto S., Kaufmann; Hedwig geb. Heine

⚭ I. 1928 (gebürtige österr. Staatsangehörige); II. 17.9.1938 Charlotte geb. Burkhart (Vater: Dr.med. Oskar B., Sanitätsrat, Generaloberarzt)

Kinder aus I. Ehe: Ingeborg (27.6.1929), Ernst (24.9.1932)

Kaiser Friedrich-Gymnasium in Charlottenburg, Reformrealgymnasium II in Wilmersdorf und Herderschule in Berlin – 24.2.1921 Abitur; 1921 bis 1926 Studium in Heidelberg, München, Freiburg i.Br. und Bonn: Jura – 29.11.1927 Referendarexamen, 15.12.1933 Dr.jur.; seit 26.11.1929 im preuß. Justizdienst; seit 1931 Geschäftsführer von Grundstücksverwaltungsgesellschaften.- 28.4.1933 bis 17.10.1935 NSDAP.

21.10.1938	DA AA, Wissenschaftlicher Hilfsarbeiter, Nachrichten- und Presseabt., Ref. X/Lektorat, Lektor für engl. Presse, bis Juli 1940
8. 5.1939	Dienstvertrag
20. 9.1940	Beendigung des Dienstverhältnisses zum 30.9.

März 1941 bis Mai 1945 Militärdienst; dann bis 1947 Tätigkeiten als ungelernter Arbeiter, zeitweise Lektor beim Linden-Verlag, Berlin.

Literatur:

Hans Schmerschneider: Zivilrechtliche Vorstands-Verantwortlichkeit im geltenden und kommenden deutschen, schweizerischen und italienischen Aktienrecht. Wertheim 1933.

Schmid, Alfred

* 12.12.1892 Wien

gebürtiger österr. Staatsangehöriger

kath.

Eltern: Alfred S., Ministerialrat; Martha geb. Dite

geschieden

Kind: Ernst (21.7.1923)

Gymnasium in Wien – Abitur; Konsularakademie in Wien, Juli 1914 bis Febr. 1916 Militärdienst: Leutnant d.R.; seit 4.9.1916 im österr. Auswärtigen Dienst, zuletzt Legationsrat II.Kl. im Bundeskanzleramt, Auswärtige Angelegenheiten.- 1932 Vaterländische Front, Febr. 1938 SS.

3.1938		bei der Dienststelle Wien des AA
24. 8.1938		AA, DA 5.9., Personal- und Verwaltungsabt., Ref. H/Aufbau des Auswärtigen Dienstes im Ausland, Personalien der höheren Beamten
31. 1.1939		Überleitung in den Reichsdienst mit Wirkung vom 1.10.1938, Amtsbez. Legationsrat I.Kl.
15.11.1939		GK Genua, DA 3.1.1940
22. 2.1940		Konsul I.Kl.

Schmid, Josef

* 13. 8.1898 Freiburg i.Br.
† 12.10.1978 Mainz

kath.

Eltern: Josef S., Schmiedemeister; Johanna geb. Schott

∞ 3.8.1926 Maria geb. Heizler

Kinder: Irmfriede (28.9.1928), Botho (11.11.1930)

1919 Abitur; Studium in Wien und Freiburg i.Br.: Geographie, Naturwissenschaft, Philosophie, Literaturgeschichte – Febr. 1924 Dr.phil., März 1924 1. Staatsexamen für das höhere Lehramt; Journalist, Redakteur, Schriftsteller, Tätigkeiten bei den Verlagen Herder in Freiburg i.Br., Ullstein und Braun & Co. in Berlin, seit 1938 selbständiger Verlagsberater.- 1926 Zentrum.

11. 8.1941	DA AA, Wissenschaftlicher Hilfsarbeiter, Informationsabteilung, Leitung des Ref. Lit. 3 (seit 1.4.1943 Kulturpolitische Abt., Ref. Pol Gen II)/Informations-Schrifttum
6. 9.1944	G Bern, DA 5.10., Leitung des Technischen Apparates

28.2.1946 bis 1966 Professor für Geographie in Mainz, 1.3.1946 bis 13.10.1947 Rektor der Universität Mainz.

Literatur:

Josef Schmid: Hydrologische und kleinmorphologische Studien am Schwarzwaldrand. Diss. Freiburg i.Br. 1924; Wollen und Ziel der neuen Hochschule. Mainz 1946.

Christophe Baginski: Un aspect de la politique universitaire française en Allemagne: „l'affaire Josef Schmid", Fribourg/Mayence 1945-1952, in: Allemagne d'aujourd'hui 134 (1995), S. 69-91; ders.: Frankreichs Universitätspolitik am Beispiel der „Affäre Josef Schmid", Freiburg i.Br./Mainz 1945-1952, in: Jahrbuch für westdeutsche Landesgeschichte 22 (1996), S 353-371; Helmut Mathy: Josef Schmid (1898-1978). Der umstrittene Gründungsrektor der Johannes Gutenberg-Universität 1945-1947, in: Michael Kißener, Helmut Mathy (Hrsg.): Ut omnes unum sint (Teil 1). Gründungspersönlichkeiten der Johannes Gutenberg-Universität. Stuttgart 2005 (Beiträge zur Geschichte der Johannes Gutenberg-Universität Mainz. Neue Folge 2), S. 57-79.

Nachlass im Leibniz-Institut für Länderkunde, Leipzig.

Schmid, Walter

* 1.10.1912 Bochum
† 2. 2.2002 Bonn

ev.

Eltern: Max S., Prokurist; Sofie geb. Keppler

∞ I. 5.11.1941 Irmgard geb. Cullmann (Vater: Dr.jur. Carl C., Senatspräsident); II. 9.4.1957 Eva Lieselotte geb. Wittmann (Vater: Heinrich Julius W.)

Kinder aus I. Ehe: Renate (19.12.1942); aus II. Ehe: Gabriele (15.2.1958), Ursula (7.4.1960)

Realgymnasien in Mülheim/Ruhr und Hamm/Westfalen – 9.3.1931 Abitur; 1931 bis 1936 Studium in Genf, Kiel, Berlin, Wien, Münster und Edinburgh: Jura – 30.9.1935 Referendarexamen, 30.12.1937 Dr.jur.; seit 4.1.1937 im Justizdienst.- 1.5.1933 NSDAP, 6.6.1933 bis Dez. 1938 SA, dann SS.

13. 6.1938	Einberufung in den Auswärtigen Dienst, AA, Attaché, DA 1.7., Wirtschaftspolitische Abt.
7. 3.1940	B Moskau, DA 11.4., bis 22.6.1941 (Kriegszustand)
15. 8.1941	DA AA, Büro RAM
17.10.1941	Legationssekretär
11. 7.1942	Militardienst (1.9.1944 Leutnant)

2.5.1945 bis 11.10.1955 in sowjet. Kriegsgefangenschaft, 12.12.1950 für tot erklärt, 7.11.1955 Aufhebung der Toterklärung.

6. 3.1956	Einberufung in den Auswärtigen Dienst, AA, Angestellter, Legationsrat z.Wv., DA 5.4., Abt. 1 (Personal und Verwaltung), Ref. 103/gehobener, mittlerer und einfacher Dienst, Lohnempfänger

8. 2.1957	Legationsrat I.Kl.
8. 4.1958	B Lima, DA 16.5., seit 12.2.1963 Urlaub
28. 6.1963	Leitung der B Dakar, Amtsbez. Botschafter, zugleich Leitung der B Nouakschott (Neueinrichtung) und Konsul für Britisch-Gambia (Dienstsitz Dakar), Übernahme der Geschäfte 25.7., Übergabe des Beglaubigungsschreibens in Nouakschott 8.8., in Dakar 19.9., bis 1.8.1964
29. 7.1964	Generalkonsul
27. 8.1964	Generalkonsul in Dacca, Übernahme der Geschäfte 28.9., seit Febr. 1968 Urlaub, währenddessen 18. bis 25.3. kommissarische Beschäftigung an der B Moskau
2. 4.1968	B Moskau, Amtsbez. Botschaftsrat, Kulturreferent, DA 16.4., bis 26.8.1971
28. 5.1968	Botschaftsrat I.Kl.
14. 6.1971	AA, Vortragender Legationsrat I.Kl., DA 1.9., Abt. IV (seit 1.10.1972 Abt 6/Kultur), Leitung des Ref. 9/Regionale Kulturplanung – Ost (seit 1.10.1972 Ref. 610/Regionale Planung und Koordinierung, Kulturabkommen)
21. 3.1974	Amtsbez. Gesandter
9. 9.1977	Versetzung in den Ruhestand zum 30.9.
23. 9.1977	Dienstvertrag, Mitglied der Delegation der Bundesrepublik Deutschland beim KSZE-Folgetreffen in Belgrad, bis Ende Febr. 1978

Literatur:

Walter Schmid: Die „common allegiance" als Beschränkung der völkerrechtlichen Handlungsfähigkeit der britischen Dominien. Basel 1938; ders.: Deutsche Kulturbeziehungen zu Osteuropa, in: Außenpolitik. Deutsche Ausgabe 23 (1972), S. 331-339; ders.: Kulturbeziehungen zwischen Iran und der Bundesrepublik Deutschland. Alte Freundschaft weiter vertiefen. Schwerpunkte im Bereich der Wissenschaft und der Hochschulen, in: Auslandskurier 16 (1975), Nr. 3; ders.: Berlin, Moskau, Polarkreis, Zentralrußland. Stationen eines deutschen Soldaten in sowjetischer Lagerhaft 1945-55, in: Damals 15 (1983), H. 11 u. 12.; ders.: Am Anfang stand die Wirtschaft. Erinnerungen an den deutsch-sowjetischen Nichtangriffspakt vom 23. August 1939, in: Berliner Jahrbuch für osteuropäische Geschichte 1 (1995), S. 249-269; ders.: Russische Jahre. 1939-1941, 1945-1955, 1968-1971. Bonn. 1996.

Nachlass im Politischen Archiv des Auswärtigen Amts.

Schmid-Krutina, Hermann

* 4. 6.1895 Stuttgart
† 1950

ev.-luth.

Eltern: Hermann S., Kaufmann; Frieda geb. Krutina

ledig

Lyceum Alpinum in Zuoz/Schweiz – 1914 Abitur in Kassel; Studium in Ithaca/N.Y.: Ingenieurwissenschaften, Volkswirtschaft – Juni 1917 Bachelor of Arts; dann kaufmännische Tätigkeit in Mexiko; 1920 bis 1922 Studium in Berlin: Volkswirtschaft – 16.12.1922 Dr.rer.pol.

20.12.1922	Einberufung in den Auswärtigen Dienst, AA, Attaché, DA 3.1.1923, Abt. IVa (Osteuropa, Skandinavien), 14.4.1923 bis 16.5.1924 Urlaub
20.12.1924	Diplomatisch-konsularische Prüfung
9. 1.1925	Abt. P (Presse)
10. 3.1925	G Buenos Aires, DA 8.5., bis 30.7.1927
30.11.1925	Amtsbez. Legationssekretär
19. 4.1927	GK Chicago, Amtsbez. Vizekonsul, DA 26.8., seit 7.11.1929 Urlaub
29. 2.1928	Vizekonsul
24. 3.1930	DA AA, Referategruppe W (Wirtschaft)
26. 4.1930	Abt. II (West-, Süd- und Südosteuropa)
1.10.1930	Abt. I (Personal und Verwaltung), Ref. E/Protokoll
15.12.1930	Abt. IV (Osteuropa, Skandinavien, Ostasien)
16. 1.1931	B Rom (Quirinal), Legationssekretär, DA 2.3.1932, seit 3.4.1938 Urlaub
8. 5.1935	1. Legationssekretär
16. 6.1938	Versetzung in den einstweiligen Ruhestand
7. 6.1943	Versetzung in den Ruhestand

Seit 1938 Vertreter der Firma H.F.& Ph.F. Reemtsma in Istanbul.

Schmidt, Arthur
(seit 4.12.1917 Schmidt-Elskop)

* 13.10.1875 Elskop/Glückstadt
† 4.11.1952 Buenos Aires

ev.-luth.

Eltern: Hermann S., Gutsbesitzer; Mathilde geb. Ahsbahs

∞ 31.10.1925 Elisabeth gesch. Grebin geb. Pappé (gebürtige russ., dann argent. Staatsangehörige; Vater: Nicolas P., Gutsbesitzer)

Kind: Peter (9.6.1926)

Realgymnasium in Altona und Matthias Claudius-Gymnasium in Wandsbek – 22.3.1895 Abitur; 1895 bis 1899 Studium in Genf, München, Straßburg, Berlin und Kiel: Jura – 20.5.1899 Referendarexamen, 20.9.1899 Dr.jur.; seit 20.6.1899 im preuß. Justizdienst – 7.3.1905 Assessorexamen; 1.10.1899 bis 30.9.1900 Einjährig Freiwilliger, 16.12.1902 Leutnant d.R., 27.1.1912 Oberleutnant d.R.

8. 6.1905	Einberufung in den Auswärtigen Dienst (konsularische Laufbahn), AA, DA 1.7., Abt. III (Recht)
20.10.1906	Abt. II (Handelspolitik)
8. 4.1907	GK Buenos Aires, DA 13.9., bis 3.11.1910, 24.11.1909 bis 5.2.1910 kommissarische Leitung des K Asunción
29. 7.1907	Charakter als Vizekonsul
27. 4.1911	K Rom, kommissarische Beschäftigung, DA 7.6., bis 30.9., 10.7. bis 13.9. kommissarische Leitung
13. 9.1911	AA, DA 2.10., Abt. II (Handelspolitik)
12.12.1911	Ständiger Hilfsarbeiter
24. 5.1912	Charakter als Legationsrat
1. 8.1914	Militärdienst (27.1.1915 Rittmeister d.R.)
11. 8.1915	DA AA, Abt. IV (Nachrichten), Leitung des Ref. Übersee außer USA, Transocean, Auslandsnachrichtenstelle etc., seit Nov. 1916 des Ref. Portugal, Spanien, Mittel- und Südamerika, Ostasien, seit 10.12.1917 des Ref. Organisation, Personalien, Geschäftgang und Etatsachen
24. 7.1918	Wirklicher Legationsrat und Vortragender Rat
18.12.1919	Dirigent der Presseabt. der Reichsregierung (seit 19.3.1920 Abt. P/Presse), Amtsbez. Geheimer Legationsrat
13. 3.1923	Gesandter in Montevideo, Übernahme der Geschäfte und Übergabe des Beglaubigungsschreibens 11.5., bis 31.1.1933

22.10.1932	Gesandter in Rio de Janeiro, Übernahme der Geschäfte und Übergabe des Beglaubigungsschreibens 7.2.1933
7. 3.1936	Botschafter (Umwandlung der G in eine B), Übergabe des Beglaubigungsschreibens 28.7., bis 31.7.1937
5. 4.1937	Versetzung in den einstweiligen Ruhestand
30.10.1940	Versetzung in den Ruhestand

Literatur:

Arthur Schmidt: Setzt der Eintritt des Verzuges des Schuldners schuldhafte Unterlassung der Erfüllung voraus? Greifswald 1900.

Schmidt, Constantin

* 19. 1.1838 Reval
† 6. 3.1907 St. Petersburg

gebürtiger russ., seit 1.12.1896 dt. Staatsangehöriger

ev.-luth.

Eltern: Constantin Wilhelm S., Lehrer; Caroline geb. Meder

∞ I. 22.10.1867 Jenny geb. Tyrow (Vater: Lehrer); II. 6.2.1882 Irene geb. Fliegenring

Kinder: 2 Töchter, 1 Sohn

Gymnasium in Reval – Dez. 1856 Abitur; 1857 bis 1860 Tätigkeit als Hauslehrer; 1860 bis 1862 Studien in Dorpat: Medizin; dann Privatlehrer in St. Petersburg; seit Sommer 1863 Redakteur der „Petersburger Zeitung", seit 1869 zugleich Sekretär des Dt. Wohltätigkeitsvereins in St. Petersburg.

3.10.1877	Einberufung in den Auswärtigen Dienst, K (seit 20.4.1896 GK) St. Petersburg, interimistischer Kanzler und Dolmetscher, DA 13.11.
6. 9.1878	Kanzler-Dragoman, zuletzt 1. Dragoman

Schmidt, Edmund

* 6. 3.1855 Lebehnke/Pommern
† 26. 3.1916 Jerusalem

ev.

Vater: Prediger

∞ 13.7.1896 Luise geb. Wilde (Vater: Carl W., Pfarrer)

Gymnasium in Schneidemühl – 28.9.1872 Abitur; 1872 bis 1881 Studium in Berlin, Leipzig, München, Königsberg i.Pr. und am Seminar für orientalische Sprachen in Berlin: Theologie, Philologie, Jura, Türkisch, Arabisch, Persisch – 31.10.1882 Referendarexamen; Sommer 1877 Leitung einer Privatschule; 1.10.1879 bis 30.9.1880 Einjährig Freiwilliger, Sekonde-Lieutenant d.R., 18.11.1893 Premier-Lieutenant d.L.; seit 30.11.1882 im preuß. Justizdienst.

29. 6.1885	Einberufung in den Auswärtigen Dienst (Dragomanatsdienst), B Konstantinopel, Dragomanats-Aspirant, DA 31.7., bis 18.10.1887
5. 8.1887	K Jerusalem, Wahrnehmung der Aufgaben des Kanzler-Dragomans, DA 27.10., bis 30.1.1892, 12.6. bis 24.9.1889 und 8.7. bis 22.9.1890 kommissarische Leitung
22.12.1891	GK Konstantinopel, Dragoman, DA 10.2.1892, bis 28.10.1895
12.10.1895	kommissarische Leitung des VK Jaffa, Übernahme der Geschäfte 5.11., bis 25.11.1901, seit 27.11.1900 zugleich kommissarische Leitung des K Jerusalem
24. 2.1897	Vizekonsul
26. 4.1890	Charakter als Konsul
21. 5.1901	Konsul in Jerusalem, Übernahme der Geschäfte 1.5.
16. 3.1910	Charakter als Generalkonsul

Schmidt, Ernst
(seit 12.7.1895 Schmidt-Dargitz)

* 5. 8.1859 Angerburg/Ostpreußen
† 11. 9.1924 Jena

ev.

Eltern: Hermann S., Oberregierungsrat im Regierungspräsidium in Breslau; Flora geb. von Dargitz

ledig

Gymnasium Collegium Fridericianum in Königsberg i.Pr. und Gymnasium zum Kloster Unserer Lieben Frauen in Magdeburg – 28.2.1877 Abitur; 1877 bis 1880 Studium in Genf und Breslau: Jura – 18.6.1880 Referendarexamen; seit 6.7.1880 im preuß. Justizdienst – 17.3.1886 Assessorexamen; 1.4.1881 bis 31.3.1882 Einjährig Freiwilliger, 17.10.1883 Sekonde-Lieutenant d.R., 1894 Premier-Lieutenant d.R.

2.12.1886	Einberufung in den Auswärtigen Dienst (konsularische Laufbahn), AA, DA 13.12., Abt. III (Recht)
4. 7.1888	Abt. II (Handelspolitik)
27. 7.1888	K Apia, Charakter als Vizekonsul, DA 12.11., seit 1.2.1892 Urlaub, währenddessen 1.6. bis 15.12.1892 kommissarische Beschäftigung im AA
8. 7.1891	Vizekonsul
24. 5.1893	AA, DA 7.6., Abt. IV (Kolonien), seit 1.10. Urlaub

3.9.1893 Präsident des Municipalrats von Apia, Übernahme der Geschäfte 30.12.1893, bis 23.1.1897.

26. 6.1897	AA, DA 26.6., Abt. IV (Kolonien)
14. 9.1897	Wirklicher Legationsrat und Vortragender Rat
29.12.1900	Geheimer Legationsrat
5. 6.1906	Abt. III (Recht), Leitung des Ref. C/Bürgerliches Recht, Handels- und Seerecht, etc.
27. 1.1911	Wirklicher Geheimer Legationsrat
1.10.1912	kommissarische Leitung der Abt. III, Wahrnehmung der Geschäfte des Dirigenten
28.11.1918	Versetzung in den einstweiligen Ruhestand
26. 1.1919	kommissarische Leitung der Passstelle und des K Kolding, Übernahme der Geschäfte 1.2., seit 10.5. ohne Verwendung
19. 8.1924	Versetzung in den Ruhestand zum 30.9.

Schmidt, Ernst

* 15. 8.1879 Berlin
† 8.10.1970

ev.

Eltern: Rudolf S., Fabrikbesitzer; Clara geb. Marwitz

∞ 5.12.1922 Lotte geb. Huth-Hochstein, Stenotypistin im AA

Andreas-Realgymnasium, Leibniz-Gymnasium und Sophien-Gymnasium in Berlin – 16.9.1898 Abitur;

1898 bis 1902 Studium in Berlin und am Seminar für orientalische Sprachen in Berlin: Jura, Arabisch, Türkisch – 30.8.1900 Diplom in der türk. Sprache, 19.10.1902 Referendarexamen; 1.10.1902 bis 30.9.1903 Einjährig Freiwilliger; seit 18.11.1902 im preuß. Justizdienst.

10. 7.1904	Einberufung in den Auswärtigen Dienst (Dolmetscherdienst), G Teheran, Dragomanats-Aspirant, DA 1.10., bis 17.11.1905
7.10.1905	B Konstantinopel, DA 30.11., bis 21.11.1907
29.10.1907	K Sansibar, DA 17.1.1908, bis 15.3.1912, 7.10.1908 bis 26.5.1909 kommissarische Leitung des VK Mombasa
21. 8.1911	Dolmetscher
3. 3.1912	B Konstantinopel, DA 3.4.1912, bis 14.3.1913
31.12.1912	K Jerusalem, Kanzlerdragoman, DA 24.3.1913, bis 24.11.
18.11.1913	B Konstantinopel, DA 1.12., bis 30.10.1918 (Abbruch der diplomatischen Beziehungen gemäß Art. 23 des Waffenstillstandsvertrages zwischen der Türkei und der Entente), Abreise 7.12., 7.4. bis 5.10.1914 kommissarische Beschäftigung am K Smyrna
18. 1.1919	DA AA, dann Urlaub
29. 4.1919	AA, DA 3.5., Abt. III (Recht), Passstelle
12. 4.1920	Abt. IV (Osteuropa), Ref. Po/Polen, Hilfsreferent
28. 6.1920	Versetzung in den einstweiligen Ruhestand, jedoch Weiterbeschäftigung
19. 3.1921	Konsularische Prüfung, Amtsbez. Konsul
11. 1.1922	kommissarische Leitung des K Preßburg (Neueinrichtung), Übernahme der Geschäfte 24.3., bis 17.2.1924
13. 1.1922	Vizekonsul
27. 4.1923	Konsul
15.12.1923	AA, DA 19.2.1924, Abt. IVa (Osteuropa, Skandinavien), Ref. Po/Polen
26. 4.1924	kommissarische Leitung des K Thorn, Übernahme der Geschäfte 13.5., bis 29.10.1925
2. 4.1925	Versetzung in den einstweiligen Ruhestand, jedoch Weiterbeschäftigung
8.10.1925	AA, kommissarische Beschäftigung, Konsul z.D., DA 2.11., Abt. Abt. IV (Osteuropa, Skandinavien, Ostasien), Ref. Po/Polen
2. 6.1926	Konsul in Bahia, DA an der G Rio des Janeiro 8.7., Übernahme der Geschäfte in Bahia 18.9., bis 23.4.1933, 12.7.1929 bis 26.3.1930 Urlaub, währenddessen 25.1. bis 11.3. kommissarische Beschäftigung im AA, Abt. III (Britisches Reich, Amerika, Orient), Ref. MS/Mittel- und Südamerika
9. 6.1933	Konsul I.Kl.
31.12.1933	Versetzung in den einstweiligen Ruhestand
17. 3.1934	Versetzung in den Ruhestand

Wohnsitz in Berlin, April 1939 Emigration nach Brasilien.

18. 9.1952	Amtsbez. Generalkonsul a.D. (Wiedergutmachungsbescheid gemäß Gesetz zur Regelung der Wiedergutmachung nationalsozialistischen Unrechts für Angehörige des öffentlichen Dienstes vom 11.5.1951)

Später Rückkehr nach Deutschland, Wohnsitz in Baden-Baden.

Schmidt, Franz

* 15. 8.1874 Pinneberg

ev.-luth.

Eltern: Karl S., Schlosser, Marine-Werkführer; Anna geb. Harms

∞ 7.1.1916 Charlotte geb. Zimmermann, Lehrerin (Vater: Apotheker)

Kinder: Tochter 1 (Okt. 1916), Tochter 2 (Mai 1918), Tochter 3 (Dez.1919)

Mittelschule in Wilhelmshaven; 1889/90 Präparandenanstalt in Aurich; 1890/91 Hilfslehrer in Jemgum/Ostfriesland; 1891 bis 1894 Lehrerseminar in Aurich – 28.2.1894 Volksschullehrerprüfung; 1894/95 Lehrer in Wilhelmshaven; 11.9.1895 Abitur; 1895 bis 1899 Studium in Berlin und Leipzig: Philologie – 28.10.1898 Dr.phil., 16.5.1899 1. Staatsexamen für das höhere Lehramt; seit 11.4.1899 im preuß. Schuldienst, 1899/1900 Realschullehrer in Wilhelmshaven, 1.7.1900 bis 1.10.1905 Direktor der dt. ev. Realschule in Bukarest, 1.10.1905 Oberlehrer, 1905/1906 am Kaiserin Augusta-Gymnasium in Charlottenburg/Berlin.

31. 3.1906	Einberufung in das AA, kommissarischer Hilfsarbeiter, DA 7.4., Abt. III (Recht), Ref. für Kunst und Wissenschaft, Bearbeitung der Auslandsschulangelegenheiten
16. 5.1908	Ständiger Hilfsarbeiter
17. 6.1908	Prädikat Professor
7. 2.1915	Charakter als Geheimer Regierungsrat

8.3.1915 bis 31.10.1918 Beirat im türk. Unterrichtsministerium in Konstantinopel; seit 1.6.1919 im preuß. Schuldienst, 1.11.1919 Regierungs- und Schulrat in Magdeburg, 1920 bis 1923 in Stettin, 1923 bis 1928 Oberschulrat in Schneidemühl, seit 1928 in Berlin, 1.10.1933 Studiendirektor, 1934 bis 1936 Direktor des Kant-Gymnasiums in Berlin-Spandau; seit 1955 Wohnsitz in Marburg.

Literatur:

Franz Schmidt: Zur Geschichte des Wortes „gut". Ein Beitrag zur Wortgeschichte der sittlichen Begriffe im Deutschen. Berlin 1898; ders., Otto Boelitz (Hrsg.): Aus deutscher Bildungsarbeit im Auslande. Erlebnisse und Erfahrungen in Selbstzeugnissen aus aller Welt. 2 Bde. Langensalza 1927/28; Franz Schmidt: Deutsche Bildungsarbeit im Ausland nach dem ersten und dem zweiten Weltkriege. Erlebnisse und Erfahrungen in Selbstzeugnissen aus aller Welt. Braunschweig 1956; ders.: Ein Schulmannsleben in der Zeitenwende. Weinheim/Bergstraße 1962 (darin Schriftenverzeichnis); ders.: Seltsames Buchschicksal im Auswärtigen Amt. Eine urkundliche Rechtfertigung des Herausgebers und seiner Mitarbeiter. o.O. 1961.

Schmidt, Geo A.

* 10. 7.1870 Reppen/Neumark
† 26. 6.1943 Berlin

Eltern: Louis S., Oberförster; Antonie geb. von Hertzberg

∞ Hermine geb. Piesbergen

Kinder: Georg, Ulrich, Annemarie

Joachimsthalsches Gymnasium in Wilmersdorf; Studium in Berlin: Landwirtschaft, Volkswirtschaft; 1895 bis 1899 Leiter einer Teepflanzung und Viehfarm in Britisch-Indien.

1899	Einberufung in den Auswärtigen Dienst (Kolonialdienst), Stationschef des Bezirks Atakpame im Schutzgebiet Togo, bis 1904
1904	Bezirksamtmann und Landwirtschaftsreferent beim Gouvernement in Buea, bis 1906

Nach Überleitung der Kolonialabt. des AA am 17.5.1907 im Reichskolonialamt, 1908 Landkommissar in Kamerun, 1908 bis 1916 Regierungsrat und Landwirtschaftsreferent beim Gouvernement in Daressalam, dann in belg., 1917 in brit. und franz. Internierung, Austausch im Dez. 1917; 1918 Landesrat beim dt. Wirtschaftstab in Rumänien, 1920 Amtsbez. Geheimer Regierungsrat.

27.10.1919	G Mexiko, Auswanderungssachverständiger, DA 15.1.1920, bis 9.2.1924, 4.4. bis 3.9.1923 Urlaub
20.11.1919	Dienstvertrag
13. 3.1924	Beendigung des Dienstverhältnisses

Seit Okt. 1925 Berater im türk. Landwirtschaftsministerium; seit Okt. 1926 Geschäftsführer, seit Dez. 1942 Vorsitzender des Kolonialwirtschaftlichen Komitees, Berlin.

Literatur:

Geo A. Schmidt: Schmidt gegen Roeren. Unter dem kaudinischen Joch. Ein Kampf um Recht und Ehre. Berlin 1907; ders.: Mexiko. Berlin 1921; ders.: Die Geschichte von Notschä und der ersten landwirtschaftlichen Schule für Eingeborene in den afrikanischen Kolonien, in: Hans Zache (Hrsg.): Das deutsche Kolonialbuch. Berlin, Leipzig 1925, S. 252-256; Geo A. Schmidt: Das kolonial-wirtschaftliche Komitee. Ein Rückblick auf seine Entstehung und seine Arbeiten aus Anlaß des Gedenkjahres 50jähriger deutscher Kolonialarbeit. Berlin 1934; ders.: Wissenschaft und Praxis in der Erschließung der kolonialen Wirtschaft, in: Kühn-Archiv 53 (1940), S.41-55; ders.: Afrika. Wirtschaftskarte des Kolonial-Wirtschaftlichen Komitees. Berlin 1941; ders.: Die landwirtschaftlichen Nutzpflanzen Afrikas. Berlin 1942; ders.: Kontinental-Europa und Afrika als Schicksals- und Wirtschaftsgemeinschaft Berlin 1942; ders.: Die Eingeborenenwirtschaft im Rahmen der kolonialen Produktionslenkung, in: Beiträge zur Kolonialforschung 4 (1943), S.134-151; ders., August Marcus: Handbuch der tropischen und subtropischen Landwirtschaft. Berlin 1943.

Gustav Bredemann: In memoriam Geo A. Schmidt, in: Afrika-Rundschau 9 (1943/44), 2/3, S.15-17.

Schmidt, Georg

* 13. 8.1898 Graz
† 22. 3.1939 Bukarest (Selbstmord)

gebürtiger österr. Staatsangehöriger

kath.

Eltern: Georg S., Kaufmännischer Direktor bei der Grazer Vieh- und Fleischmarkt-Kasse; Elise geb. Fritzsche

∞ 29.4.1929 Hermine geb. Hanatschek (gebürtige amerik. Staatsangehörige; Vater: Hermann H., akademischer Maler)

Kinder: Richard Friedrich (11.3.1930), Marion Elisabeth (3.5.1933)

Jesuitenkolleg Stella Matutina in Feldkirch/Vorarlberg – 1916 Abitur; 29.5.1916 bis 19.11.1918 Militärdienst, Frühjahr 1918 Leutnant d.R.; 1917 bis 1921 Studium in Wien, Graz und an der Konsularakademie in Wien: Jura – rechtshistorische, judizielle und staatswissenschaftliche Staatsprüfung, 27.10.1920 Dr.jur.; seit 28.6.1921 im österr. Auswärtigen Dienst, zuletzt Legationssekretär I.Kl. an der G Bukarest.- 26.5.1938 NSDAP.

13. 3.1938	DA G Bukarest, kommissarische Beschäftigung (Schließung der österr. G Bukarest)
31. 1.1939	Überleitung in den Reichsdienst mit Wirkung vom 1.10.1938, Amtsbez. Gesandtschaftsrat

Schmidt, Hans
(seit 4.9.1939 Schmidt-Horix)

* 20. 9.1909 Bekioen/Sumatra
† 30.11.1970 Lissabon (Selbstmord)

niederl., seit 17.11.1931 dt. Staatsangehöriger

ev.

Eltern: Julius Wilhelm S., Tabakpflanzer, Plantagenbesitzer; Helene geb. Büsgen

∞ 30.8.1947 Barbara gesch. von Reumont geb. Schwer (Vater: Oscar S., Architekt)

Kinder: Hans Herbert (19.9.1948); aus der I. Ehe der Frau: Martina (30.3.1942)

Mittelschule in Bad Reichenhall, Realgymnasium in Wiesbaden – Ostern 1928 Abitur; 1928 bis 1932 Studium in Freiburg i.Br. und Bonn: Jura, Staatswissenschaften – 3.9.1932 Referendarexamen, 9.3.1934 Dr.jur.; seit 5.10.1932 im preuß. Justizdienst.- 1934 SS (30.1.1944 Unterstumführer), 1.8.1939 NSDAP.

20. 3.1935	Einberufung in den Auswärtigen Dienst, AA, Attaché, DA 1.4., Referategruppe W (Wirtschaft)
25. 3.1936	B Paris, DA 6.4., bis 30.3.1937
29. 1.1937	AA, DA 5.4.
1. 7.1937	Diplomatisch-konsularische Prüfung
3. 7.1937	Politische Abt., Ref. III/Südeuropa außer Italien
15. 7.1937	G Lissabon, DA 6.10., bis 8.3.1941
28. 2.1941	B Washington, DA 16.5., bis 11.12. (Kriegszustand), dann Internierung in White Sulphur Springs/West Virginia, Abreise 6.5.1942
19. 6.1941	Legationssekretär
11. 6.1942	DA AA, Informationsabt.
8.10.1942	Militärdienst
13. 3.1944	beim Bevollmächtigten des Großdeutschen Reichs bei der ital. faschistischen Nationalregierung, Fasano, DA 20.3.
30. 1.1945	Gesandtschaftsrat

Nach Kriegsende acht Monate in franz. Internierung auf Schloss Kirchberg/Bodensee; dann als freier Mitarbeiter einer Zeitschrift in Hagnau/Bodensee; 1947/48 juristisch-kaufmännischer Angestellter eines Wirtschaftsberaters in Düsseldorf; 1.12.1948 bis 31.10.1951 bei der Landesstelle Düsseldorf des Deutschen Passkontrolldienstes (seit Mai 1949 Deutsches Amt für Ein- und Ausreisegenehmigungen), 17.5.1949 Regierungsrat.

17.12.1951	Einberufung in den Auswärtigen Dienst, AA, DA 18.1.1952, Abt. VI (Kultur)
31. 1.1952	B Karachi (Neueinrichtung), Amtsbez. Gesandtschaftsrat, DA 7.4., bis März 1955
3. 1.1953	Gesandtschaftsrat I.Kl.
1. 8.1955	AA, DA 19.9., Abt. 3 (Länder), Leitung des Ref. 309 (seit 10.7.1956 Ref. 317)/Mittlerer Osten und Südostasien
20. 9.1955	Legationsrat I.Kl.
17. 1.1957	Vortragender Legationsrat
10. 8.1959	Botschafter in Kabul, Übernahme der Geschäfte 18.9., Übergabe des Beglaubigungsschreibens 27.9., bis 15.6.1963
30. 5.1963	Botschafter in Bagdad, Übernahme der Geschäfte 16.6., Übergabe des Beglaubigungsschreibens 24.6., bis 28.6.1965
4. 8.1965	AA, DA 24.9., Botschafter z.b.V.
12. 2.1968	Koordinator für die dt.-franz. Beziehungen
30. 8.1968	Generalbevollmächtigter für die Durchführung der besonderen dt. Hilfe für die Palästinaflüchtlinge
10. 3.1969	Botschafter in Lissabon, Übernahme der Geschäfte 1.4., Übergabe des Beglaubigungsschreibens 23.4.

Literatur:

Hans Dietrich Schmidt: Die Hinterziehung der Dingpflicht (§ 138 StGB). Coburg 1934.

Schmidt, Otto
(seit 1.6.1888 Schmidt von Leda genannt von Hattenstein, seit 17.6.1889 Schmidt-Leda)

* 25. 3.1852 Altona
† 12. 5.1907 München

ev.-luth.

Eltern: Adolf S., Notar, Rechtsanwalt, Justizrat; Emilie geb. Blum

ledig

Gymnasium in Altona – Ostern 1870 Abitur; 1870 bis 1874 Studium in Heidelberg, Leipzig, Berlin, Jena und Kiel: Jura – 7.5.1874 Referendarexamen, 13.1.1876 Dr.jur.; seit 21.7.1870 Einjährig Freiwilliger, Teilnahme am dt.-franz. Krieg, 14.8.1875 Sekonde-Lieutenant d.R.; 15.5.1874 bis 9.12.1875 im preuß. Justizdienst, dann Tätigkeit bei einem Rechtsanwalt in Hamburg – 13.1.1877 2. juristisches Examen; seit 15.1.1877 Rechtsanwalt in Hamburg.

16.12.1878	Einberufung in den Auswärtigen Dienst (konsularische Laufbahn), AA, Hilfsexpedient, DA 2.1.1879, zuletzt in Abt. II (Handelspolitik und Recht)
1. 7.1881	K St. Petersburg, Vizekonsul, DA 3.10., bis 23.6.1884, 21.7. bis 21.9.1882 und 5.7. bis 25.9.1883 kommissarische Beschäftigung im AA, Abt. II (Handelspolitik und Recht)
26. 5.1884	AA, DA 26.6., Abt. II (Handelspolitik und Recht), 10.11. bis 8.3.1885 Teilnahme an der Internationalen Afrikakonferenz in Berlin
11.11.1884	Secrétaire adjoint
19. 2.1885	Abt. IA (Politik), Ref. Kolonialangelegenheiten
8. 4.1885	Konsul in Kairo, Übernahme der Geschäfte 6.5., bis 13.1.1888, 28.11.1885 bis Juli 1886 Dt. Mitglied der Grenzregulierungskommission in Sansibar, mehrmalige kommissarische Leitung des GK Alexandrien
10. 1.1888	kommissarische Leitung des K Batavia, Übernahme der Geschäfte 11.3., bis 14.8.
17. 6.1888	Generalkonsul in Yokohama, Übernahme der Geschäfte 13.9., 24.5.1891 bis 4.4.1892 Urlaub, währenddessen zeitweise kommissarische Beschäftigung im AA, Kontrollstelle, 22.3.1895 bis 29.1.1896 kommissarische Leitung des K Apia, seit 10.6.1897 Urlaub
7.12.1897	AA, DA 10.12., Hilfeleistung beim Unterstaatssekretär bei der Leitung der Abt. IV (Kolonien)
18. 4.1898	Ministerresident in Caracas, Übernahme der Geschäfte 21.7., Übergabe des Beglaubigungsschreibens 25.8., seit 29.6.1901 Urlaub
10. 1.1902	Versetzung in den einstweiligen Ruhestand, Titel und Rang eines außerordentlichen Gesandten und bevollmächtigten Ministers

Schmidt, Paul

* 2. 3.1882 Berlin

verheiratet

1 Kind

Bis 1914 Lehrer an der städtischen Realschule in Neukölln; im Ersten Weltkrieg Militärdienst: zuletzt Hauptmann d.R., seit Nov. 1918 Leitung der Zivil-Sektion (seit März 1919 Dt. Militärkommissariat) in Posen, seit Juni 1920 beim Dt. Roten Kreuz, stellvertretender Leiter, dann Leiter des Dt. Fürsorgekommissariats in Posen.

28. 3.1922	GK Posen, DA 1.4., Leitung der Abt. Abwanderung, Amtsbez. Dt. Fürsorgekommissar beim GK Posen, seit 24.11.1926 Urlaub (Auflösung der Abt.)
23.11.1922	Amtsbez. Vizekonsul
24.11.1926	Beendigung des Dienstverhältnisses zum 31.3.1927

Schmidt, Paul

* 23. 6.1899 Charlottenburg/Berlin
† 21. 4.1970 München

ev.

Vater: Gustav S., Eisenbahnsekretär

∞ I. 24.12.1924 Elisabeth geb. Fries; II. Gertrud geb. Handreck

Kind: Hans (25.12.1926)

Siemens-Oberrealschule in Charlottenburg – Oberprima-Reife; dann Munitionsarbeiter; 1917 Kriegsabitur; dann Militärdienst; 1919 bis 1923 Studium in Berlin: Neuere Sprachen – 26.7.1923 Dr.phil.- 15.11.1937 SS (9.11.1940 Standartenführer), 1.1.1942 NSDAP.

1. 8.1923	DA AA, Wissenschaftlicher Hilfsarbeiter, Abt. I (Personal und Verwaltung), Übersetzungs- bzw. Sprachendienst (seit 1.12.1937 Ref. L/Sprachendienst), seit März 1935 Hitler als Dolmetscher für Englisch und Französisch zugeteilt
10. 9.1924	Übernahme in das Beamtenverhältnis
9. 9.1933	Legationssekretär
15. 5.1935	Legationsrat
16. 7.1936	Legationsrat I.Kl.
18.10.1938	Vortragender Legationsrat, Amtsbez. Gesandter
2.1939	Ministerbüro
27. 7.1940	Gesandter I.Kl. als Ministerialdirigent, Leitung des Ministerbüros

Nach dem Krieg Tätigkeit als Übersetzer und Schriftsteller; 1952 bis 1967 Leiter des Sprachen- und Dolmetscherinstituts, München.- DP (Landesvorsitzender in Bayern).

Literatur:

Paul Schmidt: Statist auf diplomatischer Bühne 1923-1945. Erlebnisse des Chefdolmetschers im Auswärtigen Amt mit den Staatsmännern Europas. Bonn 1949 (zahlreiche Aufl. u. Übersetzungen); ders.: Der Statist auf der Galerie 1945-1950. Erlebnisse, Kommentare, Vergleiche. Bonn 1951; ders.: Sprachen lernen, warum und wie? Bonn 1954.

Schmidt, Paul
(auch Paul Carell, seit 14.1.1984 Schmidt-Carell)

* 2.11.1911 Kelbra/Südharz
† 20. 6.1997 Tegernsee

ev., gottgläubig

Mutter: Friederike Henriette S.

∞ I. 9.8.1935 Ingeborg geb. Lüth; II. Ille

Kinder: Elke (13.12.1935), Renate (6.6.1939), Ute (11.7.1941)

Oberschule in Barby/Elbe – 1931 Abitur in Magdeburg; 1931 bis 1935 Studium in Kiel: Volkswirtschaft, Philosophie, Pädagogik, Germanistik, Psychologie – 28.11.1939 Dr.phil.; 1.4.1934 bis 31.3.1937 Assistent am Psychologischen Institut der Universität Kiel, Leitung der Abt. Zeitungskunde und publizistische Mittel; seit 1.4.1937 Referent in der Dienststelle Ribbentrop, Hauptref. X/England, Informationsgruppe.- 12.1.1931 NSDAP, SS (1938 Hauptsturmführer, Ende 1940 Obersturmbannführer).

15. 2.1939	Einberufung in den Auswärtigen Dienst, AA, Legationsrat, stellvertretende Leitung der Nachrichten- und Presseabt., DA 17.2.
20. 4.1939	Vortragender Legationsrat
10.10.1940	Gesandter I.Kl. als Ministerialdirigent, Leitung der Nachrichten- und Presseabt.

1945 bis 1947 in amerik. Internierung, Zeuge vor dem Amerik. Militärtribunal IV in Nürnberg, Fall 11 („Wilhelmstraßenprozess"); dann Tätigkeit als Journalist und Schriftsteller.

Literatur:

Paul Schmidt: Beiträge zur Lehre von der Bedeutungsbildung in den indogermanischen Sprachen. Eine strukturpsychologische Untersuchung unter besonderer Berücksichtigung der Ganzheitsbedeutungen, in: Archiv für die gesamte Psychologie 104 (1939), S. 579-637; Paul Schmidt (Hrsg.): Revolution im Mittelmeer. Der Kampf um den italienischen Lebensraum. Berlin 1940; Paul Carell (d.i. Paul Schmidt): Die Wüstenfüchse. Tatsachenbericht. Hamburg 1958; ders.: Sie kommen! Die Invasion der Amerikaner und Briten in der Normandie 1944. Oldenburg 1960; ders.: Unternehmen Barbarossa. Der Marsch nach Rußland. Frankfurt/Main 1963; ders.: Verbrannte Erde. Schlacht zwischen Wolga und Weichsel. Berlin 1966; ders.: Der Rußlandkrieg. Fotografiert von Soldaten. Der Bildband zu Unternehmen Barbarossa und Verbrannte Erde. Berlin 1967; ders.: Der tabuierte Ernstfall Krieg, in: Anton Peisl, Armin Mohler: Der Ernstfall. Frankfurt/Main 1979 (Schriften der Carl Friedrich von Siemens Stiftung 2), S. 74-97; ders., Günter Böddeker: Die Gefangenen. Leben und Überleben deutscher Soldaten hinter Stacheldraht. Frankfurt/Main 1980; Christian Zentner (Red.): Der Zweite Weltkrieg. Texte, Bilder, Karten, Dokumente, Chronik. Mit einem Geleitwort von Paul Carell. München 1985; Paul Carell (d.i. Paul Schmidt): Stalingrad. Sieg und Untergang der 6. Armee. Berlin 1992.

Peter Longerich: Propagandisten im Krieg. Die Presseabteilung des Auswärtigen Amtes unter Ribbentrop. München 1987; Otto Köhler: Wir Schreibmaschinentäter. Journalisten unter Hitler – und danach. Köln 1989; Wigbert Benz: Paul Carell. Ribbentrops Pressechef Paul Karl Schmidt vor und nach 1945. Berlin 2005; Christian Plöger: Von Ribbentrop zu Springer. Zu Leben und Wirken von Paul Karl Schmidt alias Paul Carell. Marburg 2009.

Nachlass im Bundesarchiv, im Politischen Archiv des Auswärtigen Amts und in Privatbesitz.

Schmidt, Werner

* 26. 9.1902 Erfurt
† 1978 Lams/Tirol

ev., gottgläubig

Eltern: Friedrich S., Oberinspektor, Generalagent; Emma geb. Jödecke

ledig

Realgymnasium in Erfurt – 1920 Abitur; 1920 bis 1925 Studium an der Pädagogischen Akademie in Erfurt und der Universität Jena – Lehrerexamen; 1925 bis 1932 Tätigkeit im Regierungspräsidium in Erfurt, Schulabt., währenddessen 1928 bis 1930 und 1931/32 im Auftrag des AA in Südwestafrika (Bericht über die Verhältnisse und Möglichkeiten der dt. Schulerziehung), zugleich Hauslehrer an der dt. Farmschule Klein-Gandern/Ketmanshop; 1932 bis 1934 Lektor am Technical College in Pretoria; 1935/36 Studium in Pretoria: Geschichte, Staatskunde – 19.1.1936 D.Litt.; seit Febr. 1937 Gaustellenleiter im Kulturamt der AO der NSDAP.- 1.5.1934 NSDAP, 1.10.1942 SS (Untersturmführer).

3. 3.1938	Einberufung in den Auswärtigen Dienst, Legationssekretär, DA 10.3., Kulturpolitische Abt., Ref. W/Allgemeine wissenschaftliche Beziehungen zum Ausland, seit 1.6. Leitung des Ref. Spr/ Deutsche Sprachwerbung im Ausland
3. 2.1940	Nachrichten- und Presseabt., Ref. Z/Sonderauftrag im Rahmen der Überwachung der Auslandspresse, seit 1.4.1941 Leitung des Ref.
1943	Militärdienst (Waffen-SS)
23. 8.1944	Legationsrat

Seit 1941 zugleich Lehrauftrag für britische Politik in Afrika an der Auslandswissenschaftlichen Fakultät der Universität Berlin – 21.6.1941 Dr.phil., 2.3.1944 Habilitation; seit 1945 Privatgelehrter in München, später Wohnsitz in Tirol.

Literatur:

Werner Schmidt: Der Deutsche Verein zu Pretoria. Eine Skizze seiner Geschichte von 1888 bis 1933. Pretoria 1933; ders.: Die Deutschen am Kap zwischen 1652 und 1806 individuell und als Kulturgruppe behandelt. Ihre Beiträge zu den allgemeinen afrikanischen Kulturzuständen. Pretoria 1935; ders.: Südafrika gestern und heute. Stuttgart 1937; ders.: Der Kulturanteil des Deutschtums am Aufbau des Burenvolkes. Hannover 1938; ders.: Deutschlands kolonialer Ehrenschild. Berlin 1941; ders.: Ein Präsident. Der Roman Paul Krügers. Berlin 1942 (niederl. Amsterdam 1942); ders.: Deutsche Wanderung nach Südafrika im 19. Jahrhundert. Berlin 1955; ders.: Südafrikanische Union. Bonn 1958 (Die Länder Afrikas Bd. 4; 2., neugestaltete u. erw. Aufl. u.d.T. Suedafrika: Republik Südafrika, Südwestafrika, Betschuanenland, Basutuland, Swaziland. Bonn 1963); ders.: Föderation von Rhodesien und Nyassaland. Bonn 1959 (Die Länder Afrikas Bd. 16); ders.: Zambia. Bonn 1965 (Die Länder Afrikas Bd. 31); ders.: Lobengula. Schwarze Herrscher, weisse Millionäre. Graz, Stuttgart 1970; ders.: Rhodesien. Bonn 1970 (Die Länder Afrikas Bd. 40).

Schmidt, Wilhelm

* 5.10.1878 Demmin

ev.

Eltern: Wilhelm S., Gymnasiallehrer; Lisette Florentine Pauline geb. Kathen

∞ Rose geb. Zaeske (Vater: Dr.med. Theodor Z., Geheimer Sanitätsrat)

Kind: Kurt Wilhelm (ca. 1906)

Studium: Geschichte – Dr.phil.; Oberlehrer am Realgymnasium in Pankow/Berlin, dreieinhalb Jahre Lehrer an der Dt. Bergschule in Pinghsiang/China, Oberlehrer an der Elisabethschule in Berlin, seit 1.4.1913 am Realgymnasium in Friedenau/Berlin.

31. 5.1913	G Peking, Schulbeirat, DA 15.8., bis 14.3.1917 (Abbruch der diplomatischen Beziehungen)
6.1917	DA AA, Abt. III (Recht), Bearbeitung des dt. Schul- und Missionswesen in China, bis 31.5.1918

Seit 1.6.1918 Direktor des Realgymnasiums in Rendsburg.

Literatur:

Wilhelm Schmidt: Zur Politik des Kurfürsten Albrecht Achilles von Brandenburg in seinen letzten Lebensjahren 1480 – 1486. Greifswald 1902; ders.: Geschichte des Staatlichen Gymnasiums und Realgymnasiums zu Rendsburg. Rendsburg ca.1919.

Schmidt-Dargitz, Ernst

siehe: **Schmidt, Ernst**

Schmidt-Elskop, Arthur
siehe: **Schmidt, Arthur**

Schmidt-Horix, Hans
siehe: **Schmidt, Hans**

Schmidt-Leda, Otto
siehe: **Schmidt, Otto**

Schmidt-Pauli, Edgar von
* 4.10.1915 Berlin
† 28. 2.2001 Zuoz/Schweiz

kath.

Eltern: Dr.jur. Edgar v.S.-P., Journalist; Elsa geb. Fischer

∞ 29.1.1955 Waltraut von Schroeder geb. Schmidt (Vater: Walter Albert S.)

Kinder: Christian (17.12.1955), Beatrice (16.9.1957), Konstantin (24.6.1961), Katharina (19.8.1967); aus der I. Ehe der Frau: Sigrun (12.5.1953)

Französisches Gymnasium in Berlin und Lyceum Alpinum in Zuoz/Schweiz – 23.3.1933 Abitur; 1933 bis 1936 Studium in Exeter/England, Berlin und München: Jura – 1.12.1936 Referendarexamen, 27.10.1937 Dr.jur.; seit 4.1.1937 im Justizdienst; 4.11.1937 bis Frühjahr 1940 Militärdienst: 1940 Leutnant d.R.- 1934 bis 1936 SS.

7. 2.1941	AA, Dienstvertrag als Wissenschaftlicher Hilfsarbeiter, DA 6.2., Handelspolitische Abt., Ref. VI/Nordeuropa, bis 15.4.

Seit Mai 1941 Militärdienst: Juni 1944 Rittmeister d.R., Dez. 1944 Major d.R., 1.4.1945 bis 5.4.1950 in sowjet. Kriegsgefangenschaft; seit 22.5.1950 im bayer. Justizdienst, Sept. 1951 bis März 1952 Studien in Charlottesville/Virginia und New York – 21.5.1953 Assessorexamen.

7. 7.1953	Einberufung in den Auswärtigen Dienst, AA, Angestellter, Hilfsreferent, DA 15.7., Abt. 5 (Recht), Ref. 506/Auslandsvermögen, Okt./Nov. 1953 Vortragsreise in die USA

8. 8.1955	Legationsrat
31. 5.1957	B Oslo, Gesandtschaftsrat, DA 15.7., bis 3.9.1960
10. 9.1958	Legationsrat I.Kl.
9. 8.1960	AA, DA 12.10., Abt. 3 (West II), Ref. 301/NATO und Verteidigung
24. 4.1961	Büro Staatssekretär
8.12.1961	Vortragender Legationsrat I.Kl.
1. 9.1964	Generalkonsul in Boston, Übernahme der Geschäfte 29.9., bis 21.1.1968
2. 1.1968	bei der Vertretung des deutschen Beobachters bei den Vereinten Nationen, New York, Botschaftsrat I.Kl., DA 22.1., bis 13.8.1971
28. 3.1968	Gesandter
5. 7.1971	B London, DA 7.10., bis 13.12.1974
11.12.1974	Botschafter in Bangkok, Übernahme der Geschäfte 25.1.1975, Übergabe des Beglaubigungsschreibens 27.3., bis 15.12.1978
31.10.1978	Botschafter in Oslo, Übernahme der Geschäfte 12.1.1979, Übergabe des Beglaubigungsschreibens 23.1., bis 17.10.1980
10.10.1980	Versetzung in den Ruhestand

Literatur:

Kurt-Edgar von Schmidt-Pauli: Die Rechtsgestaltung infolge Einheit der Interessen und der Machtgestaltung bei der Gründung eines Vereins und bei Einmanngesellschaften. Berlin 1940.

Schmidt-Rolke, Hans

* 24. 6.1891 Schermeisel/Neumark
† 10. 2.1953 Steinbergen/Rinteln

ev.

Eltern: Hermann Schmidt, Pfarrer; Olga geb. Rolke

ledig

Friedrichsgymnasium in Frankfurt/Oder – 1909 Abitur; 1909 bis 1914 Studien in München, Berlin, Paris und Heidelberg: Kunstgeschichte, Geschichte; Aug. bis Dez. 1914 und Mai 1915 bis Okt. 1916 Militärdienst.

1.11.1916	DA AA, Zentralstelle für Auslandsdienst

1. 3.1917	Abt. IV (Nachrichten), Ref. G/Verbreitung von Nachrichten über feindliche Greueltaten und andere Rechtsverletzungen, Überwachung des Bild- und Filmamtdienstes nach dem Auslande
28.12.1917	Passstelle Malmö, DA 3.1.1918, bis 24.6.
6.1918	GK Odessa, DA 16.7., bis 22.3.1919 (Schließung des GK), dann Urlaub
10. 6.1919	Übernahme in den Auswärtigen Dienst, AA, Attaché, DA 17.6., Außenhandelsstelle
1.10.1919	Abt. IA (Politik), seit Frühjahr 1920 in Abt. IV (Osteuropa)
1. 8.1920	G Helsingfors, Amtsbez. Legationssekretär, DA 19.8., bis 11.6.1921
17. 5.1921	AA, DA 14.6., Abt. IV (Osteuropa)
7. 7.1921	Diplomatische Vertretung in (seit 3.11.1922 B) Moskau, DA 14.8., bis 26.12.1922
2. 3.1922	Konsularische Prüfung
6. 3.1922	Legationssekretär
11.12.1922	AA, DA 30.12., Abt. III (Britisches Reich, Amerika, Orient)
29. 1.1923	G Kairo, DA 7.3., bis 19.6.1925
8. 5.1925	AA, DA 29.6., Abt. VI (Kultur), Leitung des Ref. D/kath. Ordens- und Missionswesen, dt. Krankenhäuser im Ausland, seit 1.1.1926 Buchwesen, Vortragswesen, allgemeine kulturelle Beziehungen zwischen Deutschland und dem Ausland, Beobachtung der fremden Kulturarbeit, dt. Krankenhäuser und Ärzte im Ausland (Bearbeitung der kath. Angelegenheiten bis Sept. 1925, dann Bearbeitung des Buchwesens für Ref. A)
29. 7.1927	GK Zürich, Amtsbez. Vizekonsul, DA 16.8., bis 14.6.1930
26. 8.1927	Amtsbez. Konsul
6. 6.1930	AA, DA 16.6., Abt. I (Personal und Verwaltung), Ref. H/Personalien des höheren Dienstes
1. 8.1931	Legationsrat
22. 7.1932	Legationsrat I.Kl.
19. 8.1932	Abt. III (Britisches Reich, Amerika, Orient), Leitung des Ref. O/Orient
9. 5.1934	Abt. I (Personal und Verwaltung), Leitung des Ref. M/Personalien der mittleren und Unterbeamten und der Angestellten, Organisation und Vereinfachung des Geschäftsgangs
3. 5.1935	Vortragender Legationsrat
12.11.1936	Generalkonsul in Antwerpen, Übernahme der Geschäfte 29.12., bis 25.2.1939
15. 2.1939	Versetzung in den Ruhestand

28.9. bis 24.10.1944 Militärdienst.

Schmidt-Tube, Hellmut
(seit 1935 Schmidt, Hellmut)

* 24. 1.1901 Leipzig
†   1994 Marbella/Spanien

ev.-luth.

Eltern: Richard Schmidt, Bankier, Geheimer Kommerzienrat, Präsident der Handelskammer Leipzig; Else geb. Tube

ledig

Schiller-Realgymnasium in Leipzig – Jan. 1920 Abitur; 1.4. bis 31.10.1920 Volontär in der Bank des Vaters; 1920 bis 1923 Studium in München, Kiel und Leipzig: Jura, Volkswirtschaft – 18.6.1923 1. juristisches Examen, Herbst 1925 Dr.jur.; 1.7.1924 bis 30.6.1925 Volontär in einer Exportfirma in Berlin.

22.12.1925	Einberufung in den Auswärtigen Dienst, AA, Attaché, DA 4.1.1926, Sonderref. Völkerbund
1. 5.1926	Abt. IV (Osteuropa, Skandinavien, Ostasien)
21. 1.1928	Diplomatisch-konsularische Prüfung
15. 2.1928	GK Amsterdam, Amtsbez. Vizekonsul, DA 1.3., bis 1.3.1929
20.12.1928	G Bukarest, Amtsbez. Legationssekretär, DA 14.3.1929, bis 15.7.1929
5. 7.1929	AA, DA 19.7., Abt. IV (Osteuropa, Skandinavien, Ostasien), seit 15.5.1930 Urlaub
19. 7.1930	Entlassung aus dem Reichsdienst zum 15.8.

Dann im sächs. Justizdienst – Frühjahr 1935 2. juristisches Examen; dann Rechtsanwalt in Berlin.

Literatur:

Hellmut Schmidt-Tube: Bismarcks Politik gegenüber Russland und die Entstehung des Weltkrieges. Historisch-kritische Untersuchung der These des Fürsten Lichnowsky über die Bedeutung der Politik Bismarcks auf und nach dem Berliner Kongress. MS Berlin 1927.

Schmidthals, Hugo von

* 30. 4.1876 Den Haag
† 30.11.1939 Bad Pyrmont

ev.-luth.

Eltern: Richard v.S., Diplomat; Henriette geb. Freiin von Bentinck

∞ 25.9.1929 Elisabeth geb. Holtz (Vater: F. H., Gutsbesitzer)

Klosterschule in Roßleben, Gymnasium in Neuruppin – Ostern 1896 Abitur; 1896 bis 1900 Studium in Genf, Freiburg i.Br., München, Berlin und Greifswald: Jura – 22.3.1900 Dr.jur., 12.5.1900 Referendarexamen; 29.5. bis 12.6.1900 und seit 19.11.1903 im preuß. Justizdienst; 9.6.1900 bis 14.11.1903 im Militärdienst: 16.6.1901 Leutnant, 18.10.1910 Oberleutnant d.R.

28.12.1904	Einberufung in den Auswärtigen Dienst (diplomatische Laufbahn), AA, Attaché, DA 1.4.1905, Abt. IB (Personal und Verwaltung)
14. 6.1905	kommissarische Leitung der preuß. G Hamburg, Übernahme der Geschäfte 18.6., bis 6.8.
3. 8.1905	G Mexiko, DA 31.8., bis 18.4.1906
2. 3.1906	G Guatemala, DA 30.4., bis 27.4.1908, 8.7. bis 22.11.1906 und 16.2. bis 15.3.1907 kommissarische Leitung
23. 6.1908	Diplomatische Prüfung, Legationssekretär
15. 7.1908	B Rom, 3. Sekretär, DA 1.8., bis 14.1.1909
9. 1.1909	G Teheran, Legationssekretär, DA 9.3., bis 18.2.1913, 1.3.1910 bis 7.10.1911 Urlaub, währenddessen 15.4. bis 21.5.1910 kommissarische Beschäftigung im AA, Abt. IA (Politik), 4.10.1910 bis 29.6.1911 kommissarische Beschäftigung an der G Lissabon, 9. bis 16.10.1910 und 17.11.1910 bis 2.5.1911 kommissarische Leitung der G Lissabon
18.12.1912	Charakter als Legationsrat
8. 3.1913	B Paris, DA 31.3., bis 1.7., 11. bis 18.5. kommissarische Leitung der G Lissabon
12. 7.1913	G Den Haag, 1. Sekretär, DA 2.10., bis 27.4.1915
22.10.1915	Militärdienst (22.11.1915 Rittmeister d.R.), bis 29.1.1917
29. 1.1917	AA, kommissarische Beschäftigung, DA 3.2., Abt. IV (Nachrichten), seit 24.6.1917 Leitung der Pressewarte und des Pressearchivs, Nov. 1918 Organisation der Informationsstelle der Reichsregierung
5. 3.1919	preuß. G Karlsruhe, kommissarische Beschäftigung, DA 22.3., seit 1.6. kommissarische Leitung, seit 10.2.1920 zugleich kommissarische Leitung der preuß. G Stuttgart, bis 31.3.1920 (Aufhebung der G), Weiterbeschäftigung in Karlsruhe bis 13.5.
9. 7.1919	Versetzung in den einstweiligen Ruhestand, jedoch Weiterbeschäftigung
18. 7.1933	Versetzung in den Ruhestand

Literatur:

Hugo von Schmidthals: Zur Geschichte des Miethrechts. Greifswald 1900.

Schmidthals, Richard von

* 19. 9.1829 Wiesau/Schlesien
† 31. 3.1888 Cintra/Lissabon

ev.

Eltern: Ludwig v.S., Gutsbesitzer; Franzica geb. von Unruhe

∞ I. 1866 Eleanor geb. Warner (gebürtige brit. Staatsangehörige); II. 8.4.1875 Henriette geb. Freiin von Bentinck (gebürtige niederl. Staatsangehörige; Vater: Berend Willem Baron Bentinck van Schonheten)

Kinder aus II. Ehe: Hugo (30.4.1876), Else (7.6.1877), Hans (30.11.1878), Franziska (28.10.1880), Hedwig (3.11.1885)

Kadettenkorps in Potsdam, Blochmannsches Institut in Dresden, Aufenthalt in Italien und der Schweiz, Gymnasien in Torgau und Herford – 24.2.1850 Abitur; 1850 bis 1853 Studium in Bonn und Berlin: Jura – 2.5.1853 Auskultatorexamen; Mai 1852 bis Mai 1853 Einjährig Freiwilliger; seit 11.5.1853 im preuß. Justizdienst – 8.8.1855 Referendarexamen; seit 14.8.1855 im preuß. Verwaltungsdienst.

2. 2.1857	Einberufung in den preuß. Auswärtigen Dienst (diplomatische Laufbahn), G München, Attaché, DA Febr., seit 26.3.1858 Urlaub
2. 6.1860	Diplomatische Prüfung
9. 6.1860	G Dresden, DA 11.6., bis 28.9.
20. 7.1860	Charakter als Legationssekretär
13. 9.1860	G Turin, Wahrnehmung der Geschäfte des Legationssekretärs, DA Anfang Okt., bis April 1864
6. 4.1864	kommissarische Leitung der G Athen, Übernahme der Geschäfte 15.5., bis April 1865
21. 3.1865	G Stockholm, DA 6.5., bis 19.2.1867
29. 9.1865	Legationssekretär
5. 2.1867	B London, DA 26.2.
28. 5.1872	Charakter als Legationsrat
3. 9.1873	G Den Haag, bis 26.8.1882
8. 8.1882	Gesandter in Lissabon, Übernahme der Geschäfte 28.9., Übergabe des Beglaubigungsschreibens 12.10.

Schmieden, Werner von

* 13.12.1892 Leipzig
† 10. 6.1979 Baden-Baden

ev.

Eltern: August v.S., sächs. Offizier; Ida geb. Freiin von Berg

ledig

Bürgerschule in Dresden, Bürgerschule in Leipzig, König Albert-Gymnasium in Leipzig, Prinzen-Schule in Dresden, Gymnasium in Dresden-Neustadt – 1912 Abitur; 1912 bis 1915 Studium in Lausanne, München und Leipzig: Jura – 24.4.1915 Referendarexamen, 5.7.1916 Dr.jur.; 22.3.1915 bis Juli 1917 Militärdienst; seit 10.8.1917 im kgl. sächs. Justizdienst, Abordnung zur Zivilverwaltung in Polen, seit Dez. 1918 beim Verwaltungschef Warschau, Abwicklungsbehörde Berlin.

31. 8.1919	Einberufung in den Auswärtigen Dienst, AA, Attaché, DA 1.10., Abt. IV (Osteuropa), Ref. Polen
25. 5.1921	B Rom (Quirinal), DA 18.6., bis 15.11.1923
15. 3.1925	Legationssekretär
11. 9.1923	AA, DA 18.11., Abt. II (Westeuropa), 13.8. bis 8.9.1926 kommissarische Beschäftigung an der B Paris, Amtsbez. Gesandtschaftsrat
5. 2.1927	Beurlaubung zum Sekretariat des Völkerbunds in Genf
14. 4.1927	Versetzung in den einstweiligen Ruhestand
17.10.1927	Legationssekretär, jedoch Weiterbeurlaubung zum Völkerbund
3. 5.1928	Legationsrat, jedoch Weiterbeurlaubung zum Völkerbund, Herbst 1930 bis Frühjahr 1932 Reise durch Ostasien und den Nahen Osten mit der Untersuchungskommission des Völkerbundes
10.1933	AA, DA 15.12., Abt. I (Personal und Verwaltung)
1934	Abt. II (West-, Süd- und Südosteuropa), Ref. F/Abrüstung, militärpolitische und Luftfahrtfragen (seit 15.4.1936 Politische Abt., Ref. I), 9.3. bis 16.3.1936 kommissarische Leitung des K Genf
4. 4.1934	Legationsrat I.Kl.
24. 5.1937	Leitung des Ref. VIII/Ostasien, Australien
22.10.1937	Vortragender Legationsrat
10.1939	Leitung des Ref. XI/Kriegsschuldfrage
4.1941	zugleich Leitung des Ref. XII/Friedensfragen, Statistik, Grenzziehungsfragen, seit Dez. 1941 häufige Beschäftigung im Feldquartier des RAM

1945/46 in amerik. Internierung, seit Okt. 1951 Sachverständiger für Flüchtlingsfragen beim Europarat in Straßburg, seit 2.2.1952 als internationaler Beamter Abteilungsdirektor im Generalsekretariat, Leitung der Forschungs- und Planungsabt., 31.12.1957 Versetzung in den Ruhestand.

Literatur:

Werner von Schmieden: Die persönliche Stellung der Landesbewohner im kriegerisch besetzten Gebiet nach modernem Völkerrecht. Borna-Leipzig 1916; ders.: Die Flüchtlingshilfe des Völkerbundes, in: Handbuch des internationalen Flüchtlingsrechts. Wien 1960, ders.: Über die Herkunft unserer Familie. Möckmühl 1963; ders.: Florenz um 1700. Ein familiengeschichtlicher Reisebrief. Baden-Baden 1968.

Nachlass im Politischen Archiv des Auswärtigen Amts.

Schmirl, Hans

* 12. 8.1910 Deggendorf
† 16. 5.1991 Frejus/Frankreich

kath., gottgläubig

Eltern: Johann (Hans) Evangelist S., Kaufmann; Margarethe geb. Betz

ledig

1928 bis 1933 kaufmännische Tätigkeit; 1936 bis 1941 bei der AO der NSDAP in Berlin, Breslau, Hamburg und Düsseldorf; 1936 Abitur; 1936 bis 1940 Studium an der Handelshochschule in Venedig, in Breslau, Hamburg und Köln: Jura – 27.2.1940 Referendarexamen, 1940 Dr.jur.; Militärdienst, 1.9.1942 Oberleutnant d.R.– 1.2.1932 NSDAP.

11. 8.1942	AA, Dienstvertrag als Wissenschaftlicher Hilfsarbeiter, DA 10.8., Handelspolitische Abt., Ref. IVb/Italien, Rumänien, seit Jan. 1945 bei der Dienststelle des AA für Serbien, Montenegro, Albanien und Griechenland, Wien

Literatur:

Hans Schmirl: Die rechtliche Stellung des deutschen Rückwanderers (Nach dem Stand vom 1. April 1940). Diss. Köln 1940.

Schmitt, Carl-Hans Gottfried

* 20. 3.1908 Celle
† 25. 1.1991 Reinbek

ev.-luth.

Eltern: Walter S., Offizier, SS-Obergruppenführer, seit 1943 MdR (NSDAP); Margarete geb. von Leyser

∞ 9.12.1937 Beatriz geb. Herrera de la Torre (gebürtige kolumbian. Staatsangehörige; Vater: Evaristo H.)

Kinder: Karl Walter (2.12.1937), Magdalene (24.5.1942)

Schule in Hamburg; 1926 bis 1930 kaufmännische Lehre und Tätigkeit in Hamburg, 1931 bis 1934 in Santiago de Chile, 1934/35 Hilfsreferent im Reichswirtschaftsministerium, Aufgabengebiet Südamerika.- 1.2.1937 NSDAP, SS (Hauptsturmführer).

8. 7.1935	G Bogotá, Dienstvertrag als Handelssachverständiger, DA 19.8., bis 28.2.1938
2.10.1937	Beendigung des Dienstverhältnisses

Seit 1.4.1938 Referent in der Volksdeutschen Mittelstelle; seit Jan. 1940 als Pressekorrespondent in Bogotá.

1. 3.1940	DA G Bogotá, Kulturattaché, seit Sept. zugleich Wahrnehmung der Rundfunkaufgaben, bis 20.12.1941 (Abbruch der diplomatischen Beziehungen), dann bis 7.5.1942 in amerik. Internierung in White Sulphur Springs/West Virginia

Seit 23.5.1942 wieder bei der Volksdeutschen Mittelstelle.

1. 7.1942	DA AA, Nachrichten- und Presseabt.
4. 8.1942	G Lissabon, Wissenschaftlicher Hilfsarbeiter, DA 17.8., Referent in der Presseabt., bis 10.12.
18.12.1942	GK Tanger, DA 15.1.1943, Bearbeitung von Propagandafragen, bis 2.7.1943

Dann Militärdienst; später Kaufmann in Wentorf/Hamburg.

Literatur:

Carl-Hans Gottfried Schmitt: Lateinamerika. Entwicklung, heutige Lage und Möglichkeiten. Wentorf bei Hamburg 1983.

Schmitt, Emil

* 18. 5.1845 Straßburg
† 23.11.1917 Steglitz/Berlin

gebürtiger franz. Staatsangehöriger

ev.

Eltern: Johann S., Polizeiwachtmeister; Eva geb. Münch

∞ 20.8.1873 Mathilde geb. Overbeck (Vater: Pfarrer)

Kind: Elisabeth (14.3.1877), Hans (1878), Heidi, Clara

Protestantisches Gymnasium in Straßburg; 1865 bis 1870 Studium in Straßburg – 21.7.1870 Diplom als Licencié ès lettres; seit 2.8.1870 im franz. Militärdienst, Teilnahme am dt.-franz. Krieg, Sept. 1870 bis Ende März 1871 in dt. Kriegsgefangenschaft; seit 1.1.1872 im höheren Schuldienst des Reichslandes Elsaß-Lothringen, 25.9.1872 Lehrer, 6.8.1883 Oberlehrer.

28. 7.1890	Einberufung in den Auswärtigen Dienst, AA, Hilfsarbeiter für die franz. Redaktion, DA 23.8., Abt. IB (Personal und Verwaltung)
21.11.1890	Ständiger Hilfsarbeiter
29.11.1890	Mitglied der Prüfungskommission für das Diplomatische Examen
6. 2.1892	Prädikat „Professor"

Schmitt, Ernst

* 14. 9.1879 Lauterbach/Hessen
† 16. 2.1946 Bad Tölz

ev.

Eltern: Adolf S., Regierungsrat; Mathilde geb. Klingelhöffer

∞ I. 10.5.1906 Martha geb. Pillhardt (Vater: Oskar P., Direktor einer Zuckerfabrik); II. 19.5.1927 Ursula geb. von Dorpowski (Vater: Klaus v.D.)

Gymnasium in Büdingen – 26.2.1898 Abitur; 1898 bis 1901 Studium in Gießen und Berlin: Jura – Juni 1901 1. juristisches Examen, 1902 Dr.jur.; seit 10.7.1901 im hess. Justizdienst – Okt. 1904 2. juristisches Examen.- DDP, 1.10.1936 NSDAP.

20. 2.1905	Einberufung in den Auswärtigen Dienst (konsularische Laufbahn), AA, DA 1.3., Abt. II (Handelspolitik)
23.10.1905	Abt. III (Recht)
14. 3.1906	GK Barcelona, DA 19.5., bis 14.5.1908
7. 5.1906	Charakter als Vizekonsul
21. 6.1908	AA, DA 28.6., Abt. II (Handelspolitik), seit 14.11. im Ref. S/ Schifffahrtswesen
24.12.1909	Ständiger Hilfsarbeiter
6. 3.1910	Charakter als Legationsrat
22. 2.1919	Wirklicher Legationsrat und Vortragender Rat, zeitweise Spezialkommissar des AA bei der dt. Friedensdelegation in Versailles
24. 7.1920	Leitung des GK Mailand (Wiedereinrichtung), Ankunft 30.7., Eröffnung des GK 20.9., bis 16.4.1934, 25.6. bis 4.10.1923 kommissarische Beschäftigung im AA, Abt. W (Wirtschaft)
27.12.1920	Generalkonsul I.Kl.
13. 8.1923	zugleich Kommissar des AA für Reparations- und wirtschaftliche Verhandlungen
8. 3.1934	Gesandter in Lima, Übernahme der Geschäfte 1.7., Übergabe des Beglaubigungsschreibens 5.7., bis 9.8.1938, 22.7.1936 bis 16.3.1937 Urlaub
3. 8.1938	Versetzung in den einstweiligen Ruhestand
25. 8.1939	AA, DA 28.8., Handelspolitische Abt., bis 31.12., dann ohne Verwendung
4. 9.1944	Versetzung in den Ruhestand

Literatur:

Ernst Schmitt: Die Surrogation im Bürgerlichen Gesetzbuch. Gießen 1902; ders.: Hochzeit. Roman. Jena 1920; ders.: Das Jahr. Sonette von Daheim. Jena 1920; ders.: Im Anfang war die Kraft. Eine Niederschrift. Jena 1920; ders.: Die Wiederaufrichtung Europas. Jena 1920; ders.: Die Heimkehrer. Roman. Jena 1924; ders.: Leberecht Kitt, der reitende Förster im Dachsloch. Roman. Jena 1926; ders.: Volk und Menschheit, in: Das deutsche Gesicht. Ein Weg zur Zukunft. Zum 30. Jahr des Verlages Eugen Diederichs in Jena. Jena 1926, S 47-53; ders.: Das tolle Jahr. Ein Roman aus der Revolutionszeit 1848. Jena 1927; ders.: Der Osthang der südamerikanischen Anden, in: Zeitschrift für Geopolitik 18 1941, H. 4, S. 205-215.

Volkmar Stein: Ernst Schmitt – Diplomat und Poet, in: Büdinger Geschichtsblätter XXII (2011), S. 151-162.

Schmitz, Matthias

* 9. 2.1899 Duisburg-Meiderich

ev.

verheiratet

Kinder: Rolf (10.3.1934), Heinz (6.12.1936)

Mittelschule; 1914 bis 1917 Lehrerseminar; 1917/18 Militärdienst; 1919 bis 1922 Lehrer, zugleich Studien an der TH München: Handelswissenschaften, Spanisch, Französisch, Englisch; 1923 bis 1925 Studium in Köln: Germanistik, Pädagogik; 1925 bis 1927 Reisen und Studien in Amerika; 1928 bis 1931 Tätigkeit am Carleton College in Northfield/Minnesota; 1931 bis 1933 Studium in Cambridge/Mass. – Magister, Dr.; seit 1934 Professor of Germanic Languages and Literatur am Smith College in Northampton/Massachusetts; Vertreter des DAAD in New York; seit 1.5.1939 wissenschaftlicher Mitarbeiter der Deutschen Informationsbibliothek in New York.- 1.12.1936 NSDAP, 1938 SS.

25. 8.1941	AA, Dienstvertrag als Wissenschaftlicher Hilfsarbeiter, DA 1.9., Kulturpolitische Abt., Ref. Spr./Deutsche Sprachwerbung im Ausland, Personalien der Sprachlehrer, Deutsche Akademie, Leitung der Referatsbibliothek
6.12.1941	Beendigung des Dienstverhältnisses

Dann Tätigkeit im Reichsministerium für Volksaufklärung und Propaganda.

Schmoelder, Hans Joachim

* 1. 7.1912 Biebrich/Wiesbaden
† 9. 6.1981 Schlangenbad

ev.

Eltern: Otto S.; Käte geb. Kemp

∞ 18.5.1946 Sabine geb. Grimbert (gebürtige franz. Staatsangehörige; Vater: Charles G.)

1932 Abitur; kaufmännische Tätigkeit, dann Dolmetscher und Direktionsassistent beim Vorstand der Dyckhoff AG.- 1.5.1937 NSDAP.

1. 6.1939	DA AA, Wissenschaftlicher Hilfsarbeiter, Personal- und Verwaltungsabt., Ref. L/Sprachendienst, 26.7. bis 17.8.1943 kommissarische Leitung der Nebenstelle des Sprachendienstes an der B Paris, 7.2. bis 18.6.1944 beim Bevollmächtigten des Großdeut-

| 30. 6.1939 | schen Reichs bei der italienischen faschistischen Nationalregierung, Fasano, Vernehmung brit. Kriegsgefangener in Italien Dienstvertrag |
| 3. 8.1944 | B Paris, Amtsbez. Vizekonsul, DA in der Ausweichstelle der B Paris in Belfort 24.8., dann Tätigkeit beim Oberbefehlshaber West, Vernehmungen in Kriegsgefangenenlagern |

Schneditz, Wolfgang

* 13. 3.1910 Graz
† 1964

gebürtiger österr. Staatsangehöriger

kath.

Eltern: Hans S.; Emma geb. Wolff

∞ I. 5.6.1940 Eva Lissa (Schauspielerin, eigentlich Wilhelmine geb. Schubert); II. Clary geb. Scherer

Studium in Graz: Germanistik, Kunstgeschichte – 1933 Dr.phil.; Reise- und Kulturjournalist für „Die Presse", Wien, „Die Furche", Wien, „Die Tat", Zürich und „Die neue Zeitung", München, 1935 bis 1938 bei der „Grazer Tagespost" und der „Salzburger Landeszeitung", 20.7. bis 8.9.1939 bei der Direktion der Salzburger Festspiele.- März 1938 NSDAP.

11.12.1939	DA AA, Nachrichten- und Presseabt., Ref. IV/Südosteuropa, dann in Ref. XIII/Betreuung der ausländischen Journalisten
1. 4.1940	Dienstvertrag als Wissenschaftlicher Hilfsarbeiter
1. 1.1942	Leitung des Auslandspresseclubs, 14.10.1943 bis 10.8.1944 Krankenurlaub, dann in Ref. gen/Organisations- und Verwaltungsangelegenheiten, Verbreitung der Deutschen Presse im Ausland

1945 bis 1949 Kunstkritiker der „Salzburger Nachrichten", dann publizistische Tätigkeit.

Literatur:

Wolfgang Schneditz: Rilke und die bildende Kunst. Versuch einer Deutung. Graz 2. Aufl. 1947; ders.: Alfred Kubin und seine magische Welt. Salzburg 1949; ders.: Rilkes letzte Landschaft. Salzburg 1951; ders.: Georg Trakl in Zeugnissen der Freunde. Salzburg 1951; Stephen Warren Meader: Waljagd um's Kap Horn. Übersetzt von Wolfgang Schneditz. Salzburg 1951; Wolfgang Schneditz: Das Salzburger Festspielbuch. Salzburg 1952 (mehrere Aufl.); Wilhelm Thöny: Beethoven-Zyklus. Hrsg. v. Wolfgang Schneditz. Wien 1954; Wolfgang Schneditz: Begegnungen mit Zeitgenossen. Bilder und Berichte. München 1959; ders.: Murau. Antlitz einer gotischen Stadt.

Graz 1959; außerdem Herausgeber von Werken von Alfred Kubin, Rainer Maria Rilke und Georg Trakl.

Nachlass im Deutschen Literaturarchiv, Marbach/Neckar.

Schnee, Heinrich

* 4. 2.1871 Neuhaldensleben
† 23. 6.1949 Berlin

ev.

Eltern: Hermann S., Landgerichtsrat; Emilie geb. Scheibe

∞ 7.11.1901 Adeline (Ada) geb. Woodhill (gebürtige brit.-neuseel. Staatsangehörige)

Kind: 1 Sohn

Gymnasium in Nordhausen – 27.3.1889 Abitur; 1889 bis 1892 Studium in Heidelberg, Kiel und Berlin: Jura, Volkswirtschaft – 7.7.1892 Referendarexamen, 18.7.1893 Dr.jur.; 1.4.1890 bis 31.3.1891 Einjährig Freiwilliger, 15.12.1894 Sekonde-Lieutenant d.R.; seit 30.7.1892 im preuß. Justiz-, seit 1894 im Verwaltungsdienst – 8.5.1897 Assessorexamen; 1896/97 Studien am Seminar für orientalischen Sprachen in Berlin: Suaheli.

24. 7.1897	Einberufung in den Auswärtigen Dienst (Kolonialdienst), AA, DA 1.8., Abt. IV (Kolonien)
10. 8.1898	Verwaltung für das Schutzgebiet der Neu-Guinea-Kompagnie, Richter in der Station Herbertshöhe/Bismarck-Archipel, DA 11.12., seit 1.4.1899 zugleich stellvertretender Gouverneur, bis 29.9.1900
27. 6.1900	Gouvernement des Schutzgebiets Samoa, Apia, Richter und Bezirksamtmann, stellvertretender Gouverneur, DA 2.11., bis 1903, Sommer bis Dez. 1901 Urlaub
23. 5.1903	AA, Abt. IV (Kolonien), DA 3.6.
21. 2.1904	Ständiger Hilfsarbeiter
17. 7.1904	Charakter als Legationsrat
30. 6.1905	B London, Kolonialer Beirat, DA Juli
8. 5.1906	AA, Abt. IV (Kolonien), DA 21.5.
16. 7.1906	Wirklicher Legationsrat und Vortragender Rat

Nach Überleitung der Kolonialabt. des AA in das Reichskolonialamt am 17.5.1907 als Dirigent mit der Wahrnehmung der Direktorialgeschäfte beauftragt, 7.4.1909

Geheimer Oberregierungsrat, 3.10.1911 Ministerialdirektor, Leitung der Politischen und der Verwaltungsabt., 30.10.1911 Stellvertretender Bevollmächtigter zum Bundesrat; 1912 Wirklicher Geheimer Rat mit dem Prädikat Exzellenz, 1907 bis 1912 zugleich Dozent am Seminar für orientalische Sprachen in Berlin, 22.4.1912 Gouverneur von Deutsch-Ostafrika, Übernahme der Geschäfte in Daressalam 22.7.; 15.11.1921 Dr.h.c.rer.pol der Universität Hamburg; 5.5.1925 Senator der Deutschen Akademie München, 1925 bis 1927 Dozent an der Hochschule für Politik, Berlin, 1925 bis 1938 Präsident des Arbeitsausschusses Deutscher Verbände, 1926 bis 1933 des Bundes der Auslandsdeutschen, 1930 bis 1936 der Deutschen Kolonialgesellschaft (seit 1933 Reichskolonialbund), 1933 bis 1937 der Deutschen Gesellschaft für Völkerbundfragen, 1933 bis 1949 der Deutschen Weltwirtschaftlichen Gesellschaft, Berlin, 1927 bis 1945 der Deutschen Gesellschaft für Völkerrecht und Weltpolitik; 1932 Mitglied der Mandschureikommission des Völkerbunds.- Mai 1924 bis Juli 1932 MdR (DVP), 1.5.1933 NSDAP, Nov. 1933 bis 1945 MdR.

Literatur:

Schriften- und Literaturverzeichnis in NDB 23, S. 280f.

Nachlass im Geheimen Staatsarchiv Preußischer Kulturbesitz, Berlin.

Schneegans, August

* 8. 3.1835 Straßburg
† 1. 3.1898 Genua

ev.A.B.

Eltern: Gustav S., Kaufmann; Pauline geb. Kramp

∞ 23.9.1862 Anna geb. Bruch (Vater: Friedrich B., Lehrer, Theologe, Prof. u. Rektor an der Universität Straßburg)

Kinder: Gustav, Heinrich (11.9.1863), Alfons (1867), Margarethe, Robert

Protestantisches Gymnasium in Straßburg; 1853 bis 1857 Studium in Straßburg: Philologie, Jura, Philosophie, Theologie, Geschichte – 1857 Diplom als Licencié es lettres; 1857/58 Sekretär bei der Europäischen Donaukommission in Galatz; 1858 bis 1862 in Paris, Lehrer für alte Sprachen am dt. Institut Dr. Kornemann, zugleich literarische Tätigkeit, Mitarbeiter von „Courrier français", „Nord" und „Temps"; seit 1862 Redakteur des „Courrier du Bas-Rhin" in Straßburg; 1870 während der Belagerung Straßburgs Mitglied des Gemeinderats, dann Beigeordneter des Bürgermeisters; Nov. 1870 Emigration in die Schweiz, Gründer und Redakteur der „Helvétie", Bern; 8.2. bis 1.3.1871 Abgeordneter der franz. Nationalversammlung in Bordeaux; dann bis 24.5.1873 Chefredakteur des „Journal de Lyon", seit Ende 1873 Chefredakteur des „Elsässer Journals", Straßburg; seit 1876 zugleich Mitarbeiter von u.a. „Augsburger Allgemeine Zeitung", „Nationalzeitung", „Montagsblatt", „Die Gegenwart", „Unsere Zeit", „Nord und Süd"; seit 20.9.1877 Mitglied des ev. Oberkonsistoriums für Elsaß-Lothringen; seit 1.10.1879 Ministerialrat im Ministerium für Elsaß-Lothringen in Straßburg, 21.10.1879 Mitglied des Ks. Rats von Elsaß-Lothringen.- Jan. 1877 bis 5.10.1879 MdR (Autonomisten).

15. 2.1880	Einberufung in den Auswärtigen Dienst, AA, DA 1.3.
28. 4.1880	Konsul in Messina, Übernahme der Geschäfte 25.6., bis 22.12.1887
27. 1.1881	Konsularische Prüfung
18.11.1887	Leitung des GK Genua, Übernahme der Geschäfte 28.12.1887
1. 2.1888	Generalkonsul

Literatur:

August Schneegans: Le 10 aout 1865. Souvenir de l'inauguration du nouveau gymnase protestant de Strasbourg. Strasbourg 1865; ders.: Strasbourg quarante jours de bombardement. Neuchatel 1871; ders.: Pro Domo. Rede gehalten in einer Volksversammlung in Drulingen am 30. December 1877. Straßburg 1878; ders.: Das höhere Schulwesen in Elsaß-Lothringen. Strasbourg 1878; ders.: Die Elsässer Liga diesseits und jenseits der Vogesen. Berlin 1878; ders.: Straßburg nach der Übergabe an Frankreich 1681-1698. Breslau 1882; ders.: Aus fernen Landen. Breslau 1886; ders.: Sicilien. Bilder aus Natur, Geschichte und Leben. Leipzig 1887 (2. mit einem Anh. und Anm. verm. Aufl. Leipzig 1905); ders.: Romeo's Tochter. Leipzig 1889; ders.: Kallia Kypris. Aus Alt-Syrakus. Berlin 1893; ders.: Memoiren 1835-1898. Ein Beitrag zur Geschichte des Elsasses in der Übergangszeit. Aus dem Nachlasse hrsg. von Heinrich Schneegans. Berlin 1904.

Heinrich von Poschinger: Fürst Bismarck und die Parlamentarier. Karl August Schneegans, in: Deutsche Revue über das gesamte nationale Leben der Gegenwart 19 (1894), S. 129-149; Oskar Wilda: Karl August Schneegans, in: Nord und Süd. Eine deutsche Monatsschrift 20 (1896), S. 424-441; Leo Raeppel: August Schneegans, der Elsässer, in: Elsaß-Lothringen. Heimatstimmen 4 (1926), S. 21-26; Hans Ermann: Zum 100. Geburtstag von August Schneegans, in: Elsaß-Lothringen. Heimatstimmen 13 (1935), S. 107-112; Hermann-Josef Hiery: Reichstagswahlen im Reichsland. Ein Beitrag zur Landesgeschichte von Elsaß-Lothringen und zur Wahlgeschichte des Deutschen Reiches 1871-1918. Düsseldorf 1986 (Beiträge zur Geschichte des Parlamentarismus und der politischen Parteien, 80), S. 464f.

Nachlass im Bundesarchiv.

Schneemann, Adalbert

* 8. 8.1879 Kaiserslautern

Eltern: Carl Josef S.; Anna Maria geb. Guthy

verheiratet

Geschäftsführer der Kalksandsteinfabrik Annawerk GmbH in Tiessau/Lüneburg und der Kiesgruben Barscamp, Müller Schneemann OHG; 6.8.1914 bis März 1919 Militärdienst: Offizier.

1. 3.1919	DA G bei den Regierungen Lettlands und Estlands, Libau, später Mitau, dann Riga, Leitung der Handels- und Konsularabt., bis 26.11.1919 (Kriegszustand, Ausweisung des Personals der G)

1.3. bis 1.9.1920 ehrenamtliche Tätigkeit bei der Abwicklungsstelle der G bei den Regierungen Lettlands und Estlands in Berlin, zugleich Leitung einer Kommission des lett. Roten Kreuzes.

23. 8.1920	Diplomatische Vertretung für Lettland (seit 17.11.1921 G), Riga, Dienstvertrag zur Bearbeitung von wirtschaftlichen Fragen und Fürsorgesachen, Amtsbez. Konsul, DA 7.9.
1. 3.1922	G Riga, Dienstvertrag als nebenamtlicher wirtschaftlicher Beirat, Amtsbez. Konsul
31. 3.1924	Beendigung des Dienstverhältnisses

Dann Wohnsitz in Berlin.

Schneider, Heinrich

* 22. 2.1907 Saarbrücken
† 12. 1.1974 Stuttgart

ev.

Eltern: Heinrich S., Schreiner; Jakobine (Bina) geb. Winkelmann

∞ 12.9.1933 Irmgard geb. Seyboth

Kinder: Gerhild (17.9.1934), Heinz (18.11.1935), Ursula (26.5.1941)

1926 Abitur; Studium in Heidelberg, Berlin, München und Marburg: Jura – 19.6.1929 Referendarexamen, 28.8.1930 Dr.jur.; dann im preuß. Justizdienst – 20.6.1933 Assessorexamen; 1.7.1933 bis 1.11.1934 im preuß. Ministerium des Innern, Leitung des Saarreferats; seit 15.1.1935 Rechtsanwalt in Saarbrücken, 1939 bis 1941 in Mannheim.- 1.2.1931 NSDAP.

20. 8.1942	AA, Dienstvertrag als Wissenschaftlicher Hilfsarbeiter, DA 7.9., Rechtsabt., Ref. IV/Militärrecht, seit Herbst 1943 Ref. XIII/ Deutsche Zivilinternierte im feindlichen Ausland, feindliche Zivilinternierte im Inland, seit 13.9.1943 in der Ausweichstelle des AA in Liebenau

Nach Kriegsende Tätigkeit in der Schreinerei des Vaters, später Anwalt in Saarbrücken; 1955 bis 1965 MdL des Saarlandes, 2.1. bis 31.12.1956 Landtagspräsident, 4.1.1957 bis 1965 zugleich MdB; 4.6.1957 bis 26.2.1959 stellvertretender Ministerpräsident des Saarlandes und Minister für Wirtschaft, Verkehr, Ernährung und Landwirtschaft.- 1950/51 (Mitglied des Vorstands) und 1955 bis 1957 Demokratische Partei Saar (1. Vorsitzender), 11.8.1957 bis 1969 FDP (seit 1960 stellvertretender Bundesvorsitzender).

Literatur:

Heinrich Schneider: Die Aktie nach englischem, amerikanischem und französischem Recht. Marburg 1930; ders.: Unsere Saar. Berlin 1934; ders.: Vollstreckungsschutz im Saarland. Saarbrücken 1935; ders.: Was jeder vom Kriegsschädenrecht wissen muß. Saarbrücken 1941; ders.: Die saarländische Verfassung vom 15. Dezember 1947 und ihre Entstehung. Köln 1952; Richard Becker, Heinrich Schneider: Warum Nein zum Naters-Plan? Köln 1954; Heinrich Schneider: Lösungsvorschläge zur Saarfrage. Bonn 1954; ders.: Die rechtlichen Probleme einer Saarlösung. Baden-Baden 1954; ders.: Die Saar deutsch oder europäisch? Köln 1954; ders.: Die Saar – Schrittmacher für Europa. Köln 1958; ders.: Das Wunder an der Saar. Ein Erfolg politischer Gemeinsamkeit. Stuttgart 1974.

Rainer Möhler: Rechtsanwalt Dr. Heinrich Schneider: Trommler oder Mitläufer?, in: Rechtsanwälte an der Saar 1800-1960: Geschichte eines bürgerlichen Berufsstandes, hrsg. vom Saarländischen AnwaltVerein. Blieskastel 2004, S. 301-324.

Schneider, Herbert

* 9. 4.1909 Charlottenburg/Berlin
† 30. 3.1964 Neumünster

ev.

Eltern: Karl S., Lehrer

ledig

Schiller-Realgymnasium in Berlin-Charlottenburg – 1928 Abitur; Studium in Berlin, Greifswald und Uppsala: Neuere Sprachen – Nov. 1936 1. Staatsexamen für das höhere Lehramt; dann Tätigkeit an Privatschulen und Ferienheimen, 16.9.1937 bis Okt. 1938 im Forschungsamt des Reichsluftfahrtministeriums; Studien in Turku/Finnland; 26.4. bis 10.9.1940 Militärdienst.- 1.3.1940 NSDAP.

14. 9.1940	DA AA, Wissenschaftlicher Hilfsarbeiter, Kulturpolitische Abt., Ref. R/Rundfunkangelegenheiten (seit 22.7.1941 Rundfunkabt.)
1. 8.1941	G Helsinki, Rundfunkattaché, DA 30.7., Ref. VI/Norden
1. 6.1942	DA AA, Rundfunkpolitische Abt.
22. 6.1942	Militärdienst

Schneider, Oswald

* 2. 2.1885 Liegnitz
† 11. 2.1965 Bad Honnef

ev.

Eltern: Max. S., Kaufmann; Anna geb. Ziegert

∞ 30.7.1919 Anna Elisabeth geb. Hübner

Realgymnasium in Görlitz – Abitur; 1906 bis 1910 Studium in Berlin: Staatswissenschaften, Nationalökonomie – 13.7.1910 Dr.phil; dann Beschäftigung im Reichsschatzamt.

1. 4.1913	Einberufung in den Auswärtigen Dienst, AA, DA 1.4., Diätar, später außeretatmäßiger Hilfsarbeiter, Presseref. (seit 12.4.1915 Abt. IV/Nachrichten, seit Frühjahr 1920 Abt. P/Presse)
2. 2.1921	Regierungsrat, 1921 zugleich Lehrauftrag in Kiel, 1922 Honorarprofessor
12. 3.1923	Oberregierungsrat
11. 8.1924	Abt. I (Personal und Verwaltung), Vortragender Legationsrat, Dirigent

22.11.1926 bis 7.10.1930 Pressechef der Reichsregierung, Leitung der Vereinigten Presseabt. der Reichsregierung und des AA, Ministerialdirektor in der Reichskanzlei; seit 1928 zugleich Honorarprofessor in Berlin; 1.8.1930 Übertritt in den Dienst des preuß. Ministeriums für Wissenschaft, Kunst und Volksbildung, dann ordentlicher Professor für Rechts- und Staatswissenschaften in Königsberg i.Pr., 1933 Versetzung in den Ruhestand, dann Wohnsitz in Neubabelsberg/Potsdam, 1946 ordentlicher Professor für Rechts- und Staatswissenschaften in Berlin, 1950 Gastprofessor in Bonn.

Literatur:

Oswald Schneider: Bismarck und die preußischdeutsche Freihandelspolitik. Altenburg 1910, in: Jahrbuch für Gesetzgebung, Verwaltung und Volkswirtschaft im Deutschen Reich 34, H. 3; ders.: Bismarcks Finanz- und Wirtschaftspolitik. Eine Darstellung seiner volkswirtschaftlichen Anschauungen. München 1912 (Staats- und sozialwissenschaftliche Forschungen 166), Reprint Bad Feilnbach 1990; ders.: Die Frage der wirtschaftlichen Unabhängigkeit Polens. Eine wirtschaftspolitische Studie. Königsberg i.Pr. 1933 (Schriften des Instituts für ostdeutsche Wirtschaft an der Universität Königsberg Preußen, N. F. Bd. 6); ders.: Die zukünftige deutsche Handelspolitik, in: Deutsche Finanzwirtschaft 2, 1948 H. 3, S. 15-20; ders.: Die Etappen der sowjetischen Finanzwirtschaft, in: Finanzarchiv 12, 1950, S. 245-295; ders.: Zum Neuaufbau des auswärtigen Dienstes, in: Aussenpolitik 2, 1951, S. 177-182; ders.: Die Finanzwirtschaft der

Sowjetunion im zweiten Weltkriege, in: Finanzarchiv 12, 1951, S. 406-423; ders.: Die Wirtschaftsbeziehungen zwischen West- und Osteuropa. Entwicklungen und Strukturveränderungen nach dem Zweiten Weltkrieg, in: Zeitschrift für Ostforschung 1, 1952, S. 388-407; ders.: Osteuropa und der deutsche Osten. Fragmente der Osteuropaforschung in der Gegenwart. Köln-Braunsfeld 1953 (Osteuropa und der deutsche Osten: Reihe 1, Rheinische Friedrich-Wilhelms-Universität Bonn).

Christian Scheer: Beiträge zur Biographie der deutschen wirtschaftswissenschaftlichen Emigration 1933 – 1945. Rudolf Grabower, Otto Freiherr v. Mering, Theodor Plaut, Eduard Rosenbaum, Oswald Schneider, Carl v. Tyszka. Hamburg 1998 (Diskussionsschriften aus dem Institut für Finanzwissenschaft der Universität Hamburg 60).

Schneider, Rudolf

* 4. 7.1910 Forst/Lausitz
† 14. 3.1956 Preetz/Plön

ev.

Eltern: Josef S., Tuchmacher; Maria geb. Seibert

∞ 21.7.1936 Dora geb. Milbach

Kinder: Raimund (30.6.1937), Martin (24.8.1939)

1928 Abitur; Studium in Greifswald und Marburg: Theologie, Philosophie – 1. theol. Examen, 2. theol. Examen, Lic.theol., 1938 Dr.phil.; seit 6.5.1936 Pastor der ev. Kirchengemeinde Berlin-Tempelhof.

10. 3.1941	AA, Dienstvertrag als Wissenschaftlicher Hilfsarbeiter, DA 3.3., Personal- und Verwaltungsabt., Ref. Z/Chiffrier- und Nachrichtenwesen, seit 1.1.1943 halbtägige Beschäftigung, seit 24.11.1943 Krankenurlaub
12. 2.1944	Beendigung des Dienstverhältnisses zum 31.12.1943

Seit April 1943 zugleich Assistent am Systematisch-theologischen Seminar der Universität Berlin; 1946 bis 1956 Professor für Neues Testament an der Universität Kiel.

Literatur:

Rudolf Schneider: Das wandelbare Sein. die Hauptthemen der Ontologie Augustins. Berlin 1938; ders.: Welt und Kirche bei Augustin. München 1949; ders.: Seele und Sein. Ontologie bei Augustin und Aristoteles. Stuttgart 1957.

Schnitzler, Eduard
(seit 20.9.1913 von Schnitzler)

* 8. 8.1863 Köln
† 10. 7.1934 Bad Godesberg

ev.

Eltern: Eduard S., Kaufmann, Bankier; Marie geb. vom Rath

∞ 15.9.1904 Margarethe geb. Gillet (Vater: Oberlandeskulturgerichtsrat)

Kinder: Eduard (12.8.1905), Hans (18.2.1908), Karl Eduard (28.4.1918)

Gymnasium an Marzellen in Köln – 4.4.1882 Abitur; 1.10.1882 bis 30.9.1883 Einjährig Freiwilliger, 11.1.1886 Sekonde-Lieutenant d.R., später Oberleutnant d.L.; 1882 bis 1885 Studium in Bonn und Berlin: Jura – 24.7.1885 Referendarexamen; seit 7.10.1885 im preuß. Justizdienst – 4.6.1890 Assessorexamen.

8. 1.1892	Einberufung in den Auswärtigen Dienst (konsularische Laufbahn), AA, DA 21.1., Abt. III (Recht)
1. 2.1893	Abt. II (Handelspolitik)
22. 4.1894	GK Antwerpen, DA 5.5., bis 26.2.1895, 1.7. bis 6.8.1894 kommissarische Leitung des WK Brüssel, 7.8. bis 3.9.1894 kommissarische Leitung des GK Antwerpen
2. 3.1895	kommissarische Leitung des WK Brüssel, Übernahme der Geschäfte 26.2., bis 1.3.1897, 17.7. bis 15.9.1895 und 27.7.1896 bis 2.3.1897 zugleich kommissarische Leitung des GK Antwerpen
18. 6.1895	Charakter als Vizekonsul
21. 2.1897	AA, DA 5.3.
31. 3.1898	GK London, Wahrnehmung der Geschäfte des Vizekonsuls, DA 2.5., bis 13.9.
14. 7.1898	GK Shanghai, DA 22.10., bis 12.3.1901
18.12.1898	Vizekonsul
4. 3.1901	G Peking, kommissarische Beschäftigung, Charakter als Konsul, DA 20.3., Bearbeitung der Entschädigungsansprüche von Reichsdeutschen wegen Verlusten durch die chin. Wirren, bis 9.11.
2. 2.1902	AA, kommissarische Beschäftigung, DA 4.2., Abt. III (Recht)
10. 7.1902	Leitung des WK Rom, Übernahme der Geschäfte 25.8., bis 17.6.1912
4. 6.1903	Konsul in Rom (Umwandlung des WK in ein BK)

30. 5.1912	Generalkonsul in Antwerpen, Übernahme der Geschäfte 29.6., bis 4.8.1914 (Kriegszustand), 30.9. bis 15.10.1914 kommissarische Beschäftigung im AA, Abt. II (Handelspolitik), Leitung des Ref. S/Schifffahrtswesen, 22.10.1914 bis Dez. 1918 bei der dt. Zivilverwaltung für die Provinz Antwerpen
12.11.1914	Versetzung in den einstweiligen Ruhestand
28. 2.1919	AA, DA 3.3., Abt. III (Recht)
21. 3.1919	Geheimer Legationsrat und Vortragender Rat
3.1920	Leitung der Abt. IX (Kultur)
1.10.1920	Abt. II (Westeuropa), Leitung des Ref. It/Italien
19 2.1921	Leitung des Ref. Be/Belgien und Ni/Niederlande
15. 2.1922	zugleich Dirigent der Abt. IIa (Westeuropa)
30.12.1922	Dirigent der Unterabt. IIa, Übernahme der Geschäfte 15.1.1923
9. 9.1923	Versetzung in den einstweiligen Ruhestand
1.12.1923	DA AA, kommissarische Beschäftigung, Vortragender Legationsrat z.D., Abt. II (West- Süd- und Südosteuropa), seit 1.6.1924 ohne Verwendung
27. 8.1928	Versetzung in den Ruhestand zum 30.11.

Schnurre, Karl

* 24.11.1898 Marburg
† 29. 6.1990 Bonn

ev.

Eltern: Albert S.; Ottilie geb. Meier

∞ I. 17.5.1929 Friedtraut geb. Kolbe; II. 1.5.1937 Jutta; III. 14.4.1952 Anna-Luitgard geb. von Jagow (Vater: Carl Ludwig v.J., Fideikommissherr)

Kinder aus II. Ehe: Hans Georg (28.2.1938), Ingrid (23.10.1939), Karla (26.1.1942); aus III. Ehe: Christian

Mai 1915 Kriegsabitur; 14.6.1915 bis 4.8.1919 Militärdienst: Leutnant; 1919 bis 1921 Studium: Jura – 10.12.1921 Referendarexamen, Juni 1922 Dr.jur.; dann im preuß. Justizdienst – 18.11.1924 Assessorexamen.- 1.8.1935 NSDAP.

15.12.1924	DA AA, Abt. V (Recht), Ref. G/Gemischte Schiedsgerichte, Geschäftsstelle Berlin der dt. Staatsvertretung am dt.-engl. Gemischten Schiedsgerichtshof, Referent

1. 7.1926	Amts- und Landrichter
18.12.1926	dt. Staatsvertretung am dt.-engl. Gemischten Schiedsgerichtshof, London, richterlicher Sekretär, DA 5.1.1927, bis 31.12.1927
18. 5.1927	Einberufung in den Auswärtigen Dienst, Weiterbeschäftigung in London
22.11.1927	AA, Attaché, DA 2.1.1928
6. 7.1928	G Teheran, kommissarische Beschäftigung, DA 17.7., bis 28.10.
7.11.1928	DA AA, Fortbildungskursus
21.12.1929	Diplomatisch-konsularische Prüfung
28. 7.1930	G Budapest, Amtsbez. Legationssekretär, DA 17.8., bis 16.4.1936, 11.10.1932 bis 6.2.1933 kommissarische Beschäftigung im AA, Abt. W/Wirtschaft, März bis Mai 1934 Teilnahme an dt.-jugoslaw. Wirtschaftsverhandlungen in Belgrad
30. 4.1931	Legationssekretär
15.10.1934	1. Legationssekretär
5. 3.1936	Gesandtschaftsrat II.Kl.
20. 3.1936	AA, DA 20.4., Handelspolitische (Frühjahr 1938 bis 1.1.1941 Wirtschaftspolitische) Abt., Leitung des Ref. IV/Osteuropa
9. 6.1936	Vortragender Legationsrat
11. 3.1940	Gesandter I.Kl. als Ministerialdirigent, Leitung der Gruppe Osten (Referate Va/Sowjetunion, Vb/Abwicklung Polen und Randstaaten, VI/Nordeuropa, Antarktis, VII/Orient, VIII/Ostasien), seit 28.9.1944 Leitung der Handelspolitischen Abt.

Später Geschäftsführer des Verbandes Deutscher Ölmühlen e.V., Bonn.

Literatur:

Karl Schnurre: Der Miterbe als Nachlassschuldner und als Nachlassgläubiger. Berlin 1923; ders.: Die deutsche Ölmühlen-Industrie in außenwirtschaftlicher Beziehung, in: Fette, Seifen, Anstrichmittel 57 (1955), S. 764 f.

Nachlass im Politischen Archiv des Auswärtigen Amts.

Schober, Otto

* 30.11.1875 Gransee

ev.

Eltern: Carl S., Pfarrer; Anna geb. Gäbler

⚭ 11.4.1917 geb. Hildebrandt (Vater: Bankdirektor)

Joachimsthalsches Gymnasium in Wilmersdorf – Abitur; 1895 bis 1898 Studium in Halle/Saale und Berlin: Jura – 24.9.1898 Referendarexamen, 16.1.1923 Dr.jur.; seit

1898 im preuß. Justizdienst – 1.2.1904 Assessorexamen; 1908 Amtsrichter, 1920 Landgerichtsrat, 1.6.1922 Kammergerichtsrat.

12. 7.1922	Abordnung in das AA, Abt. V (Recht), Ref. G/Gemischte Schiedsgerichte (seit 1.1.1923 Geschäftsbereich des Kommissars des AA für die Gemischten Schiedsgerichtshöfe und die Staatsvertretungen), Geschäftsstelle Berlin der dt. Staatsvertretung am franz.-dt. Gemischten Schiedsgerichtshof, Gruppe I/Angelegenheiten der in Paris vereinigten Schiedsgerichtshöfe, DA 16.9., bis 31.12.1924
30.12.1922	Dt. Staatsvertreter am franz.-dt. Gemischten Schiedsgerichtshof

Rückkehr in den preuß. Justizdienst.

Literatur:

Otto Schober: Mängel in der Fassung des Bürgerlichen Gesetzbuchs aussersprachlicher und sprachlicher Art, in: Beiträge zur Erläuterung des Deutschen Rechts Jg. 65, S. 540-587.

Schober, Reinhold

* 3. 5.1911 Berlin
† 7. 3.1945 Blankenfelde/Teltow (Luftangriff)

ev.

Eltern: Reinhold S., Architekt; Berta geb. Richert

∞ 15.10.1937 Dr.phil. Sibylle geb. Mahlin

Kinder: Eckehard (3.5.1939), Tilman (28.10.1940), Winifred (4.8.1942)

Humanistisches Gymnasium in Hirschberg/Riesengebirge – 1929 Abitur; 1929 bis 1932 Studium in London und Berlin: Staatswissenschaften, Philosophie – 15.7.1932 Dr.phil.

1933	AA, Dienstvertrag als Wissenschaftlicher Hilfsarbeiter, Abt. III (Britisches Reich, Amerika, Orient), Ref. k/Kolonialpolitische Angelegenheiten, 1933/34 Reise nach Westafrika und Togo, 1935/36 nach West-, Zentralafrika und Kamerun

1936/37 Tätigkeit bei der Reichsstelle für Außenhandel (RfA), Berlin, 1936 zeitweise in London, seit Nov. 1937 Berichterstatter der Eildienst für amtliche und private Handelsnachrichten GmbH in Bukarest.- 1.6.1939 NSDAP.

15. 2.1939	zugleich G Bukarest, ständiger Mitarbeiter für Wirtschaftsfragen, bis 25.8.1944 (Kriegszustand), seit Jan. 1940 zugleich beim

	Sonderbeauftragten für Wirtschaftsfragen (seit 1941 auch Bevollmächtigter für Erdölangelegenheiten im Südosten), Gesandter Neubacher, 8.4. bis 15.6.1942 Militärdienst
4. 9.1940	Dienstvertrag
12.10.1943	Legationssekretär
19. 9.1944	DA AA, Handelspolitische Abt., Ref. IVc/Rumänien, Bulgarien

Literatur:

Reinhold Schober: Politische Jurisprudenz. Eine Würdigung ihres Wegbereiters Jhering. Berlin 1933 (= Die Rechts- und Staatsphilosophie Iherings in ihrem geschichtlichen Zusammenhang. Diss. Berlin 1933); ders.: Die semantische Gestalt des Ewe, in: Anthropos 28 (1933), H. 5/6, S. 621-632; ders.: Neue Linien der Eingeborenen-Politik in West-Afrika, in: Koloniale Rundschau (1936), S. 43-61; ders.: Kamerun. Neuzeitliche Verwaltungsprobleme einer tropischen Kolonie. Berlin 1937; ders.: Kulturelle Zusammenarbeit mit anderen Kolonialstaaten, in: Diedrich Westermann (Hrsg.): Beiträge zur deutschen Kolonialfrage. Mit einer Vorbemerkung von Friedrich Berber. Berlin 1937, S. 45-52 (Veröffentlichungen des Deutschen Instituts für außenpolitische Forschung, 1); F. Kwasi Fiawoo: Toko Atolia. Die fünfte Lagune. Übersetzt v. Reinhold Schober Berlin 1937 (Mitteilungen der Ausland-Hochschule an der Universität Berlin, Jahrgang 40/1937); Reinhold Schober: Rumänischer Wirtschaftsgrundriß, in: Wille und Macht 8 (1940), H. 22, S. 16-20.

Schoberth, Friedrich

* 16. 6.1905 Nürnberg

ev., gottgläubig

Eltern: Georg S., Oberlokomotivführer; Anna Regina geb. Strauß

∞ 3.8.1929 Klara Auguste Mathilde (Gustl) geb. Schropp (Vater: Franz Joseph S., Bezirksschulrat)

Kinder: Ingeborg (20.1.1940), Helga (19.4.1943)

Höhere Handelsschule und Oberrealschule in Nürnberg – 1924 Abitur; 1924 bis 1928 Studium in Erlangen: Germanistik, Anglistik, Romanistik – 1929 Staatsexamen für das höhere Lehramt, 3.3.1931 Dr.phil., 1936 M.A.; 1928/29 Lektor und Lehrer für Deutsch und Französisch in Newcastle on Tyne und Liverpool, 1930 bis 1939 Dozent für Germanistik an der Universität von Wales, Cardiff; seit Sept. 1939 Lektor am Englischen Seminar der Universität Berlin und der Auslandshochschule, später der Auslandswissenschaftlichen Fakultät, seit Sommer 1943 Leiter des Instituts für Sprachenkunde und Dolmetscherwesen der Universität Berlin.- 1.2.1940 NSDAP.

25.10.1939	DA AA, Wissenschaftlicher Hilfsarbeiter, Kulturpolitische Abt., Ref. R/Rundfunkangelegenheiten (seit 22.7.1941 Rundfunkabt.),

	Juni 1940 bis Aug. 1942 Leitung der Außenstelle der Rundfunkabt. in Den Haag, seit Aug. 1942 Verbindungsmann des AA beim Deutschen Europa Sender (DES), Berlin, zugleich Redaktionsleitung der Ländergruppe England des DES
1. 5.1940	Dienstvertrag
19.12.1942	AA, Rundfunkpolitische Abt., Mitte Sept. 1943 bis Juni 1944 Leitung der Gruppe Politik beim Reichssender Luxemburg, seit 7.6.1944 Verbindungsmann des AA beim DES, zugleich stellvertretender Ländergruppenleiter

Seit 20.10.1944 bei der Reichsrundfunkgesellschaft; später Professor für die Kunde der angelsächsischen Sprach- und Kulturkreise an der Hochschule für Wirtschafts- und Sozialwissenschaften Nürnberg, seit 1961 an der Universität Erlangen-Nürnberg.

Literatur:

Friedrich W. Schoberth: Das komische Element in der französischen Tragikomödie. Nürnberg 1930; ders.: Die Niederlande, in: Jahrbuch der Weltpolitik (1942), S. 279-289; ders.: Niederländisch-Indien, in: ebd., S. 854-861; ders.: Die englische Sprache im Krieg, in: Studien zur Auslandskunde, Bd. 1 (1943), S. 3-20; ders.: Die Niederlande, in: Jahrbuch der Weltpolitik (1943), S. 465-475; ders.: Insel-Indien, in: ebd., S. 751-756; ders.: Niederländisch-Westindien, in: ebd., S. 859; ders.: Anglo-amerikanische Sprachprobleme, in: Studien zur Auslandskunde, Bd. 2 (1944), S. 45-67; Francis Williams: Das englische Experiment. Übers. v. Marjele Distel. Bearb. v. Prof. Dr. Friedrich W. Schoberth. Frankfurt/Main 1951; Friedrich W. Schoberth: Diagnose der heutigen englischen Labour-Welt. Vortrag, in: Nürnberger Sozialwissenschaftliche Woche. Berlin 1952, S. 149-162; ders.: Bildungswege vom Beruf her? Bericht über eine Arbeitstagung. Nürnberg 1953; ders.: Der amerikanische Schriftsteller und seine Zeit. Nürnberg 1953; ders.: Zum Problem der Freiheit, in: M. R. Lehmann (Hrsg.): Wirtschaft und Gesellung. Festschrift für Hans Proesler zu seinem 65. Geburtstage. Erlangen 1953, S. 56-67; Friedrich Wilhelm Schoberth, Hermann Kellenbenz, Eugen Leitherer: Hochschule für Wirtschafts- und Sozialwissenschaften Nürnberg. 40 Jahre. 1919-1959. Anlässlich der Jubiläumsfeier am 26. Februar 1960. Nürnberg 1960; Schwächen der industriellen Gesellschaft. Vortrag anlässlich der 1. Tagung am 6. März 1961 in Hamburg-Bergedorf. Hamburg 1961 (Protokoll des Bergedorfer Gesprächskreises zu Fragen der Freien Industriellen Gesellschaft, 1); Friedrich W. Schoberth: Anmerkungen zur Umwelt von Robert Owen, in: Joachim Peege (Hrsg.): Kontakte mit der Wirtschaftspädagogik. Festschrift für Walther Löbner zum 65. Geburtstag. Neustadt/Aisch 1967, S. 36-47; Friedrich W. Schoberth: A. Paul Weber. Ein Verständigungsversuch. Hamburg 1978 (Schriften der A.-Paul-Weber-Gesellschaft, 2).

Schöberl, Josef

* 24. 2.1911 St. Stefan ob Leoben/Österreich

gebürtiger österr. Staatsangehöriger

gottgläubig

∞ 23.9.1939 Hilde geb. Steinlehner

Kind: Wolfgang (5.9.1940)

Studium: Jura – 15.12.1934 staatswissenschaftliche Staatsprüfung, 1.5.1935 Dr.jur.; seit 1.4.1935 im österr. Justizdienst – 29.7.1938 Richteramtsprüfung; 1.12.1939 Amtsgerichtsrat.- 1.5.1938 NSDAP, SA.

29. 4.1940	Einberufung in den Auswärtigen Dienst, kommissarische Beschäftigung, DA 3.5., Rechtsabt., Ref. I/Völkerrecht, etc.
14. 5.1941	beim Bevollmächtigten des Reichs für Griechenland, Athen, Gehilfe des Pressereferenten, DA 3.5., bis 7.11.
20.10.1941	AA, DA 14.11., Abt. D (Deutschland), Ref. VII/Geographischer Dienst, dann im Ref. I/Partei

Seit 24.5.1942 Militärdienst.

Schöll, Robert

* 29. 2.1846 Weimar
† 13.11.1928 Heidelberg

ev.-luth.

Eltern: Adolf S., Dozent in Berlin, Professor in Halle/Saale, Oberbibliothekar, Vorstand der ghzgl. Bibliothek in Weimar, Direktor der ghzgl. Kunstanstalten in Weimar; Johanna geb. Henle

ledig

Gymnasium in Weimar – Ostern 1864 Abitur; 1864 bis 1868 Studium in Bonn, Leipzig und Jena: Jura – Jan. 1869 1. juristisches Examen; seit Febr. 1869 im ghzgl.-sächs. Justiz- und Verwaltungsdienst – Jan. 1873 2. juristisches Examen; 27.7.1870 bis 1.7.1871 Militärdienst, Teilnahme am dt.-franz. Krieg.

25. 2.1873	Einberufung in den Auswärtigen Dienst (konsularische Laufbahn), AA, DA 1.3., Abt. II (Handels-, Rechts- und Konsularsachen)
28.12.1875	GK London, Vizekonsul, DA 17.1.1876, bis 26.1.1880, 12.8. bis 23.11.1878 kommissarische Beschäftigung im AA, 20.6. bis 1.8.1879 kommissarische Beschäftigung im AA, Abt. II (Handelspolitik und Recht)
24.12.1879	Konsul in Montevideo, Übernahme der Geschäfte 29.3.1880, bis 19.7.1883, 21.1.1882 bis 1.7.1883 kommissarische Leitung der G Buenos Aires
16. 5.1883	Wirklicher Legationsrat und Vortragender Rat

24. 8.1883	DA AA, Abt. II (Handelspolitik und Recht), Ref. Reklamationssachen, später Ref. Konsulatssachen, seit 1.11.1883 zugleich Kassensachen der Konsulate
15. 5.1885	Konsul in Le Havre, Charakter als Generalkonsul, Übernahme der Geschäfte 28.7., bis 24.6.1890, 20.9. bis 14.11.1886 und 14.7. bis 30.9.1890 kommissarische Beschäftigung im AA
19. 5.1890	Konsul in Kopenhagen, Übernahme der Geschäfte 17.11., bis 26.4.1892
28. 3.1892	Geheimer Legationsrat und Vortragender Rat
4. 5.1892	DA AA, Abt. III (Recht), Referent für Reklamationssachen, Kirchen- und Schulsachen, Kunst und Wissenschaften, bis 10.9.1902
24. 6.1902	Versetzung in den Ruhestand, Charakter als Wirklicher Geheimer Legationsrat

Schoen, Hans von

* 14. 7.1876 Worms

† 23. 2.1969 Cureglia/Schweiz

ev.

Eltern: Friedrich v.S., Teilhaber einer Lederfabrik, Stadtverordneter in Worms; Henriette geb. Baumann

∞ 25.9.1916 Huberta geb. Gräfin von Matuschka (Vater: Marcellus Graf v.M.; preuß. Offizier)

Kinder: Marie Elisabeth (24.5.1918), Henriette (20.6.1921), Leonhard (12.8.1929)

Gymnasien in Worms und München – Juli 1894 Abitur; 1.10. bis 15.11.1894 Einjährig Freiwilliger; 1894 bis 1898 Studium in Berlin und München: Jura – Aug. 1898 1. juristisches Examen, 1898 Dr.jur.; seit 22.8.1898 im bayer. Justiz- und Verwaltungsdienst – Dez. 1901 2. juristisches Examen.

1. 7.1903	Einberufung in den bayer. Auswärtigen Dienst, Staatsministerium des Kgl. Hauses und des Äußeren, Ministerialpraktikant, DA 14.7., seit Aug. G Wien, dann G St. Petersburg, später G Rom, zuletzt G Berlin
1. 8.1903	Gesandtschaftsattaché
1. 8.1904	Legationssekretär II.Kl.
1. 1.1908	Legationssekretär I.Kl.
1. 1.1911	Legationsrat

1. 9.1916	Geheimer Legationsrat II.Kl., 9.6.1917 bis 5.12.1918 Stellvertretender bayer. Bevollmächtigter beim Bundesrat
16. 7.1918	Geheimer Legationsrat I.Kl.
24.10.1919	Versetzung in den einstweiligen Ruhestand zum 1.11.
26. 1.1920	Einberufung in den Auswärtigen Dienst, AA, kommissarische Beschäftigung, DA 15.2., Abt. III (Südosteuropa)
18. 9.1920	G Wien, Gesandtschaftsrat I.Kl., DA 6.10., bis 1.6.1921
22. 4.1921	Geschäftsträger in Warschau, Übernahme der Geschäfte und Übergabe des Einführungsschreibens 17.8., bis 13.4.1922
31. 7.1921	Amtsbez. Gesandter
26. 4.1922	Geschäftsträger in Athen, Übernahme der Geschäfte 23.5., Übergabe des Einführungsschreibens 24.5.
7. 6.1922	Gesandter I.Kl., Übergabe des Beglaubigungsschreibens 30.10., bis 22.4.1926
20. 3.1926	Gesandter in Budapest, Übernahme der Geschäfte 21.5., Übergabe des Beglaubigungsschreibens 26.5., bis 15.11.1933
28. 8.1933	Versetzung in den einstweiligen Ruhestand
25. 5.1937	Versetzung in den Ruhestand

Seit 1.10.1945 Wohnsitz in Cureglia bei Lugano.

Nachlass im Politischen Archiv des Auswärtigen Amts.

Schoen, Wilhelm Freiherr von
(seit 30.5.1885 hess. Adelstand, 27.1.1909 hess. Freiherrnstand)

* 3. 6.1851 Worms
† 24. 4.1933 Berchtesgaden

ev.

Eltern: August S., Lederfabrikant; Marie geb. Heyl

∞ 31.10.1885 Bertha geb. Freiin de Groote (gebürtige belg. Staatsangehörige; Vater: Karl Freiherr de G., Diplomat)

Kind: Wilhelm (29.8.1886)

Max-Gymnasium in München, Erziehungsanstalt in Schnepfenthal, Lyzeum in Mannheim – 23.7.1870 Abitur am Gymnasium in Darmstadt; seit 20.7.1870 Militärdienst – 9.3.1872 Sekonde-Lieutenant, seit 16.8.1876 à la suite des Regiments, 18.8.1889 Rittmeister d.R., 6.1.1909 Oberstleutnant à la suite der Reiterei.

16. 8.1876	Kommandierung zur G Madrid, DA 14.9., bis 24.5.1877
22. 4.1877	Zulassung zur diplomatischen Laufbahn, AA, Attaché, DA Juli, Abt. II (Handels-, Rechts- und Konsularsachen)
27. 4.1879	G Madrid, DA 5.5., bis 15.9.
26.11.1881	Diplomatische Prüfung
2.12.1881	Legationssekretär, Ausscheiden aus dem Militärdienst
8. 6.1882	G Athen, Legationssekretär, DA 25.6., bis 21.3.1883
6. 6.1883	G Bern, Legationssekretär, DA 13.6., bis 24.10.1885
30.10.1885	G Den Haag, Legationssekretär, DA 29.11., bis 7.3.1887
16. 2.1887	B Paris, 2. Sekretär, DA 10.3., bis 17.1.1896, 1894 Delegierter zur Internationalen Sanitätskonferenz
4. 6.1888	1. Sekretär
18.11.1888	Charakter als Legationsrat
17.12.1895	Versetzung in den einstweiligen Ruhestand
19. 3.1896	Charakter als Geheimer Legationsrat, Beurlaubung zur Übernahme des Amts als Oberhofmarschall des Herzogs von Sachsen-Coburg-Gotha, Prädikat Exzellenz
28.11.1899	Gesandter in Kopenhagen, Übernahme der Geschäfte 2.1.1900, Übergabe des Beglaubigungsschreibens 5.1., bis 15.11.1905
20.10.1905	Botschafter in St. Petersburg, Übernahme der Geschäfte 2.1.1906, Übergabe des Beglaubigungsschreibens 5.1., bis 3.11.1907
26.10.1907	AA, Staatssekretär, Charakter als Wirklicher Geheimer Rat mit dem Prädikat Exzellenz, Stellvertreter des Reichskanzlers im Bereich des AA, zugleich preuß. Bevollmächtigter zum Bundesrat, Übernahme der Geschäfte 4.11., seit 30.10. Vorsitzender der Prüfungskommission für das Diplomatische Examen
29. 6.1910	Botschafter in Paris, Übernahme der Geschäfte 26.10., Übergabe des Beglaubigungsschreibens 29.10., bis 3.8.1914 (Kriegszustand)
14. 8.1914	DA preuß. G München, kommissarische Leitung, bis 16.10.1916
12.11.1914	Versetzung in den einstweiligen Ruhestand, jedoch Weiterbeschäftigung
25.11.1923	Versetzung in den Ruhestand

Literatur:

Wilhelm Freiherr von Schoen: Der Nationalismus im Leben der dritten Republik. Berlin 1920; ders.: Erlebtes. Beiträge zur politischen Geschichte der neuesten Zeit. Stuttgart, Berlin 1921; ders.: Führer durch das Berchtesgadener Land. Berchtesgaden 1927.

Schoen, Wilhelm Freiherr von

* 29. 8.1886 Den Haag
† 12. 4.1960 Großschwaig/Obb.

ev.

Eltern: Wilhelm Freiherr v.S., Diplomat; Bertha geb. Freiin de Groote

⚭ 2.12.1916 Catherine geb. Birney (gebürtige amerik. Staatsangehörige; Vater: Theodore B., Rechtsanwalt)

Kinder: Alexander (14.4.1924), Hans (2.2.1932)

Gymnasium in Schnepfenthal und Theresien-Gymnasium in München – 1904 Abitur; 1904 bis 1908 Studium in Heidelberg, Berlin, München und Straßburg: Jura – 31.1.1908 1. juristisches Examen, 15.7.1908 Dr.jur.; 16.4.1913 Ghzgl. hess. Kammerjunker.

15.11.1908	Einberufung in den Auswärtigen Dienst (diplomatische Laufbahn), AA, Attaché, DA 19.11., Abt. IA (Politik)
25. 9.1909	Abt. II (Handelspolitik)
13. 1.1910	GK Antwerpen, DA 10.2., bis 30.6.
19. 6.1910	G Brüssel, DA 1.7., bis 28.5.1911
4. 5.1911	B Paris, DA 29.5., bis Anfang April 1913
11. 2.1913	B Tokyo, 2. Sekretär, DA 12.5., bis 23.8.1914 (Kriegszustand), Abreise 29.8.
27. 2.1913	Diplomatische Prüfung
1. 3.1913	Legationssekretär
21. 9.1914	DA B Washington, kommissarische Beschäftigung, bis 26.12.1916
12.11.1914	Versetzung in den einstweiligen Ruhestand, jedoch Weiterbeschäftigung
20.11.1916	G Mexiko, kommissarische Beschäftigung, DA 5.1.1917, bis 24.11.1920
17. 3.1921	B Rom (Quirinal), Amtsbez. Legationsrat, DA 1.4., bis 18.12.1922
14. 6.1921	Gesandtschaftsrat II.Kl.
10.11.1922	AA, DA 27.12., Abt. P (Presse)
20. 3.1924	Abt. III (Britisches Reich, Amerika, Orient), später Leitung des Ref. A/Vereinigte Staaten von Amerika nebst Besitzungen (ausgenommen Philippinen), Kuba, Haiti, Dominikanische Republik, Liberia
6.12.1924	Vortragender Legationsrat
4. 2.1925	G Peking, DA 25.3., bis 23.4.1928
20. 9.1925	Gesandtschaftsrat I.Kl.

3. 4.1928	B Tokyo, DA 3.5., seit 9.5.1929 Urlaub
11. 8.1928	Botschaftsrat
21.12.1929	DA AA, Abt. IV (Osteuropa, Skandinavien, Ostasien), Dirigent
17. 7.1931	Vortragender Legationsrat
5. 7.1932	Gesandter in Addis Abeba, Übernahme der Geschäfte 24.9., Übergabe des Beglaubigungsschreibens 26.9., seit 4.12.1934 Urlaub
20.12.1934	Gesandter in Santiago de Chile, Übernahme der Geschäfte 1.4.1935, Übergabe des Beglaubigungsschreibens 10.4., bis 20.1.1943 (Abbruch der diplomatischen Beziehungen), Abreise 29.9., dann Urlaub
7. 3.1936	Botschafter (Umwandlung der G in eine B), Übergabe des Beglaubigungsschreibens 22.4.
7. 6.1944	DA AA, Leitung der Informationsstelle IIb/Iberischer Dienst
28. 9.1944	Versetzung in den Ruhestand (aufgrund des Führererlasses vom 19.5.1943 über die Fernhaltung international gebundener Männer von maßgebenden Stellen in Staat, Partei und Wehrmacht)

Dann Wohnsitz in Großschwaig; 1946 Landrat von Miesbach, 1948 Wahl in den Kreistag; seit Sept. 1948 Wohnsitz in Washington D.C., Tätigkeit im International Christian Leadership.

Literatur:

Schoen, Wilhelm von: Die Strafbarkeit des untauglichen Versuchs und der Standpunkt der Rechtsprechung. Straßburg 1908; ders.: Geschichte Mittel- und Südamerikas. München 1953; ders.: Alfons X. von Kastilien. Ein ungekrönter deutscher König. München 1957.

Nachlass im Archiv des Instituts für Zeitgeschichte, München, und im Politischen Archiv des Auswärtigen Amts (Lebenserinnerungen 1886-1920).

Schönberg, Fritz

* 12.12.1878 Berlin
† 9. 2.1968

ev.

Eltern: Gustav S., Hotelbesitzer; Anna geb. Schulz

⚭ 29.5.1907 Else geb. Jahn (Vater: Carl J.)

Kinder: Harro (21.3.1910), Pflegetochter Adolfine Senft

Köllnisches Gymnasium in Berlin, Gymnasium in Freienwalde/Oder, Humboldt-Gymnasium in Berlin – 1898 Abitur; 1898 bis 1901 Studium in Berlin und am Seminar für orientalische Sprachen in Berlin: Jura, Staatswissenschaften – 23.7.1900 Diplomprüfung in der türk. Sprache, 10.1.1902 Referendarexamen, 6.3.1902 Dr.jur.; seit 31.1.1902 im preuß. Justizdienst.- 1.8.1939 NSDAP.

29. 3.1902	Einberufung in den Auswärtigen Dienst (Dragomanatsdienst), B Konstantinopel, Dragomanats-Eleve, DA 11.4.
17. 4.1902	GK Konstantinopel, bis 27.5.1918
6.11.1905	2. Dragoman
22. 1.1906	K Beirut, Kanzler-Dragoman, DA 1.6.
23.10.1907	B Konstantinopel, 3. Dragoman, DA 13.1.1908
28. 4.1911	2. Dragoman
31.12.1917	Konsularische Prüfung
13. 4.1918	kommissarische Leitung des K Aleppo, Übernahme der Geschäfte 30.5., bis 12.10.
26.11.1918	Diplomatische Vertretung Warschau, Amtsbez. Legationssekretär, DA 9.12., bis 15.12.1918 (Abbruch der diplomatischen Beziehungen)
20.12.1918	DA AA, Abwicklungsstelle der G Warschau
20. 1.1919	DA Abt. III (Recht), seit 27.2.1919 Krankenurlaub bzw. ohne Verwendung
21. 9.1919	beim Reichskommissar für den Osten, Königsberg i.Pr., Amtsbez. Konsul, DA beim Gesandten bei den Regierungen Lettlands und Estlands in Mitau 6.10., bis 11.11.
31.12.1919	Diplomatische Vertretung Kowno, Geschäftsträger, Übernahme der Geschäfte 13.1.1920, bis 16.6.1922
28. 6.1920	Versetzung in den einstweiligen Ruhestand, jedoch Weiterbeschäftigung
24. 9.1920	Amtsbez. Legationsrat
20. 5.1922	AA, kommissarische Beschäftigung, Abt. IVa (Osteuropa, Skandinavien), Ref. Po/Polen, DA 21.6.
13. 1.1925	kommissarische Leitung des K Krakau, Übernahme der Geschäfte 14.2., bis 20.3.1926
29.12.1925	kommissarische Leitung des K Galatz, Übernahme der Geschäfte 22.3.1926, bis 14.5.1932
3.11.1926	Konsul
11. 4.1927	Konsul I.Kl.
17. 3.1932	Versetzung in den einstweiligen Ruhestand
18. 9.1934	AA, DA 1.9., Abt. P (Presse; seit 15.5.1936 Presseabt.), dann Leitung des Ref. Osten und Naher Osten
16.11.1937	Konsul in Saloniki, Übernahme der Geschäfte 16.1.1938, bis 9.7.1943

29. 6.1939	Amtsbez. Generalkonsul
8. 6.1943	AA, kommissarische Beschäftigung, Personal- und Verwaltungsabt., Ref. Kontr.T./Politischer Telegrammdienst
9.11.1943	Versetzung in den einstweiligen Ruhestand, jedoch Weiterbeschäftigung
25.11.1944	Versetzung in den Ruhestand

Literatur:

Fritz Schönberg: Wie unterscheiden sich die Wirkungen der Eintragung in das Handelsregister nach altem und neuem Handelsgesetzbuch? Berlin 1902.

Schönburg-Waldenburg, Hermann Prinz von

* 9. 1.1865 Leipzig
† 20.10.1943 Schloss Hermsdorf/Dresden

ev.-luth.

Eltern: Georg Prinz v.S.-W., sächs. Offizier, Generaladjutant des Königs von Sachsen; Luise geb. Prinzessin zu Bentheim-Tecklenburg

∞ 5.7.1912 Thekla verw. Fürstin zu Bentheim-Tecklenburg geb. von Rothenberg (Vater: Adalbert Graf zu Erbach-Fürstenau)

Vitzthumsches Gymnasium in Dresden – 10.3.1885 Abitur; dann im sächs. Militärdienst: 16.3.1885 Sekonde-Lieutenant, 1886 à la suite des Regiments; 1886 bis 1889 Studium in Bonn, Leipzig und Berlin: Jura – 8.7.1889 Referendarexamen.

28.10.1890	Einberufung in den Auswärtigen Dienst (diplomatische Laufbahn), AA, Attaché, DA 15.11., Abt. III (Recht)
23. 3.1891	Abt. II (Handelspolitik)
12. 6.1891	Abt. IA (Politik)
30.10.1891	G Brüssel, DA 16.11., bis 23.4.1892, 23.12. bis 23.1.1892 kommissarische Leitung der G Luxemburg
18. 4.1892	B London, DA 24.4., bis 15.2.1895, 16.7. bis 14.8.1892 und 1.2. bis 8.3.1893 kommissarische Leitung der G Luxemburg, 9.3.1893 bis 16.3.1894 Urlaub
10. 2.1894	Diplomatische Prüfung
26. 2.1894	Legationssekretär
14. 1.1895	B Wien, 2. Sekretär, DA 22.2., bis 19.12.1897
17.10.1897	B St. Petersburg, 2. Sekretär, DA 5.1.1898, seit 1.4.1899 Urlaub

21.12.1899	preuß. G Hamburg, Legationssekretär, DA 4.1.1900, bis 6.1.1908, 30.7. bis 19.9.1906 kommissarische Leitung der B Madrid
29. 1.1901	Charakter als Legationsrat
20.12.1907	Generalkonsul in Budapest, Übernahme der Geschäfte 15.1.1908, seit 4.11.1909 Urlaub
17.11.1909	Versetzung in den Ruhestand
27. 1.1911	Titel und Rang eines außerordentlichen Gesandten und bevollmächtigten Ministers

Verwaltung seiner Güter, Fideikommissherr.

Schoenebeck, Karl Johann von

* 24. 5.1906 Lichterfelde/Berlin
† 9.12.1975 Holzminden

kath.

Eltern: Dr.jur. Franz v.S., Ministerialdirektor im Reichswirtschaftsministerium; Agnes geb. Hoffsümmer

∞ 12.8.1940 Margot geb. Peter (Vater: Richard August P., Kaufmann)

Kinder: Christina (1.9.1941), Franz-Michael (13.5.1943), Gerhard (10.9.1944)

Schiller-Gymnasium in Berlin-Lichterfelde – 1925 Abitur; Studium in Berlin, Bonn und Breslau: Jura – 9.1.1935 Referendarexamen; seit 1.3.1935 im Justizdienst – 1.12.1938 Assessorexamen; 20.3. bis 1.12.1939 Notarvertreter, 10.1. bis 11.6.1940 Hilfsreferent beim Reichsverband der gewerblichen Berufsgenossenschaften, dann Wissenschaftlicher Hilfsarbeiter bei der Nahrungsmittel-Industrie-Berufsgenossenschaft.- 1.8.1932 NSDAP.

23. 6.1941	DA AA, Wissenschaftlicher Hilfsarbeiter, Kulturpolitische Abt., Ref. R/Rundfunkangelegenheiten (seit 22.7.1941 Rundfunkabt., seit 13.2.1942 Rundfunkpolitische Abt.)
23. 5.1942	Rechtsabt., Ref. VIII/Interventionsangelegenheiten, Schutz der Deutschen im Ausland, Ausweisungen, Verhaftungen, Gnadensachen etc., zeitweise in der Ausweichstelle des AA in Brückenberg/Riesengebirge
23. 7.1942	Dienstvertrag

Später Rechtsanwalt und Notar in Göppingen.

Schönherr, Wilhelm

* 11.10.1874 Braunschweig

ev.-luth.

Eltern: Wilhelm S., Architekt; Agnes geb. Koch

ledig

Gymnasium in Braunschweig – 29.9.1894 Abitur; 1.10.1894 bis 30.9.1895 Einjährig Freiwilliger, 18.12.1898 Sekonde-Lieutenant d.R., 18.10.1909 Oberleutnant d.R.; 1894 bis 1898 Studium in Tübingen, Leipzig und Berlin: Jura, Staatswissenschaften – 25.6.1898 1. juristisches Examen; seit 16.7.1898 im braunschweig. Justizdienst – 18.12.1901 2. juristisches Examen.

22. 1.1904	Einberufung in den Auswärtigen Dienst (konsularische Laufbahn), AA, DA 17.2., Abt. III (Recht)
31. 8.1904	Abt. II (Handelspolitik)
18. 5.1906	GK Rio de Janeiro, DA 2.8., bis 10.4.1911, 3.5.1907 bis 9.8.1908 und 27.7.1910 bis 11.3.1911 kommissarische Leitung, 12.9.1908 bis 26.5.1909 Urlaub, 2.6.1909 bis 18.2.1910 kommissarische Leitung des K São Paulo
29. 6.1906	Charakter als Vizekonsul
23. 3.1911	K Bahia, DA 15.4., bis 1.1.1912, seit 20.4.1911 kommissarische Leitung
18.11.1911	Entlassung aus dem Reichsdienst zum 30.6.1912

Rückkehr in den braunschweig. Landesdienst.

Schönhertz, Wilhelm

* 7. 5.1876 Hagen

ev.

Eltern: Carl S., Eisenbahningenieur; Caroline geb. Krekeler

∞ 20.2.1926 Anna verw. Gantenberg geb. Rabenstein

Kind aus I. Ehe der Frau: Elsa

Realgymnasien in Hagen und Siegen – 12.3.1896 Abitur; seit 1.10.1896 Lehre und Tätigkeit bei der Bergisch-Märkischen Bank in Elberfeld und Hagen, seit 2.12.1901 bei der Preuß. Centralgenossenschaftskasse, Berlin, 1.4.1902 Ständiger Hilfsarbeiter, 7.6.1902 Kassen- und Bürobeamtenprüfung, 1.4.1904 Buchhalter.- DNVP, 20.3.1941 NSDAP.

2. 2.1907	Einberufung in den Auswärtigen Dienst (Bürodienst), AA, DA 18.2., Abt. IB (Personal und Verwaltung), Geheime Kalkulatur I (seit 1920 Abt. I, Ref. R/Allgemeine Haushaltsfragen, Aufstellung des Haushalts etc.)
16. 2.1909	Expedient, Geheimer expedierender Sekretär und Kalkulator
21. 5.1915	Charakter als Hofrat
1. 4.1927	Ministerialamtmann
30. 1.1931	Ministerialbürodirektor
22. 5.1939	Oberregierungsrat
24. 2.1940	Abt. Protokoll
10. 7.1941	Versetzung in den Ruhestand, jedoch Weiterbeschäftigung in der Personal- und Verwaltungsabt., Ref. O/Kriegsverdienstkreuz, Ehrendienstzeichen etc., bis 30.1.1945

Schöning, Helmut

* 30. 3.1914 Bochum

† 9.12.1974 Minden/Westfalen

ev.

Eltern: Julius Wilhelm S., Lehrer; Wilhelmine geb. Vehlewald

∞ 19.8.1944 Annelore Elisabeth (Hannelore) geb. Blass (Vater: Dr.phil. Fritz B., Chemiker)

1933 Abitur; Studium in Greifswald, Bonn und Köln: Jura – Aug. 1937 Referendarexamen, 19.7.1939 Dr.jur.; seit 1.10.1937 im Justizdienst – 24.1.1941 Assessorexamen.- 1.5.1937 NSDAP.

3. 6.1941	AA, Dienstvertrag als Wissenschaftlicher Hilfsarbeiter, DA 3.6., Rechtsabt., Ref. III/Staats- und Verwaltungsrecht, Staatsangehörigkeitsfragen etc.
18. 2.1942	Militärdienst
1. 4.1944	DA AA, Personal- und Verwaltungsabt., im Arbeitsgebiet des Vortragenden Legationsrats Julius Günther („Gruppe VLR Gunther")/Sonderaufträge, Sicherheitsfragen, Kurierref., Zensurref., Kontrolle des amtlichen Schriftverkehrs, Politischer Telegrammdienst und Luftschutz

Später Rechtsanwalt und Notar in München.

Literatur:

Helmut Schöning: Das Scheitern der französischen Nachkriegspolitik und die völkerrechtliche Stellung Belgiens vom Versailler Diktat bis zur Gegenwart. Köln 1940.

Schönstedt, Max

* 27. 9.1870 Seehausen/Altmark
† 17.10.1934 Breslau

ev.

Eltern: Adolf Julius S., Kammergerichtsrat; Helena geb. Stubenrauch

ledig

Askanisches Gymnasium in Berlin und Landesschule zur Pforte in Schulpforta – Ostern 1891 Abitur; 1891 bis 1894 Studium in Lausanne und Berlin: Jura – 26.5.1894 Referendarexamen; seit 18.6.1894 im preuß. Justizdienst – 22.1.1900 Assessorexamen; 29.9.1894 bis 29.9.1895 Einjährig Freiwilliger, 18.10.1897 Sekonde-Lieutenant d.R., 23.9.1908 Oberleutnant d.R.

4. 4.1900	Einberufung in den Auswärtigen Dienst (konsularische Laufbahn), AA, DA 11.4., Abt. III (Recht)
24. 6.1901	Abt. II (Handelspolitik)
10.12.1901	GK St. Petersburg, DA 4.1.1902, bis 26.5.1904
28.12.1901	Charakter als Vizekonsul
20. 5.1904	GK Odessa, DA 29.5., bis 16.1.1908, 15.7.1906 bis 19.4.1907 kommissarische Leitung des K Tiflis
31.12.1907	K Moskau, DA 18.1.1908, bis 11.4.1908
20. 4.1908	Konsul in Saratow, 17.5. bis 15.8. kommissarische Leitung des K Bukarest, Übernahme der Geschäfte in Saratow 7.9., bis 8.7.1914 (Selbstmordversuch), Aug. 1914 bis Mitte Jan. 1915 in russ. Internierung
12.11.1914	Versetzung in den einstweiligen Ruhestand
12. 2.1915	GK Amsterdam, Konsul z.D., DA 17.2., bis 16.12.
19.12.1915	Teilnahme bei den Arbeiten zur Untersuchung serb. Aktenmaterials in Wien, DA 28.12., bis 28.4.1916
13. 4.1916	kommissarische Leitung des K Sarajevo, Übernahme der Geschäfte 30.4., bis 29.5.
30. 5.1916	kommissarische Leitung des K Sofia, Übernahme der Geschäfte 14.6., bis 31.7.
28. 7.1916	kommissarische Leitung des K Jassy, Übernahme der Geschäfte 14.8., bis 28.8. (Kriegszustand)
30.11.1916	GK Stockholm, DA 11.12., bis 5.4.1917
25. 3.1917	kommissarische Leitung des K Haparanda (Neueinrichtung), Übernahme der Geschäfte 7.4., bis 11.6.
7. 6.1917	GK Stockholm, DA 15.6., bis 20.3.1918

31. 3.1918	Diplomatische Vertretung in Kiew (Deutsche Ukraine-Delegation), DA 18.4., bis 13.1.1919, 28.4. bis 30.7. kommissarische Leitung des K Charkow
20. 1.1919	DA AA, dann Urlaub und ohne Verwendung
14.10.1919	Deutsche Kommission zur Wiederanknüpfung wirtschaftlicher Beziehungen mit Italien, DA 14.10.
1. 4.1920	Außenhandelsstelle (seit 31.7.1920 Abt. X/Außenhandel), bis 1.2.1921, dann Urlaub und ohne Verwendung

Seit 1.4.1922 Wahrnehmung der Geschäfte eines Reichsvertreters beim Reichsentschädigungsamt, Berlin, 17.4.1923 Vertreter des Reichsinteresses beim Reichsentschädigungsamt für Kriegsschäden, 1.7.1923 Rechtsreferent.

20.11.1923	AA, DA 1.12., Abt. V (Recht), Geschäftsbereich des Kommissars des AA für die Gemischten Schiedsgerichtshöfe und die Staatsvertretungen), Geschäftsstelle Berlin der dt. Staatsvertretung bei den Gemischten Schiedsgerichtshöfen, Gruppe I/Angelegenheiten der in Paris vereinigten Gemischten Schiedsgerichtshöfe
8. 4.1926	Gruppe II/Angelegenheiten des dt.-belg., dt.-poln., dt.-jugoslaw. und dt.-tschechoslowak. Gemischten Schiedsgerichtshofs
30. 7.1930	Versetzung in den Ruhestand zum 30.9.

Scholl, Günther

* 11. 1.1909 Stettin
† 5. 3.1999 München

ev.

Eltern: Hermann S., Ingenieur, Besitzer eines Beton- und Tiefbauunternehmens; Hertha geb. Krause

∞ I. 14.9.1940 Brunhilde (Bruna) geb. Meister (Vater: Hermann Julius Alexander M.); II. 1.4.1971 Dr.jur. Anna-Elisabeth geb. Wolff, Diplomatin (Vater: Josef W., Oberregierungsrat)

Kinder aus I. Ehe: Heide (19.5.1941), Gabriele (28.11.1944), Renate (2.2.1951); aus II. Ehe: Ebba Sabine Elisabeth (2.12.1971)

Marienstifts-Gymnasium in Stettin – Frühjahr 1927 Abitur; 1927 bis 1930 Studien an der TH Dresden: Bauwesen, 1930 bis 1935 Studium in Berlin und Greifswald: Jura – 2.3.1935 Referendarexamen; seit 25.4.1935 im Justizdienst – 21.12.1938 Assessorexamen; 15.2. bis 1.12.1939 Tätigkeit beim Dt. Kommissariat für die Internationale Wasserbauausstellung in Lüttich.- 1933 bis 1938 SA, 1.5.1937 NSDAP.

19.12.1939	AA, Dienstvertrag als Wissenschaftlicher Hilfsarbeiter, DA 18.12., Rechtsabt., Ref. IV C/Kriegsgefangenenfragen
22. 6.1942	Militärdienst
22. 7.1942	DA AA, Rechtsabt., Ref. IV C/Kriegsgefangenenfragen (seit 1943 Ref. XIV/Dt. und feindliche Kriegsgefangenen, gemeinsame Fragen der Kriegsgefangenen und Zivilinternierten), seit Dez. 1943 Vertreter des AA im Kriegsgefangenenlager in Torgau
12. 9.1944	Militärdienst

Juli 1945 bis Okt. 1950 Tätigkeit in der Hauptverwaltung der Gewerkschaft Diergardt-Mevissen III in Rheinhausen; seit 31.10.1950 Persönlicher Referent des Bundesministers des Innern, 17.4.1951 Oberregierungsrat.

14. 6.1952	Einberufung in den Auswärtigen Dienst, AA, Hilfsreferent, DA 19.6., Abt. I (Personal und Verwaltung), Ref. A (seit 15.4.1953 Ref. 101)/Personalien der Angehörigen des höheren Dienstes
14. 8.1952	Legationsrat I.Kl.
9.1953	Leitung des Ref. 100/Allgemeine Personalangelegenheiten
22. 1.1954	B Belgrad, Gesandtschaftsrat I.Kl., DA 15.3., bis 29.2.1956
9. 3.1956	AA, Legationsrat I.Kl., DA 5.3., Abt. 3 (Länder), Leitung des Ref. 314/Südosteuropa, dann des Ref. 313/Sowjetunion
13. 4.1957	Vortragender Legationsrat
4.1958	Abt. 6 (Kultur), Ref. 600/Grundsatzangelegenheiten
12. 6.1959	Leitung des Ref. 66/Zentrale Austauschstelle Bonn (Durchführung dt.-sowjet. kultureller Austauschvorhaben)
28.10.1960	B Moskau, Wahrnehmung der Aufgaben eines Gesandten, DA 8.11., bis 8.10.1963
8. 6.1962	Gesandter
6. 7.1963	Botschafter in Karachi (seit 14.1.1966 in Rawalpindi), Übernahme der Geschäfte 13.11., Übergabe des Beglaubigungsschreibens 26.11., 30.6. bis 19.12.1969 und seit 13.1.1970 Urlaub bzw. Krankenurlaub
10. 6.1970	AA, DA 14.7., Politische Abt., Ref. I A 5/Vereinigtes Königreich, Irland, Nordische Staaten, Österreich, Schweiz, Liechtenstein
10. 8.1970	Botschafter in Kopenhagen, Übernahme der Geschäfte 11.9., Übergabe des Beglaubigungsschreibens 25.9.
4. 4.1973	Versetzung in den Ruhestand zum 30.6.

Scholz, Curt

* 10.10.1868 Görlitz
† 1. 9.1906 Shanghai

ev.

Eltern: Heinrich S., Direktor einer Weberei; Pauline geb. Weise

ledig

Gymnasium in Görlitz – 16.3.1886 Abitur; 1886 bis 1890 Studium in Berlin und am Seminar für orientalische Sprachen in Berlin: Philosophie, Geschichte, Jura, Arabisch, Neugriechisch – 15.8.1889 Diplomprüfung in der arab. Sprache, 10.6.1890 Dr.jur., 20.6.1890 Referendarexamen; seit 1.8.1890 im preuß. Justizdienst – 30.9.1895 Assessorexamen; 1.10.1890 bis 30.9.1891 Einjährig Freiwilliger, 17.10.1893 Sekonde-Lieutenant d.R., 22.3.1903 Oberleutnant d.R.

10. 2.1897	Einberufung in den Auswärtigen Dienst (konsularische Laufbahn), AA, DA 2.3., Abt. III (Recht)
2. 5.1898	GK New York, DA 15.6., bis 27.3.1900
2. 7.1899	Charakter als Vizekonsul
16. 6.1900	AA, Hilfsarbeiter, DA 16.6., Abt. III (Recht)
19. 2.1901	Ständiger Hilfsarbeiter
20.12.1901	Charakter als Legationsrat
28. 5.1904	Konsul in Hankau, Übernahme der Geschäfte 29.9., bis 10.10.1905
27. 8.1905	kommissarische Leitung des GK Shanghai, Übernahme der Geschäfte 19.10.

Scholz, Herbert

* 29. 1.1906 Karlsruhe

ev.

Eltern: Wilhelm S.; Elisabeth geb. Straube

∞ I. 22.9.1934 Liselotte geb. von Schnitzler (Vater: Paul v.S., Gutsbesitzer, preuß. Landgerichtsrat); II. Vlasta gesch. Kefer geb. Gräfin Lubienski (Vater: Stanislaus Graf L., Präsident der Slawischen Bank in Zagreb)

Kinder aus I. Ehe: Wilhelm (7.8.1935), Manfred (9.8.1937); aus I. Ehe der II. Frau: Marie Rose (15.8.1941); aus II. Ehe: Ingrid (20.2.1952), Peter (8.3.1953)

12.4.1926 bis 9.4.1927 Volontär bei einem Münchener Bankhaus; Studium in Leipzig: Soziologie, Volkswirtschaft, Philosophie – 20.6.1932 Dr.phil.; 1932/33 Tätigkeit bei der Obersten SA-Führung, 1.4.1933 bis 31.3.1934 im Verbindungsstab der NSDAP, dann in der Reichsgeschäftsstelle der NSDAP, zuletzt im Ministeramt der SA.- 1931 NSDAP, SA, SS (Standartenführer).

16. 7.1934	DA AA, Angestellter, Abt. II (West-, Süd- und Südosteuropa)
17.10.1934	Abt. III (Britisches Reich, Amerika, Orient)
23.11.1934	Gesandtschaftsrat II.Kl.
30.11.1934	B Washington, DA 17.12., bis 10.12.1938, 5.4. bis 5.5.1938 kommissarische Leitung des K New Orleans
15. 8.1938	Konsularische Prüfung
18.10.1938	Konsul in Boston, Übernahme der Geschäfte 12.12., bis Juni 1941 (Schließung der dt. Konsularbehörden in den USA), Abreise 16.7.
28. 7.1941	DA AA
13.11.1941	G Budapest, Gesandtschaftsrat, DA 4.12., bis 22.11.1943
16.11.1943	beim Bevollmächtigten des Großdeutschen Reichs bei der italienischen faschistischen Nationalregierung, DA 26.11., Beschäftigung als Stellvertreter des Generalkonsuls in Mailand, bis 14.9.1944
27. 6.1944	Konsul I.Kl.
15. 9.1944	Leitung des K Turin, Übernahme der Geschäfte 15.9.

Nach dem Krieg Wohnsitz in Cochabamba/Bolivien, dann in Feldafing/München.

Literatur:

Herbert Scholz: Sachverhalt-Urteil-Beurteilung in der Külpeschen Logik. Darstellung und Kritik. Weißwasser 1932.

Scholz, Oskar

* 31.12.1874 Berlin
† 26. 8.1930 Berlin

ev.

Eltern: Julius S., Besitzer einer Metallwarenfabrik; Luise geb. Hartmann

ledig

Luisenstädtische Oberrealschule und Köllnisches Gymnasium in Berlin – Ostern 1894 Abitur; 1894 bis 1897 Studium in Tübingen und Berlin: Jura – 5.6.1898 Referendarexamen; seit 4.7.1898 im preuß. Justizdienst – 18.4.1904 Assessorexamen; 1.10.1898 bis 30.9.1899 Einjährig Freiwilliger, 22.3.1902 Leutnant d.R., 19.7.1910 Oberleutnant d.R., 27.1.1915 Hauptmann d.R.

24. 5.1905	Einberufung in den Auswärtigen Dienst (konsularische Laufbahn), AA, DA 8.6., Abt. III (Recht)
9.12.1905	Abt. IB (Personal und Verwaltung)
30.10.1906	Abt. II (Handelspolitik)
12. 1.1907	Abt. III (Recht)
18. 3.1907	GK Petersburg, DA 23.3., bis 9.10.1908
16. 4.1907	Charakter als Vizekonsul
6.10.1908	kommissarische Leitung des K Riga, Übernahme der Geschäfte 10.10., bis 26.5.1909
21. 5.1909	AA, kommissarische Beschäftigung, DA 8.6., Abt. III (Recht)
30. 7.1909	GK Yokohama, DA 22.11., seit 18.12.1912 Urlaub
9. 3.1911	Vizekonsul
12. 3.1913	Konsul in Nanking, Übernahme der Geschäfte 10.9., 13.5. bis 15.10.1916 Krankenurlaub, bis 11.12.1916, 9.4.1917 Abreise
16. 7.1917	Militärdienst, bis 23.3.1918
30. 7.1917	Versetzung in den einstweiligen Ruhestand
15. 4.1918	Leitung der Passstelle Malmö, Konsul z.D., Übernahme der Geschäfte 24.4., bis 18.12., dann Urlaub
5. 3.1919	AA, DA März, Abt. IV (Nachrichten)
18.11.1919	Außenhandelsstelle (seit 31.7.1920 Abt X/Außenhandel), Ref. L.11/Indischer Ozean, Afrika und Vorderasien, seit 30.4.1921 ohne Verwendung
3. 2.1925	Amtsbez. Generalkonsul

Literatur:

Oskar Scholz, Karsten Vogt: Handbuch für den Verkehr mit Japan. Berlin 1913 (2. Aufl. 1928); Oskar Scholz, Werner Vogel: China. Berlin 1928 (Handbücher des Weltverkehrs, Bd. 2).

Schomberg, Alfons

* 5.11.1912 Lünen/Westfalen
† 18. 2.1942 Ostfont (gefallen)

∞ Hedwig geb. Knaup

Kind: Elke (14.4.1939)

Studium in Königsberg i.Pr.: Jura, Staatswissenschaften – 22.6.1938 Dr.jur.; 1.8. bis 31.8.1940 Tätigkeit beim Oberpräsidium Brandenburg, Bezirkswirtschaftsamt.

30. 8.1940	AA, Dienstvertrag als Wissenschaftlicher Hilfsarbeiter, DA 2.9., Politische Abt., Ref. I Luft/Luftfahrtangelegenheiten, dann in Ref. I M/Militaria
20.11.1941	Militärdienst

Literatur:

Alfons Schomberg: Die Berufsausbildung des Handwerks in Ostpreußen. Zeulenroda 1938.

Schomburg, Hjalmar

* 13. 8.1895 Berlin

ev.-luth.

Eltern: Rudolf S., Eigentümer der Berliner Porzellan-Manufaktur Conrad H. Schomburg & Co. in Teltow; Nora geb. Paulcén; Stiefvater: Max Pfannenstiel, Oberstleutnant a.D.

ledig

Kind: Lieselotte (17.4.1926)

Luisen-Gymnasium in Berlin und Klosterschule in Ilfeld – 10.6.1915 Abitur; 1.7.1915 bis Nov. 1918 Militärdienst: 24.7.1917 Leutnant d.R.; 1919 bis 1925 Studium an der TH Berlin – 2.2.1925 Diplomprüfung zum Verwaltungs-Ingenieur; 1.4.1925 bis 31.3.1930 kaufmännischer Angestellter in der Porzellanfabrik des Vaters, währenddessen von Sept. 1926 bis Okt. 1928 Studienreise in die USA, seit April 1930 Sprachstudien, 23.10.1933 bis 29.2.1936 kaufmännischer Angestellter bei der Allgemeinen Ortskrankenkasse Berlin, 1.4.1936 bis 31.5.1937 bei der Henschel-Flugzeugwerke AG in Schönefeld, dann Sprachstudien, 10.7.1939 bis 30.6.1941 Lektor für Französisch im Reichsministerium für Volksaufklärung und Propaganda.- 1.9.1930 NSDAP.

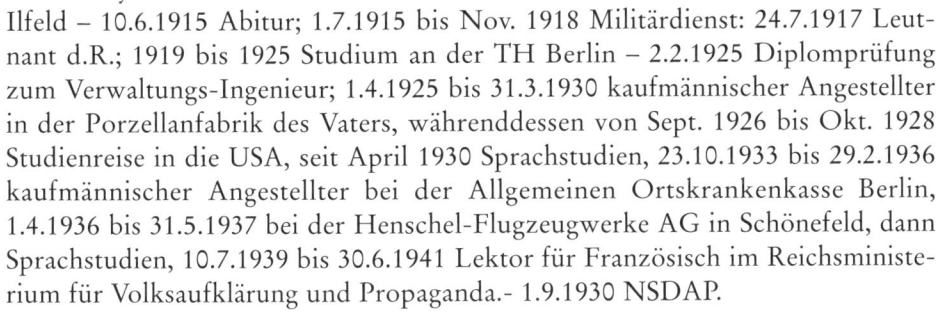

15. 8.1941	DA AA, Wissenschaftlicher Hilfsarbeiter, Personal- und Verwaltungsabt., Ref. L/Sprachendienst, seit 20.11.1942 Krankenurlaub
7. 9.1942	Beendigung des Dienstverhältnisses zum 31.12.

Schoof, Josef

* 12.10.1896 Mülheim/Ruhr

kath.

Eltern: Johann S., Werksingenieur; Wilhelmine geb. Ocklenburg

∞ 10.5.1921 Maria Elisabeth geb. Atzert (Friedrich A., Architekt, Bauunternehmer)

Höhere Privatschule in Mülheim/Ruhr – 1912 Mittelschul-Reife; dann kaufmännische Lehre; 1915 bis Ende 1918 Militärdienst, bis Mitte 1919 Lazarettaufenthalt; März 1920 bis 30.8.1923 bei der Transportgesellschaft Schenker & Co. in Duisburg, seit 1.10.1923 Angestellter bei Banken und Versicherungen in Buenos Aires, seit Juni 1932 zugleich beim deutschsprachigen Rundfunk, Ende Mai 1939 Rückkehr nach Deutschland.

8.1939	AA, Wissenschaftlicher Hilfsarbeiter, DA 16.8., Kulturpolitische Abt., Ref. R/Rundfunkangelegenheiten
1940	B Madrid, Rundfunkattaché, DA Juli

Nach Kriegsende Wohnsitz in Oviedo/Asturien, seit Ende 1949 freier Mitarbeiter des Radio Nacional de España in Madrid, 1951 bis 1956 Importhändler, dann Rückkehr nach Deutschland, freiberuflicher Industriedolmetscher und Übersetzer in Düsseldorf; seit 21.10.1957 im Presse- und Informationsamt der Bundesregierung, span. Redaktion des Bulletins.

23.11.1959	Einberufung in den Auswärtigen Dienst, B Madrid, Angestellter, DA in Bonn 23.11., DA in Madrid 7.12., Sachbearbeiter im Presseref., Lektor, bis 28.9.1961
31.10.1961	Beendigung des Dienstverhältnisses

Wohnsitz in Bonn-Bad Godesberg.

Schorning, Arno

* 1. 5.1892 Tilsit
† 1971 Bonn-Bad Godesberg

ev., gottgläubig

Eltern: August S., Klempnermeister, Fabrikbesitzer; Emma geb. Krueger

∞ 22.7.1920 Charlotte geb. Durst (Vater: Otto D., Schriftsetzer)

Kind: Kurt (21.7.1924)

König Wilhelm-Gymnasium und Stadtgymnasium in Stettin; 1909 künstlerische Ausbildung in Stettiner Künstlerateliers, 1910 bis 1914 Studium an der Unterrichtsanstalt des Kunstgewerbemuseums Berlin: Malerei, Plastik – Aufnahmeprüfung und Fachklassenprüfung für das Meisteratelier Emil Doepler; 1914 bis 1918 Militärdienst; 1919 bis 1922 Studienreisen; 1922 bis 1927 Leiter eines Berliner Schulateliers, 1927 bis 1939 des eigenen Unterrichtsateliers, seit 1935 staatliche Aufträge zur künstlerischen Gestaltung öffentlicher Gebäude.- 1.3.1933 NSDAP.

15.11.1939	AA, Bürohilfsarbeiter, Protokoll
1940	Personal- und Verwaltungsabt., beim Ministerialbürodirektor, Zentralkanzlei, Beauftragung mit dem Ausbau des Fotokopierdienstes
1. 4.1944	Leitung des Fotokopierdienstes

Später Wohnsitz in Bonn, Tätigkeit im Bundesministerium für den Marshallplan, dann als Kunstmaler.

Schott, Wilhelm

* 23. 8.1911 Osthofen/Rheinhessen
† 17. 2.1964 Bonn

ev.

Eltern: Wilhelm S., Notar; Emma geb. Schnell

∞ 3.10.1946 Ingeborg Andrea geb. Reich

Kinder: Gerd-Lutz (21.6.1945), Fritz-Wilhelm (13.8.1949), Corinna (15.7.1954), Annette (24.6.1957), Gabriele (20.6.1958)

Gymnasium in Worms – 22.2.1929 Abitur; 1929 bis 1932 Studium in München und Gießen: Jura – 29.11.1932 1. juristisches Examen; seit 1.1.1933 im hess. Justizdienst – 18.3.1936 2. juristisches Examen; ein Jahr Sprachstudien in Genf und London.- 29.4.1933 NSDAP, 1.11.1933 SA.

25. 3.1937	Einberufung in den Auswärtigen Dienst, AA, Attaché, DA 5.4., Handelspolitische Abt., Ref. II/West- und Südosteuropa außer Großbritannien und Italien
30. 4.1938	GK Zürich, DA 1.6., bis 13.11.1941
8. 5.1941	Legationssekretär
19. 5.1941	Amtsbez. Vizekonsul
10.11.1941	AA, DA 17.11., Abt. D (Deutschland), Ref. Org./Organisationsfragen des Auswärtigen Dienstes, zusammenfassende Bearbeitung aller Angelegenheiten der Auslandspropaganda („Sonderref. Krümmer")
8. 4.1942	Militärdienst, Dolmetscher an der Ostfront, dann Lehrer für die russ. Sprache an der Reichsdolmetscherschule der Luftwaffe in Olmütz

8.5.1945 bis 12.1.1946 in brit. Kriegsgefangenschaft; Tätigkeit als Übersetzer in Pfeddersheim/Worms, zugleich Justitiar der Braun AG, seit Juli 1949 Rechtsanwalt.

18. 9.1954	Einberufung in den Auswärtigen Dienst, AA, Angestellter, Legationssekretär z.Wv., DA 15.11., Abt. 5 (Recht), Ref. 504/Internationales Privatrecht und Zivilrecht
29.12.1954	Leitung des K Guayaquil (Wiedereinrichtung), DA an der B Quito 24.3.1955, Übernahme der Geschäfte in Guayaquil 4.4., seit 18.12.1959 Urlaub
4.12.1958	Konsul
29. 9.1959	AA, Legationsrat, DA 28.5., Abt. 1 (Personal und Verwaltung), Ref. 120/Sicherheit
11. 9.1961	Abt. 3 (West II), Ref. 301/NATO und Verteidigung
15. 1.1962	Abt. 1 (Personal und Verwaltung), Ref. 120/Sicherheit (seit 15.1.1963 Ref. ZB 9)

Schottmüller, Alfred

* 7. 4.1873 Bartenstein/Ostpreußen
† 9. 7.1915 Freiburg i.Br.

ev.

Eltern: Alfred S., Direktor des Humboldt-Gymnasiums in Berlin; Clara geb. Techow

ledig

Humboldt-Gymnasium und Lessing-Gymnasium in Berlin – 19.9.1893 Abitur; 1.10.1893 bis 29.9.1894 Einjährig Freiwilliger, 25.11.1898 Leutnant d.R.; 1893 bis 1895 Studium in Berlin: Geschichte, Volkswirtschaft, Jura – 8.7.1898 Referendarexamen; seit 29.7.1898 im preuß. Justizdienst – 25.2.1903 Assessorexamen.

3. 5.1903	Einberufung in den Auswärtigen Dienst (konsularische Laufbahn), AA, DA 13.5., Abt. II (Handelspolitik)
25. 4.1904	Abt. III (Recht)
23. 2.1905	GK Buenos Aires, DA 29.7., bis 18.4.1907, 5.9.1906 bis 12.4.1907 kommissarische Leitung
10. 7.1905	Charakter als Vizekonsul
12. 4.1907	kommissarische Leitung des K Asunción, zugleich Geschäftsträger für Paraguay, Übernahme der Geschäfte 26.4., bis 23.5.1908, Abreise 28.5.
14. 4.1908	kommissarische Leitung des K Porto Alegre, Übernahme der Geschäfte 18.6., seit 4.2.1909 Urlaub
3. 7.1909	K Chicago, DA 17.9., seit 3.11. Krankenurlaub
13. 4.1911	Versetzung in den Ruhestand zum 1.8.

Seit 4.6.1910 in der Psychiatrischen und Nervenklinik der Universität Freiburg i.Br.

Schrameier, Wilhelm

* 2.10.1859 Essen
† 5. 1.1926 Canton

ev.

Eltern: Heinrich S., Geodät, Katasterbeamter; Maria geb. Kracht

∞ 20.5.1896 Klara geb. Kirchner (Vater: Alfred K., Kaufmann)

Kinder: Alfred (1897), Rolf (1901), Adalberta (1904)

Gymnasium in Duisburg – Ostern 1878 Abitur; 1878 bis 1884 Studium in Bonn, Leipzig und Berlin: Philosophie, Klassische Philologie, orientalische Sprachen, Ev. Theologie, Jura – 21.3.1881 Dr.phil., April 1882 1. theol. Examen, Mai 1884 2. theol. Examen; seit Juni 1882 Hauslehrer und Hilfsprediger, 1884/85 in Großbritannien, zuletzt in Belfast.

12. 8.1885	Einberufung in den Auswärtigen Dienst (Dolmetscherdienst), G Peking, Dolmetscher-Eleve, DA 21.11., bis 30.5.1887
2. 6.1887	DA K Tientsin, kommissarische Beschäftigung, bis 20.9.1888
5.10.1888	DA K Canton, bis 3.6.1895, 5.11.1888 bis 1.11.1889 kommissarische Leitung des VK Hongkong, 6.11.1891 bis 6.11.1892 kommissarische Leitung des VK Tschifu, Nov. 1892 bis 2.8.1893 Urlaub, mehrmalige kommissarische Leitung des K Canton, zuletzt seit 18.11.1893
23.12.1889	Dolmetscher
11. 2.1895	GK Shanghai, DA 9.5., bis 8.2.1898

Dann kommissarische Beschäftigung beim Marinebefehlshaber in Tsingtau, später stellvertretender Zivilkommissar beim Gouvernement des Schutzgebiets Kiautschou, 22.4.1900 Kommissar für chin. Angelegenheiten in Kiautschou, 24.12.1901 Charakter als Admiralitätsrat, 14.10.1905 Charakter als Wirklicher Admiralitätsrat, Jan. 1909 Rückkehr nach Deutschland, Tätigkeit im Reichsmarineamt, 11.12.1909 Entlassung aus dem Reichsdienst; dann Mitglied des Vorstands des Bundes Deutscher Bodenreformer, seit 1920 dessen Geschäftsführer; seit 1924 in Canton, zeitweise Berater des Präsidenten der chin. Nationalregierung, Sun Yat-sen, dann des Oberbürgermeisters von Canton.

Literatur:

Wilhelm Matzat: Die Tsingtauer Landordnung des Chinesenkommissars Wilhelm Schrameier. Für das Internet überarbeitete Fassung Dezember 2008: http://www.tsingtau.org/die-tsingtauer-landordnung-des-chinesenkommissars-wilhelm-schrameier/ (24.11.2011; darin Schriftenverzeichnis).

Schrem, Hans

* 2. 8.1911 Eberswalde
† 1.10.1961 Lübeck

ev.

∞ I. 18.1.1936 Margarete geb. Matthäus; II. Hildegard

Kinder: Peter (10.7.1938), Eberhard (12.8.1941)

1931 Abitur; Studien: Volkswirtschaft; dann Redakteur.

4. 2.1940	DA AA, Wissenschaftlicher Hilfsarbeiter, Nachrichten- und Presseabt., Ref. XII/Nachrichtendienst
12. 4.1940	Dienstvertrag
28. 6.1941	G Stockholm, Gehilfe des Pressereferenten, DA 4.7., bis 15.6.1942
18. 6.1942	Militärdienst, Kriegsberichterstatter

Seit 1948 Chefredakteur der „Lübecker Nachrichten".

Schrock, Erich

* 20. 8.1913 Berlin

gottgläubig

Eltern: Richard S., Kaufmann; Elisabeth

∞ 4.10.1939 Gerdy geb. Seithen

Kind: Violetta (26.10.1944)

Prinz Heinrichs-Gymnasium und Sophiengymnasium in Berlin; 1933 Abitur; 1933 bis 1939 Studium in Berlin und Seminar für orientalische Sprachen (dann Auslandshochschule) in Berlin: Jura, Chinesisch, Japanisch, Thailändisch – 1937 Referendarexamen, Diplome in der chin., japan. und thailändischen Sprache, 1944 Assessorexamen; seit Aug. 1936 Tätigkeit im APA der NSDAP, Abt. Ferner Osten, Referent für China, seit Sept. 1938 Leitung der Abt. Ferner Osten; 28.8. bis 14.12.1939 und seit 1.7.1940 Militärdienst.- 1.9.1931 NSDAP, SA.

21.11.1944   AA, kommissarische Beschäftigung, DA 1.12., Politische Abt., Ref. VIII/Ostasien

Literatur:

Pu Sung-ling: Gaukler, Füchse und Dämonen. Aus dem Chinesischen übertragen v. Erich Peter Schrock u. Liu Guan-Ying. Basel 1955 (auch Darmstadt 1955).

Schroeder, Hans

* 22.10.1899 Brüel/Mecklenburg
† 8. 1.1965 Konstanz

ev.

Eltern: Wilhelm S., Ministerialamtmann; Helene geb. Waage

∞ 22. 4.1927 Liselotte geb. Lange

Kind: Hans-Detlef (29.10.1928)

1917 Prima-Reife; 17.6.1917 bis 14.11.1918 Militärdienst, 20.2. bis 30.4.1919 Freiwilliger beim Grenzschutz, Mitglied der Organisation Escherich; seit 1.10.1920 Verwaltungsanwärter bei der Landdrostei in Schwerin – 9.5.1923 Oberverwaltungssekretärsprüfung, dann Verwaltungspraktikant in der meckl.-schwer. Domänenverwaltung.- 1922/23 DVFP, 1.12.1923 Stahlhelm, 1.3.1933 NSDAP (Nov. 1933 bis April 1934 Geschäftsführer der AO der NSDAP in Kairo, seit Mai 1934 Landesgruppenleiter, 1.2.1936 Gauamtsleiter z.b.V.), 9.11.1937 SA (9.11.1939 Obersturmbannführer, 9.11.1940 Standartenführer, 9.11.1942 Oberführer).

14. 4.1925	Einberufung in den Auswärtigen Dienst (Bürodienst), AA, DA 28.4., Abt. I (Personal und Verwaltung), Kalkulatur
20.10.1925	G Budapest, Konsulatsdiätar, DA 5.11., bis 29.11.1928
8.10.1926	Konsulatssekretär
16.10.1928	G Kairo, DA 5.12., bis 16.5.1936
11. 9.1935	Diplomatisch-konsularische Prüfung
17. 1.1936	Legationssekretär
9. 4.1936	AA, DA 23.5., Personal- und Verwaltungsabt., Ref. M/Personalien der mittleren und Unterbeamten und der Angestellten, Organisation und Vereinfachung des Geschäftsgangs, seit Dez. 1936 Leitung des Ref., seit April 1939 zugleich Leitung des Ref. H/Aufbau des Auswärtigen Dienstes im Ausland, Personalien der höheren Beamten
26. 1.1937	Legationsrat
21. 1.1938	Legationsrat I.Kl.
3. 8.1938	Vortragender Legationsrat
20. 4.1939	Gesandter I.Kl. als Ministerialdirigent, stellvertretende Leitung der Personal- und Verwaltungsabt.
28. 2.1941	Ministerialdirektor, Leitung der Personal- und Verwaltungsabt.

Später Tätigkeit in der Wirtschaft; seit 1.8.1956 beim Bundesnachrichtendienst, verschiedene Verwendungen, u.a. Behördenverbindungswesen, 31.10.1964 Versetzung in den Ruhestand.

Nachlass im Politischen Archiv des Auswärtigen Amts (private Gedenkschrift).

Schroeder, Hanns Christian

* 14. 3.1921 Königsberg i.Pr.
† 9. 9.2011 Kronberg

ev.

Vater: Regierungsrat

⚭ 1946 Marie Anne geb. Pardey (seit 1939 Sekretärin an der B Paris; Vater: Georg P., Kaufmann)

Kinder: Christine (1947), Sigrid (1952)

Humanistisches Gymnasium in Stolp – 1939 Abitur; Militärdienst: Oberleutnant; 1941 bis 1944 Studium in Berlin, Freiburg i.Br. und Göttingen: Jura; seit 15.5.1944 Abteilungsleiter bei der Reichsjugendführung.- 1.12.1943 NSDAP.

9.1944	AA, Wissenschaftlicher Hilfsarbeiter, Evakuierung und Betreuung franz. Flüchtlinge zunächst in der Verbindungstelle des AA in Neustadt/Weinstraße, dann in der Ausweichstelle der B Paris in Sigmaringen, bis 18.9.
20. 9.1944	DA als Vertreter des AA beim Reichsverteidigungskommissar bei der Gauleitung Süd-Hannover-Braunschweig in Hannover (weiterhin Betreuung franz. Flüchtlinge)

Fortsetzung des Studiums – Referendarexamen, 10.9.1949 Dr.jur., Assessorexamen; 1951 bis 1953 Rechtsanwalt in Wiesbaden, 1953 bis 1957 Regierungsrat im Bundesministerium der Finanzen; dann Tätigkeit bei der Frankfurter Bank, 1963 Mitglied des Vorstands, seit 1970 persönlich haftender Gesellschafter der Berliner Handels- und Frankfurter Bank (BHF-Bank), 1984 bis 1992 Vorsitzender des Aufsichtsrats; April 1983 bis März 1987 Präsident des Bundesverbands deutscher Banken.

Literatur:

Hanns Christian Schroeder-Hohenwarth: Täterschaft und Teilnahme bei der Abtreibung (§ 218) und beim strafbaren Besitz von Diebeswerkzeugen (§ 245a StGB) unter besonderer Berücksichtigung ihres Verhältnisses zur Lehre von der notwendigen Teilnahme. Diss. Göttingen 1949; ders.: Unternehmensführung im Bankbetrieb. Frankfurt/Main 1969; ders.: Banken im Wandel. Köln 1987; 175 Jahre Senckenbergische Naturforschende Gesellschaft. Hrsg. von der Senckenbergischen Naturforschenden Gesellschaft durch Hanns C. Schroeder-Hohenwarth. Frankfurt/Main 1992.

Schröder, Jürgen

* 12. 4.1915 Aastrup/Dänemark

dän. Staatsangehöriger

ev.

∞ 29.5.1943 Erna geb. Lampe (Vater: Wilhelm L., Pfarrer)

Kind: Peter (6.12.1943)

1934 Abitur; Studium in Kopenhagen: Philosophie; Journalist.

1.11.1941	DA G Kopenhagen, Wissenschaftlicher Hilfsarbeiter, Presseattaché
24.11.1941	Dienstvertrag

Schröder, Manfred Freiherr von

* 11. 6.1914 Hamburg
† 1. 6.1996 Rostock-Warnemünde

ev.-luth.

Eltern: Rudolph Freiherr v.S. jun., Bankier; Julinka geb. Stein

∞ I. 19.9.1939 Eleonore geb. Gräfin von Pückler Freiin von Groditz (Vater: Carl-Friedrich v.P.-Burghauß Freiherr v.G., Offizier, SA-Brigadeführer, Stadtkommandant von Prag); II. 1.9.1948 Benita geb. von Samson-Himmelstjerna (Vater: Alfred v.S.-H.)

Kinder aus I. Ehe: Caroline (26.9.1940), Rüdiger (10.3.1943); aus II. Ehe: Beatrice (11.6.1949), Monika (8.5.1951), Benedikt (18.5.1956)

Wilhelm-Gymnasium in Hamburg – Febr. 1933 Abitur; 1933 bis 1937 Studium in Genf, Hamburg und München: Jura – 16.12.1937 Referendarexamen.- 1.11.1933 NSDAP, SS (20.4.1939 Unterturmführer).

13. 6.1938	Einberufung in den Auswärtigen Dienst, AA, DA 14.7., Politische Abt., Ref. IV/Südosteuropa, seit 29.11. Büro RAM
31. 8.1938	Attaché
12. 7.1939	G Athen (seit 1.5.1941 Dienststelle des Bevollmächtigten des Reichs für Griechenland), DA 11.8., bis 14.4.1942
5.1942	Militärdienst (21.10.1943 Oberleutnant d.R.)
15. 5.1942	Vizekonsul
19. 6.1944	DA AA, Amtsbez. Legationssekretär, Politische Abt., Ref. IVa/Italien

Später persönlich haftender Gesellschafter des Bankhauses Schröder Gebrüder & Co., seit 1969 des Bankhauses Schröder, Münchmeyer, Hengst & Co.

Schroeder, Paul

* 1. 2.1844 Elsterwerda
† 13.10.1915 Jena

ev.

Eltern: Carl S., Oberlandesgerichtsassessor, Gerichtskommissar; Caroline geb. Schönerstedt

∞ 16.12.1890 Lucie geb. Zollinger (Vater: Johann Jacob Z., Wahlkonsul in Aleppo)

Kinder: Agnes (22.9.1891), Lucie (16.6.1894), Karl (14.5.1896), Otto (25.8.1899), Hedwig (27.7.1907), 1 weiteres Kind

Lateinische Hauptschule in Halle/Saale – 1862 Abitur; 1862 bis 1867 Studium in Berlin und Halle/Saale: Sprachwissenschaft, orientalische Philologie, Geschichte, Jura – 23.3.1867 Dr.phil.

9. 2.1869	Einberufung in den Auswärtigen Dienst des Norddeutschen Bundes (Dragomanatsdienst), G Konstantinopel, Dragomanats-Aspirant, Jan. bis März 1870 wissenschaftliche Reise nach Zypern, Syrien und Palästina, 26.7. bis Aug. 1870 kommissarische Leitung des K Smyrna	
27.11.1871	Titel 3. Dragoman	
24.12.1872	K Konstantinopel, Dragoman, DA 1.1.1873, Jan./Febr. 1873 wissenschaftliche Reise nach Zypern und Ägypten, seit Mai 1874 zugleich Wahrnehmung der Geschäfte des 2. Dragomans an der G (seit 7.7.1874 B) Konstantinopel	
7. 4.1875	DA B Konstantinopel, bis 15.6.1882	
21. 3.1876	2. Dolmetscher	
10.11.1881	Konsularische Prüfung	
4. 5.1882	Konsul in Beirut, Übernahme der Geschäfte 21.6., bis 15.6.1885	
20. 6.1885	B Konstantinopel, 1. Dragoman, DA 22.6., bis 15.3.1888	
1. 2.1888	Konsul in Beirut, Charakter als Generalkonsul, Übernahme der Geschäfte 21.3., bis 31.5.1909	
26. 2.1909	Versetzung in den Ruhestand	

Literatur:

Paul Schroeder: De lingvae Phoeniciae proprietatibvs particvla prima. Halle 1867; ders.: Die phönizische Sprache. Entwurf einer Grammatik nebst Sprach- und Schriftproben. Mit einem Anhang, enthaltend eine Erklärung der punischen Stellen im Pönulus des Plautus. Halle 1869.

Nachlass in der Thüringer Universitäts- und Landesbibliothek Jena.

Schroeder, Walther

* 8. 6.1890 Berlin
† 17. 8.1977 Berlin

ev.

Eltern: August S., Lehrer, Konrektor; Rosa geb. Barschall

⚭ 28.12.1916 Hertha geb. Vollberg (Vater: Max Ferdinand Wilhelm V., Kaufmann)

Kinder: Ulrich (13.3.1918), Gisela (28.9.1925), Otto (5.4.1934)

Gymnasium zum Grauen Kloster in Berlin – 1.4.1909 Abitur; 1909 bis 1912 Studium in Berlin und am Seminar für orientalische Sprachen in Berlin: Jura, Arabisch – 19.7.1911 Diplom in der arab.-marok. Sprache, 21.9.1912 Referendarexamen, 13.12.1912 Prüfung in der türk. Sprache, 15.3.1917 Dr.jur.

22.12.1912	Einberufung in den Auswärtigen Dienst (Dragomanatsdienst), G Tanger, Dragomanats-Aspirant, DA 15.1.1913, bis Jan. 1914
28. 1.1914	DA K Marrakesch, bis 3.8.1914 (Kriegszustand), dann in franz. Gefangenschaft im Lager der Fremdenlegion in Tlemcen/Algerien
13. 2.1915	DA AA, kommissarische Beschäftigung, Abt. IA (Politik)
10.11.1915	B Konstantinopel, DA 8.5.1916
18. 7.1916	DA AA, Hilfsarbeiter, Nachrichtenstelle für den Orient
22.10.1920	Konsularische Prüfung, Amtsbez. Vizekonsul
27.10.1920	Abt. I (Personal und Verwaltung), Ref. 7 (IG)/Innere Organisation und Geschäftsgang
15.12.1920	Abt. P (Presse)
19.12.1922	GK Tiflis, DA 13.2.1923, bis 16.6.1926
4. 2.1923	Vizekonsul
10. 9.1926	GK Posen, DA 27.9., bis 25.7.1932
22. 3.1928	Amtsbez. Konsul
3. 6.1932	Konsul in Täbris, Übernahme der Geschäfte 25.9., bis 31.3.1934
27.11.1933	Versetzung in den Ruhestand
1. 2.1940	DA AA, kommissarische Beschäftigung, Personal- und Verwaltungsabt., Ref. L/Sprachendienst, bis 30.4.1942

1.5. bis 8.12.1942 beim Reichsministerium für die besetzten Ostgebiete, Mitarbeiter bei einer Kriegsgefangenen-Musterungs-Kommission

1.12.1942	DA AA, kommissarische Beschäftigung, Arab. Nachrichtenbüro, bis 31.3.1943

Dann Tätigkeit als Übersetzer und Sprachlehrer; 1946 zeitweise Oberschullehrer in Berlin-Lichtenrade, dann Lehrer am Institut für das Dolmetscher- und Übersetzerwesen im Berlin-Dahlem, seit 11.4.1949 Lehrer am British Education Centre in Berlin-Spandau.

19. 8.1952	Einberufung in den Auswärtigen Dienst, Leitung des K Palermo (Wiedereinrichtung), Angestellter, Konsul z.Wv., DA in Bonn 9.9., Übernahme der Geschäfte in Palermo 2.12., bis 30.6.1955
6.10.1952	Wiedergutmachungsbescheid gemäß Gesetz zur Regelung der Wiedergutmachung nationalsozialistischen Unrechts für Angehörige des öffentlichen Dienstes vom 11.5.1951
27.10.1952	Konsul I.Kl.

27. 6.1955	Versetzung in den Ruhestand
14. 9.1955	Dienststelle Berlin des AA, Amtsbez. Konsul I.Kl.a.D., DA 15.9., bis 17.3.1956
28. 9.1955	Dienstvertrag
19. 3.1956	Beendigung des Dienstverhältnisses

Literatur:

Walther Schroeder: Das Schutzgenossenwesen in Marokko. Oldenburg 1917.

Schroeter, Carl

* 9. 4.1900 Straßburg

ev., dann Siebenten-Tags-Adventist

Eltern: Karl August S., Kaufmann; Magdalena geb. Reichert

∞ 24.12.1927 Maria geb. Schott (Vater: Matthias S., Werkmeister)

Kind: Horst Gerhart (15.2.1937)

Privatschule, Lehrer-Seminar und Protestantisches Gymnasium in Straßburg, Lyzeum in Metz; 1914 bis 1917 kaufmännische Lehre; seit April 1917 Registrator bei der Reichsbahndirektion Straßburg; Juli 1918 bis Frühjahr 1920 Militärdienst; Tätigkeit in einem Versicherungsbüro und als Vertreter im Buchhandel, 1923 bis 1928 Missionarsausbildung in Bad Aibling und an der Missionsschule Marienhöhe in Darmstadt; dann bei der China Division of Seventh Day Adventist Mission in Shanghai, 1938 bis 19.3.1941 Hospitalinspektor beim Shanghai Sanitarium & Hospital.- 1.11.1935 NSDAP.

1. 4.1943	DA AA, Wissenschaftlicher Hilfsarbeiter, Rundfunkpolitische Abt., Ref. VIII/Ostasien

Schröter, Karl

* 7. 9.1905 Biebrich/Wiesbaden
† 22. 8.1977 Berlin (Ost)

ev.

Eltern: Heinrich S., Handwerker, Kaufmann; Katinka geb. Uhl

∞ Erna

3 Kinder

Reformrealgymnasium in Biebrich/Wiesbaden – Ostern 1924 Abitur; kaufmännische Tätigkeit; 1928 bis 1935 Studium in Göttingen, Heidelberg, Frankfurt/Main und Münster: Mathematik, Physik, Philosophie – Febr. 1936 1. Staatsexamen für das höhere Lehramt; seit 1.4.1939 wissenschaftliche Hilfskraft am Seminar für mathematische Logik der Universität Münster – 20.12.1941 Dr.rer.nat., 1943 Habilitation.

26. 5.1941	AA, Dienstvertrag als Wissenschaftlicher Hilfsarbeiter, DA 25.4., Personal- und Verwaltungsabt., Ref. Z/Chiffrier- und Nachrichtenwesen, seit 12.1.1944 in der Ausweichstelle des AA in Hermsdorf/Riesengebirge
22. 2.1944	Dozent für Mathematik an der Universität Münster, jedoch Weiterbeschäftigung im AA

Seit April 1945 in amerik. Internierung; 8.5. bis 9.6.1945 in Internierung in London, dann bis 1.10.1945 zu Befragungszwecken in Marburg; seit 1948 Professor für Mathematik an der (Humboldt-)Universität in Berlin, 1950 bis 1971 zugleich Direktor des Instituts für Mathematische Logik, seit 1964 Direktor des Instituts für reine Mathematik der Berliner Akademie der Wissenschaften.

Literatur:

NDB 23, S. 591 (darin Schriften- und Literaturverzeichnis).

Nachlass im Archiv der Berlin-Brandenburgischen Akademie der Wissenschaften, Berlin.

Schroetter, Erich

* 8. 4.1875 Osterode/Ostpreußen
† 14. 7.1946

ev.

Eltern: Adalbert S., Wirklicher Geheimer Oberjustizrat, Präsident des Landgerichts Danzig; Therese geb. Gallandi

∞ 28.3.1912 Valentine geb. Papayanni (gebürtige griech. Staatsangehörige; Vater: Bankier)

Gymnasien in Königsberg i.Pr. und Landsberg/Warthe – 1893 Abitur; 1893 bis 1896 Studium in Berlin, München und Königsberg i.Pr.: Jura – 14.9.1896 Referendarexamen; seit 1.10.1896 im preuß. Justizdienst – 10.7.1902 Assessorexamen; 1.10.1898 bis 30.9.1899 Einjährig Freiwilliger, 1911 Oberleutnant d.R.

16. 1.1903	Einberufung in den Auswärtigen Dienst (konsularische Laufbahn), AA, DA 28.1.
16.10.1903	Akademie für Sozial- und Handelswissenschaften in Frankfurt/Main, bis Juli 1904
10. 6.1904	GK Kapstadt, DA 4.9., bis 28.4.1910, 29.8.1907 bis April 1908 Urlaub, 6.4. bis 15.9.1908 kommissarische Leitung des K Durban
30. 7.1904	Charakter als Vizekonsul
14. 4.1910	kommissarische Leitung des K Johannesburg, Übernahme der Geschäfte 3.5., seit 20.2.1911 Urlaub
28. 7.1910	Vizekonsul
19. 2.1911	Konsul in Durban, Übernahme der Geschäfte 18.9., seit 5.1.1914 Urlaub
8.1914	Militärdienst (Hauptmann d.R.), bis Nov.
20.11.1914	DA AA, kommissarische Beschäftigung, Abt. III (Recht)
1. 3.1915	Versetzung in den einstweiligen Ruhestand, jedoch Weiterbeschäftigung
7. 2.1917	Ständiger Hilfsarbeiter
7. 4.1917	Charakter als Legationsrat
22. 3.1920	Diplomatische Vertretung in London (seit 10.9. B), DA 1.4., seit 11.5.1921 Urlaub
23. 7.1920	Gesandtschaftsrat II.Kl.
23. 7.1921	Generalkonsul in Kairo, Übernahme der Geschäfte 22.11.
4. 5.1922	Geschäftsträger (Umwandlung des GK in eine G), bis 27.3.1923
24. 5.1923	AA, DA 28.5., Abt. V (Recht)
21. 5.1924	Gesandter in Kowno, Übernahme der Geschäfte 12.6., Übergabe des Beglaubigungsschreibens 23.6., bis 2.9.1926
27. 7.1926	Generalkonsul in Barcelona, Übernahme der Geschäfte 14.11., bis 19.5.1928
8. 3.1928	Gesandter in Reval, Übernahme der Geschäfte 16.7., Übergabe des Beglaubigungsschreibens 18.7., bis 24.6.1932
7. 6.1932	AA, DA 27.6., Dirigent der Abt. P (Presse), seit 28.10. ohne Verwendung
24. 7.1932	Vortragender Legationsrat
26.10.1932	Versetzung in den einstweiligen Ruhestand
19.11.1934	AA, Vortragender Legationsrat z.D., DA 20.11., Abt. I (Personal und Verwaltung), Sonderaufträge
25. 9.1936	kommissarische Leitung der G Dublin, Übernahme der Geschäfte 5.10., bis 1.6.1937
7. 6.1937	DA AA, Personal- und Verwaltungsabt., Sonderaufträge
28.11.1939	Amtsbez. Gesandter

| 9. 8.1940 | B Madrid, DA 27.8., Leitung der Konsularabt. |
| 28. 9.1944 | Versetzung in den Ruhestand |

Nachlass im Politischen Archiv des Auswärtigen Amts.

Schubert, Carl von

* 15.10.1882 Berlin
† 1. 6.1947 Trier

ev.

Eltern: Conrad v.S., preuß. Offizier, Industrieller, 1904 bis 1918 Mitglied des preuß. Abgeordnetenhauses, 1907 bis 1912 MdR (Nationalliberale Partei); Ida geb. Freiin von Stumm

∞ 30.10.1919 Renata gesch. von Bethmann Hollweg geb. Gräfin von Harrach (Vater: Ferdinand Graf v.H., preuß. Offizier, Wirklicher Geheimer Rat, Professor, Kunstmaler)

Kinder: Carl-Ferdinand (29.9.1920), Andreas (23.6.1922); aus der I. Ehe der Frau: Anna-Freda (21.9.1904), Joachim (25.11.1905), Verena (16.9.1908), Johann-Georg (2.9.1910)

Köllnisches Gymnasium und Wilhelmsgymnasium in Berlin – 29.9.1900 Abitur; 1900 bis 1903 Studium in Bonn und Berlin: Jura – 30.5.1904 Referendarexamen, 10.6.1904 Dr.jur.; 16.6.1904 bis 15.6.1905 Einjährig Freiwilliger, 16.8.1907 Leutnant d.R.; seit 19.6.1904 im preuß. Justizdienst; zugleich 1905/06 Studien an der Handelshochschule in Köln.

10.11.1906	Einberufung in den Auswärtigen Dienst (diplomatische Laufbahn), B Washington, Attaché, DA 17.1.1907, seit 13.7.1908 Urlaub
23. 9.1909	AA, DA 25.9., Abt. IA (Politik)
9.10.1910	Abt. III (Recht), seit 28.12.1909 Urlaub
26.11.1909	Diplomatische Prüfung
4.12.1909	Legationssekretär
24.12.1909	AA, DA 3.1.1910, Abt. IA (Politik)
21. 2.1910	G Brüssel, 2. Sekretär, DA 22.4., bis 16.11.1911
18.11.1911	G Lissabon, DA 30.11., bis 19.9.1912, 1.12.1911 bis 31.7.1912 kommissarische Leitung

3. 2.1912	Legationssekretär
9.10.1912	B London, 2. Sekretär, DA 14.11., bis 4.8.1914 (Kriegszustand)
1.10.1914	Militärdienst, bis 1.7.1915
12.11.1914	Versetzung in den einstweiligen Ruhestand
5. 7.1915	G Bern, DA 9.7., seit 2.5.1919 Mitglied der dt. Friedensdelegation in Versailles, 18.7. Rückkehr nach Bern, seit 2.8.1919 Urlaub
27. 1.1917	Charakter als Legationsrat
18.11.1919	DA AA, Abt. IA (Politik)
17. 1.1920	Wirklicher Legationsrat und Vortragender Rat
2. 2.1920	Diplomatische Vertretung in London, DA 13.2., bis 5.8.
5. 2.1920	Amtsbez. Geheimer Legationsrat
16. 8.1920	DA AA, Leitung der Abt. V (Großbritannien und britisches Reich, seit 1.1.1922 Abt. III/Britisches Reich, Amerika, Orient)
22.12.1921	Ministerialdirektor
16.12.1924	Staatssekretär des AA, Übernahme der Geschäfte 23.12.
2. 6.1930	Botschafter in Rom (Quirinal), Übernahme der Geschäfte 12.10., Übergabe des Beglaubigungsschreibens 25.11., bis 1.11.1932
23. 9.1932	Versetzung in den einstweiligen Ruhestand
18. 7.1933	Versetzung in den Ruhestand

Literatur:

Carl von Schubert: Der Eintritt eines Gesellschafters in die offene Handelsgesellschaft. Berlin 1904.

Gedenkfeier zum 40. Todestag von Staatssekretär Dr. Carl von Schubert. Bonn 1987; Peter Krüger: Carl von Schubert und die deutsch-französischen Beziehungen. in: Stephen A. Schuker (Hrsg.), Elisabeth Müller-Luckner (Mitarb.): Deutschland und Frankreich. Vom Konflikt zur Aussöhnung. Die Gestaltung der westeuropäischen Sicherheit 1914–1963. München 2000 (Schriften des Historischen Kollegs. Kolloquien, 46), S. 73-96.

Schubert, Conrad von

* 7. 1.1901 Lugano
† 15.11.1973 Homburg/Saar

ev.

Eltern: Conrad v.S., preuß. Offizier, Industrieller, 1904 bis 1918 Mitglied des preuß. Abgeordnetenhauses, 1907 bis 1912 MdR (Nationalliberale Partei); Ida geb. Freiin von Stumm

∞ I. 22.11.1923 Ivonne geb. Brewer (geb. niederl. Staatsangehörige; Vater: Otto Louis B., niederl. Offizier); II. 15.5.1941 Claudia geb. Naumann (Vater: Dr.phil. Hans Friedrich N., Universitätsprofessor)

Kinder aus I. Ehe: Conrad (5.6.1928); aus II. Ehe: Bettina (10.8.1943), Michael (24.7.1945), Eberhard (18.11.1949)

Wilhelmsgymnasium in Berlin und Arndt-Gymnasium in Dahlem/Berlin – 27.2.1919 Kriegsabitur; 9.8.1918 bis 26.1.1919 Militärdienst; 1919 bis 1922 Studium in Berlin, Bonn und Kiel: Jura – 19.12.1922 Referendarexamen; 1923 Studienreise nach niederl. Indien; seit 8.3.1924 im preuß. Justizdienst.- 1.7.1933 NSDAP.

18. 6.1925	Einberufung in den Auswärtigen Dienst, AA, Attaché, DA 1.7., Abt. III (Britisches Reich, Amerika, Orient)
6. 8.1927	Diplomatisch-konsularische Prüfung
7. 9.1927	G Kopenhagen, DA 20.10., bis 27.10.1933, seit 1930 Leitung der Konsularabt.
19. 5.1928	Amtsbez. Legationssekretär
23.12.1929	Legationssekretär
11.10.1933	G (seit 7.3.1936 B) Buenos Aires, DA 29.11., seit 30.12.1937 Urlaub
14. 6.1938	AA, kommissarische Beschäftigung, DA 23.6., Politische Abt., Ref. IX/Amerika
20. 4.1939	Gesandtschaftsrat
14. 9.1939	Militärdienst (1940 Oberleutnant d.R., 1.5.1942 Hauptmann d.R.), 8.5. bis 7.6.1940 Vertreter des AA (VAA) beim AOK 6, Nov. 1941 bis Nov. 1942 VAA bei der 6. Armee
28. 8.1941	Legationsrat I.Kl.
23.12.1942	G Zagreb, DA 15.1.1943, bis 6.5.1945 (Schließung der G)
12. 3.1943	Gesandtschaftsrat I.Kl.

2.6.1945 bis 7.6.1946 in amerik. Internierung in Österreich, 1946 bis 1955 Tätigkeit auf dem Gut der Familie in Grünhaus/Trier.

17.11.1955	Einberufung in den Auswärtigen Dienst, G (seit 25.10.1959 B) Amman, Angestellter, Gesandtschaftsrat I.Kl. z.Wv., DA AA 2.11., DA in Amman 21.12., bis 6.9.1963, seit 2.4.1957 Ständiger Geschäftsträger
22. 6.1956	Gesandtschaftsrat I.Kl.
4. 9.1957	Gesandter, Übergabe des Beglaubigungsschreibens 2.11.
9.10.1959	Amtsbez. Botschafter, Übergabe des Beglaubigungsschreibens 25.10.1959
30.10.1962	Botschafter in Addis Abeba, Übernahme der Geschäfte 16.1.1963, Übergabe des Beglaubigungsschreibens 30.1., seit 8.3.1965 Krankenurlaub
20. 7.1965	Versetzung in den einstweiligen Ruhestand zum 31.8.

Dann Wohnsitz in Saarburg.

Schubert, Günther

* 11. 5.1914 Rom

ev.

ledig

Studium: Japanisch, Jura – 29.6.1935 Diplom in der japan. Sprache, Dez. 1939 Referendarexamen; 11.12.1939 bis 14.8.1940 Tätigkeit beim OKW.- 1.5.1933 NSDAP.

30. 8.1940	AA, Dienstvertrag als Wissenschaftlicher Hilfsarbeiter, DA 26.8., Nachrichten- und Presseabt., Ref. VIII/Ostasien, Australien, Neuseeland etc., dann in Ref. XII/Nachrichtendienst, Deutsche Zeitschriften, Einsatzmaterial, später in Ref. III/Italien, Albanien, Äthiopien, Libyen
19.11.1941	Militärdienst
12. 4.1942	DA AA, Abt. Protokoll

Später Wohnsitz in Bonn, seit Ende 1972 in Montreal/Kanada.

Schubert, Hans Werner

* 8. 2.1915 Kassel
† 18. 2.2000 Hamburg

ev.

Eltern: Otto S., Diplomat; Lisa geb. Körber

∞ 1945

Gymnasium in Berlin-Friedenau, Joachimsthalsches Gymnasium in Templin – Ostern 1933 Abitur; 1933 bis 1937 Studium in Freiburg i.Br., Göttingen und Königsberg i.Pr.: Jura, Staatswissenschaften – 24.7.1937 Referendarexamen, 19.6.1939 Dr.jur.; seit 1.11.1937 im Militärdienst; 1.5. bis 1.8.1942 im Justizdienst.- 1.11.1933 SA.

14.11.1942	AA, Dienstvertrag als Wissenschaftlicher Hilfsarbeiter, DA 3.11., Abt. Protokoll

Seit 22.3.1943 im Militärdienst: 1.2.1944 Hauptmann d.R.

Später Rechtsanwalt in Hamburg.

Literatur:

Hans Werner Schubert: Das Asylrecht der Gesandten. Würzburg 1937.

Schubert, Otto

* 26. 4.1876 Posen
† 27. 8.1941 Potsdam

ev.

Eltern: Rudolf S., Konsistorialsekretär; Elise geb. Weilandt

⚭ 9.5.1914 Elisabeth geb. Körber (Vater: Karl K., Kaufmann)

Kinder: Hans-Werner (8.2.1915), Wolfgang (11.4.1920)

Friedrich-Wilhelm-Gymnasium in Posen und Landwirtschaftsschule in Santer/Posen – 7.3.1891 Abgangsprüfung; 27.4.1891 bis 31.12.1894 kaufmännische Lehre und Buchhalter; seit 1.1.1895 im preuß. Verwaltungsdienst, 1.10.1898 Zivilsupernumerar beim Regierungspräsidium in Posen, 1899 Kalkulator; 1.4.1895 bis 31.3.1896 Einjährig Freiwilliger, 17.5.1902 Leutnant d.R., 18.10.1912 Oberleutnant d.R.

4. 3.1901	Einberufung in den Auswärtigen Dienst (Bürodienst), AA, DA 20.3.
12. 4.1901	G Bern, DA 18.4., bis 26.11.
12.11.1901	B Wien, DA 27.11., bis 29.10.1903
22.10.1903	B Madrid, DA 30.11., bis 24.10.1904
27. 5.1904	2. Legationskanzlist
27. 9.1904	MR La Paz, Legationskanzlist, DA 8.3, bis Anfang Febr. 1909
27. 1.1906	Geheimer expedierender Sekretär
10.12.1908	MR (seit 1.4.1909 G) Mexiko, Legationskanzlist, DA 16.3.1909, seit 15.4.1912 Urlaub
11. 9.1912	AA, DA 13.9.
30. 9.1912	Expedient
2. 8.1914	Militärdienst (27.1.1915 Hauptmann d.R.)
17. 1.1916	DA AA, Zentralbüro
1. 9.1918	Charakter als Hofrat
16. 3.1920	Ständiger Hilfsarbeiter, Abt. IB (Personal und Verwaltung, seit Frühjahr 1920 Abt. I), Ref. 2 (IM)/Personalien der mittleren Beamten, seit Nov. 1925 Leitung des Ref.
19. 5.1920	Amtsbez. Legationsrat
1.10.1921	Legationsrat I.Kl.
6.12.1924	Vortragender Legationsrat
12. 8.1930	Leitung der Etats-, Finanz- und Kassenangelegenheiten des AA
1. 7.1931	Generalkonsul in Antwerpen, Übernahme der Geschäfte 3.8., bis 16.3.1936
5. 2.1936	Versetzung in den einstweiligen Ruhestand
6. 1.1938	AA, kommissarische Beschäftigung, Generalkonsul z.D., DA 5.1., Abt. Protokoll

Literatur:

Georg Reifegerste: Erinnerungen [an] Generalkonsul I.Kl. Otto Schubert, in: Politisches Archiv des Auswärtigen Amts, Nachlass Reifegerste.

Schuckmann, Bruno von

* 3.12.1857 Rohrbeck/Arnswalde
† 6. 6.1919 Stettin

ev.

Eltern: Otto v.S., Gutsbesitzer, Hauptritterschaftsdirektor; Elisabeth geb. von Behr

∞ 27.10.1887 Maria (Marita) geb. von Radowitz (Vater: Clemens v.R., preuß. Offizier)

Kinder: Siegfried (23.12.1888), Maria Elisabeth (24.11.1890), Erika (1.3.1892)

Gymnasium in Landsberg/Warthe, Alumnat des Pädagogiums in Putbus/Rügen, Gymnasium in Friedland/Schwerin – Ostern 1877 Abitur; 1877 bis 1880 Studium in Heidelberg, Breslau und Leipzig: Jura – 15.6.1880 Referendarexamen; dann im preuß. Justizdienst – 1884 Assessorexamen, Richter am Amtsgericht II in Berlin.

17. 3.1886	Einberufung in den Auswärtigen Dienst (konsularische Laufbahn), AA, DA 20.3., Abt. II (Handelspolitik)
21. 9.1886	Abt. IB (Personal und Verwaltung)
22.11.1886	preuß. G Hamburg, DA 29.11., bis 9.5.1888
17. 3.1888	K Chicago, Charakter als Vizekonsul, DA 20.5., bis 20.2.1890, 25.4. bis 28.10.1889 kommissarische Leitung
6. 2.1890	AA, DA 4.4., Abt. IV (Kolonien), 6.8. bis 29.12.1891 beim Gouvernement Kamerun, Wahrnehmung der Geschäfte des Gouverneurs
30. 8.1890	Ständiger Hilfsarbeiter
1. 5.1891	Legationsrat
8. 4.1893	Abt. IB (Personal und Verwaltung), Leitung des Ordensref., später Leitung des Ref. Generalia und Specialia/Geschäftsgang, Bausachen etc.
8. 2.1895	Abt. II (Handelspolitik), Leitung des Konsularref.
2. 4.1895	Wirklicher Legationsrat und Vortragender Rat
2.10.1895	Generalkonsul in Kapstadt, Übernahme der Geschäfte 2.2.1896, seit 15.8.1898 Urlaub

13. 3.1899	AA, Abt. II (Handelspolitik), DA Mitte März
4. 4.1899	Geheimer Legationsrat
17. 2.1900	Versetzung in den einstweiligen Ruhestand

Verwaltung seiner Güter Roskaten und Rohrbeck, 1904 bis 1907 Mitglied des preuß. Abgeordnetenhauses (Konservative Partei); 1907 bis 1910 Gouverneur von Deutsch-Südwestafrika; 1912 bis 1918 Mitglied des preuß. Abgeordnetenhauses (Konservative Partei); seit Aug. 1914 Militärdienst.

Literatur:

Hartmuth Stange: Schuckmann, Bruno Helmut Erich von (1857-1919), in: Mecklenburg-Strelitz. Beiträge zur Geschichte einer Region zusammengestellt u. bearb. v. Frank Erstling. Hrsg. vom Landkreis Mecklenburg-Strelitz anlässlich des 300. Jahrestages der Gründung des Herzogtums Mecklenburg-Strelitz. Friedland/Mecklenburg. Bd. 2. 2002, S. 488-490.

Nachlass im Bundesarchiv.

Schüffner, Rudolf

* 29.10.1904 Yokohama

gottgläubig

∞ 29.7.1939 Margot geb. Berghoff

Kind: Ingrid (25.9.1941)

Studium: Jura, Staatswissenschaften, Japanisch – 25.10.1928 Diplom in der japan. Sprache, 4.7.1931 Referendarexamen, 26.4.1938 Dr.jur.; Justizdienst – 26.10.1934 Assessorexamen; seit 3.5.1937 im Reichswirtschaftsministerium, Wissenschaftlicher Hilfsarbeiter, 1.4.1939 Regierungsrat, seit 2.11.1939 beim Reichsstatthalter in Posen.- 1.5.1937 NSDAP, SS.

27. 6.1941	AA, kommissarische Beschäftigung, DA 30.6., Nachrichten- und Presseabt., Ref. VIII/Ostasien, bis 5.1.1942

Dann im Reichswirtschaftsministerium.

Literatur:

Rudolf Schüffner: Die Fünferschaft als Grundlage der Staats- und Gemeindeverwaltung und des sozialen Friedens in Japan zur Zeit der Taikwa-Reform und in der Tokugawa-Periode. Leipzig 1938 (Mitteilungen der Deutschen Gesellschaft für Natur- und Völkerkunde Ostasiens, Bd. 30; Reprint New York 1965).

Schüler, Edmund

* 1. 2.1873 Spandau/Berlin
† 20.10.1952 Berlin

ev.

Eltern: Edmund S., preuß. Offizier; Elisabeth geb. von Sommerlatt

ledig

Gymnasium in Spandau und Joachimsthalsches Gymnasium in Wilmersdorf – 7.3.1891 Abitur; 1891 bis 1894 Studium in Lausanne, Leipzig, München und Berlin: Jura – 12.7.1894 Referendarexamen; seit 24.7.1894 im preuß. Justizdienst – 24.6.1899 Assessorexamen; 1.8.1899 bis Ende April 1900 Sprachstudien in England.

11.12.1900	Einberufung in den Auswärtigen Dienst (konsularische Laufbahn), AA, DA 17.12., Abt. III (Recht)
17. 5.1902	GK Konstantinopel, DA 21.7., bis 13.4.1904
5. 7.1902	Charakter als Vizekonsul
19. 3.1904	kommissarische Leitung des K Sarajewo, Übernahme der Geschäfte 16.4., bis 1.10., dann Urlaub, Dez. 1904 bis Mai 1905 Teilnahme an der außerordentlichen dt. Gesandtschaft nach Abessinien
25. 6.1905	kommissarische Leitung des K Smyrna, Übernahme der Geschäfte 9. 8., bis 8.11.
5.11.1905	kommissarische Leitung des K Charkow, Übernahme der Geschäfte 27.11., bis 15.8.1906, dann Urlaub
7.11.1906	AA, DA 12.11., Abt. IC (Konsulate)
23. 6.1907	Ständiger Hilfsarbeiter
29. 6.1907	Charakter als Legationsrat
15. 2.1909	kommissarische Leitung des K Le Havre, Übernahme der Geschäfte 21.2., bis 31.3.
14. 5.1909	DA AA, Abt. IC (Konsulate)
7.12.1912	Wirklicher Legationsrat und Vortragender Rat, Leitung der Abt.
22.12.1916	Geheimer Legationsrat, Dez. 1917 bis März 1918 Mitglied der dt. Delegation bei den Friedensverhandlungen mit Sowjetrußland in Brest-Litowsk
6. 9.1918	teilweise Wahrnehmung von Direktorialgeschäften
31. 8.1919	Direktor der Abt. IB (Personal und Verwaltung, seit Frühjahr 1920 Abt. I), Amtsbez. Wirklicher Geheimer Legationsrat, seit 31.12.1920 Urlaub

27. 6.1921	Versetzung in den einstweiligen Ruhestand
18. 7.1933	Versetzung in den Ruhestand

Tätigkeit als Architekt – 15.5.1930 Dr.ing.h.c. der TH Dresden; 1923/24 und 1925/26 Organisation von Ausstellungen dt. Bücher in den USA, 1926 Organisation einer Ausstellung moderner amerik. Architektur in Deutschland; seit 1930 Wohnsitz in Prälank/Mecklenburg.

Literatur:

Edmund Schüler: An Karl Maertin, in: Karl Maertin: Karl Maertin, des Steinmetzen, Hymnen. München 1928; Sidney Bradshaw Fay: Der Ursprung des Weltkrieges. Übertragung von Edmund Schüler. Berlin 1930; Der Werdegang des höchsten Hauses der Gegenwart „Empire State-Building" in New York. Text von R. H. Shreve, W. F. Lamb u.a. Umarbeitung von Edmund Schüler. Berlin 1931; außerdem Aufsätze zu Fragen der Architektur.

Kurt Doß: Das deutsche Auswärtige Amt im Übergang vom Kaiserreich zur Weimarer Republik. Die Schülersche Reform. Düsseldorf 1977

Nachlass (u.a. literarische Arbeiten und Lebenserinnerungen) im Politischen Archiv des Auswärtigen Amts.

Schüller, Werner

* 2.10.1889 Düsseldorf
† 15. 7.1974 Bonn

kath.

Eltern: Franz S., Staatsanwalt, Generaldirektor; Franziska geb. Esser-Rodderhof

ledig

Gymnasien in Düsseldorf und Mülheim/Köln – 1908 Abitur; 1908 bis 1911 Studium in Straßburg, Bonn und an der Handelshochschule in Köln: Volkswirtschaft, Jura, Staatswissenschaften, Meteorologie – 1913 Referendarexamen; seit Mai im preuß. Justizdienst; 1.10.1913 bis 5.12.1918 Militärdienst, Leutnant d.R.; 1918/19 Tätigkeit in der Wirtschaft; dann im preuß. Justizdienst – 29.4.1922 Assessorexamen.

17.10.1922	Einberufung in den Auswärtigen Dienst, AA, Attaché, DA 1.11., Abt. V (Recht)
12. 8.1924	Büro Staatssekretär
21. 7.1925	Diplomatisch-konsularische Prüfung
5. 8.1925	G Athen, DA 28.9., bis 7.2.1927
3. 9.1925	Amtsbez. Legationssekretär

28. 5.1926	Legationssekretär
10. 1.1927	G Kopenhagen, DA 14.2., bis 14.12.
30.11.1927	AA, DA 15.12., beim Kommissar für Wirtschaftsverhandlungen
29.12.1928	GK Chicago, Vizekonsul, DA 18.3.1929, bis 11.5.1933, 10.9. bis 7.10.1929 kommissarische Leitung des K Cleveland
31. 5.1929	Amtsbez. Konsul
11. 4.1933	B Washington, Legationssekretär, DA 15.5., seit 13.6.1934 Urlaub
19. 7.1934	Konsul II.Kl.
31. 7.1934	GK Kattowitz, DA 17.9., bis 1.8.1939
23. 5.1939	Gesandtschaftsrat
14. 6.1939	AA, DA 2.8., Handelspolitische Abt., Leitung des Ref. III/Spanien, Portugal, Schweiz, seit Febr. 1945 Urlaub
12. 3.1940	Legationsrat
14. 1.1944	Legationsrat I.Kl.

Febr. bis Juli 1945 Wohnsitz in Radebeul/Dresden, dann in Berlin; Sept. 1946 bis Aug. 1947 Leiter der Rechts- und Presseabt. beim Vertreter des süddt. Länderrates beim US-Hauptquartier und beim Alliierten Kontrollrat in Berlin, dann Leiter der Außenhandels-, Rechts- und Presseabt. der Berliner Vertretung der Verwaltung für Wirtschaft des Vereinigten Wirtschaftsgebiets, seit 1.11.1947 bei der Verwaltung für Wirtschaft des Vereinigten Wirtschaftsgebiets in Frankfurt/Main-Höchst, Hauptabt. V (Außenwirtschaft), Leiter des Ref. USA, seit 21.9.1949 im Bundesministerium für Wirtschaft, Bonn, Abt. V (Außenhandel), Leiter des Ref. Schweiz, Österreich, Spanien, Portugal.

27. 9.1950	Abordnung in das Bundeskanzleramt, Dienststelle für Auswärtige Angelegenheiten (seit 15.3.1951 AA), Angestellter, DA 15.10., Abt. III (Länder), Leitung des Ref. III/USA, Mittel- und Südamerika
26.10.1950	Oberregierungsrat
26. 1.1952	Vortragender Legationsrat
2.10.1952	Wiedergutmachungsbescheid gemäß Gesetz zur Regelung der Wiedergutmachung nationalsozialistischen Unrechts für Angehörige des öffentlichen Dienstes vom 11.5.1951
19.10.1954	Versetzung in den Ruhestand zum 31.10.

Schütt, Werner

* 12.12.1911 Berlin
† 9. 1.1944 bei Kirowograd/Ukraine (gefallen)

gottgläubig

Eltern: Wilhelm S.; Klara geb. Bayerl

ledig

1929 Abitur; Bankkaufmann; Studien in Berlin und an der Verwaltungsakademie in Berlin; seit 1.11.1935 Abteilungsleiter bei der Reichsführung SS; Militärdienst, Oberleutnant d.R.- 1.12.1931 NSDAP.

13. 8.1941	B Rom (Quirinal), Dienstvertrag als Wissenschaftlicher Hilfsarbeiter, DA 13.9., Gehilfe des Kulturreferenten, bis 14.2.1942
14. 2.1942	AA, DA 16.2., Informationsabt.
25. 3.1942	Militärdienst, 1.4.1942 bis 10.5.1943 Vertreter des AA bei AOK 9

Schütze, Wolfram

* 7. 1.1907 Hermsdorf/Berlin

ev.

Eltern: Max S., Steueramtmann; Gertrud geb. Merkel

∞ 8.7.1939 Ruth geb. Hopp (Vater: Hans H., Zivilingenieur)

Kind: Sabine (17.3.1943)

Schillerrealgymnasium in Berlin-Charlottenburg – 1925 Abitur; 1925 bis 1929 Studium in Berlin: Jura – 30.12.1929 Referendarexamen; seit 8.1.1930 im preuß. Justizdienst – 14.12.1933 Assessorexamen; 1934/35 Gerichtsassessor an Berliner Gerichten, Rechtsanwalts- und Notarsvertreter sowie Mitarbeiter bei einem Bücherrevisor; seit 16.10.1935 Rechtsanwalt.

18. 3.1941	DA AA, Wissenschaftlicher Hilfsarbeiter, Kulturpolitische Abt., Ref. R/Rundfunkangelegenheiten (seit 22.7.1941 Rundfunkabt., seit 13.2.1942 Rundfunkpolitische Abt.)
8. 9.1944	Militärdienst

Schuffenhauer, Hermann

* 17. 8.1888 Bad Aibling
† 1957 München

ev.

Eltern: Wilhelm S., Regierungsrat; Wilhelmine geb. Richter

geschieden

Humanistisches Gymnasium in Bayreuth – 1907 Abitur; 1907 bis 1912 Studium in München und Erlangen: Jura – 1912 1. juristisches Examen; dann im bayer. Justizdienst; 1914 bis 1919 in Spanien, Sprachlehrer in San Sebastián.

| 8.1917 | GK Barcelona, Hilfsarbeiter, bis Nov. 1918 |

1920 2. juristisches Examen; dann im Verwaltungsdienst der Stadt München und anwaltliche Tätigkeit, seit 1922 kaufmännische Tätigkeit, seit 1927 in Barcelona, 1936 Flucht aus Spanien, dann Aufenthalt in Deutschland und Italien, Dolmetscher bei der Legion Condor, Tätigkeit als Reiseführer und bei den Pfaffwerken in Kaiserslautern, seit 1939 Rechtsanwalt in Barcelona.

12.12.1942	B Rom (Quirinal), Wissenschaftlicher Hilfsarbeiter, DA 15.12.
27. 2.1943	Dienstvertrag
19.10.1943	Beendigung des Dienstverhältnisses

Rückkehr nach Barcelona.

Schulenburg, Friedrich Werner Graf von der

* 20.11.1875 Kemberg/Wittenberg
† 10.11.1944 Berlin-Plötzensee (hingerichtet)

ev.-luth.

Eltern: Bernhard Graf v.d.S., preuß. Offizier; Margarete geb. Freiin von Waldenfels

∞ 12.5.1908 Elisabeth geb. von Sobbe (Vater: Ludwig v.S., preuß. Offizier)

Kind: Christa-Wernfriedis (29.12.1906)

Gymnasium in Braunschweig – 1894 Abitur; 1894 bis 1897 Studium in Lausanne, Berlin und München: Jura – 30.6.1897 Referendarexamen; dann im braunschw. Justizdienst – 22.12.1900 Assessorexamen; 1894/95 Einjährig Freiwilliger, Sekonde-Lieutenant d.R., 18.10.1909 Oberleutnant d.R.; 6.12.1909 Hzgl. braunschw. Kammerherr.- 1.10.1934 NSDAP.

2. 6.1901	Einberufung in den Auswärtigen Dienst (konsularische Laufbahn), AA, DA 8.6.
31.12.1902	GK Barcelona, DA 20.4.1903, bis 19.2.1905, 8. bis 18.10.1904 kommissarische Leitung
8. 2.1903	Charakter als Vizekonsul
15. 2.1905	AA, DA 23.2., Abt. III (Recht)
10.11.1905	Abt. IB (Personal und Verwaltung), Dienstleistung beim Staatssekretär
8. 5.1906	kommissarische Leitung des K Lemberg, Übernahme der Geschäfte 27.5, bis 24.7.

24. 6.1906	kommissarische Leitung des K Prag, Übernahme der Geschäfte 25.7., bis 5.10.
1.11.1906	kommissarische Leitung des K Neapel, Übernahme der Geschäfte 8.11., bis 19.1.1907
10.11.1906	GK Warschau, DA 25.1.1907, bis 9.4.1911
22. 6.1907	Vizekonsul
28. 3.1911	kommissarische Leitung des K Tiflis, Übernahme der Geschäfte 1.5., 1.7. bis Aug. 1912 kommissarische Beschäftigung im AA, Abt. II (Handelspolitik), seit 11.4.1914 Urlaub
20. 5.1911	Konsul
23. 5.1914	AA, DA 3.6.
8.1914	Militärdienst (zuletzt Hauptmann d.R.), bis 1.6.1917
1. 4.1915	Versetzung in den einstweiligen Ruhestand
11. 6.1915	Kommandierung zur Dienstleistung ins AA, Verbindungsoffizier im Kaukasus, zugleich 7.8.1915 bis 4.2.1917 kommissarische Verwaltung des K Erserum
2. 6.1917	kommissarische Leitung des K Beirut, Übernahme der Geschäfte 15.6., bis 9.8.
25. 6.1917	kommissarische Leitung des K Damaskus, Übernahme der Geschäfte 10.8., bis 3.4.1918, 6. bis 19.5.1918 bei der dt. Delegation für die Friedensverhandlungen mit der Transkaukasischen Republik in Batum, 21.5.1918 bis 7.1.1919 bei der dt. Delegation im Kaukasus in Tiflis
7. 7.1919	AA, DA 6.7., Abt. IA (Politik), seit Frühjahr 1920 Abt. IV (Osteuropa), Leitung des Ref. Kaukasus
2. 9.1920	Dt. Vertreter in der Kommission für die Ausarbeitung der in Art. 98 des Versailler Vertrages vorgesehen dt.-poln. Konvention betr. den Eisenbahn-, Draht- und Fernsprechverkehr mit Ostpreußen und Danzig, dann Vertreter der AA bei den dt.-poln. Verhandlungen über Oberschlesien in Genf
23. 3.1921	Vortragender Legationsrat
1921	Abt. III (Südosteuropa, seit 1.1.1922 Abt. IIb/Österreichische Nachfolgestaaten, Balkan), Leitung des Ref. Bulgarien, Rumänien, Türkei
25. 7.1922	Gesandter in Teheran, Übernahme der Geschäfte 18.1.1923, Übergabe des Beglaubigungsschreibens 25.1., bis 16.9.1931
18. 7.1931	Gesandter in Bukarest, Übernahme der Geschäfte 3.10., Übergabe des Beglaubigungsschreibens 12.10., bis 14.8.1934
16. 6.1934	Botschafter in Moskau, Übernahme der Geschäfte 1.10., Übergabe des Beglaubigungsschreibens 3.10., bis 22.6.1941 (Kriegszustand)
20. 7.1941	DA AA, Politische Abt., Leitung des Sonderref. (seit 20.5.1942 Ref. XIII) Rußland-Gremium, seit 29.11.1943 in der Ausweichstelle des AA in Krummhübel

Verhaftung im Zusammenhang mit den Vorgängen des 20. Juli, 10.10.1944 Ausstoßung aus dem Beamtenverhältnis, 23.10.1944 vom Volksgerichtshof zum Tode verurteilt.

Literatur:

Literaturverzeichnis in NDB 23, S. 680; Gerhard Kegel: Ein Diplomat dreier Deutschlands: Friedrich Werner Graf von der Schulenburg, in: horizont. Sozialistische Monatszeitung für internationale Politik und Wirtschaft 17 (1984), H. 11; Sigrid Wegner-Korfes: Friedrich-Werner Graf von der Schulenburg. Botschafter Nazideutschlands und Mitverschwörer des 20. Juli 1944, in: Olaf Groehler (Hrsg.): Alternativen. Schicksale deutscher Bürger. Berlin (Ost) 1987; Erich Franz Sommer: Botschafter Graf Schulenburg. Der letzte Vertreter des Deutschen Reiches in Moskau. Asendorf 1987; Hildegard Burger: Aufstand des Gewissens. Friedrich Werner Graf von der Schulenburg und seine Rolle im Widerstand gegen Hitler. Weiden 1999; Schulenburg, Werner Ernst Friedrich Graf von der, in: Altmark-Persönlichkeiten. Biografisches Lexikon der Altmark, des Elbe-Havel-Landes und des Jerichower Landes. Oschersleben 1999, S. 158; außerdem verschiedene Broschüren des AA zum Widerstand.

Nachlass im Bundesarchiv (auch Kopien aus dem Archiv des KGB in Moskau in russischer Sprache) und in Privatbesitz.

Schulmann, Helmut von

* 20. 8.1891 Reval
† 13. 5.1968 Kairo

gebürtiger russ., seit 27.2.1940 dt. Staatsangehöriger

ev.-luth.

Eltern: Bernhard v.S., Landwirt, Bankdirektor; Helene geb. Baronesse Pilar von Pilchau

⚭ 19.4.1923 Harriet geb. Baronesse Budberg-Bönninghausen

Kind: Henrik (17.5.1927)

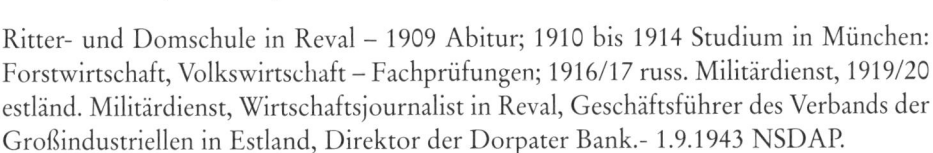

Ritter- und Domschule in Reval – 1909 Abitur; 1910 bis 1914 Studium in München: Forstwirtschaft, Volkswirtschaft – Fachprüfungen; 1916/17 russ. Militärdienst, 1919/20 estländ. Militärdienst, Wirtschaftsjournalist in Reval, Geschäftsführer des Verbands der Großindustriellen in Estland, Direktor der Dorpater Bank.- 1.9.1943 NSDAP.

16.11.1939	DA G (seit Aug. 1940 Deutsche Vertretung) Reval, Bearbeitung wirtschaftlicher Angelegenheiten, später Handelsattaché
3. 5.1941	G Preßburg, Handelsattaché, DA 5.5.
22. 7.1941	Dienstvertrag

Nach Kriegsende Wohnsitz in Bayern; seit 1949 Pressereferent der Handelskammer in Frankfurt/Main; seit Aug. 1950 Tätigkeit als Statistiker bei der National Bank of Egypt, Kairo.

1. 7.1953	Einberufung in den Auswärtigen Dienst, AA, Angestellter, DA 1.7., Abt. IV (Handelspolitik)
9. 7.1953	B Kairo, DA 24.9., Leitung der Wirtschaftsabt.
31.12.1956	Beendigung des Dienstverhältnisses

Dann Wohnsitz in Kairo.

Literatur:

Helmut von Schulmann: Maria Stella. Die Geschichte einer geheimnisvollen Geburt. Reval 1927; ders.: Das Zwieselbuch. Reval 1933; ders.: Die Finanzierungstechnik des deutschägyptischen Handels, in: Wirtschaftsdienst 37 (1957), H. 3, S. 139-141.

Schulte, Irmhild

* 21. 1.1911 Bochum
† 23.12.1990 Düsseldorf

kath.

Eltern: Wilhelm S., Landrichter; Anna geb. Stöcker

Abitur; Studium in München, Paris, Königsberg i.Pr. und Bonn: Neuere Sprachen – 2.12.1938 Dr.phil.; 1939/40 Hauslehrerin in Bilbao.

1. 7.1940	DA AA, Wissenschaftlicher Hilfsarbeiterin, Kulturpolitische Abt., Ref. R/Rundfunkangelegenheiten
15. 9.1940	DA B Madrid
1. 9.1941	DA AA, Rundfunkabt. (seit 13.2.1942 Rundfunkpolitische Abt.), Ref. III/Spanien, Portugal, Südamerika, seit 13.2.1944 in Ref. IX/USA

Literatur:

Irmhild Schulte: Buch- und Schriftwesen in Calderóns weltlichem Theater. Bochum 1938.

Schulte, Walter

* 8.12.1906 Wiesbaden

ev.

Eltern: Alfred S., Oberingenieur, Leiter der Städtischen Elektrizitätswerke in Wiesbaden, Oberbürgermeister der Stadt Wiesbaden; Agnes geb. Grosmann

ledig

Realgymnasium in Wiesbaden – Ostern 1925 Abitur; 1925 bis 1929 Studium in Freiburg i.Br., Berlin und Bonn: Jura, Staatswissenschaften – 27.3.1929 Referendarexamen, 6.12.1929 Dr.jur.; dann im preuß. Justizdienst – 26.6.1933 Assessorexamen; zeitweise Tätigkeit bei der Gestapo, seit 12.8.1933 im preuß. Verwaltungsdienst; zuletzt Oberregierungsrat beim Reichskommissar für die Preisbildung.- Juni 1933 SA, Nov. 1933 SS, 1937 NSDAP.

31.10.1940	DA G Bukarest, kommissarische Beschäftigung, Preissachbearbeiter beim Sonderbeauftragten für Wirtschaftsfragen (seit 11.11.1943 Sonderbevollmächtigter des AA für den Südosten), Gesandter Neubacher, Dienstsitz zeitweise in Athen, Sofia und Belgrad, bis 20.9.1944

Seit 1.10.1944 wieder beim Reichskommissar für die Preisbildung.

Literatur:

Walter Schulte: Arbeitnehmerähnliche Personen im Arbeitsgerichtsgesetz. Bonn 1930 (Bonner rechtswissenschaftliche Abhandlungen, 11).

Schultheiss, Tassilo

* 22.10.1891 München
† 28.10.1971 München

ev., dann gottgläubig

Eltern: Dr.phil. Franz Guntram S.; Amalie geb. Haessel

∞ I. 28.11.1922 Felizitas geb. Rohfleisch; II. 1943 Klara geb. Nicolaus

18.8.1914 bis 10.1.1919 Militärdienst; Studium – 10.1.1920 Dr.phil., 1920 1. Staatsexamen für das höhere Lehramt, 1922 2. Staatsexamen für das höhere Lehramt; 1922 bis 1926 Lehrer am Gymnasium in Posen, 1926 bis 1928 am Gymnasium zum

Grauen Kloster, dann am Königin Augusta-Gymnasium in Berlin 1.4.1928 Studienrat.- 1.1.1932 NSDAP.

1. 4.1933	Einberufung in den Auswärtigen Dienst, AA, DA 1.4., Abt. I (Personal und Verwaltung), Übersetzungs- bzw. Sprachendienstes (seit 1.12.1937 Ref. L/Sprachendienst)
30. 4.1936	Regierungsrat

Literatur:

Tassilo Schultheiss: Grammatik des mazedonischen Dialektes des Dorfes Srpci, dreizehn Kilometer nordwestlich Monastir. Diss. Breslau 1921; Nicolaus Coppernicus: Über die Umdrehungen der Himmelskörper. Übersetzung aus dem Lateinischen Tassilo Schultheiß. Posen 1923; ders.: Sprachforschung als Gesinnungsforschung, eine Aufgabe deutscher Wissenschaft, in: Deutsches Philologen-Blatt : Korrespondenz-Blatt für den akademisch gebildeten Lehrerstand 41 (1933), S. 549-551; ders.: Sprache und Charakter, in: Deutsche wissenschaftliche Zeitschrift für Polen 29 (1935), S. 441 f.; ders.: Sprachwissenschaft auf Schleichwegen. Berlin 1936; ders.: Das Fortleben der indogermanischen ‚freien Betonung' im germanischen Norden, in: Zeitschrift für vergleichende Sprachforschung auf dem Gebiete der indogermanischen Sprachen 65, (1938), H. 3/4, S. 249-256; ders.: Deutsche Sprachethik, in: Deutsche wissenschaftliche Zeitschrift für Polen 34 (1938), S. 1 f.; ders.: Zur Lage und Aufgabe deutscher Sprachwissenschaft in unseren Tagen, in: Deutsche wissenschaftliche Zeitschrift im Wartheland 1 (1940), S. 215-244; ders.: Die acht Tugenden der deutschen Sprache, in: ebd. 2 (1941), S. 413-462; ders.: Germanische und insbesondere deutsche Lehn- und Fremdwörter im Russischen, in: ebd. 4 (1943), S. 273-356; ders.: Hethitisch und Armenisch, in: Zeitschrift für vergleichende Sprachforschung 77 (1961), S. 219-234.

Schultz, Christoph

* 15. 6.1913 Stade

ev.

Eltern: Christoph S., Sprachlehrer; Angelina geb. Esteves

ledig

Obersekunda-Reife; Studium an der Hochschule für Politik in Berlin – Diplomprüfung 31.3.1939; 1.3.1938 bis 1.3.1939 Hilfsassistent an der Hochschule für Politik; Mai/Juni 1939 Wissenschaftlicher Hilfsarbeiter bei der Bank der Deutschen Arbeit; seit 1.7.1939 Militärdienst.

20. 2.1941	DA AA, Wissenschaftlicher Hilfsarbeiter, Nachrichten- und Presseabt.
17. 4.1941	Dienstvertrag
28.12.1941	Militärdienst

Schultz, Karl
(seit 15.6.1920 Schultz-Sponholz)

* 18. 8.1878 Templin
† 19. 5.1961 Berlin

ev.

Eltern: Adolf S., Sattlermeister; Minna geb. Rost

⚭ 24.10.1905 Elisabeth geb. Kauffmann

Kinder: Irene (25.4.1907), Heinz (21.7.1909), Hildegard (20.4.1911)

Luisenstädtische Oberrealschule in Berlin – 13.3.1897 Abitur; seit 15.7.1898 im preuß. Eisenbahndienst, Zivilsupernumerar, 15.7.1902 Praktikant – 29.10.1902 Fachprüfung I.Kl.; 1.4.1901 bis 31.3.1902 Einjährig Freiwilliger, 20.2.1909 Leutnant d.L.– 1.3.1940 NSDAP.

10. 6.1904	Einberufung in den Auswärtigen Dienst (Bürodienst), AA, Expedient, DA 1.7., Abt. III (Recht), 5.8.1914 bis 31.8.1918 Militärdienst (8.5.1915 Oberleutnant d.L., 29.5.1918 Hauptmann d.L.)
20. 4.1908	Geheimer Sekretariatsassistent
15. 5.1913	Geheimer Expedierender Sekretär (Ministerialamtmann)
18. 4.1921	Abt. I (Personal und Verwaltung), Ref. E/Etikette
4.1923	Ref. C/Reise- und Umzugskosten
6.1923	Abt. II (West-, Süd- und Südosteuropa), Ref. F/Abrüstung, Aufgabengebiet: Luftfahrtangelegenheiten, 22.7. bis 31.8.1924 kommissarische Leitung der Passstelle Mährisch-Ostrau, Amtsbez. Vizekonsul, seit 15.5.1936 in der Politischen Abt., Leitung des Ref. I L/Luftfahrtangelegenheiten
14. 6.1927	Amtsbez. Konsul
4. 4.1934	Legationsrat
23. 6.1937	Legationsrat I.Kl.

Schultz, Klaus

* 16. 9.1912 Friedrichshagen/Berlin

† 12.10.1996 Bonn

ev.

Eltern: Georg S., Lehrer; Martha geb. Figurski

∞ 14.7.1941 Erika geb. Lehmann (Vater: Emil Max L., Färbermeister)

Kind: Brigitte (2.9.1942)

Realgymnasium in Berlin-Friedrichshagen – 18.3.1930 Abitur; 1930 bis 1940 Studium in Berlin: Mathematik, Physik, Erdkunde, Jura, Staatswissenschaften – 11.11.1936 1. Staatsexamen für das höhere Lehramt; seit 1.12.1936 Hilfsassistent am Mathematischen Seminar der Universität Berlin, seit 2.5.1937 Wissenschaftlicher Hilfsarbeiter beim Statistischen Reichsamt.- 1.10.1933 SA, 1.5.1937 NSDAP.

14.11.1939	AA, Dienstvertrag als Wissenschaftlicher Hilfsarbeiter, DA 13.11., Personal- und Verwaltungsabt., Ref. Z/Chiffrier- und Nachrichtenwesen, 1944 in der Ausweichstelle des AA in Hermsdorf/Riesengebirge

Seit April 1945 in amerik. Internierung; 8.5. bis 9.6.1945 in Internierung in London, dann bis 21.8.1945 zu Befragungszwecken in Marburg; seit 1.10.1946 im hess. Schuldienst – 28.10.1947 2. Staatsexamen für das höhere Lehramt, 26.7.1949 Dr. phil.; 27.11.1950 Studienrat.

12. 1.1954	Einberufung in den Auswärtigen Dienst, AA, DA 1.3., Abt. 1 (Personal und Verwaltung), Ref. 114/Chiffrier- und Fernmeldewesen (15.1.1963 bis 30.9.1972 Abt. Z, Ref. ZB6), seit 1.6.1967 Leitung des Ref.
24.11.1954	Legationsrat
2.10.1956	Legationsrat I.Kl.
29. 8.1966	Vortragender Legationsrat
30. 7.1968	Vortragender Legationsrat I.Kl.
12. 3.1976	Versetzung in den Ruhestand zum 30.6.

Literatur:

Klaus Schultz: Über die Schwerpunktsflächen von Raumkurven und ihren Zusammenhang mit den Petersonschen Flächen. Diss. Marburg 1949.

Schultz-Sponholz, Karl
siehe: **Schultz, Karl**

Schulz, Hermann

* 7. 2.1855 Labiau/Ostpreußen
† 13.11.1916 Berlin

ev.

Eltern: August S., Bäckermeister; Rosalie geb. Augstein

ledig

Bürgerschule in Labiau, Privatunterricht – Sekunda-Reife; seit 1.2.1872 im preuß. Justiz- und Steuerverwaltungsdienst – 21.6.1875 Prüfung zum Aktuar I.Kl.; 1.4.1876 bis 31.3.1877 Einjährig Freiwilliger, 14.10.1880 Sekonde-Lieutenant d.R., 14.12.1889 Premier-Lieutenant d.R., 22.3.1895 Hauptmann d.L.; seit 1.4.1877 Bürohilfsarbeiter, 21.3.1881 Büroassistent, seit 1.4.1885 zugleich Gerichtsschreiber, seit 1.11.1889 bei der Oberrechnungskammer in Potsdam, 20.5.1890 Geheimer revidierender Kalkulator, 24.12.1892 Geheimer Rechnungsrevisor.

20.12.1895	Einberufung in den Auswärtigen Dienst (Bürodienst), AA, Geheime Kalkulatur, DA 1.1.1896, seit 7.4.1907 Leitung der Geheimen Kalkulatur, seit Okt. 1910 Krankenurlaub
30. 5.1896	Geheimer expedierender Sekretär und Kalkulator
14. 9.1897	Charakter als Hofrat
5. 7.1902	außeretatmäßiger Hilfsarbeiter
24.12.1902	Ständiger Hilfsarbeiter
24.12.1907	Charakter als Konsul
9.12.1910	Versetzung in den Ruhestand, Charakter als Geheimer Regierungsrat

Schulz, Wilhelm

* 4. 7.1880 Breetz
† 17. 4.1945 München

ev.

Eltern: Wilhelm S., Landwirt; Berta geb. Doblog

⚭ 15.5.1909 Eva geb. Lava (gebürtige belg. Staatsangehörige)

Volksschule; seit 2.4.1894 Kanzlist und Bürogehilfe beim Stadtmagistrat in Lenzen/ Elbe; 11.10.1899 bis 25.9.1901 Militärdienst; Okt. 1901 bis Mai 1902 bei der Deutschen Bank in Berlin.- 1.10.1934 NSDAP.

2. 6.1902	Einberufung in den Auswärtigen Dienst (Bürodienst), GK Antwerpen, Hilfsschreiber, DA 2.6., bis 31.12.1911
1. 4.1907	Konsulatssekretär a.i.
1. 4.1908	Konsulatssekretär
30.11.1911	K Alexandrien, DA 9.1.1912, seit 8.9.1914 beim mit dem Schutz der dt. Interessen betrauten amerik. K Alexandrien, seit 29.11.1915 in brit. Internierung
22. 6.1915	Versetzung in den einstweiligen Ruhestand, jedoch Weiterbeschäftigung
29. 3.1916	DA AA, Expedient
10. 8.1916	K Maastricht, Konsulatssekretär z.D., DA 21.8., bis 1.11.
12.10.1916	GK Konstantinopel, DA 14.11., bis 30.10.1918 (Abbruch der diplomatischen Beziehungen gemäß Art. 23 des Waffenstillstandsvertrages zwischen der Türkei und der Entente), Abreise 7.12.1918
29. 1.1919	DA AA, Expedient
8. 4.1920	G Brüssel, Konsulatssekretär z.D., DA 14.4., bis 19.10.1921
17.12.1920	Konsulatssekretär
21. 6.1921	Oberinspektor
8.10.1921	GK Kairo, Kanzler, DA 22.11., bis 28.7.1939
28. 1.1939	Amtsbez. Konsul
25. 5.1939	kommissarische Leitung des K Maastricht, 28.8. bis 5.10. kommissarische Leitung des K Basel, Übernahme der Geschäfte in Maastricht 20.10., bis 10.5.1940 (Kriegszustand)
9. 5.1940	Konsul in Maastricht
8. 7.1940	GK Triest, DA 17.7., bis 28.2.1941
28. 1.1941	K Bozen, DA 3.3., seit 4.3.1944 Krankenurlaub
28. 9.1944	Versetzung in den Ruhestand (aufgrund des Führererlasses vom 19.5.1943 über die Fernhaltung international gebundener Männer von maßgebenden Stellen in Staat, Partei und Wehrmacht)

Schulz-Thurmann, Walter

* 22.12.1910 Berlin

gottgläubig

∞ 22.4.1936 Hildegard geb. Kloo

Kind: Winfried (5.4.1937)

1929 Abitur; seit 2.4.1929 Tätigkeit bei der Dresdner Bank, Berlin, zugleich 1929 bis 1932 Studien an einer Handelshochschule, 1934/35 bei der Deutschen Orientbank in Istanbul und Izmir, dann bei der Dresdner Bank, Berlin, 1.10.1935 bis 21.4.1938 bei der Reichsbank, Berlin – April 1936 Laufbahnprüfung; zugleich 1936/37 Studien an der Verwaltungsakademie in Berlin und einjährige Ordensjunker-Ausbildung auf der NS-Ordenburg Vogelsang/Eifel, 1.3.1937 Reichsbankinspektor; dann bei der Auslandsorganisation der DAF, später Lehrer an der Gauschule des Reichsbunds Deutscher Beamten, seit 22.1.1939 Referent in der Dienststelle Ribbentrop; 30.8.1939 bis 3.3.1940 Militärdienst.- 1.3.1932 NSDAP, 1.6.1932 SA, SS.

1. 1.1940	DA AA, Wissenschaftlicher Hilfsarbeiter, Sonderref. Partei (seit 7.5.1940 Abt. D/Deutschland), dann in Ref. IV/Herstellung und Verbreitung von Schrifttum im und nach dem Ausland etc.
10. 8.1940	Dienstvertrag
26. 3.1941	Legationssekretär
3. 2.1942	Militärdienst

Später Angestellter in München.

Literatur:

Walter Schulz-Thurmann: Procul Negotiis – Verdichtete Eindrücke, Erlebnisse, Einsichten. 1974.

Schulze, Georg

* 8. 5.1871 Görsicker (Voerde)/Rhein
† 26.10.1914 Wilmersdorf/Berlin

ev.

Eltern: Regierungs- und Schulrat; geb. Harteg

∞ Thea geb. Merkus

Kind: Ursula (ca. 1913)

Gymnasien in Mönchengladbach, Neuruppin und Aurich – 26.2.1891 Abitur; 1891 bis 1894 Studium in Tübingen, Marburg, Leipzig und Berlin: Jura – 2.6.1894 Referendarexamen; seit 10.7.1894 im preuß. Justizdienst – 18.12.1899 Assessorexamen; 1.10.1894 bis 30.9.1895 Einjährig Freiwilliger, 18.10.1897 Leutnant d.R.

25. 3.1900	Einberufung in den Auswärtigen Dienst (konsularische Laufbahn), AA, DA 5.4., Abt. III (Recht)
2. 5.1901	Abt. IB (Personal und Verwaltung)

23. 2.1902	GK Amsterdam, DA 11.3., bis 17.8., 17.5. bis 16.6. kommissarische Leitung
18. 3.1902	Charakter als Vizekonsul
22. 5.1902	K Singapur, DA 13.9., bis 2.8.
25. 6.1903	kommissarische Leitung des GK Batavia, Übernahme der Geschäfte 5.8., bis 21.1.1904
26.11.1903	MR Bangkok, DA 4.2.1904, 17.3. bis 18.5.1904 und 19.1. bis 11.6.1905 kommissarische Leitung, dann Krankenurlaub
24.12.1907	Versetzung in den Ruhestand, Charakter als Konsul

5.1.1907 Dr.jur.

Literatur:

Georg Schulze: Die Ausübung der den Gerichten übertragenen Angelegenheiten der freiwilligen Gerichtsbarkeit durch die Konsuln des Deutschen Reiches. Borna-Leipzig 1907; ders.: Europäische Gesandtschaften und Fürstenempfänge am Hofe zu Bangkok. Historische und persönliche Erinnerungen, in: Konservative Monatsschrift für Politik, Literatur und Kunst 66 (1909), S. 334-342, 406-416; ders.: Zum englisch-siamesischen Vertrag, in: Der Tag (Berlin) 26.2.1909.

Schulze, Hermann

* 25. 5.1887 Steinbeck/Königsberg i.Pr.

ledig

Oberrealschule, Handelshochschule; 1.10.1911 bis 30.9.1912 Einjährig Freiwilliger; 1.10.1912 bis 30.4.1913 Buchhalter in Hankau/China, 15.6.1913 bis 1.8.1914 Tätigkeit im Buchhandel in Berlin; dann Militärdienst, 20.2.1916 bis 20.11.1918 bei der politischen Nachrichten- und Informationsstelle in Neumünster und Pola/Istrien.

9. 1.1919	DA AA, Wissenschaftlicher Hilfsarbeiter, Politische Nachrichtenstelle
1.10.1919	Chiffrierbüro
30. 9.1922	Beendigung des Dienstverhältnisses

Schulze, Joachim

* 3. 8.1880 Hannoversch Münden
† 22. 7.1954 Hannoversch Münden

ev.-luth.

Eltern: Karl S., Bürgermeister; Martha geb. Stahlknecht

∞ 10.9.1921 Else geb. Klussmann

Kinder: Karl (25.12.1922), Gertrud (3.11.1924), Hermann (3.5.1929), Erich (19.2.1932)

Progymnasium in Hannoversch-Münden, Landesschule zur Pforte in Schulpforta – 3.3.1900 Abitur; 1900 bis 1904 Studium in Berlin und Göttingen und am Seminar für orientalische Sprachen in Berlin: Jura, Chinesisch – 19.7.1902 Diplomprüfung in der chin. Sprache, 15.6.1904 Referendarexamen, 26.10.1904 Dr.jur.

24. 9.1904	Einberufung in den Auswärtigen Dienst (Dolmetscherdienst), G Peking, Dolmetscher-Eleve, DA 8.1.1905, 3.10.1905 bis 2.10.1906 Einjährig Freiwilliger in Tsingtau, 12.10.1906 bis April 1907 kommissarische Beschäftigung am K Tientsin
21. 4.1907	K Mukden, Zweigstelle in Niutschwang, kommissarische Beschäftigung, DA 30.4., bis 31.5.1909 (Schließung der Zweigstelle)
29. 3.1909	K Nanking, DA 16.6., seit 18.2.1910 zugleich bei der Spezialkommission für die Industrieausstellung in Nanking, 28.7.1910 bis Mitte März 1911 Urlaub, 12.4.1911 bis 8.3.1912 kommissarische Leitung, seit 4.5.1914 Urlaub
31. 7.1909	Dolmetscher
8.1914	DA AA, Abt. IA, Presseangelegenheiten
1.10.1914	Militärdienst, bis 31.12.1915
1. 1.1916	DA AA, Abt. IV (Nachrichten)
25. 2.1916	GK Zürich, kommissarische Beschäftigung, DA 6.3., bis 21.4.1917
27. 5.1917	Militärdienst, bis 5.12. (zuletzt Oberleutnant d.R.)
8. 9.1917	Versetzung in den einstweiligen Ruhestand
30.11.1917	Zürich, DA 14.12., bis 2.11.1918
5.12.1917	Charakter als Vizekonsul
5.11.1918	DA AA
3. 3.1919	DA Geschäftsstelle für die Friedensverhandlungen
26. 3.1920	Passstelle
15. 7.1921	Konsul in Tschangscha (Wiedereinrichtung), Übernahme der Geschäfte 1.2.1922, bis 30.11.1923 (Schließung des K), Abreise 5.1.1924
24.11.1923	GK Shanghai, DA 13.1.1924, seit 12.12.1924 Urlaub
8. 7.1925	AA, DA 5.8., Abt. P (Presse), Leitung des Ref. IV b/Ostasien
25. 3.1929	kommissarische Leitung des K Surabaya, Übernahme der Geschäfte 12.6., seit 1.6.1932 Urlaub
17. 6.1930	Konsul
28. 7.1931	Konsul I.Kl.
25.10.1932	Konsul in Manila, Übernahme der Geschäfte 6.2.1933, seit 5.7.1935 Urlaub
17.10.1935	kommissarische Leitung des K Harbin, Übernahme der Geschäfte 1.12., seit 27.8.1940 Urlaub

22. 6.1939	Amtsbez. Generalkonsul
14.12.1940	Versetzung in den einstweiligen Ruhestand
26. 2.1941	AA, kommissarische Beschäftigung, Konsul I.Kl. z.D., DA 15.3., Personal- und Verwaltungsabt., Kontrollstelle für den amtlichen Schriftverkehr
6. 7.1943	Kurierref., seit 3.1.1944 Urlaub, seit 1.4.1944 ohne Verwendung

Literatur:

Joachim Schulze: The Reconstruction of Germany. Manila 1934; ders.: National socialist Germany and its political and constitutional antecedents. Manila 1935.

Schulze, Peter Hans

* 14.12.1913 Leipzig
† 1. 3.2002 Hamburg

gottgläubig

Eltern: Carl Albert S., Versicherungsinspektor; Emma Marie Gertrud geb. Demmin

∞ 15.10.1942 Dr.phil. Sigrid geb. Hunke (Vater: Heinrich H., Verleger, Universitätsbuchhändler)

Kind: Hagen (31.7.1943), Sigrun, Helga

Gymnasien in Bautzen, Dresden und Leipzig – 1936 Abitur; dann Studien in Berlin: Völkerkunde, Sprachen; 1937 bis 1939 Forschungsreisen in Nordafrika; dann Tätigkeit als Übersetzer; später Mitarbeiter des SD, Amt VI (Ausland/Abwehr).- 1941 NSDAP.

| 3. 6.1942 | G Tanger, Wissenschaftlicher Hilfsarbeiter, DA 28.7., Gehilfe des Presseattachés, bis 27.5.1944 |

Rückkehr zum SD, Tätigkeit beim DNB; seit 1949 im Presse- und Informationsamt der Bundesregierung, 1953 bis 1963 Referatsleiter, Chef vom Dienst.

Literatur:

Peter H. Schulze: Herrin beider Länder Hatschepsut. Frau, Gott und Pharao. Bergisch Gladbach 1976; ders.: Auf den Schwingen des Horusfalken. Die Geburt der ägyptischen Hochkultur. Bergisch Gladbach 1980; ders.: Der Sturz des göttlichen Falken. Revolution im alten Ägypten. Bergisch Gladbach 1983; ders.: Die Schöne im Morgenlicht. Bergisch Gladbach 1985; ders.: Frauen im alten Ägypten. Selbständigkeit und Gleichberechtigung im häuslichen und öffentlichen Leben. Bergisch Gladbach 1987.

Schulze, Reinhold

* 28.10.1905 Bremen
† 29.12.1993 Bonn

gottgläubig

Eltern: Reinhold S., Schiffbauingenieur; Franziska geb. Seemann

⚭ 18.8.1934 Ise geb. Ahlers

Kinder: Ingeborg (6.5.1936), Hans-Jürgen (24.8.1937)

Wilhelm-Gymnasium in Hamburg – März 1925 Abitur; 1925 bis 1929 Studium an der TH München – Febr. 1930 Diplom-Ingenieur; 1930/31 Studien in Hamburg und Rostock: Volkswirtschaft; dann hauptamtliche Tätigkeit in der Obersten SA-Führung und Reichsjugendführung, Leitung des Auslandsamts, Obergebietsführer, seit 20.5.1937 Beauftragter des Reichsjugendführers in Japan.- 1.11.1929 NSDAP, SA (1.4.1933 Sturmbannführer, 1.4.1934 Obersturmbannführer), 1.11.1930 Kreisleiter Norddeutschland des NSDStB, 6.11.1932 bis 5.3.1933 MdR.

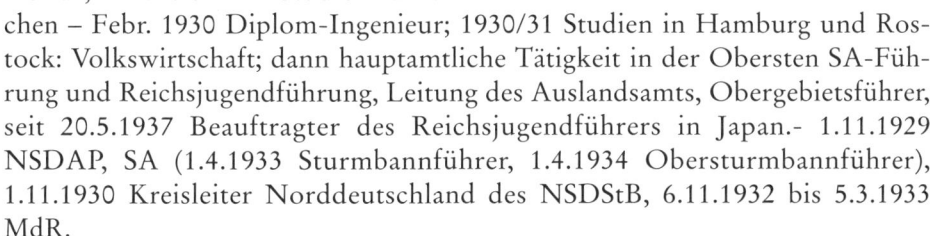

19. 3.1940   B Tokyo, Dienstvertrag, Kulturreferent, DA 1.4.

19.1.1946 bis Febr. 1947 in amerik. Internierung in Tokyo, Aug. 1947 Rückkehr nach Deutschland und erneute Internierung, später Tätigkeit als Handelsvertreter, seit 1951 zugleich Vortragstätigkeit, seit 1.3.1955 außenpolitischer Referent in der Geschäftsstelle des FDP-Landesverbandes Nordrhein-Westfalen, seit 1957 Mitarbeiter in der FDP-Parteizentrale in Bonn, Leitung der Bundesparteischule, 1959 bis 1971 Studienleiter der Friedrich-Naumann-Stiftung.- 1952 FDP.

Literatur:

Reinhold Schulze: Ein Jahr für die deutsch-japanische Zusammenarbeit. Berlin 1939.

Nachlass (Erinnerungen) in Privatbesitz.

Schulze, Richard
(nach 1945 Schulze-Kossens)

* 2.10.1914 Spandau/Berlin
† 3. 7.1988 Düsseldorf

gottgläubig

verheiratet

Gymnasium – 1933 Abitur; seit 1.4.1939 Adjutant des Chef des SS-Hauptamtes.- 9.11.1934 SS (20.4.1936 Untersturmführer, 9.11.1938 Obersturmführer, 1.8.1940 Hauptsturmführer, 24.2.1943 Sturmbannführer, 9.11.1944 Obersturmbannführer), 1.5.1937 NSDAP.

8. 6.1939	DA AA, Persönlicher Stab RAM, bis 26.2.1940

Dann Zugführer, seit 14.6.1940 Kompaniechef bei der Leibstandarte-SS „Adolf Hitler".

1. 7.1940	DA AA, Adjutantur RAM
13. 9.1940	Dienstvertrag
10. 1.1941	Militärdienst
30. 9.1941	Beendigung des Dienstverhältnisses

Dann Ordonnanzoffizier im Führerhauptquartier, Okt. 1942 bis Nov. 1943 Persönlicher Adjutant Hitlers, Taktiklehrer, später Lehrgruppenkommandeur an der Junkerschule in Bad Tölz, seit Nov. 1944 mit der Führung beauftragt, dann Bataillonskommandeur bei der SS-Panzerdivision „Hitlerjugend", zuletzt Kommandeur der SS-Grenadierdivision „Nibelungen"; nach Kriegsende in amerik. Internierung; 1951 Erster Vorsitzender der Hilfsgemeinschaft auf Gegenseitigkeit der ehemaligen Angehörigen der Waffen-SS e.V. (HIAG); Tätigkeit als Kaufmann.

Literatur:

Richard Schulze-Kossens: Militärischer Führernachwuchs der Waffen-SS. Die Junkerschulen. Osnabrück 1982 (2. erw. Aufl. 1987); ders., Heinz Ertel: Europaische Freiwillige im Bild. 1986: Richard Schulze-Kossens: Rede für das 1978 vorgesehene Treffen ehemaliger Junker. o.O.; ders., Dermot Bradley (Hrsg.): Tätigkeitsbericht des Chefs des Heerespersonalamtes General der Infanterie Rudolf Schmundt. 1.10.1942-29.10.1944. Fortgeführt von Wilhelm Burgdorf. Osnabrück 1984.

Schulze-Hellwig, Otto

* 8. 9.1900 Elbing

ev.

Eltern: Friedrich-Franz S.-H., Schiffbauingenieur, Werftdirektor; Maria geb. Schmidt

∞ 19.3.1935 Käthe geb. Clausen (Vater: Hans C., Landwirt)

Deutsche Schule in Budapest, Gelehrtenschule des Johanneums in Hamburg; 3.6. bis 18.12.1918 Militärdienst; seit Aug. 1921 kaufmännische Lehre und Tätigkeit in Hamburg und Budapest – 1923 Abitur (Budapest); 1924 bis 1929 Studium an der TH München: Wirtschaftswissenschaften – 29.7.1929 Diplom-Wirtschaftler; 1930 bis 1933 selbständiger Vertreter für den Reichsbund Unfallgeschädigter, Hamburg; seit 2.5.1938 beim Forschungsamt des Reichsluftfahrtministeriums; 1.9.1942 Teilhaber der Ostbaugesellschaft Weichhardt & Co., München, als Prokurist und Betriebsführer in Südrußland, 1.4.1943 Angestellter im Reichswirtschaftsministerium, Referent; 11.9.1943 bis 29.3.1944 Militärdienst.- 15.9.1931 NSDAP (1933 bis 1938 Gauhauptstellenleiter bei der AO der NSDAP).

1. 6.1944	AA, Dienstvertrag als Wissenschaftlicher Hilfsarbeiter, DA 1.6., Handelspolitische Abt., Ref. VII/Orient

Später Wohnsitz in Flensburg.

Schumacher, Hermann

* 15.12.1839 Bremen
† 22. 6.1890 Bremen

ev.-ref.

Eltern: Hermann Albert S., Jurist, Senator; Johanne Elisabeth geb. Krüger

∞ 21.5.1867 Therese Luise Adolphine geb. Grote (Vater: Wilhelm G., Kaufmann)

Kinder: Hermann (6.3.1868), 2 weitere Kinder, Emma Dorothea (12.2.1878), Constanze Margarethe (31.7.1881)

Gelehrtenschule in Bremen – 26.3.1859 Abitur; 1859 bis 1863 Studium in Jena, Göttingen und Berlin: Jura, Geschichte – 22.7.1863 Dr.jur., 9.1.1863 Rechtsanwaltsprüfung; dann Rechtsanwalt in Bremen, 27.1.1866 Generalsekretär der Dt. Gesellschaft zur Rettung Schiffbrüchiger, 26.9.1866 Syndikus der Bremer Handelskammer.- 1865 Mitglied der bremischen Bürgerschaft.

10. 1.1872	Einberufung in den Auswärtigen Dienst, Generalkonsul in Bogotá (Neueinrichtung), DA AA 6.2.
20. 1.1872	Ministerresident, Übernahme der Geschäfte in Bogotá und Übergabe des Beglaubigungsschreibens 1.6., bis 15.10.1874
6. 9.1874	Generalkonsul in New York, Übernahme der Geschäfte 2.12., bis 16.6.1882, 19.10.1879 bis 21.3.1880 Urlaub
11.12.1882	Ministerresident in Lima, Übernahme der Geschäfte 3.4.1883, Übergabe des Beglaubigungsschreibens 20.6.1884, bis 14.4.1886
25.12.1885	Versetzung in den einstweiligen Ruhestand

Literatur:

Hermann Albert Schumacher, Diedrich R. Ehmck (Hrsg.): Denkmale der Geschichte und Kunst der Freien Hansestadt Bremen. Bremen 1862-1876; Hermann Albert Schumacher: Der erste Schwurgerichtshof in Bremen. Studien und Kritiken. Bremen 1864; ders.: Die Stedinger. Beitrag zur Geschichte der Weser-Marschen. Bremen 1865; ders.: Das Rettungswesen zur See. Berlin 1867; ders.: Petrus Martyr, der Geschichtsschreiber des Weltmeeres. Eine Studie. New York 1879; ders.: Südamerikanische Studien. Drei Lebens- und Cultur-Bilder. Mútis, Cáldas, Codazzi (1760 – 1860). Berlin 1884 (verschiedene Aufl. in span. Sprache); ders.: Olaus Magnus und die ältesten Karten der Nordlande, in: Zeitschrift der Gesellschaft für Erdkunde zu Berlin 28 (1890), S. 167-200; ders.: Die Unternehmungen der Augsburger Welser in Venezuela. Eine deutsche Episode in der Entdeckungsgeschichte Amerikas und Juan de Castellanos. Ein Lebensbild aus der Conquista-Zeit. Hamburg 1892 sowie Studien zu bremischen Geschichte in den frühen Ausgaben des Bremischen Jahrbuchs.

Wilhelm von Bippen: Hermann Albert Schumacher, in: Bremische Biographie des 19. Jahrhunderts. Bremen 1912, S. 445-452.

Nachlass im Staatsarchiv Bremen, außerdem im Nachlass des Sohnes Hermann S. im Germanischen Nationalmuseum Nürnberg.

Schumbelt, Paul

* 1.12.1910 Jüttendorf/Senftenberg

ev.

Eltern: Johann Christian S., Landwirt; Maria geb. Klaua

∞ 11.6.1940 Herta geb. Wolff (Vater: Friedrich W.)

Realgymnasium in Senftenberg, Lessingschule in Hoyerswerda – Ostern 1929 Abitur; 1929 bis 1934 Studium in Berlin, Würzburg und Halle: Philologie, Jura – 15.9.1934 Referendarexamen, seit 27.10.1934 im Justiz-, seit 27.11.1936 im Verwaltungsdienst.- 1.12.1931 NSDAP.

25. 3.1937	Einberufung in den Auswärtigen Dienst, AA, Attaché, DA 5.4., Rechtsabt., dann in der Politischen Abt., Ref. III/Südeuropa
30. 4.1938	GK Memel, DA 20.5., bis 6.4.1939
5. 4.1939	G Preßburg, DA 8.4.
12. 3.1941	Legationssekretär
12. 4.1942	Militärdienst

Schumburg, Emil

* 14. 5.1898 Berlin
† 17. 2.1961 Hannover

ev.-luth., gottgläubig

Eltern: Dr.med. Wilhelm S., Professor, Obergeneralarzt; Emma geb. Behring

∞ 3.11.1953 Susanne geb. Täuscher

Protestantisches Gymnasium in Straßburg, Kaiser Wilhelm-Gymnasium in Hannover – 9.6.1916 Abitur; 14.6.1916 bis 8.7.1919 Militärdienst: 11.2.1918 Leutnant, 27.8.1939 Rittmeister d.R.; 1919 bis 1922 Studium in Göttingen, Heidelberg und Marburg: Jura – Aug. 1922 Referendarexamen, 2.7.1923 Dr.jur.; seit 1922 im preuß. Justiz- und Verwaltungsdienst, zuletzt im preuß. Ministerium des Innern – Mai 1925 Assessorexamen.- 20.10.1936 SS (Untersturmführer, 9.11.1937 Obersturmführer, 30.1.1938 Hauptsturmführer, 2.5.1938 Sturmbannführer, 9.11.1942 Obersturmbannführer), 1.7.1938 NSDAP.

23.12.1925	Einberufung in den Auswärtigen Dienst, AA, Attaché, DA 4.1.1926, Abt. III (Britisches Reich, Amerika, Orient)
21. 1.1928	Diplomatisch-konsularische Prüfung
7. 2.1928	Protokoll
30. 4.1928	B Paris, DA 16.5., bis 30.9.1929
7.11.1928	Amtsbez. Legationssekretär
16. 8.1929	G Stockholm, DA 7.10., bis 3.2.1931
1. 6.1930	preuß. Regierungsrat
20. 1.1931	G Oslo, DA 4.2., bis 29.4.1933

29. 7.1931	Legationssekretär
26. 4.1933	AA, DA 2.5., Ref. D/Deutschland, Innerdeutsche Angelegenheiten, seit 26.9.1939 Leitung des Ref.
13. 8.1936	Legationsrat
29.10.1937	Legationsrat I.Kl.
20. 4.1940	beim Reichskommissar für die besetzten norweg. Gebiete, Oslo, kommissarische Beschäftigung, DA 20.4., Beauftragter zur besonderen Verwendung, bis 20.5.
27. 6.1940	Vertreter des AA beim Militärbefehlshaber für Nordfrankreich, DA in Lille 21.6., bis 30.7.
24. 7.1940	AA, DA 1.8., Politische Abt., Ref. III/Spanien, Portugal, Vatikan
20.12.1941	Botschaftsrat
24. 5.1943	Beauftragter des AA beim Generalgouverneur in Krakau, DA 2.7.

Nov. 1945 bis Sept. 1948 Internierung in Ziegenhain und Darmstadt; seit 1948 Wohnsitz in Hannover; seit 1954 im niedersächs. Ministerium für Wirtschaft und Verkehr, Regierungsdirektor, Leiter des Außenhandelskontors Niedersachen, seit 1956/57 zugleich Referent für Außenwirtschaft und Interzonenhandel im Hauptreferat II/2, 1958/59 Referent für Internationale Wirtschaftsfragen.

Literatur:

Emil Schumburg: Kaiser und Reichspräsident. Diss. Göttingen 1923.

Schurek, Joachim

* 21. 5.1909 Lipine/Beuthen
† 12. 2.1943 in Lappland (gefallen)

ev.-luth.

∞ 14.4.1942 Elsa geb. Bodén (gebürtige schwed. Staatsangehörige)

Kind: Ann-Cathrine (3.8.1942)

1929 Abitur; Studium in Graz, Berlin, Greifswald und Kiel: Geschichte, Deutsch, Nordische Sprachen – Dr.phil.; seit Sept. 1939 Sprachassistent bei der schwed. Oberschulbehörde in Stockholm.

1. 4.1940	DA G Stockholm, Gehilfe des Kulturreferenten
30. 5.1940	Dienstvertrag
20. 4.1942	Militärdienst

Schuster, Bruno

* 1.10.1884 Stettin
† 1946 Speziallager Nr. 1 des NKWD in Mühlberg

ev.

Eltern: Adolph S., Apothekenbesitzer; Hedwig geb. Brunner

∞ 31.5.1924 Hildegard geb. Huch

Kind: Joachim (17.4.1926)

Maria-Hilf-Gymnasium in Stettin und Friedrichgymnasium in Frankfurt/Oder – Abitur; 1904 bis 1907 Studium in Grenoble und Göttingen: Jura, Staatswissenschaften – 27.7.1907 Referendarexamen; seit 1907 im preuß. Justizdienst – 29.4.1912 Assessorexamen; 1912/13 Tätigkeit in einer Fabrik; 15.11.1914 bis 31.1.1919 Militärdienst, Leutnant d.R.; 1919/20 in der Kommunalverwaltung in Frankfurt/Oder, 1921 im Reichsverkehrministerium, dann Landgerichtsrat in Prenzlau.

17.12.1921	Abordnung in das AA, Abt. V (Recht), Ref. G/Gemischte Schiedsgerichte (seit 1.1.1923 Geschäftsbereich des Kommissars des AA für die Gemischten Schiedsgerichtshöfe und die Staatsvertretungen), Geschäftsstelle Berlin der dt. Staatsvertretung am franz.-dt. Gemischten Schiedsgerichtshof, Gruppe II/Angelegenheiten der Schiedsgerichte mit Polen, Belgien, Tschechoslowakei und Siam, DA 6.1.1922, zugleich Staatsvertreter am dt.-belg. und dt.-poln. Gemischten Staatsgerichtshof, dann zugleich stellvertretender Gruppenleiter, bis 30.9.1928
22. 8.1925	zugleich Ersatzrichter am dt. Konsularobergericht in Kairo

Seit 1.10.1928 Kammergerichtsrat in Berlin, seit Nov. 1937 am Reichsgericht, 1.4.1938 Reichsgerichtsrat; seit Aug. 1945 in sowjet. Haft.- 1930 DVP, 1.5.1933 NSDAP.

Literatur:

Bruno Müller, Bruno Schuster: Die mittlere Ostmark und ihre Hauptstadt Frankfurt a.d. Oder. Frankfurt/Oder 1920; Paul Thieme, Bruno Schuster: Das polnische Liquidationsverfahren. Ein Handbuch für die Praxis. Berlin 1924.

Schuster, Hans

* 24. 1.1915 Berlin
† 6.2002 München

ev.

ledig

1933 Abitur; 1934/35 Militärdienst; Studium in Berlin, München und Kiel: Jura – 1938 Referendarexamen, 10.5.1939 Dr.jur.; seit April 1938 Assistent am Institut für Politik, ausländisches öffentliches Recht und Völkerrecht an der Universität Leipzig, dann Justizdienst; 1.9.1939 bis 10.5.1941 Militärdienst, OKW Amt Ausland/Abwehr.

4.11.1940	G Zagreb, DA 8.12., Handelsabt., bis 18.3.1942	
17.12.1941	Dienstvertrag als Wissenschaftlicher Hilfsarbeiter	
20. 3.1942	Militärdienst (1.11.1943 Oberleutnant d.R.)	

Später Journalist, seit 1948 bei der „Süddeutschen Zeitung", München, 1960 Leitung des Ressorts Innenpolitik, 1970 bis 1976 Chefredakteur.

Literatur:

Hans Schuster: Die Judenfrage in Rumänien. Leipzig 1939 (Abhandlungen des Instituts für Politik, ausländisches öffentliches Recht und Völkerrecht an der Universität Leipzig N.F. H. 5); ders.: Ostkonzeptionen der westlichen Welt, in: Politische Bildung H. 34, S. 195-240; ders.: Die Zeitung. Wie sie uns informiert – wie sie sich informiert. Mit einem Lexikon für ihren Leser. München 1968.

Schwager, Joseph

* 10. 2.1888 Jagstfeld
† 13.12.1951 Tübingen

kath.

⚭ 6.10.1924 Annie geb. Bischoff (Vater: Francis B., Offizier)

Kind: Klaus (20.7.1925)

Realschule – 1904 Obersekunda-Reife; seit Herbst 1904 im württ. mittleren Verwaltungsdienst – Sommer 1910 Verwaltungsdienstprüfung; 10.7.1910 bis 31.3.1912 beim Verwaltungsrat der Gebäudebrandversicherungsanstalt in Stuttgart, dann Assistent beim Oberamt in Rottenburg; 18.12.1931 Dr.rer.pol.-1.10.1934 NSDAP.

4. 7.1912	Einberufung in den Auswärtigen Dienst (Bürodienst), GK Genua, Diätar, DA 3.8., bis 27.4.1914	
14. 5.1914	K Marrakesch, DA 17.6., bis 3.8.1914 (Kriegszustand), dann in franz. Gefangenschaft in Südalgerien	
18. 2.1915	GK Genua, Charakter als Konsulatssekretär a.i., 26.2. bis 19.4. kommissarische Beschäftigung am GK Mailand, DA in Genua 20.4., seit Mai Urlaub, seit 10.7. Tätigkeit beim Generalstab	

23. 9.1915	K Smyrna, DA 1.12., seit 24.6.1918 Urlaub
10. 2.1919	DA bei der dt. Waffenstillstandskommission in Berlin, beim Sachreferenten für die Angelegenheiten der besetzten linksrheinischen Gebiete Clemens von Brentano, bis 31.10.1919
8. 4.1920	Passstelle Salzburg, kommissarische Beschäftigung, DA 12.4., bis 14.11.
15.11.1920	DA Passstelle Linz, bis 1.4.1921
21. 1.1921	Konsulatssekretär
23. 3.1921	K Triest, DA 2.4., bis 1.7.
27. 6.1921	B Rom (Quirinal), DA 1.9., seit 16.5.1923 Urlaub
2. 8.1924	Diplomatisch-konsularische Prüfung
26. 8.1924	AA, DA 29.8., Sonderref. Völkerbund
27. 8.1924	Diplomatische Vertretung (seit 20.6.1926 G) in Kabul, Amtsbez. Vizekonsul, DA 25.11., seit 21.3.1927 Urlaub
21. 4.1925	Legationssekretär
10. 8.1927	GK Memel, kommissarische Beschäftigung, Amtsbez. Konsul, DA 16.8., bis 24.9.
2. 9.1927	GK Pretoria, DA 16.11., bis 29.12.1928
13.11.1928	Konsul in Lorenço Marques, Übernahme der Geschäfte 2.1.1929, bis 10.12.1932, 2.12.1929 bis 11.12.1930 kommissarische Beschäftigung am GK Pretoria, 4.6.1931 bis 27.4.1932 Urlaub
26.10.1932	Konsul in Temesvar, Übernahme der Geschäfte 3.2.1933, bis 18.3.1935
13. 3.1935	AA, DA 20.3., Abt. W (Wirtschaft), Leitung des Ref. W.spez./ Wirtschaftliche Sonderfragen, Kreditfragen
30. 4.1935	Legationsrat
15. 5.1936	Kulturpolitische Abt., Leitung des Ref. B/Wirtschaftliche Volkstumsfragen
5. 9.1936	Legationsrat I.Kl.
2. 9.1938	Vortragender Legationsrat
1939	Personal- und Verwaltungsabt., Leitung der Haushalts-, Finanz- und Kassenangelegenheiten, später Dirigent für Verwaltung
29. 5.1941	Gesandter I.Kl. als Ministerialdirigent

Literatur:

Joseph Schwager: Die Entwicklung Afghanistans als Staat und seine zwischenstaatlichen Beziehungen. Leipzig 1932.

Nachlass im Politischen Archiv des Auswärtigen Amts.

Schwagula, Karl

* 6. 2.1886 Graz
† 4. 2.1968 Feldkirch

gebürtiger österr. Staatsangehöriger

kath.

Eltern: Dr.med. Ignaz S., Arzt, Medizinalrat; Ida geb. Schörgi

∞ 3.5.1915 Anna Maria geb. Steilen

Jesuitenkolleg Stella Matutina in Feldkirch/Vorarlberg – 15.7.1904 Abitur; 1904 bis 1909 Studium in Wien und an der Konsularakademie in Wien: Jura – 27.4.1906 rechtshistorische Staatsprüfung, 12.5.1909 staatswissenschaftliche Staatsprüfung, 12.10.1909 judizielle Staatsprüfung, 5.11.1909 Dr.jur.; seit 15.10.1909 im österr. Auswärtigen Dienst, zuletzt Ministerialrat mit der Amtsbez. Generalkonsul I.Kl. im Bundeskanzleramt, Leitung der Rechtsschutzabt.- 10.7.1941 NSDAP.

19. 3.1938	AA, kommissarische Beschäftigung, DA 22.3., Rechtsabt., Leitung des Ref. VII/Österreichische Rechtssachen, seit 19.3.1943 Dienstsitz Wien, dann bis 21.9.1944 zugleich beim dt. Sonderbeauftragten in der Dt.-Ital. Sonderbeauftragten-Kommission für Siebenbürgen, Generalkonsul Schliep, dann zugleich bei der Dienststelle des AA in Wien (Dienststelle Gesandter Altenburg)
31. 1.1939	Überleitung in den Reichsdienst mit Wirkung vom 1.10.1938, Amtsbez. Vortragender Legationsrat
5. 4.1939	Vortragender Legationsrat

Literatur:

Karl Schwagula (Hrsg.): Handbuch für den österreichischen Auswärtigen Dienst. Wien 1949; ders.: Pass und Visum (Sichtvermerk). Winke für Auslandsreisen. Wien 1951 (2. verb. Aufl. 1954).

Schwartzkoppen, Georg von

* 18.11.1854 Potsdam
† 26. 6.1918 Berlin

ev.

Eltern: Eduard v. S., Kgl. preuß. Hofkammerpräsident, Hofjägermeister; Clotilde geb. von François, Malerin, Schriftstellerin

∞ 16.4.1901 Marie Luise geb. von Oertzen (Vater: Hugo v.O., Gutsbesitzer)

Kinder: Luise (6.3.1902), Eduard (3.3.1903)

Gymnasium in Potsdam, Wilhelmsgymnasium in Berlin, Gymnasium Ernestinum in Gotha – 14.9.1872 Abitur; 1872 bis 1876 Studium in Freiburg i.Br., Heidelberg, Berlin und Göttingen: Jura – 31.1.1876 Referendarexamen, 26.2.1876 Dr.jur.; seit 9.3.1876 im preuß. Justizdienst – 15.7.1882 Assessorexamen; 1.10.1876 bis 30.9.1877 Einjährig Freiwilliger, 12.9.1878 Sekonde-Lieutenant d.R.

7.12.1882	Einberufung in den Auswärtigen Dienst (konsularische Laufbahn), AA, DA 16.12., Abt. II (Handelspolitik und Recht)
6. 3.1884	GK London, DA 19.4.
8. 4.1885	Vizekonsul, Zuständigkeit für den Hafen von London, bis 28.2.1886, 22.6. bis 21.9.1885 kommissarische Leitung des GK London
23. 2.1886	AA, Hilfsarbeiter, DA 2.3., Abt. III (Recht)
20. 3.1886	Ständiger Hilfsarbeiter
1. 4.1886	Abt. IA (Politik), Ref. Kolonialangelegenheiten
6. 2.1887	Charakter als Legationsrat

Seit 1.5.1887 Ständiger Hilfsarbeiter in der Reichskanzlei.

23. 3.1891	Wirklicher Legationsrat und Vortragender Rat
25. 3.1891	AA, DA 1.4., Abt. III (Recht)
4. 5.1892	Abt. IV (Kolonien), Justitiar der Abt.
17. 8.1894	Geheimer Legationsrat
15. 6.1897	Abt. II (Handelspolitik), Bearbeitung der Konsulatspersonalien
2. 1.1903	Leitung der Abt. IB (Personal und Verwaltung)
28. 3.1903	Wirklicher Geheimer Legationsrat
18. 4.1903	zugleich im Kuratorium des Seminars für orientalische Sprachen in Berlin
20. 4.1903	zugleich Wahrnehmung der Beziehungen des AA zur Zentraldirektion des Deutschen Archäologischen Instituts

23. 4.1903	zugleich Mitglied der Generalordenskommission
8. 5.1903	Stellvertretender preuß. Bevollmächtigter zum Bundesrat
16. 5.1907	Direktor im AA, seit 1.10.1911 Krankenurlaub
7.12.1912	Versetzung in den Ruhestand zum 1.4.1913, Charakter als Wirklicher Geheimer Rat mit dem Prädikat Exzellenz

Schwarz, Paul

* 12. 6.1882 Mährisch-Ostrau
† 26. 8.1951 Bonn

gebürtiger österr., seit 1.2.1919 dt. Staatsangehöriger

ev.

Eltern: Alois S., Schulrat, Direktor eines Mädchenlyzeums; Hedwig geb. Neumann

∞ I.; II. 20.10.1926 Grace gesch. Scott-Brogden geb. Barry (gebürtige brit. Staatsangehörige)

Realschule in Mährisch-Ostrau – Abitur; Studium an der TH in Brünn und in Leipzig, Berlin und Breslau: Naturwissenschaften – 1. und 2. Staatsexamen, 20.12.1903 Dr.phil.; Tätigkeit in der chemischen und Erdölindustrie, zeitweise in London; Aug./Sept. 1914 Beschaffung von Heizöl im Auftrag des Reichsmarineamts.

31.10.1914	kommissarische Leitung des K Erzerum, Amtsbez. Konsul, Übernahme der Geschäfte 29.11., bis 17.2.1915

Seit 16.7.1915 Tätigkeit für die Zentral-Einkaufsgenossenschaft in Budapest.

19. 3.1917	DA AA, Abt. IV (Nachrichten), Ref. A 1/Österreich-Ungarn, Polen, Balkanstaaten, Türkei, Lektor für die Balkanpresse
4.11.1918	DA K Prag, 28.2. bis 2.4.1919 in tschechoslowak. Haft, dann in Marienbad, Abreise 20.6.1919
17.12.1918	Amtsbez. Vizekonsul

Seit 1.8.1919 beim preuß. Staatskommissar für die Überwachung der öffentlichen Ordnung, Hilfsarbeiter, Leiter des Nachrichtendienstes, 18.12.1919 Amtsbez. Regierungsrat, seit 13.2.1922 beim Reichskommissar für Überwachung der öffentlichen Ordnung.- DDP.

26. 8.1922	Konsul in Lodz (Posten nicht angetreten)
10.10.1922	DA AA, Abt. IVa (Osteuropa, Skandinavien)

27.10.1922	GK Neapel, kommissarische Beschäftigung, DA 4.11., bis 8.3.1923
24. 2.1923	GK Mailand, DA 12.3., bis Dez.
6.11.1923	AA, DA 18.12., Abt. IVb (Ostasien), Ref. N/Wirtschaftliches Nachrichtenwesen (seit 1.9.1924 Sonderref. N/Außenhandelsnachrichtendienst), seit April 1924 Leitung des Ref.
4. 7.1923	Diplomatisch-konsularische Prüfung
26. 9.1924	Amtsbez. Legationsrat
17.12.1924	Reichskommissar für die Mailänder Mustermesse
9. 2.1925	Legationsrat
12. 5.1926	Konsul in Colombo, Übernahme der Geschäfte 16.12., seit 1.8.1928 Urlaub
3. 6.1926	Konsul I.Kl.
9. 4.1929	GK New York, kommissarische Beschäftigung, DA 29.4., bis 11.4.1933, 25.8. bis 28.10.1929 und 13.7. bis 25.8.1930 kommissarische Leitung des GK Chicago
29. 4.1933	Entlassung aus dem Reichsdienst (aufgrund § 4 des Gesetzes zur Wiederherstellung des Berufsbeamtentums vom 7.4.1933)

Dann Wohnsitz in New York, Mitarbeiter der „New Yorker Staats-Zeitung und Herold", Berater des amerik. Justizministeriums in Emigrationsangelegenheiten; 28.11.1941 Ausbürgerung (11. Verordnung zum Reichsbürgergesetz), 2.8.1951 Rückkehr nach Deutschland.

21. 8.1952	Amtsbez. Generalkonsul II.Kl. (posthumer Wiedergutmachungsbescheid gemäß Gesetz zur Regelung der Wiedergutmachung nationalsozialistischen Unrechts für Angehörige des öffentlichen Dienstes vom 11.5.1951)

Literatur:

Paul Schwarz: Die Chemische Industrie auf der Düsseldorfer Ausstellung, in: Österreichische Chemikerzeitung (1902); ders.: Beiträge zur Kenntnis der Aldehydine und der Azimide. Diss. Breslau 1904; ders.: Die soziale Lage der galizischen Erdölarbeiter. Leipzig 1905; ders.: Festschrift für den 3. Internationalen Petroleumkongreß in Bukarest September 1907. Berlin 1907; ders.: Die Beteiligung deutschen Kapitals an der galizischen Erdolindustrie. Berlin 1907; ders.: Ein Reichspetroleummonopol? Berlin 1908; ders.: Der internationale Petroleumhandel. Berlin 1912; ders.: This Man Ribbentrop. His Life and Times. New York 1943.

Schwarz, (Karl Rudolf) Rudi

* 28.10.1914 Köln
† 2. 1.2005 Künzelsau

ev.

Eltern: Richard S., Oberlandesjustizrat, Geheimer Justizrat; Henriette (Henny) geb. Ross

∞ 27.4.1940 Mathilde geb. Ziegler

1933 Abitur; Studium in Bonn und Köln: Jura – 23.9.1939 Referendarexamen, Dr.jur.; dann im Justizdienst; Militärdienst: Hauptmann.- 1.5.1937 NSDAP.

6. 2.1943	AA, Dienstvertrag als Wissenschaftlicher Hilfsarbeiter, DA 3.2., Abt. D (Deutschland), Ref. Org./Organisationsfragen des Auswärtigen Dienstes, zusammenfassende Bearbeitung aller Angelegenheiten der Auslandspropaganda („Sonderref. Krümmer")
16. 9.1943	Politische Abt., Ref. IVb/Südosteuropa
27. 6.1944	G Bern, DA 14.8.

Literatur:

Karl Rudolf Schwarz: Die Außenpolitik der Dominien von Kanada, Südafrika und Australien als Beitrag zu der Frage des Völkerrechts und des Britischen Reichsrechts. Gibt es eine Empire- oder Commonwealthaußenpolitik? Diss. Köln 1939.

Schwarz, Werner

* 17. 3.1890 Eberswalde
† 26. 4.1971 Bonn

ev.

Eltern: Dr. Frank S., Professor für Botanik, Rektor der Forstlichen Hochschule Eberswalde; Maria geb. Rümelin

∞ 23.4.1919 Ruth geb. Liebermann von Wahlendorff (Vater: Dr.jur. Paul L.v.W., Landrichter)

Kind: Hans-Albrecht (2.8.1922)

Kaiser Wilhelm-Gymnasium in Eberswalde – Frühjahr 1908 Abitur; Studium in Cambridge, Tübingen und Berlin: englische Geschichte, Volkswirtschaft, Jura –

21.7.1913 Dr.jur., 13.3.1915 Referendarexamen; 14. bis 24.2.1915 und 27.9.1915 bis 18.9.1916 Militärdienst; 20.4. bis 26.9.1915 und 19.9.1916 bis 11.11.1918 Hilfsarbeiter bei der Gefangenenfürsorge des Deutschen Roten Kreuzes; seit 11.6.1915 im preuß. Justizdienst – 4.9.1922 Assessorexamen.

20.12.1922	Einberufung in den Auswärtigen Dienst, AA, Attaché, DA 3.1.1923, Abt. III (Britisches Reich, Amerika, Orient)
30.12.1924	Abt. IV (Osteuropa, Skandinavien, Ostasien)
1. 5.1925	Diplomatisch-konsularische Prüfung
11. 5.1925	G Bukarest, Amtsbez. Legationssekretär, DA 29.5., bis 21.7.1926
23. 6.1926	GK Posen, DA 27.7., bis 13.9.1930
8. 7.1926	Vizekonsul
20. 8.1930	AA, DA 15.9.1930, Abt. IV (Osteuropa, Skandinavien, Ostasien), Ref. Po/Polen, Danzig
7. 9.1936	Personal- und Verwaltungsabt., Ref. D/Bausachen
17. 6.1937	Versetzung in den Ruhestand

Aug. bis 1.11.1946 beim Magistrat Berlin, Leiter des Besatzungskosten- und Kriegsschädenamts Wilmersdorf; dann Referent bei der Verwaltung für Ernährung, Landwirtschaft und Forsten, Sonderbevollmächtigter für Ernährung und Landwirtschaft beim Länderrat des amerik. Besatzungsgebietes, Stuttgart, seit 18.2.1949 Oberregierungsrat im Personalamt der Verwaltung für Wirtschaft des Vereinigten Wirtschaftsgebiets in Frankfurt/Main-Höchst, Hauptabt. V (Außenwirtschaft), 2.9.1949 Senatsrat, zugleich Disziplinarrichter und Mitglied eines Disziplinarhofs des Vereinigten Wirtschaftsgebiets.

21.12.1949	Abordnung in das Bundeskanzleramt, Leitung des Organisationsbüros für die konsularisch-wirtschaftlichen Vertretungen im Ausland (seit 1.4.1950 Dienststelle für Auswärtige Angelegenheiten, seit 15.3.1951 AA), DA 5.1.1950, seit 1.4.1950 stellvertretender Leiter der Abt. I (Personal und Verwaltung)
20.12.1951	Gesandter I.Kl.
15. 5.1953	Wiedergutmachungsbescheid gemäß Gesetz zur Wiedergutmachung nationalsozialistischen Unrechts für Angehörige des öffentlichen Dienstes vom 11.5.1951
3. 3.1954	Gesandter in Montevideo, Übernahme der Geschäfte 12.7., Übergabe des Beglaubigungsschreibens 21.7., bis 31.12.1955
5. 4.1955	Versetzung in den Ruhestand, jedoch Weiterbeschäftigung als Angestellter

Literatur:

Werner Schwarz: Die staatsrechtliche Stellung des Reichskanzlers. Greifswald 1913.

Schwarzmann, Hans

* 16. 2.1913 Aschaffenburg
† 13. 2.1994 Tegernsee

ev.

Eltern: Dr.jur. Albert S., Rechtsanwalt; Hedwig geb. Dingler

∞ I. 28.12.1937 Liselotte geb. Schultz; II. 8.12.1975 Christine verw. Brandt geb. Knappe (Vater: Johannes K., Kaufmann)

Kinder aus I. Ehe: Hans-Albrecht (28.2.1939), Marie-Therese (10.12.1940), Bettina (23.3.1943), Angelika (10.4.1945); aus I. Ehe der II. Frau: Christof (24.11.1956), Ina (11.12.1961)

Landerziehungsheim Unterschondorf/Ammersee und Gymnasium in Aschaffenburg – 1932 Abitur; 1932 bis 1936 Studium in München, Erlangen und Königsberg i.Pr.: Jura, Volkswirtschaft – 20.12.1935 1. juristisches Examen, 12.8.1936 Dr.jur., 2.11.1936 Diplom-Volkswirt; dann Volontär bei der Cement Marketing Company, London, seit 15.7.1937 2. Geschäftsführer der International Cement Export Conference, Paris, seit 21.9.1939 bei der Reichsstelle für Steine und Erden, Berlin, dann bei den Portland Cement Werken, Heidelberg.- 1.5.1933 NSDAP, 1.5. bis 1.8.1933 SA.

1. 2.1940	DA AA, Wissenschaftlicher Hilfsarbeiter, Wirtschaftspolitische Abt., Ref. V/Nordeuropa
16. 4.1940	G Kopenhagen, Amtsbez. Attaché, DA 16.4., bis 24.8.
25. 8.1940	DA AA, Büro RAM, Verbindungsstab zum Botschafter Abetz
29. 5.1941	Legationssekretär
5.11.1941	GK Algier, Vizekonsul, 2.12. bis Ende Januar 1942 kommissarische Beschäftigung am GK Casablanca, DA in Algier 2.2., bis 8.11.1942 (Schließung des GK), dann in amerik. Internierung in Algier, England und Staunton/Virginia, 5.3.1944 Rückkehr nach Deutschland
25. 3.1944	AA, DA 28.3, Handelspolitische Abt.
30. 4.1944	Legationsrat
10. 6.1944	Persönlicher Stab RAM
28. 7.1944	Militärdienst

1945 bis 1947 Dolmetscher bei der amerik. Militärregierung in Landberg/Lech und in Mannheim; seit 16.12.1947 Referent in der Bayer. Staatskanzlei, 30.11.1949 Regierungsrat.

18. 7.1950	Einberufung in den Auswärtigen Dienst, Bundeskanzleramt, Dienststelle für Auswärtige Angelegenheiten (seit 15.3.1951 AA), DA 2.8., Abt. I (Personal und Verwaltung), später Leitung des Ref. K/Angelegenheiten der Kultur, Presse- und Sozialreferenten
18. 8.1952	Legationsrat I.Kl.
27. 3.1953	Konsul in Kapstadt, DA 6.6., Übernahme der Geschäfte 28.8., bis 25.10.1956
1. 9.1956	B Buenos Aires, Botschaftsrat, DA 5.11., bis 7.6.1958
12. 5.1958	AA, Vortragender Legationsrat I.Kl., DA 16.6., beim Inspekteur der diplomatischen und konsularischen Vertretungen im Ausland, Leitung des Ref. 992/Ausbildung
13.12.1960	Botschafter in Beirut, Übernahme der Geschäfte 25.1.1961, Übergabe des Beglaubigungsschreibens 3.2., bis 25.8.1964
6. 7.1964	Leitung der Dienststelle des AA in Berlin, DA in Bonn 2.9., Übernahme der Geschäfte in Berlin 10.9., bis 19.3.1966
11. 2.1966	AA, DA 21.3., Leitung der Abt. Protokoll
17. 5.1966	Botschafter
4.12.1970	Ministerialdirektor
5.10.1971	Botschafter in Mexiko, Übernahme der Geschäfte 15.12., Übergabe des Beglaubigungsschreibens 7.1.1972, bis 5.12.1975
25.11.1975	Botschafter in Rabat, Übernahme der Geschäfte 22.3.1976, Übergabe des Beglaubigungsschreibens 8.3.1976, bis 27.2.1978
12.11.1977	Versetzung in den Ruhestand
1.10.1980	AA, Dienstvertrag, Unterstützung des Chefs des Protokolls bei dem Projekt Gästehaus der Bundesregierung auf dem Petersberg
18. 2.1982	Beendigung des Dienstverhältnisses zum 31.3.

Literatur:

Hans Schwarzmann: Die Anfechtung der Annahme der Erbschaft wegen Irrtums. Coburg 1936.

Schweckendieck, Arnold

* 13. 2.1875 Aurich

† 15.12.1934 Berlin

ev.-luth.

Eltern: Karl S., Wirklicher Geheimer Oberregierungsrat, 1893 bis 1898 Mitglied des preuß. Abgeordnetenhauses (Nationalliberale); Meta geb. Schnedermann

∞ 22.3.1923 Helga Sommer geb. Schütt (Vater: Otto S., Ingenieur)

Gymnasium in Oels/Schlesien – Abitur; Studium in Göttingen, Lausanne, Breslau, München und Berlin: Jura – 1898 Referendarexamen; 1898 bis 1906 im preuß. Justizdienst; 1906 bis 1908 Tätigkeit in der Montanindustrie, dann bei Banken in London, Paris und New York, seit 9.11.1914 bei der Deutsch-Asiatischen Bank in Berlin, seit 16.4.1917 Angestellter beim Reichskommissar für Übergangswirtschaft, seit 1.2.1918 im Reichswirtschaftsministerium.

1. 3.1919	DA AA, Außenhandelsstelle (seit 31.7.1920 Abt. X), Ref. L.14/ Vereinigte Staaten von Amerika
5. 1.1921	Leitung des Ref. V/England und Kolonien ohne Kanada
1.10.1921	Abt. V (England) und Abt. VI (Amerika)(seit 1.1.1922 Abt. III/England, Amerika, Orient), Ref. Wirtschaftliches Nachrichtenwesen England samt Besitzungen ohne Orient, 15.10.1928 bis 29.6.1929 und 1.12.1931 bis 23.1.1932 kommissarische Leitung des WK Davos

Schwedler, Karl („Charlie")

* 13. 8.1902 Duisburg
† 20. 6.1970 Feldafing

ev.

Eltern: Emil S., Klempnermeister; Anna geb. Müller

∞ I.; II. 17.10.1944 Katharina Kirchner geb. Ott (Vater: Wilhelm O., Bauführer)

Kind: Bernd (8.12.1944)

Kaufmann, 1923 bis 2.9.1939 Aufenthalt in den USA, Leitung einer Künstleragentur.

11.1939	AA, Wissenschaftlicher Hilfsarbeiter, Kulturpolitische Abt., Ref. R/Rundfunkangelegenheiten (seit 22.7.1941 Rundfunkabt., seit 13.2.1942 Rundfunkpolitische Abt.), Ref. IX/USA, Zusammenstellung von Rundfunksendungen, Sänger und Texter des Propaganda-Swing-Orchesters „Charlie and his Orchestra"
8.12.1944	Militärdienst

Später Unterhaltungs-Manager im Hotel Breidenbacher Hof in Düsseldorf.

Literatur:

Swing. Das deutsche Tanzorchester Lutz Templin als „Charlie and his Orchestra" in 20 nie veröffentlichten Aufnahmen (CD). Köln 2003.

Horst Bergmeier, Rainer Lotz: Charlie and his Orchestra – ein obskures Kapitel der deutschen Jazzgeschichte, in: Wolfram Knauer (Hrsg.): Jazz in Deutschland. Darmstädter Beiträge zur Jazzforschung Bd.4. Hofheim 1996, S. 13-48; dies.: Hitler's Airwaves. The Inside Story of Nazi Radio Broadcasting and Propaganda Swing. New Haven 1997.

Schweimer, Horst Günter

* 11. 2.1913 Essen
† 17. 3.2002 Hamburg

ev., gottgläubig

Eltern: Otto S., Oberregierungsrat; Lilli geb. Maret

∞ 6.6.1942 Hildegard geb. Kühne

Kinder: Vita (20.6.1946), Verena (28.11.1949)

Humboldt-Gymnasium in Essen, Oberrealschule in Göttingen, Landerziehungsheim Schloss Buchenau und Bieberstein und Oberschule in Lübeck – 1931 Prima-Reife; kaufmännische Lehre, Handlungsgehilfe; 1934/35 Studien an der Hochschule für Politik in Berlin; 1935/36 SS-Führerschule in Bad Tölz; seit April 1937 Tätigkeit in der Dienststelle Ribbentrop.- 1.3.1931 NSDAP, 1.3.1931 bis 1.3.1932 SA, 1.3.1932 SS (seit 11.5.1933 in der „Leibstandarte Adolf Hitler", 20.4.1936 Untersturmführer, 30.1.1938 Obersturmführer).

15. 4.1939	Übernahme in den Auswärtigen Dienst, AA, Legationssekretär, DA 19.4., Persönlicher Stab bzw. Adjutantur RAM
23.12.1941	Legationsrat
16. 5.1943	Militärdienst (Waffen-SS, „Leibstandarte Adolf Hitler", Hauptsturmführer d.R.)
23. 2.1943	Legationsrat I.Kl.

Später im Parteivorstand der NPD, Landesvorsitzender der NPD in Hamburg; Reeder.

Schweinitz, Hans Ulrich von

* 9. 5.1908 Sitzmannsdorf/Niederschlesien
† 24. 1.1972 Remagen-Oberwinter

ev.

Eltern: Hans v.S., preuß. Offizier, Bergrat, Kreisrat; Margarete geb. von Prittwitz und Gaffron

∞ 2.10.1939 Renata geb. von Zastrow (Vater: Egon v.Z., preuß. Offizier, Gutsbesitzer, Landesältester)

Kinder: Mark-Ulrich (10.11.1940), Victoria (20.4.1942)

Gymnasium in Liegnitz – 1.3.1927 Abitur; 1927 bis 1930 Studium in Genf, Dijon, Wien, Breslau, an der Konsularakademie und der Orientalischen Akademie in Wien: Jura – 2.7.1929 Abschlussexamen der Konsularakademie, 1929 Examen in der span. Sprache, 21.11.1930 Dr.jur.; 1931/32 Austauschstudent in Buenos Aires, 1.7. bis 30.10.1932 bei der Beratungsstelle für Siedlungswesen, Breslau, 1.11.1932 bis 28.2.1933 Hilfsarbeiter im Agrarpolitischen Büro von Flügge, Berlin, seit 15.5.1933 Tätigkeit bei der Reichsstelle für Außenhandel (RfA), Eildienst für amtliche und private Handelsnachrichten GmbH, Berlin, seit 1.10. deren Korrespondent in Kairo.- 1.5.1933 NSDAP.

18. 5.1934	Einberufung in den Auswärtigen Dienst, AA, Attaché, DA 1.8., Ref. D/Deutschland
16. 3.1935	GK Amsterdam, DA 25.3., seit 28.3.1936 Urlaub
24. 6.1936	Diplomatisch-konsularische Prüfung
9. 7.1936	G Kabul, DA 14.9., bis 13.9.1937
10. 7.1937	AA, DA 25.10., Politische Abt., Ref. III/Südeuropa
9. 1.1939	GK Kattowitz, DA 16.1., seit 13.5.1939 Urlaub
18. 7.1939	beim Vertreter des AA beim Reichsprotektor in Böhmen und Mähren, Prag, DA 31.7.
15. 8.1940	Militärdienst
2. 8.1941	Leitung des WVK Iskenderun (Wiedereinrichtung), DA in Istanbul 6.8., Ankunft in Iskenderun 21.8., Übernahme der Geschäfte 18.9., bis 2.8.1944 (Abbruch der diplomatischen Beziehungen)
21. 8.1941	Vizekonsul
20.10.1942	Konsul

Sept. 1944 bis April 1945 in türk. Internierung, Rückkehr nach Deutschland, Juni 1945 bis Juli 1946 Internierung; 1946/47 beim Deutschen Pressedienst, Hamburg, 1947/48 bei Schenker & Co. Internationale Transporte, Hamburg, 1948/49 Prokurist bei der Internationalen Presseaustausch GmbH, Hamburg, 1.3.1949 bis 15.8.1950 beim Deutschen Industrie- und Handelstag, Handelsvertragsbüro; dann Angestellter im Bundesministerium für Wirtschaft, Abt. V (Handelspolitische Abt.), seit 1.2.1953 Direktor beim Sekretariat des Ministerrats der Europäischen Gemeinschaft für Kohle und Stahl.

23. 6.1955	Einberufung in den Auswärtigen Dienst, AA, Angestellter, Konsul z.Wv., DA 1.7.
29. 9.1955	Abt. 2 (Politik)
27. 1.1956	G (seit 7.3.1958 B) Manila, Amtsbez. Gesandtschaftsrat, DA 18.4., seit Juni 1958 Urlaub
14. 9.1956	Gesandtschaftsrat I.Kl.
5. 9.1958	AA, Legationsrat I.Kl., DA 2.10., Abt. 4 (Handelspolitik), Leitung des Ref. 414/Nord- und Mittelamerika

16.11.1959	Vortragender Legationsrat I.Kl.
15. 2.1962	Botschafter in Bangkok, Übernahme der Geschäfte 31.3., Übergabe des Beglaubigungsschreibens 7.5., bis 14.7.1967
12. 6.1967	Botschafter in Nairobi, Übernahme der Geschäfte 1.8., Übergabe des Beglaubigungsschreibens 3.8., bis 30.4.1970, seit 25.8.1967 zugleich Konsul für die Seychellen
8. 1.1970	Versetzung in den einstweiligen Ruhestand

Literatur:

Hans Ulrich von Schweinitz: Der Schutz der nationalen Minderheiten als Aufgabe des Völkerbundes aus den Friedensverträgen. Ohlau 1930 (Nachdruck Nendeln 1978); Julius Oskar Reichenheim, Hans Ulrich von Schweinitz: Luftverkehr und Staat. Die Organisation d. Handelsluftfahrt in sämtlichen Ländern. Berlin 1933.

Schweinitz, Lothar von

* 30.12.1822 Kleinkrichen bei Lüben/Schlesien
† 23. 6.1901 Kassel

ev.

Eltern: Heinrich v.S., Gutsbesitzer, Landrat, Direktor der Ritterakademie in Liegnitz/Schlesien; Emilie geb. von Heugel

⚭ 18.10.1872 Anna geb. Jay (gebürtige amerik. Staatsangehörige; Vater: John J., Jurist, Diplomat)

Kinder: Wilhelm (16.11.1873), Eleonore (21.2.1875), Maria (20.4.1876), Hubert (30.11.1877), Heinrich (16.8.1880), Bernhard (14.3.1883), Guido (23.7.1884), Eberhard (3.1.1886), Friedrich (29.5.1889), Viktor (29.6.1895)

Privatunterricht, Gymnasium St. Maria Magdalena in Breslau; seit 28.11.1840 im preuß. Militärdienst: 25.9.1841 Sekonde-Lieutenant, 22.6.1852 Premier-Lieutenant, 3.6.1854 Adjutant beim Oberkommando der Bundestruppen in Frankfurt/Main, 14.6.1856 Hauptmann, 25.10.1857 zur Dienstleistung beim Prinzen Friedrich Wilhelm von Preußen kommandiert, 24.12.1857 dessen persönlicher Adjutant, 24.12.1860 Militärattaché in Wien, 7.3.1863 persönlicher Adjutant des Kronprinzen Friedrich Wilhelm, 1864 Teilnahme am Krieg gegen Dänemark, 18.4.1865 Flügeladjutant des Königs, 10.6.1865 Oberstleutnant, 18.6.1865 bis 7.11.1869 Militärbevollmächtigter in St. Petersburg, 31.12.1866 Oberst, 15.10.1869 Charakter als Generalmajor, 18.8.1871 Generalmajor, 16.12.1871 Charakter als Generalleutnant, 22.3.1875 ks. Generaladjutant, 22.3.1877 Generalleutnant, 20.9.1884 General der Infanterie.

9.12.1869	Gesandter des Norddeutschen Bundes in Wien, Übernahme der Geschäfte 18.12., Übergabe des Beglaubigungsschreibens 22.12., als dt. Gesandter 19.4.1871
30.11.1871	Botschafter (Umwandlung der G in eine B), Übergabe des Beglaubigungsschreibens 16.12., bis 5.2.1876
23. 2.1876	Botschafter in St. Petersburg, Übernahme der Geschäfte 2.3., Übergabe des Beglaubigungsschreibens 4.3., bis 16.12.1892
5.12.1892	Versetzung in den Ruhestand

Dann Wohnsitz in Kassel.

Literatur:

Lothar von Schweinitz: Der Orden vom goldenen Vließ. Potsdam 1854; ders.: Denkwürdigkeiten des Botschafters General von Schweinitz. 2 Bde. Berlin 1927/28; ders.: Briefwechsel des Botschafters General von Schweinitz. Berlin 1928.

Friedrich Thimme: Aus dem Nachlasse des Botschafters von Schweinitz, in: Archiv für Politik und Geschichte 1 (1923), S. 63-77; Hans Otto Meissner: Lothar von Schweinitz, in: Schlesische Lebensbilder 4 (1931), S. 379-388; Hans Rothfels: Die Denkwürdigkeiten des Generals von Schweinitz, in: HZ 138 (1928), S. 71- 78; Alfred Helms: Der Botschafter Hans Lothar von Schweinitz und seine politische Gedankenwelt. Schwerin 1933; Johanna Seligmann: Hans Lothar von Schweinitz. Limburg/Lahn 1936; Alois Pfitzer: Prinz Heinrich VII. Reuß, General von Schweinitz, Fürst Münster als Mitarbeiter Bismarcks. Buchau, Schussenried, Aulendorf 1936; Otto Weber-Krohse: Hans Lothar von Schweinitz, der Botschafter Wilhelms I., als Charakter und Staatsmann. Hannoversch Münden 1937; Jörg Kastl: Am straffen Zügel. Bismarcks Botschafter in Russland. München 1994.

Nachlass im Bundesarchiv.

Schweitzer, Ferdinand Freiherr von

* 6. 3.1827 Karlsruhe
† 6.10.1906 Rom

kath.

Eltern: Ferdinand Allesina Freiherr v.S., bad. Diplomat; Marie geb. Reichsfreiin von Weiler

⚭ Juli 1862 Cäcile geb. Granier (gebürtige franz. Staatsangehörige)

Gymnasien in Paris und Karlsruhe; 1845 bis 1848 Studium in Berlin, München und Heidelberg: Jura – Frühjahr 1850 juristisches Examen; seit 13.6.1850 im bad. Justiz- und Verwaltungsdienst; 1865 Ghzgl. bad. Kammerherr.

21.12.1851	Einberufung in den bad. Auswärtigen Dienst (diplomatische Laufbahn), Ministerium der Auswärtigen Angelegenheiten, DA 1.2.1852

1. 6.1853	Sekretariatspraktikant
21.12.1852	Legationssekretär
1858	G Berlin, Charakter als Legationsrat
1859	G Wien
1862	G Paris
1864	Ministerresident in Turin
1866	Ministerresident in Florenz
1870	Ministerresident in Wien
1.10.1871	Versetzung in den Ruhestand, ghzgl. bad. Wirklicher Legationsrat
5. 1.1872	Einberufung in den Auswärtigen Dienst, AA, Diätar
12.12.1873	G Rom, Wahrnehmung der Aufgaben des 2. Legationssekretärs, DA 1.1.1874
26. 3.1881	Entlassung aus dem Reichsdienst zum 1.6.

Schwendemann, Karl

* 24. 6.1891 Lahr/Baden
† 6. 8.1974 München

kath.

Eltern: Roman S., Gewerbelehrer; Maria geb. Walter

∞ 26.10.1937 Frieda geb. Kopf (Vater: August K., Verwaltungsbeamter)

Gymnasium in Lahr/Baden – 1909 Abitur; 1909 bis 1914 Studium in Freiburg i.Br., München, Berlin und Heidelberg: Archäologie, Kunstgeschichte, Geschichte, Literaturgeschichte, Philosophie – Juli 1914 Dr.phil.; dann Assistent an der TH Karlsruhe; Juli 1916 bis Nov. 1917 Militärdienst.- 1930 bis 1933 Zentrum.

16.11.1917	DA G Den Haag, Angestellter, bis Okt. 1921, zuletzt Presseattaché
10.1921	G Brüssel, Pressebeirat
1.11.1922	Einberufung in den Auswärtigen Dienst, AA, Attaché, DA 3.1.1923, Abt. IVa (Osteuropa, Skandinavien), Ref. Po/Polen, Herbst 1924 Sprachstudien in Oxford
2. 1.1925	DA AA, Abt. III (Britisches Reich, Amerika, Orient), Schuldref.
1. 5.1925	Abt. P (Presse), Ref. IIa, Sachgebiet: Frankreich und Kolonien, Belgien und Kolonien, Luxemburg, Elsaß-Lothringen, Schuldfrage, zeitweise auch Zuständigkeit für Niederlande, Schweiz,

225

	Spanien und Südamerika, Okt. 1925 Teilnahme an der Konferenz von Locarno
11. 5.1925	Diplomatisch-konsularische Prüfung
18. 5.1925	Amtsbez. Legationssekretär
22. 5.1926	Legationssekretär
13. 7.1928	Abt. III (Britisches Reich, Amerika, Orient), Leitung des Schuldref., zugleich Vertreter des AA beim PUA des Reichstags
23.12.1929	Legationsrat
1.1931	Abt. II (West- und Südosteuropa), Ref. F/Abrüstung, Aufgabengebiet: Abrüstungs- und Sicherheitsfragen, seit Febr. 1932 zugleich Sekretär der dt. Delegation zu Abrüstungskonferenz in Genf
6. 3.1934	Legationsrat I.Kl.
29.10.1935	B Paris, DA 14.11., bis 13.4.1936
9. 1.1936	Gesandtschaftsrat I.Kl.
9. 3.1936	B Madrid, DA 22.4., Leitung der Konsular- und Wirtschaftsabt., seit 18.10.1937 Urlaub
6. 9.1937	AA, DA 20.12., Politische Abt., Ref. III/Südeuropa außer Italien, Aufgabengebiet: Spanien, Portugal
23.10.1937	Legationsrat I.Kl.
11. 6.1940	B Madrid, kommissarische Beschäftigung, DA 11.6., bis 11.4.1941
20.10.1940	Vortragender Legationsrat
10. 4.1941	AA, DA 21.4., Informationsabt., Leitung des Ref. VIII/Iberische Halbinsel und Südamerika
31. 7.1941	B Paris, DA 2.8., Leitung der Presseabt., 18. bis 31.8.1944 in der Ausweichstelle der B in Gérardmer, dann in Belfort, zuletzt in Freiburg i.Br.
4.10.1943	Botschaftsrat
27.10.1944	AA, DA 1.11., Weihnachten 1944 bis 22.1.1945 und seit 3.2.1945 in Baden-Baden, „Abfassung einer Broschüre über die dt.-finn. Waffenbrüderschaft"
30. 1.1945	Versetzung in den einstweiligen Ruhestand

29.4.1945 bis 1.3.1946 in franz. Internierung; dann Wohnsitz in München.

28. 4.1952	Einberufung in den Auswärtigen Dienst, AA, DA 12.5.
23. 5.1952	Gesandter
26. 5.1952	Gesandter in Bogotá (Wiedereinrichtung), Ankunft 18.12., Übergabe des Beglaubigungsschreibens 13.1.1953
10. 2.1953	Amtsbez. Botschafter, Übergabe des Beglaubigungsschreibens 7.4. (Umwandlung der G in eine B), bis 31.5.1956
4.12.1953	Botschafter

16. 5.1956	Versetzung in den Ruhestand
14. 9.1956	DA AA, Leitung eines Stabes für Orientfragen, bis 30.9.
20. 9.1956	Dienstvertrag als Angestellter

Literatur:

Nikolaas Japikse: Die Stellung Hollands im Weltkrieg politisch und wirtschaftlich. Nach der Handschrift übers. v. Karl Schwendemann. Gotha 1921; ders.: Frankreich in Belgien. Eine kulturpolitische Studie. Berlin 1924 (Einzelschriften zur Politik und Geschichte 4); ders.: Deutsche und europäische Politik von 1871-1914, in: Zehn Jahre Versailles. Berlin (1929), S.29-50; ders.: Grundzüge der Balkanpolitik Österreich-Ungarns von 1908-1914. Berlin 1930; ders.: Abrüstung und Sicherheit. Handbuch der Sicherheitsfrage mit einer Sammlung der wichtigsten Dokumente. Leipzig 1931; ders.: Wirkliche oder scheinbare Abrüstung? Der Konventionsentwurf der vorbereitenden Abrüstungskommission. Leipzig 1931 (franz. Paris 1932, engl. London 1932); ders.: Das Abrüstungssystem der Friedensverträge im Lichte der allgemeinen Abrüstungskonferenz, in: Berliner Monatshefte 10 (1932), H. Okt.; ders.: L' évolution de la question du désarmement depuis la fin de las première phase de la Conférence. La lutte de l'Allemagne pour l'égalité des droits, in: La marche des négociations relatives au désarmement depuis l'ouverture de la Conférence pour la réduction et la limitation des armements, 2 février 1932, jusqu'à la fin de l'année 1932 (1933), S.40-60; ders.: Frankreich. Berlin 1932 (Weltpolitische Bücherei 27/28) Gleiches Recht und gleiche Sicherheit. Berlin 1934; ders.: Versailles nach 15 Jahren. Der Stand der Revision des Versailler Diktats. Berlin 1935.

Nachlass im Politischen Archiv des Auswärtigen Amts.

Schwerin, Albert von

* 2. 4.1870 Wustrau/Ruppin
† 7. 3.1956 Tanzenhaid/Franken

cv.

Eltern: Albert Graf von S.-Ziethen, Rittergutsbesitzer, Mitglied des preuß. Herrenhauses; Constanze geb. Freiin von Derschau

∞ 12.10.1897 Enole geb. von Mendelssohn-Bartholdy (Vater: Ernst v.M.-B., Kommerzienrat, dän. Generalkonsul, Mitglied des preuß. Herrenhauses)

Kinder: Hans-Bone (10.7.1898), Dorothea (25.8.1903), Erckhinger (17.11.1906), Rolf (14.10.1907), Kordula (11.9.1917), Jürgen (24.1.1919)

Gymnasien in Gütersloh und Baden-Baden – Juli 1890 Abitur; 1890 bis 1893 Studium in Lausanne und Berlin: Jura – 24.11.1893 Referendarexamen, 30.11.1893 Dr.jur.; seit 5.12.1893 im preuß. Justizdienst; 12.2.1900 Kgl. preuß. Kammerjunker.

2. 4.1895	Einberufung in den Auswärtigen Dienst (diplomatische Laufbahn), Attaché

8. 4.1895	B Washington, DA 24.5., bis Anfang Febr. 1896
4. 1.1896	G Brüssel, DA 17.2., bis 15.8.
29. 8.1896	AA, DA 1.10, Abt. II (Handelspolitik)
4. 6.1898	Diplomatische Prüfung
5. 6.1898	Legationssekretär
28. 7.1898	B Paris, kommissarische Beschäftigung, DA 6.8., bis 8.11.
3.11.1898	G Brüssel, kommissarische Beschäftigung, DA 8.11., bis 9.12., dann ohne Verwendung
10.12.1899	MR Caracas, DA 5.2.1900, bis 14.8.1901
17. 6.1901	kommissarische Leitung der MR Port-au-Prince, Übernahme der Geschäfte 21.8, bis Ende Okt., dann Krankenurlaub, seit 1.5.1902 Urlaub ohne Bezüge
7. 4.1903	G Stockholm, DA 21.4., bis 20.2.1905, dann Urlaub, seit 1.7.1905 Urlaub ohne Bezüge
14. 1.1905	Charakter als Legationsrat
21. 5.1906	Versetzung in den Ruhestand

Bis 1938 Wohnsitz in Obersteinbach bei Neustadt a.d. Aisch, dann Tanzenhaid/ Mittelfranken.

Literatur:

Albert von Schwerin: Heimstätten – eine Lösung der Arbeiter-Frage auf dem Lande. Berlin 1916; ders., Adolf Damaschke u.a.: Der Neuaufbau der deutschen Familie und die Wohnungsfrage. Darmstadt 1917; ders.: Eine Laienpredigt über die Wohltätigkeit. Die Bodenreform als Befreiung. Berlin 1912. (Soziale Zeitfragen. Beiträge zu den Kämpfen der Gegenwart).

Schwerin, Eberhard Graf von

* 11. 7.1882 Weilburg
† 5. 4.1954 Gießen

ev.

Eltern: Karl Graf v.S., preuß. Landrat; Luise geb. Freiin von Nordeck zu Rabenau

∞ 15.6.1910 Alexandrine geb. Gräfin zu Eulenburg (Vater: Dr.jur. Philipp Fürst z.E. und Hertefeld, Diplomat)

Kind: Harald (9.3.1911)

Wilhelmsgymnasium in Kassel – 29.9.1902 Abitur; 1902 bis 1906 Studium in Bonn, Berlin und Marburg: Jura – 20.3.1907 Referendarexamen; seit 4.5.1907 im preuß. Justizdienst; 14.4.1904 bis 13.4.1905 Einjährig Freiwilliger, 28.2.1908 Leutnant d.R.

10. 7.1908	Einberufung in den Auswärtigen Dienst (diplomatische Laufbahn), G Peking, Attaché, DA 18.8., bis 5.10.1909
14. 1.1910	B Paris, DA 7.2., bis 3.6.
23. 7.1910	AA, DA 1.8., Abt. III (Recht)
15. 8.1910	Abt. IA (Politik)
9. 1.1911	Abt. III (Recht), seit 3.7.1911 Urlaub
23. 2.1912	Diplomatische Prüfung
28. 2.1912	Legationssekretär
8. 3.1913	G Bern, 2. Sekretär, DA 10.4., bis 22.10.1918, 30.7.1914 bis 4.1.1915 Militärdienst (Oberleutnant d.R.)
23. 9.1918	AA, kommissarische Beschäftigung, DA 26.10., Abt. IA (Politik), seit 16.11.1918 Urlaub
29. 5.1919	Versetzung in den einstweiligen Ruhestand
18. 7.1933	Versetzung in den Ruhestand

Verwaltung seiner Güter.

Literatur:

Eberhard Graf von Schwerin: Königlich preußisches Sturm-Bataillon Nr. 5 (Rohr). Nach der Erinnerung aufgezeichnet unter Zuhilfenahme des Tagebuches von Herrn Oberstleutnant Rohr. Zeulenroda 1939 (Aus Deutschlands großer Zeit, 116).

Schwerin, Ulrich Graf von

* 4. 6.1864 Göhren

† 4. 1.1930 Dresden

ev.

Eltern: Wilhelm Graf v.S., Kgl. preuß. Kammerherr, Ghzgl. meckl.-strel. Hofmarschall; Luise geb. Sartorius von Schwanenfeld

∞ 28.5.1895 Freda geb. von Bethmann Hollweg (Vater: Theodor v.B.H.; Majoratsbesitzer)

Kinder: Irmgard (15.5.1896), Ulrich-Wilhelm (21.12.1902), Anna-Luise (26.6.1910)

Gymnasium Carolinum in Neustrelitz und Klosterschule Ilfeld/Harz – 30.8.1884 Abitur; 1884 bis 1887 Studium in Straßburg, Leipzig und Berlin: Jura – 5.12.1887 Referendarexamen; 1.10.1884 bis 30.9.1885 Einjährig Freiwilliger, 17.1.1888 Sekonde-Lieutenant d.R., 17.11.1896 Premier-Lieutenant d.R., 3.7.1903 Rittmeister d.R.; seit 17.1.1888 im preuß. Justizdienst – 24.9.1892 Assessorexamen.

7.10.1893	Einberufung in den Auswärtigen Dienst (konsularische Laufbahn), AA, DA 17.10., Abt. III (Recht)
1. 5.1894	Abt. IB (Personal und Verwaltung)
8. 2.1896	Abt. II (Handelspolitik)
31. 3.1897	kommissarische Leitung der MR Port-au-Prince, Übernahme der Geschäfte 28.4., bis 5.4.1898
21. 1.1987	Übernahme in die diplomatische Laufbahn, Legationssekretär
13. 2.1898	G Belgrad, DA 1.7., bis 15.6.
6. 5.1900	Charakter als Legationsrat
13. 6.1900	AA, kommissarische Beschäftigung, DA 18.6.
10.11.1900	G Kopenhagen, DA 1.12., bis 4.11.1902
30.10.1902	preuß. G München, DA 6.11., bis 29.9.1904
14. 7.1904	B Wien, 1. Sekretär, DA 30.9., bis 10.10.1906
22. 9.1906	Leitung der G Guatemala, zugleich für El Salvador, Nicaragua, Honduras und Costa Rica, Übernahme der Geschäfte 21.11., Übergabe des Beglaubigungsschreibens in Tegucigalpa 15.2.1908, in San José de Costa Rica 4.3., in Guatemala-Stadt 18.3., in Managua 26.3., in San Salvador 4.4., bis 28.4.1909
10. 1.1907	Gesandter
27. 6.1909	Gesandter in Luxemburg, Übernahme der Geschäfte 16.7., Übergabe des Beglaubigungsschreibens 2.8., bis 28.2.1914
22. 1.1914	preuß. Gesandter in Dresden, zugleich für Anhalt, Sachsen-Altenburg, Reuß ä.u.j.L., Übernahme der Geschäfte 2.3., Übergabe des Beglaubigungsschreibens 9.3., in Dessau 27.3., in Gera 31.3., seit 15.2.1919 Urlaub
18.11.1917	Wirklicher Geheimer Rat mit dem Prädikat Exzellenz
6. 6.1919	Versetzung in den einstweiligen Ruhestand
7.1919	Versetzung in den Ruhestand

Schwinner, Alfred

* 19. 2.1891 Wien
† 5. 2.1970 Bodensdorf/Kärnten

gebürtiger österr. Staatsangehöriger

ev.A.B.

geschieden

Gymnasium – 1909 Abitur; 1909/10 Einjährig Freiwilliger; 1910 bis 1914 und 1916/17 Studium an der Konsularakademie in Wien; Aug. 1914 bis Nov. 1916

Militärdienst: Oberleutnant d.R.; seit 1917 im österr. Auswärtigen Dienst, zuletzt Legationsrat II.Kl. an der G Moskau.- Großdeutsche Partei, Heimatschutz, Vaterländische Front, 1.4.1932 österr. NSDAP.

3.1938		B Moskau, bis 22.6.1941 (Kriegszustand)
31. 1.1939		Überleitung in den Reichsdienst mit Wirkung vom 1.10.1938, Amtsbez. Gesandtschaftsrat I.Kl.
5. 4.1939		Gesandtschaftsrat I.Kl.
13. 9.1941		Leitung des WK San Remo, Übernahme der Geschäfte 28.10., bis 26.3.1942
20. 3.1942		Leitung des K Lausanne, Übernahme der Geschäfte 27.4., bis 8.11.
5.10.1942		AA, DA 10.11., Personal- und Verwaltungsabt., Ref. Kontr. T./ Kontrollstelle für den Telegrammverkehr, dann in der Politischen Abt., Ref. XIII/Rußland-Gremium, seit Ende 1943 in der Ausweichstelle des AA in Krummhübel, Aug. 1944 Krankenurlaub in Lausanne
12. 3.1945		Ausscheiden aus dem Beamtenverhältnis (aufgrund § 52 des Deutschen Beamtengesetzes vom 26.1.1937)

Schwörbel, Herbert

* 11.11.1911 Saloniki
† 8. 7.1988 Kiel

kath.

Eltern: Heribert S., Diplomat; Betsy geb. Schmid

∞ 10.7.1937 Ursula geb. Braun (Vater: Arthur B., Rechtsanwalt)

Kinder: Ingrid (1.4.1939), Dieter Herbert (15.12.1940), Klaus (23.7.1942)

Jesuitenkolleg Stella Matutina in Feldkirch/Vorarlberg – 12.3.1930 Abitur; 1930 bis 1934 Studium in Beirut, Wien, Berlin und an der Konsularakademie in Wien: Jura, Wirtschaftswissenschaften, Geschichte – 10.7.1932 Diplomprüfung der Konsularakademie, 28.11.1934 Referendarexamen, 26.7.1939 Dr.jur.; seit 1.1.1935 Bürohilfsarbeiter bei der Reichsstelle für Außenhandel (RfA), Nachrichtenabt., zeitweise Korrespondent in Genf; 11.1.1937 bis 10.9.1938 Tätigkeit beim Pressedienst des Leipziger Messeamts, dann Korrespondent der RfA in Athen.- 7.7.1933 bis 31.8.1939 SA, 1.5.1937 NSDAP.

28. 3.1940	G (seit 1.5.1941 Dienststelle des Bevollmächtigten des Reichs für Griechenland), Athen, Dienstvertrag als Wissenschaftlicher Hilfsarbeiter, DA 14.3., Pressereferent, bis 6.10.1944
27.10.1944	Dienststelle Gesandter Altenburg, Wien
11.11.1944	beim Sonderbevollmächtigten des AA für den Südosten (seit 18.12.1944 Dienststelle des AA für Griechenland, Serbien, Albanien und Montenegro), Wien, Bearbeitung der Presse- und Nachrichtenangelegenheiten

1945 bis 1947 freiberufliche Tätigkeit als Wirtschaftsjournalist und Rechtsberater; 1.5.1947 bis 15.2.1949 Redakteur für Politik und Wirtschafter der „Passauer Neuen Presse", dann Chefredakteur der Vereinigten Wirtschaftsdienst GmbH, Frankfurt/Main, seit 1.1.1950 Geschäftsführer.

7.10.1953	Einberufung in den Auswärtigen Dienst, GK Istanbul, Angestellter, Wahrnehmung der Aufgaben eines Konsuls I.Kl., DA in Bonn 4.1.1954, in Istanbul 18.1., bis 27.7.1955
15.12.1954	Konsul I.Kl.
15. 7.1955	Ständige Vertretung bei der NATO, Paris, Gesandtschaftsrat I.Kl., DA 2.8., bis 13.6.1960
26. 8.1958	Botschaftsrat I.Kl.
9. 5.1960	AA, Vortragender Legationsrat I.Kl., DA 14.6., Abt. 3 (West II), Leitung des Ref. 304/Großbritannien, Fragen des Commonwealth, Australien, Neuseeland, Irland
2. 5.1961	Abt. 1 (Personal und Verwaltung), Leitung des Ref. 112/Haushalt und Finanzen (seit Jan. 1963 Abt. Z, Ref. ZB4)
24. 1.1964	Botschafter in Colombo, Übernahme der Geschäfte 7.4., Übergabe des Beglaubigungsschreibens 19.5., bis 27.3.1968
4. 1.1968	AA, DA 1.4., Abt. III (Handels- und Entwicklungspolitik), seit 7.5. Leitung des Ref. B 2/Grundsatzfragen der technischen und personellen Entwicklungshilfe, seit 1.8.1969 Beurlaubung

Dienstleistung bei der Organisation der Vereinten Nationen für industrielle Entwicklung (UNIDO), Abt. Industrielle Dienste und Einrichtungen, Amtsbez. Gesandter, bis 20.9.1975.

15. 9.1975	Versetzung in den Ruhestand
31. 1.1976	Werkvertrag über die Anfertigung einer „Darstellung der Beschäftigungsmöglichkeiten bei den Vereinten Nationen und ausgewählten Sonderorganisationen des VN-Bereichs"
31. 1.1977	Werkvertrag über die Anfertigung einer „Analyse der personalpolitischen Praxis der Vereinten Nationen und ausgewählter Sonderorganisationen"

Literatur:

Herbert Schwörbel: Gegenwartsbedeutung der Leipziger Messe. Leipzig 1938; ders.: Freiheit der Meere und Meistbegünstigung, ihre völkerrechtliche Geltung unter dem Gesichtspunkt des Rechts der Völker auf Existenz. Leipzig 1939; ders.: Der internationale Beamte im Dienst der Vereinten Nationen. 2., erw. Fassung. Bonn 1980.

Schwörbel, Heribert

* 28. 2.1881 Deutz/Köln
† 5.10.1969

kath.

Eltern: Ludwig S., Gymnasialrektor; Franziska geb. Heitzig

∞ I. Okt. 1910 Elisabeth geb. Schmid; II. 9.7.1932 Helene geb. Passow; III. 30.3.1938 Tatiana geb. Hoessel

Kinder aus I. Ehe: Herbert (11.11.1911), Edgar (14.12.1915); aus III. Ehe: Gabriele (3.4.1940)

Friedrich Wilhelm-Gymnasium in Köln – Ostern 1901 Abitur; 1901 bis 1904 Studium in Straßburg, Berlin und Bonn: Jura – 6.5.1905 Referendarexamen, 24.11.1905 Dr.jur.; seit 14.5.1905 im preuß. Justizdienst, 25.5.1905 bis 11.3.1906 Sprachstudien am Seminar für orientalische Sprachen in Berlin – 24.2.1906 Diplomprüfung in der türk. Sprache.- 1922 Zentrum, SA, 1.5.1937 NSDAP.

27. 6.1906	Einberufung in den Auswärtigen Dienst (Dragomanatsdienst), B Konstantinopel, Dragomanats-Aspirant, DA 24.7., bis 13.8.
27. 7.1908	K Smyrna, DA 15.8., seit 22.2.1910 Urlaub
7. 3.1910	K Saloniki, DA 7.4., seit Mai 1914 Urlaub, Aug./Sept.1914 Militärdienst
31.10.1910	Kanzlerdragoman
17. 9.1914	B Konstantinopel, 2. Dragoman, DA 4.10., bis März 1917 zugleich nebenamtliche Beschäftigung in der Bergwerksabt. des türk. Kriegsministeriums, seit 30.10.1918 (Abbruch der diplomatischen Beziehungen gemäß Art. 23 des Waffenstillstandsvertrages zwischen der Türkei und der Entente) bei der Abt. für den Schutz der dt. Interessen der schwed. G Konstantinopel, seit 18.12.1921 Urlaub
20. 4.1920	Amtsbez. Legationssekretär
28. 6.1920	Versetzung in den einstweiligen Ruhestand, jedoch Weiterbeschäftigung

25. 2.1921	Legationssekretär, später Amtsbez. Gesandtschaftsrat
2. 2.1922	Leitung der Passstelle Frankfurt/Main, Übernahme der Geschäfte 15.2., bis 19.1.1925
2. 6.1923	Versetzung in den einstweiligen Ruhestand, jedoch Weiterbeschäftigung
12. 1.1925	AA, kommissarische Beschäftigung, DA 21.1., Abt. V (Recht), Ref. M/Internationales Recht, Bearbeitung der Bereiche Staatsvertragsrecht, Kolonialrecht, Rotes Kreuz
23.11.1926	Konsul in Beirut (Wiedereinrichtung), Übernahme der Geschäfte 24.1.1927, bis 1.4.1931
17. 7.1929	Konsul I.Kl.
29. 1.1931	Gesandter in Kabul, Übernahme der Geschäfte 2.5.1931, Übergabe des Beglaubigungsschreibens Mai 1931, bis 3.9.1933
20. 7.1933	Versetzung in den einstweiligen Ruhestand
31. 3.1938	AA, Gesandter z.D., DA 1.4., Nachrichten- und Presseabt., Leitung des Ref. VIII/Bulgarien, Griechenland, Orient, dann Leitung des Ref. VII/Orient
25. 9.1943	Leitung des WK Vigo, Übernahme der Geschäfte 1.10.

Literatur:

Heribert Schwörbel: Die staats- und völkerrechtliche Stellung der deutschen Schutzgebiete. Nebst Anhang: Über das Kolonialstaatsrecht Englands und Frankreichs, in: Mitteilungen des Seminars für orientalische Sprachen zu Berlin 9 (1906), Abt. 3; ders.: Die Konsulargerichtsbarkeit und die Gerichtsbarkeit der gemischten Gerichtshöfe in Ägypten in ihrer historischen Entwickelung und ihrem gegenwärtigen Zustand unter spezieller Berücksichtigung der deutschen Interessen, in: Mitteilungen der Seminars für orientalische Sprachen zu Berlin 9 (1906), Abt. 2; Herbert (d.i. Heribert) Schwörbel: Syrien, in: Paul Schmidt (Hrsg.): Revolution im Mittelmeer. Der Kampf um den italienischen Lebensraum. Berlin 1940, S. 157-162.

Schyia, Severin

* 21. 4.1906 Junkerbrück/Westpreußen

gottgläubig

Eltern: Karl. S.; Anna geb. Wiese

∞ 7.7.1936 Isolde geb. Richter

Kinder: Dietgart (9.4.1938), Gerrit (22.5.1941)

1925 Abitur; Studium in Königsberg i.Pr., 1931 1. Staatsexamen für das höhere Lehramt; 1.4.1932 bis 31.3.1942 im preuß. Schuldienst – Febr. 1934 2. Staatsexamen für das höhere Lehramt; 1934 bis 1937 Lehrer an der Dr. Krügerschen Vorbereitungsanstalt in Berlin, dann am dt.-russ. Gymnasium in Berlin; Militärdienst.

13. 5.1941	DA AA, Abordnung, Personal- und Verwaltungsabt., Ref. Z/ Chiffrier- und Nachrichtenwesen, seit 3.12.1943 in der Ausweichstelle des AA in Hirschberg
21. 9.1942	Dienstvertrag als Wissenschaftlicher Hilfsarbeiter
15. 9.1944	Militärdienst (Waffen-SS, Totenkopfstandarte)

Später wieder Lehrer, 1961 bis 1963 am Rethelgymnasium in Düsseldorf, 1963 bis 1971 für Mathematik, Physik und Sport an der Dt. Schule in Istanbul.

Scotti, Robert

* 1. 8.1818 Düsseldorf

† 7. 1.1891 Galatz

ev.

Eltern: Johann Joseph S., Rechnungsrat; Luise geb. Wintgens

∞ 11.5.1844 Celestine geb. Menéstrier (gebürtige franz. Staatsangehörige; Vater: Paul M., Privatier)

Adoptivtochter: Marie (ca. 1885)

Gymnasium in Düsseldorf; 1836 bis 1839 kaufmännische Lehre in Köln, 1839/40 Einjährig Freiwilliger, Tätigkeit im Bankhaus J.H. Stein in Köln, Buchhalter in Iserlohn; seit 1847 im Fürstentum Moldau; 1849 gemeinsam mit seiner Frau Gründung eines franz. Erziehungsinstituts für junge Mädchen in Galatz, Lehrer an demselben, zugleich kaufmännischer Agent, später auch Privatlehrer.

16. 1.1873	DA K Galatz, Wahrnehmung der Dragomanatsgeschäfte, bis 31.5.1889, 1880 zeitweise kommissarische Leitung des K Jassy
8.12.1873	Dragoman
3. 2.1889	Versetzung in den Ruhestand

Sechtem, Elisabeth

* 26. 5.1902 Köln

kath.

Eltern: Andreas S., Postdirektor; Elisabeth geb. Vetter

geschieden

Lyzeum – 1918 Abitur; Sprachunterricht, Studien an der Sozialen Frauenschule und der Reimannschule in Berlin; seit 1.9.1939 Tätigkeit beim Amt Ausland/

Abwehr des OKW, Abt. II (Sabotage und Sonderaufgaben); 22.1.1945 Dolmetscherexamen in der franz. Sprache vor der Reichsfachschaft für das Dolmetscherwesen.

1. 3.1945	DA AA, Dienstvertrag als Wissenschaftliche Hilfsarbeiterin

Seckendorff, Curt Graf von

* 26. 6.1840 Berlin

† 22. 8.1895 Charlottenburg/Berlin

ev.

Eltern: Theodor Graf v.S., preuß. Diplomat, Kgl. preuß. Kammerherr; Auguste geb. Gräfin von Fernemont

⚭ 5.10.1873 Hertha geb. Freiin von Gaertner-Griebenow (Vater: Wilhelm Freiherr v.G.-G., preuß. Offizier)

Kinder: Helene (11.7.1875), Alexandra (4.2.1879)

Erziehungsanstalt in Schnepfenthal und Klosterschule in Roßleben – 26.9.1858 Abitur; 1858 bis 1861 Studium in München, Genf und Berlin: Jura – 8.10.1861 Auskultatorexamen; seit 13.11.1861 im preuß. Justizdienst – 24.4.1865 Referendarexamen; seit 9.5.1865 im preuß. Verwaltungsdienst – 14.4.1870 Assessorexamen; 8.9.1865 Kgl. preuß. Kammerjunker, 8.12.1880 Kammerherr.

31.10.1872	Einberufung in den Auswärtigen Dienst (Expeditionsfach), AA, DA 4.11., Abt. II (Handels-, Rechts- und Konsularsachen), seit 5.1.1879 in Abt. IB (Personal- und Kassensachen)
24. 1.1875	Expedient
12. 2.1878	Charakter als Legationsrat
28. 1.1882	Leitung des Ref. Kunst und Wissenschaft (seit 20.4.1881 bei Abt. II), 28.10.1882 bis 16.6.1884 zugleich kommissarische Leitung des Ref. für Hof-, Zeremonial- und Etikettesachen (Abt. IB)
23.12.1882	Ständiger Hilfsarbeiter
29. 5.1884	Leitung des Ref. für Kirchen- und Schulsachen (Abt. II), seit 9.3.1885 zugleich kommissarische Leitung des Ref. Beglaubigungen, Verteilung und Austausch amtlicher Drucksachen (Abt. II)
1. 4.1885	Abt. IB (Personal und Verwaltung)
19. 4.1887	Versetzung in den einstweiligen Ruhestand

Seckendorff, Edwin Freiherr von

* 2.10.1854 Debschwitz/Gera
† 1. 2.1933 Hechingen

ev.-luth.

Eltern: Evan Freiherr v.S., preuß. Offizier, Fürstlich reuß-schleizischer Kammerherr; Pauline geb. von Flemming

∞ 8.3.1893 Margarethe (Daisy) geb. von Porbeck (Vater: Friedrich v.P., preuß. Offizier, Ghzgl. bad. Kammerherr)

Gymnasium und Realschule in Gera – Sekunda-Reife; seit 1869 Seemann, 1873 Kaufmann in San Francisco, seit 1875 in Japan, Lehrer für die dt. Sprache an der Schule für fremde Sprachen in Tokyo, währenddessen 15.2. bis 1.5.1878 aushilfsweise Beschäftigung an der MR Tokyo.

17.11.1879	Einberufung in den Auswärtigen Dienst (Dolmetscherdienst), G Peking, Dolmetscher-Eleve, DA 12.3.1880, bis Okt. 1882
17.10.1882	K Canton, Dolmetscher, DA 26.10., bis 1.4.1883
29. 3.1883	kommissarische Leitung des VK Swatau, Übernahme der Geschäfte 7.4., bis 19.6.1889, 13.8.1886 bis 17.7.1887 Urlaub, währenddessen volkswirtschaftliche und juristische Studien in Kiel
28. 5.1887	Charakter als Vizekonsul
30. 4.1889	kommissarische Leitung des K Tientsin, Übernahme der Geschäfte 10.7., 19.3.1892 bis 26.4.1893, 28.5. bis 19.8.1895 und seit 13.4.1896 Urlaub
19. 5.1890	Konsul in Tientsin
18. 4.1897	Konsul in Sarajevo, Übernahme der Geschäfte 15.5., bis 18.3.1898
15. 3.1898	kommissarische Leitung des K Prag (Neueinrichtung), Übernahme der Geschäfte 1.4., bis 28.1.1904
9. 5.1899	Konsul in Prag
27. 2.1904	Ministerresident in Bogotá, Titel und Rang eines außerordentlichen Gesandten und bevollmächtigten Ministers, Übernahme der Geschäfte 14.6., Übergabe des Beglaubigungsschreibens 18.6., bis 31.3.1906
14. 3.1906	Ministerresident in Caracas, Übernahme der Geschäfte 14.4., Übergabe des Beglaubigungsschreibens 28.4., 23.5.1907 bis 10.3.1908 und seit 8.3.1909 Urlaub
1.1901	kommissarische Leitung der G Sofia, Übernahme der Geschäfte 15.2., bis 6.8.

16. 7.1910	Gesandter in Tanger, Übernahme der Geschäfte 7.11., Übergabe des Beglaubigungsschreibens 4.12., 10.10. bis 20.12.1911, 10.7. bis 8.10.1912 und 7.7.1913 bis 9.1.1914 Urlaub, währenddessen 6.8. bis 17.10.1913 kommissarische Leitung der G Peking, seit 13.7.1914 Urlaub
4.10.1913	Wirklicher Geheimer Rat mit dem Prädikat Exzellenz
12.11.1914	Versetzung in den einstweiligen Ruhestand
14. 2.1915	preuß. Gesandter in Stuttgart, Ankunft 22.2., Übergabe des Beglaubigungsschreibens 23.2., Übernahme der Geschäfte 1.3., seit 20.1.1919 Urlaub
24. 3.1919	Versetzung in den einstweiligen Ruhestand, ohne Verwendung

Sedlmayr, Joachim

* 1. 4.1917 Berlin
† 2. 8.1991 Zürich

Eltern: Gerhard S.; Martita geb. Scherff

∞ I. Gesa geb. Pieper; II. 5.10.1948 Annabel verw. von Grumme-Douglas geb. von Arnim (Vater: Achim v.A., Offizier)

Kinder aus der I. Ehe der II. Frau: Karin-Annabel (6.7.1929), Joachim-Ferdinand (24.4.1933)

Diplom-Ingenieur.

28. 9.1939	DA B Washington, Wissenschaftlicher Hilfsarbeiter, bis 20.8.1940
9.12.1942	DA G Stockholm, Gehilfe des Handelsattachés

Nach dem Krieg Verbleib in Schweden, später Kaufmann in der Schweiz.

Seeberg, Axel

* 15. 6.1904 Dorpat
† 12. 6.1986 Kellinghusen

ev.

Eltern: D.theol. Alfred S., Universitätsprofessor, Theologe; Marie geb. von Walter

∞ 22.12.1929 Marie Luise geb. Stach von Goltzheim

Kinder: Ilse (22.3.1931), Harald (21.8.1933), Otto (24.10.1936), Sabine (18.9.1941)

Gymnasium in Rostock – 1922 Abitur; Studium in Rostock, München und Berlin: Staatswissenschaften; 1929/30 Referent im Politischen Kolleg, Berlin-Spandau, seit 1.1.1931 Dozent an der Hochschule für Politik.- 1.5.1937 NSDAP.

26. 2.1940	DA AA, Kulturpolitische Abt., Ref. R/Rundfunkangelegenheiten (seit 22.7.1941 Rundfunkabt., seit 13.2.1942 Rundfunkpolitische Abt.), Ref. II/England, Irland, außerdem Empire hinsichtlich der dorthin gerichteten Sendungen in engl. Sprache, zugleich Tätigkeit am Deutschen Auslandswissenschaftlichen Institut, Leiter der Auslandsstelle
1. 6.1940	Dienstvertrag als Wissenschaftlicher Hilfsarbeiter

1947 bis 1972 Redakteur, 1954 bis 1969 Chefredakteur des „Sonntagsblatts" (seit 1967 „Deutsches Allgemeines Sonntagsblatt"), Hamburg.

Literatur:

Axel Seeberg: Abschied vom Christentum? Siebzehn Antworten von Publizisten und Theologen auf eine zeitgemäße Herausforderung. Eine Festgabe für Hanns Lilje zum fünfundsechzigsten Geburtstag am 20. August 1964. Hamburg 1964; ders.: Ein neues China. Das Modell Taiwan. Stuttgart-Degerloch 1976.

Seefried auf Buttenheim, Eugen Freiherr von

* 10. 7.1860 Bayreuth
† 2. 2.1943 Schloss Schönbrunn in Denkendorf/Eichstätt

ev.

Eltern: Bruno Freiherr v.S.a.B., Kgl. bayer. Kämmerer, bayer. Offizier; Mathilde geb. von Löwel

∞ 28.7.1892 Hertha geb. Freiin von und zu der Tann-Rathsamhausen (Vater: Ludwig Freiherr v.u.z.d.T.-R., Kgl. bayer. Kämmerer, bayer. Offizier)

Kinder: Tutich-Bruno (1.7.1893), Irmgard (8.11.1897), Elisabeth (4.10.1907), Hertha-Margarethe (28.2.1909)

Gymnasium in Ansbach – 1880 Abitur; 1880 bis 1884 Studium in München, Freiburg i.Br. und Straßburg: Jura – 15.7.1884 1. juristisches Examen, Dez. 1887 2. juristisches Examen; seit 21.2.1888 im bayer. Verwaltungsdienst; Dez. 1884 Kgl. bayer. Kammerjunker.

29. 5.1888	Einberufung in den Auswärtigen Dienst (diplomatische Laufbahn), Attaché, AA, DA 11.6., Abt. III (Recht)
12. 7.1888	G Brüssel, DA 31.7., bis 9.12.
21.11.1888	B Madrid, DA 12.12., bis 20.4.1889
13. 3.1889	G Rio de Janeiro, Legationssekretär, DA 25.6., bis 20.12.1890
3.11.1890	G Lissabon, Legationssekretär, DA 5.1.1891, bis 24.10.1891
14.10.1891	G Belgrad, Legationssekretär, DA 30.10., bis 28.6.1892
3. 5.1892	B Konstantinopel, 2. Sekretär, DA 30.6., bis 3.6.1895
7. 6.1895	G Kopenhagen, Legationssekretär, DA 4.7., bis 24.11.1897
11. 1.1897	Charakter als Legationsrat
17.10.1897	G Den Haag, Legationssekretär, DA 25.11., bis 4.7.1898
14. 6.1898	B Madrid, 1. Sekretär, DA 7.7., seit 19.7.1900 Urlaub, seit 28.9.1900 ohne Verwendung
31. 3.1903	Gesandter in Guatemala, Übernahme der Geschäfte 18.6., Übergabe des Beglaubigungsschreibens 23.6., in Managua 17.2.1906, in Tegucigalpa 24.3.1906, in San Salvador April 1906, seit 18.5.1906 Urlaub
10. 1.1907	Versetzung in den Ruhestand

Verwaltung seiner Güter.

Seeher, Wolfdietrich

* 29. 7.1910 Leipzig

† 21. 3.1998 Bonn

ev.-luth.

Eltern: Richard S., Finanzbeamter; Antonie geb. Langer

ledig

Thomas-Gymnasium in Leipzig, Neustädter Gymnasium in Dresden und Wilhelmsgymnasium in Stettin – März 1929 Abitur; 1930 Studien in München: Philosophie, 1931 bis 1935 Studium in Berlin, Rostock und Leipzig: Jura – 15.10.1935 Referendarexamen; 1.11.1935 bis 31.3.1938 Militärdienst: Leutnant d.R.- 1.5.1932 NSDAP.

13. 6.1938	Einberufung in den Auswärtigen Dienst, AA, Attaché, DA 1.7., Kulturpolitische Abt.
23.11.1938	Abt. Protokoll
29.11.1938	Persönlicher Stab RAM
2. 2.1939	Politische Abt., Ref. IX/Amerika
13. 3.1939	beim Staatssekretär z.b.V. Keppler
2. 9.1939	Militärdienst (1.5.1941 Oberleutnant d.R.)

12. 3.1941	Legationssekretär
14. 3.1941	DA AA, Büro RAM
13. 6.1941	Militärdienst, bis 18.8.1942
1. 9.1941	DA AA, Büro RAM
21. 9.1944	Legationsrat

Später im Presse- und Informationsamt der Bundesregierung, Leitung des Ref. Informationsfunk, Verbindungsstelle zu ausländischen Korrespondenten und Presse-Attachés, Oberregierungsrat.

Seelheim, Heinrich

* 15. 8.1884 Essen

† 18.12.1964 Göttingen

ev.

Eltern: Karl S., Fabrikmeister; Johanna geb. Bierhaus

∞ 7.9.1912 Irmgard geb. Moeller

Kinder: Marianne (6.12.1913), Heinrich (26.6.1926)

Studium – Dez. 1909 Dr.phil.; 11.1.1916 bis 24.12.1918 Militärdienst; seit 1.12.1919 Regierungsrat im Reichswanderungsamt.- Mai bis Dez. 1920 DVP, 1.6.1934 NSDAP.

25.11.1920	Einberufung in den Auswärtigen Dienst, G Rio de Janeiro, Legationssekretär, DA AA 1.12., DA in Rio de Janeiro 31.1.1921, bis 28.8.1923
22.12.1920	Legationssekretär (fliegend)
19. 7.1923	AA, DA 1.10., Abt. VI (Kultur), Leitung des Ref. E/Auswanderungswesen
17. 4.1924	Gesandtschaftsrat II.Kl.
17. 3.1927	Legationsrat
3. 5.1928	Konsularische Prüfung
23.12.1929	Gesandtschaftsrat I.Kl.
21. 5.1930	Konsul in Winnipeg, Übernahme der Geschäfte 6.8., seit 1.6.1937 Urlaub
22.10.1937	Konsul in Yokohama, Übernahme der Geschäfte 11.1.1938
27.10.1937	Amtsbez. Generalkonsul

Literatur:

Heinrich Seelheim: Die Ückermünder Heide. Ein Beitrag zur pommerschen Landeskunde. Greifswald 1910; ders., Wilhelm Filchner: Quer durch Spitzbergen. Eine deutsche Übungsexpedition im Zentralgebiet östlich des Eisfjords. Berlin 1911.

Seeliger, Arthur

* 9. 7.1870 Reichenbach/Schlesien
† 29. 3.1938 Berlin

kath., dann ev.

Eltern: Albert S., Hotel- und Gutsbesitzer, Rentner; Mathilde geb. Wilhelm

∞ 26.9.1903 Maria geb. Raffauf (Vater: Arthur R., Diplomat)

Kinder: Werner (13.10.1904), Günter (26.7.1906)

Gymnasium Fridericianum in Dessau – März 1889 Abitur; 1889 bis 1892 Studium in Lausanne, München und Berlin: Jura – 1.7.1892 Referendarexamen, 15.12.1894 Dr.jur.; seit 1.8.1892 im preuß. Justizdienst – 18.5.1898 Assessorexamen; zugleich 1893 bis 1896 Studium am Seminar für orientalische Sprachen in Berlin: Türkisch – 2.3.1896 Diplom in der türk. Sprache; 1.10.1892 bis 30.9.1893 Einjährig Freiwilliger, 14.11.1895 Sekonde-Lieutenant d.R., dann Oberleutnant d.R.

8. 8.1898	Einberufung in den Auswärtigen Dienst (konsularische Laufbahn), AA, DA 15.9., Abt. III (Recht)
10.10.1899	Abt. II (Handelspolitik), Ref. für Schifffahrtsangelegenheiten
2. 7.1901	GK Konstantinopel, DA 25.9., bis 11.3.1903
29. 7.1901	Charakter als Vizekonsul
3. 1.1903	kommissarische Leitung des VK Canea, Charakter als Konsul, Übernahme der Geschäfte 14.3., bis 23.5.1906
15. 4.1906	AA, DA 2.6., Abt. II (Handelspolitik), Ref. für Schifffahrtsangelegenheiten (seit 1907 Ref. S), seit April 1908 Leitung des Ref.
18. 9.1906	Ständiger Hilfsarbeiter
21.12.1906	Charakter als Legationsrat
22.10.1909	Wirklicher Legationsrat und Vortragender Rat
12.11.1913	Geheimer Legationsrat
3. 9.1914	Militärdienst (Hauptmann d.R.), zuletzt Vertreter und Bevollmächtigter der Abt. für Aus- und Einfuhr des preuß. Kriegsministeriums in Kopenhagen, bis 8.4.1918
1. 5.1918	AA
3. 6.1920	Vertreter des AA bei den internationalen Stromschifffahrtskommissionen, Amtsbez. Gesandter (Spezialbüro des Gesandten Seeliger/Internationale Stromkommissionen, Abgabe von Schiffen etc. aufgrund des Versailler Vertrages)

15.10.1921	zugleich Leitung der dt. Delegation für die Regulierung der Grenze an der Ems
26. 5.1934	Versetzung in den einstweiligen Ruhestand
23. 7.1935	Versetzung in den Ruhestand zum 1.11.

Literatur:

Arthur Seeliger: Der „Erfolg" als Voraussetzung der großen Haverei. Berlin 1894.

Seelos, Gebhard

* 13. 3.1901 München
† 18.12.1984 Seehausen/Staffelsee

kath.

Eltern: Johann Baptist Pius S., Studiendirektor; Ida geb. Steinhauser

∞ I. 19.9.1941 Charlotte geb. Bunze, Sekretärin an der G Kopenhagen; II. 13.3.1957 Maria (Magali) gesch. von Grafenstein geb. von Brentano di Tremezzo (Vater: Peter Anton v.B.d.T., bayer. Verwaltungsbeamter, Oberregierungsrat)

Kinder: Birgit (24.4.1941); aus I. Ehe: Hans-Georg (7.8.1943), Barbara (7.8.1943); aus der I. Ehe der II. Frau: Maria Elisabeth (6.7.1946), Maria Viktoria (6.4.1948)

Luitpold-Gymnasium in München – 15.7.1920 Abitur; 1920 bis 1924 Studium in Hamburg und München: Jura, Volkswirtschaft – Mai 1924 Diplom-Volkswirt, Juli 1924 1. juristisches Examen, 18.1.1926 Dr.jur.; 1921/22 zugleich kaufmännische Lehre in Hamburg; seit 1.9.1924 in bayer. Justizdienst.

18. 6.1925	Einberufung in den Auswärtigen Dienst, AA, Attaché, DA 6.7., Abt. V (Recht)
6. 8.1927	Diplomatisch-konsularische Prüfung
6. 9.1927	B Madrid, DA 17.9., bis 4.4.1931, 23.6. bis 18.9.1930 kommissarische Leitung des K Tetuan
27. 6.1928	Amtsbez. Legationssekretär
23.12.1929	Legationssekretär
24. 3.1931	GK Sydney, Vizekonsul, DA 11.6., seit 18.4.1935 Urlaub, währenddessen 4. bis 17.9. kommissarische Beschäftigung am K Genf
12.10.1935	B Warschau, Legationssekretär, DA 26.10., bis 20.7.1937
22. 6.1937	AA, DA 21.7., Politische Abt., Ref. V/Osteuropa

2.11.1937	Handelspolitische Abt., Ref. VI/Großbritannien, Dominien und brit. Besitzungen außer Kanada
10. 2.1939	Konsul in Lemberg (Wiedereinrichtung), Übernahme der Geschäfte 8.3., bis 1.9.1939 (Kriegszustand)
12.10.1939	AA, DA 17.10., Wirtschaftspolitische Abt., Ref. VI/Großbritannien, Dominien und brit. Besitzungen außer Kanada
28.10.1939	Informationsabt., Leitung des Ref. III/Nachrichtenausgabe und Artikeldienst
17. 5.1940	beim Bevollmächtigten des Reichs bei der dän. Regierung, Kopenhagen, Amtsbez. Gesandtschaftsrat, Propagandaaufgaben, DA 20.5., bis 19.11.1942
10.10.1942	AA, DA 21.11., Rechtsabt., Ref. II/Gesandtschaftsrecht, Exterritorialität etc.
1. 7.1943	Militärdienst (Sonderführer Z), Dolmetscher im Stalag VIIa Moosburg an der Isar
25.11.1944	Versetzung in den einstweiligen Ruhestand

Seit 20.11.1945 Bayer. Bevollmächtigter beim Länderrat in Stuttgart, 14.2.1946 Ministerialrat, 29.3.1947 Ministerialdirektor, 20.9.1947 Staatsrat, Bayer. Bevollmächtigter beim und Vorsitzender des bizonalen Exekutivrats für das Vereinigte Wirtschaftsgebiet, Frankfurt/Main; 7.3.1949 bis 24.9.1951 MdB.- Bayernpartei.

28. 3.1953	Einberufung in den Auswärtigen Dienst, Generalkonsul in Istanbul, Übernahme der Geschäfte 19.5., bis 18.3.1955
31. 1.1955	Gesandter in Lissabon, Übernahme der Geschäfte 27.4., Übergabe des Beglaubigungsschreibens 7.5., bis 30.10.1958
4.10.1956	Botschafter (Umwandlung der G in eine B), Übergabe des Beglaubigungsschreibens 16.10.
29.10.1958	Botschafter in Athen, Übernahme der Geschäfte 3.12., Übergabe des Beglaubigungsschreibens 12.12., bis 26.1.1962
31. 1.1962	Botschafter in Rio de Janeiro, Übernahme der Geschäfte 31.3., Übergabe des Beglaubigungsschreibens 2.5., seit 29.1.1966 Urlaub
25. 1.1966	Versetzung in den Ruhestand zum 31.3.

Literatur:

Gebhard Seelos: Die Fischereirechtsverhältnisse auf dem Ammersee. Berlin 1929 (Archiv für Fischereigeschichte 13); ders.: Moderne Diplomatie. Bonn 1953.

Seger, Oscar

* 15. 2.1881 San Carlos bei La Merced/Peru
† 2.1947 Speziallager 2 des NKWD in Buchenwald

kath.

Eltern: Paul S., Schiffsbaumeister; Julia geb. Marguet

∞ 12.9.1919 Gertrud geb. Bünsow

Wilhelmsgymnasium in Stettin, Dorotheenstädtisches Realgymnasium und Luisengymnasium in Berlin – 29.9.1900 Abitur; 1900 bis 1904 Studium in Berlin, Marburg und Breslau: Jura – 22.9.1904 Referendarexamen, 12.11.1907 Dr.jur.; seit 3.10.1904 im preuß. Justizdienst – 24.5.1909 Assessorexamen; Winter 1909/10 Studien am Seminar für orientalische Sprachen: Sprache der Jaunde; dann im Reichskolonialdienst, seit 28.3.1910 bei der Zentralverwaltung des Schutzgebiets Kamerun in Buea, 8.12.1913 Bezirksrichter; 7.8.1914 bis 31.3.1919 Militärdienst, 7.8.1915 Leutnant d.R., zuletzt in türk. Internierung, 22.3.1919 Rückkehr nach Deutschland, 7.4.1919 Versetzung in den einstweiligen Ruhestand; seit 14.7.1919 beim Reichsverwertungsamt (Reichsschatzministerium, Abt. III), Kommissar bei den Abwicklungsstellen Litauen, Baltische Lande, Warschau und Belgien, seit 1.1.1920 sozialpolitischer Referent, seit April 1920 zugleich zuständig für die Personalien der Arbeiter und Angestellten und die Abwicklung der Personalabt., 26.4.1920 Amtsbez. Geheimer Justizrat, seit 1.4.1921 beim Hauptversorgungsamt Berlin, zugleich Beisitzer beim Reichsversorgungsgericht, 1.7.1921 Regierungsrat, seit 17.11.1921 beim Reichsentschädigungsamt für Kriegsschäden, 4.9.1922 Oberregierungsrat.- 1.1.1936 NSDAP.

13.12.1926	Einberufung in den Auswärtigen Dienst, Konsul in São Paulo de Loanda (Umwandlung des WK in ein BK), DA AA 3.1.1927, Abt. II (West- und Südosteuropa), Übernahme der Geschäfte in São Paulo de Loanda 2.6., bis 14.2.1935
24. 1.1935	AA, DA 18.3., Abt. II (West- und Südosteuropa)
24. 6.1935	Abt. III (Britisches Reich, Amerika, Orient), Ref. K/Kolonialpolitische Angelegenheiten (seit 15.5.1936 Politische Abt., Ref. X/Koloniale Fragen)
17. 1.1936	Legationsrat I.Kl.
29. 6.1937	Konsul in Adelaide, Übernahme der Geschäfte 21.8., bis 27.3.1939
8.11.1938	kommissarische Leitung des GK Sydney, DA 1.4., Übernahme der Geschäfte 11.4., bis 3.9. (Kriegszustand), Abreise 11.9.
10.10.1939	B in China (Shanghai), DA am GK Shanghai 1.12., bis 3.6.1941
29. 5.1941	AA, DA 24.7. Handelspolitische Abt., Ref. XII/Allgemeine Verkehrsangelegenheiten

1.12.1941	Militärdienst (Feldkriegsgerichtsrat beim Gericht der Kommandantur Berlin, später Kriegsgerichtsrat beim Gericht des Kommandeurs der Panzertruppen III in Frankfurt/Oder), bis 31.12.1944
9.11.1943	Versetzung in den einstweiligen Ruhestand zum 16.3.1944

Wohnsitz in Naumburg/Saale, später in sowjet. Haft.

Literatur:

Oscar E. Seger: Schutz der Aktionäre nach deutschem Recht im Vergleich mit den wichtigsten europäischen Handelsrechten. Berlin 1907.

Seiberlich, Josef

* 1. 6.1905 Karlsruhe
† 1972 Bonn

kath.

Eltern: Albert S., Ministerialoberrechnungsrat; Josefine geb. Müller

∞ 8.6.1935 Karola geb. Philip

Kind: Klaus (11.3.1940)

Humanistisches Gymnasium in Karlsruhe – 1923 Abitur; 1923 bis 1928 Studium in Freiburg i.Br., München und Heidelberg: Jura, Volkswirtschaft – März 1928 1. juristisches Examen; seit 1.4.1928 im bad. Justiz- und Verwaltungsdienst – Mai 1931 2. juristisches Examen, seit 1931 im Reichsarbeitsministerium, 1.8.1936 Regierungsrat, 1.4.1940 Oberregierungsrat.- 1.5.1937 NSDAP.

13. 1.1943	Einberufung in den Auswärtigen Dienst, AA, DA 1.2., Abt. D (Deutschland), Ref. X/Betreuung ausländischer Arbeiter (seit 1.4. Gruppe Inland I, Ref. C), seit Juni Leitung des Ref.
17. 1.1944	DA beim Bevollmächtigten des Großdeutschen Reichs bei der ital. faschistischen Nationalregierung, bis 20.9.
1.10.1944	DA AA, kommissarische Beschäftigung, Politische Abt., Ref. IVa/Italien, Äthiopien, Libyen

Später im Bundesministerium für Wirtschaft, zuletzt Regierungsdirektor.

Seidler, Herbert

* 22. 6.1911 Bad Altheide/Breslau

ev.

⚭ 24.3.1939 Anneliese geb. Plate

1929 Abitur; Studien in Hamburg: Jura; dann Tätigkeit als Kaufmann.- 1.11.1932 NSDAP.

21. 5.1941	DA AA, Wissenschaftlicher Hilfsarbeiter, Rundfunkabt. (seit 13.2.1942 Rundfunkpolitische Abt.)
22. 2.1942	Militärdienst

Später Export/Import-Großhändler in Hamburg.

Seiler, Ferdinand

* 8. 9.1890 Sarepta/Wolga
† 1. 4.1951 Bad Königsfeld/Schwarzwald

ev. Brüdergemeine

Vater: Eduard S., Vorsteher der ev. Brüdergemeine Neuwied; Mathilde geb. Maasberg

⚭ 24.4.1920 Lydia geb. Voullaire

Kinder: Joachim (19.12.1920), Hans-Dieter (26.8.1923), Brigitte (16.6.1927), Helmut (22.1.1930)

Gymnasium in Neuwied – 18.3.1908 Abitur; 1908 bis 1912 Studium in Freiburg i.Br., Genf, Berlin, Bonn, Marburg und am Seminar für orientalische Sprachen in Berlin: Jura, Neuere Sprachen, Türkisch – Juli 1911 Diplom in der türk. Sprache, 22.6.1912 Referendarexamen; seit 4.2.1913 im preuß. Justizdienst.- Sept. 1930 bis Jan. 1931 Staatspartei, 1.12.1937 NSDAP.

4. 3.1913	Einberufung in den Auswärtigen Dienst (Dragomanatsdienst), B Konstantinopel, Dragomanats-Aspirant, DA 27.3., bis 12.10.1914
1.12.1914	DA K Bagdad
1. 3.1915	Militärdienst, Leitung einer Gruppe der Expedition zur Anknüpfung von Bündnisverhandlungen mit dem Emir von Afghanistan (Niedermayer-Hentig-Expetition), 21.4. bis 28.10.1916 in brit. Kriegsgefangenschaft, nach Flucht erneut Militärdienst in Kurdistan und Palästina, 13.6.1917 Leutnant d.L.

10. 5.1918	DA bei der Nachrichtenstelle für den Orient, Berlin
31. 5.1918	kommissarische Leitung des K Mossul, Übernahme der Geschäfte 20.7., bis 23.10. (Schließung des K), Febr. 1919 in alliierter Internierung in der Türkei
24. 4.1919	DA AA, Abt. III (Recht), Ref. S/Staatsrecht, Verfassung, Passsachen etc.
16. 1.1920	Amtsbez. Vizekonsul
7. 4.1920	Diplomatische Vertretung (seit 4.7.1923 G) Kowno, DA 22.5., bis 5.9.1925
12. 4.1920	Konsularische Prüfung
5.11.1921	Legationssekretär
5. 5.1924	Amtsbez. Gesandtschaftsrat
15. 7.1925	AA, DA 7.9., Abt. IV (Osteuropa, Skandinavien, Ostasien)
6. 1.1926	Konsul in Zagreb, Übernahme der Geschäfte 16.2., bis 14.7.1928
27. 6.1928	AA, DA 21.7., Abt. IV (Osteuropa, Skandinavien, Ostasien), Ref. Po/Polen, Aufgabengebiet: Fragen des Deutschtums im Ausland
17. 7.1929	Konsul I.Kl.
13. 5.1930	Gesandtschaftsrat I.Kl.
1932	Referategruppe W/Wirtschaft, Aufgabengebiet: Kreditfragen
30. 6.1932	Vortragender Legationsrat
15. 2.1935	Generalkonsul in Beirut, Übernahme der Geschäfte 23.3., seit 29.6.1939 Urlaub, dann ohne Verwendung
19.12.1939	Generalkonsul in Istanbul, Übernahme der Geschäfte 26.1.1940, bis 7.5.1943
5. 4.1943	Versetzung in den einstweiligen Ruhestand

Nachlass im Politischen Archiv des Auswärtigen Amts.

Seiler, Julius

* 14.11.1902 Schillingsfürst/Ansbach
† 8. 5.1967 Fürth

ev., gottgläubig

Eltern: Gottfried Heinrich S., Pfarrer; Johanna Rosalia Bertha geb. Westermayer

⚭ Susanne Else geb. Berthold

Kind: Klaus (20.5.1938)

Gymnasien in Ansbach und Weißenburg; 1922 bis 1924 Lehrgang für praktische Landwirte an der Universität Giessen; dann Tätigkeit auf landwirtschaftlichen Gütern in Bayern, Hessen und ein Jahr in Amasia/Türkei, später Verkaufsrepräsentant der Gemeinschaft dt. Automobilfabriken und der Auto-Union AG.- 1.10.1929 NSDAP.

24. 5.1940	B Ankara, Dienstvertrag als Wissenschaftlicher Hilfsarbeiter, Persönlicher Referent des Botschafter Franz von Papen, Pressereferent, DA 4.6., bis 2.8.1944 (Abbruch der diplomatischen Beziehungen), dann Internierung in der Türkei
23. 2.1942	Gesandtschaftsrat

11.6.1945 bis 4.5.1948 Internierung in Deutschland, später Besitzer einer Kunststoffgießerei in Neustadt an der Aisch.

Seitz, Theodor

* 12. 9.1863 Seckenheim/Mannheim
† 28. 3.1949 Mannheim

ev.

Eltern: Jakob S., Kaufmann, Bürgermeister; Susanna Maria geb. Mieg

∞ Aug. 1907 Hildegard geb. Jähns (Vater: Max J., preuß. Offizier, Militärschriftsteller)

Gymnasium in Seckenheim – Abitur; Studium in Straßburg, Leipzig und Heidelberg: Jura – Febr. 1886 Dr.jur.; dann im bad. Verwaltungsdienst, 1889 Regierungsassessor, 1892 Amtmann im Bezirksamt Mannheim.

1894	Einberufung in den Auswärtigen Dienst (Kolonialdienst), AA, DA 7.12., Abt. IV (Kolonien)
4.1895	DA Schutzgebiet Kamerun, Vertreter des Gouverneurs in Verwaltungssachen (Kanzler), zugleich Bezirksamtmann in Kamerun (Duala)
11.1896	Charakter als Regierungsrat
7.1899	DA AA, Abt. IV (Kolonien), Personal-, seit 1902 Finanzref.
6.12.1899	außeretatmäßiger Hilfsarbeiter
10.1900	Ständiger Hilfsarbeiter
	Charakter als Legationsrat
4.1902	Wirklicher Legationsrat und Vortragender Rat
12.1905	Geheimer Legationsrat

30.7.1907 bis Juni 1910 Gouverneur von Kamerun, seit 28.8.1910 Gouverneur von Deutsch-Südwestafrika, 9.7.1915 bis 1919 in südafrik. Kriegsgefangenschaft, 1920 Versetzung in den Ruhestand, 1920 bis Dez. 1930 Präsident, dann Ehrenpräsident der Deutschen Kolonialgesellschaft (seit 1933 Reichskolonialbund).

Literatur:

Theodor Seitz: Grundsätze über Aufstellung und Bewirtschaftung der Etats der Deutschen Schutzgebiete. Berlin 1905; ders.: Südafrika im Weltkriege. Der Zusammenbruch in Deutsch-Südwestafrika. Die Politik der südafrikanischen Union während des grossen Krieges. Weltfriede? Berlin 1920; ders.: England und Südafrika. Berlin 1921; ders.: Die Wüste. Dramatische Dichtung in 5 Akten. Berlin 1923; ders.: 40 Jahre deutsche Kolonialarbeit. Berlin 1924; ders.: Zur Geschichte der deutschen kolonialen Bestrebungen. Berlin 1924; Wilhelm Köhler, Theodor Seitz: Unter Afrikas Sonne. Eine Sammlung der interessantesten Erlebnisse, Reiseberichte und Abenteuer aus unseren ehemaligen Kolonien. Minden 1925; Theodor Seitz: England und Frankreich in Afrika, in: Preuß. Jahrbücher 201 (1925); Arthur Dix, Heinrich Schnee, Theodor Seitz: Was Deutschland an seinen Kolonien verlor. Berlin 1926; Theodor Seitz: Vom Aufstieg und Niederbruch deutscher Kolonialmacht. Erinnerungen. Karlsruhe 1927-1929; Cheskel Z. Klötzel, Theodor Seitz, Paul Rohrbach: Für oder gegen Kolonien. Eine Diskussion in 10 Aufsätzen von Freunden und Gegnern des kolonialen Gedankens. Berlin [1928]; Theodor Seitz: Die Grundlagen der Ehe bei den Bantu, in: Africa. Journal of the International Institute of African Languages and Cultures 3/1 (1930), S.83-89; ders.: Die deutsche Verwaltung des Schutzgebietes Kamerun 1884-1914, in: Wilhelm Kemner (Hrsg.): Kamerun. Berlin 1937, S.30-51; Theodor Seitz, Hans Grimm, Adolf Friedrich Herzog zu Mecklenburg-Schwerin (Bearb.): Das Buch der deutschen Kolonien. Leipzig 1937.

Nachlass im Bundesarchiv und im Stadtarchiv Mannheim.

Selchow, Curt

* 28. 5.1886 Oppeln
† 15.12.1967

ev.

Eltern: Hugo S., Postdirektor; Clara geb. Reichardt

∞ 8.6.1925 Erna geb. Schulz (Vater: Hermann S., Kaufmann)

Kind: Gitta (3.7.1930)

Humanistische Gymnasien in Posen und Rawitsch; seit 6.5.1905 im preuß. Militärdienst: Offiziersexamen, 18.8.1906 Leutnant, 1913 Offizier der Nachrichtentruppe, 18.9.1914 Oberleutnant, 18.4.1916 Hauptmann, 1916 Kommandeur der Dolmetscherschule in Berlin, seit 1.8.1917 Referent für Dolmetscher- und Chiffrierwesen im Stab des Chefs des Nachrichtenwesens im Großen Hauptquartier.- 1.1.1940 NSDAP.

1.12.1918	DA AA, Politische Nachrichtenstelle, seit 26.2.1919 im Chiffrierbüro
1.10.1919	Abt IB (Personal- und Verwaltung, seit Frühjahr 1920 Abt. I, seit 15.5.1936 Personal- und Verwaltungsabt.), Leitung des Chiffrierbüros (seit Dez. 1926 Ref. Z/Chiffrierwesen), seit Ostern 1945 in der Ausweichstelle des AA in Bregenz
9. 4.1920	Ausscheiden aus dem Militärdienst, Übernahme in den Auswärtigen Dienst, Angestellter
27.12.1920	Regierungsrat
20. 4.1923	Oberregierungsrat
21. 7.1937	Vortragender Legationsrat
20. 4.1943	Gesandter I.Kl. als Ministerialdirigent

Seldeneck, Wilhelm von

* 18. 4.1850 Bruchsal
† 2. 9.1898 Klinik Selabatoe bei Soekaboemi/Java

ev.

Eltern: Ludwig v.S., bad. Offizier; Fanny geb. Kirch

ledig

Ev. Lehrerseminar und Lyceum in Karlsruhe – Herbst 1868 Abitur; 1868 bis 1873 Studium in Freiburg i.Br., Berlin, Heidelberg und Göttingen: Jura – Nov. 1873 1. juristisches Examen, 18.12.1873 Dr.jur.; 1.10.1868 bis 30.9.1869 Einjährig Freiwilliger, 23.7.1870 Sekonde-Lieutenant d.R., Juli 1870 bis Juni 1871 Teilnahme am dt.-franz. Krieg; seit 18.12.1873 im bad. Justiz- und Verwaltungsdienst – Mai 1876 2. juristisches Examen; Juni 1876 Ghzgl. bad. Hofjunker, 3.1.1881 Kammerjunker, 3.7.1896 Kammerherr.

31.10.1876	Einberufung in den Auswärtigen Dienst (konsularische Laufbahn), AA, Hilfsexpedient, DA 4.12.
12. 5.1878	GK Bukarest, kommissarische Beschäftigung, DA 28.5., bis 6.8.1878
12. 5.1878	K (seit 1.4.1880 GK) Konstantinopel, DA 9.8., seit 4.12.1882 Urlaub
10. 7.1879	2. Vizekonsul
31. 3.1880	1. Vizekonsul
23.10.1882	Konsul in Valparaíso, Übernahme der Geschäfte 26.2.1883, bis 5.7.1886

18. 2.1886	kommissarische Leitung der MR Santiago de Chile, Übernahme der Geschäfte 13.7., bis 30.12.
30. 3.1886	Konsul in Havanna, Übernahme der Geschäfte 14.4.1887, April 1888 bis 10.1.1889 Urlaub, währenddessen 15.7. bis 4.9. kommissarische Beschäftigung im AA, 13.8.1891 bis 16.2.1892, 16.6. bis 3.12.1893 und seit 24.7.1897 Urlaub
17.12.1895	Charakter als Generalkonsul
19. 7.1897	Ministerresident in Bangkok, Übernahme der Geschäfte 25.11., Übergabe des Beglaubigungsschreibens 1.12., seit 9.7.1898 Urlaub

Sell, Kurt

* 28. 3.1887 Berlin

ev.

Eltern: Julius S., Lokomotivführer; Elise geb. Hennig

∞ 30.12.1915 Helen geb. Obstfelder (Vater: C. O., Industrieller)

Kind: Hans Joachim (12.8.1921)

Dorotheenstädtisches Realgymnasium in Berlin – 1905 Abitur; 1905 bis 1909 Studium in Berlin und am Seminar für orientalische Sprachen in Berlin: Jura, Japanisch – 17.7.1908 Diplom in der japan. Sprache, 24.9.1909 Referendarexamen; seit 15.10.1909 im preuß. Justizdienst.

7.11.1909	Einberufung in den Auswärtigen Dienst (Dolmetscherdienst), B Tokyo, Dolmetscher-Aspirant, DA 26.2.1910, seit 15.11.1913 Urlaub
3. 6.1914	GK Seoul, DA 17.7., bis 23.8. (Kriegszustand)
26. 9.1914	DA K Chicago, bis 9.2.1917
4.1917	Militärdienst
29. 1.1918	DA AA, Abt. IV (Nachrichten), später in Abt. F (Frieden)
15. 1.1919	bei der Waffenstillstandskommission in Spa, bis 5.5.
3. 5.1919	AA, DA 7.5., Abt. IV (Nachrichten)
20. 4.1920	Diplomatische Vertretung (seit 2.12. B) Tokyo, DA 27.6., bis 1921
28. 4.1920	Amtsbez. Vizekonsul
14. 1.1921	kommissarische Leitung des K Yokohama (Wiedereinrichtung), Übernahme der Geschäfte 15.1., bis 17.12., Weiterbeschäftigung

	bis 30.9.1923 (Schließung des K infolge des Kanto-Erdbebens), seit 18.10.1923 Urlaub
30. 7.1921	Konsularische Prüfung, Vizekonsul
15. 4.1924	Versetzung in den einstweiligen Ruhestand

Zeitweise Wohnsitz in San Francisco, Tätigkeit in der Exportabt. einer amerik. Firma.

15.10.1925	AA, Vizekonsul z.D., DA 31.12., Abt. V (Recht)
2.12.1926	Entlassung aus dem Reichsdienst

Dann Vertreter von WTB (seit 5.12.1933 DNB) in Washington, zeitweise Pressebeirat an der B Washington.

Literatur:

Kurt Sell: Japan, in: Paul Posener: Die Staatsverfassungen des Erdballs. Charlottenburg/Berlin 1909; ders.: USA-Presse in Stichworten. Aus den Notizen eines deutschen Auslandsberichterstatters, in: Zeitungswissenschaft 18 (1943), S.115-123; ders.: Worüber man in Amerika spricht. Dresden 1943.

Selle, Hans-Otto von

* 8. 1.1902 Rastenburg
† 27.10.1992 Bad Pyrmont

ev., gottgläubig

Eltern: Emil v.S., preuß. Offizier; Wally geb. Geelhaar

∞ 22.2.1937 Ursula geb. von Detten (Vater: Theodor v.D., preuß. Offizier)

Kinder: Reimar (18.7.1938), Dagmar (20.12.1939), Mechtild (16.7.1941), Gesa (3.1.1943)

Gymnasium in Hanau – 23.3.1921 Abitur; 7.10.1921 bis 30.9.1923 Banklehre; 1923 bis 1927 Studium: Jura – 1.7.1927 Referendarexamen; seit 1.8.1927 im preuß. Justizdienst – 20.6.1933 Assessorexamen; seit 1.1.1931 Tätigkeit als Rechtsanwalt; 29.6.1933 bis 31.5.1938 bei der Dienststelle des Stellvertreters des Führers.- 21.11.1923 bis Anfang 1932 Stahlhelm, 1.5.1932 NSDAP, Juni 1933 SS (Hauptsturmführer).

16. 6.1938	Einberufung in den Auswärtigen Dienst, AA, Attaché, DA 23.6., Ref. D/Deutschland
28.10.1938	Legationssekretär
3.11.1938	G Sofia, DA 13.11., bis 4.12.1940, 2.7. bis 31.10.1940 Militärdienst

29.10.1940	AA, DA 6.12., Nachrichten- und Presseabt., Ref. IV/Südosteuropa
10. 8.1941	Legationsrat
1. 9.1942	Militärdienst, Leutnant d.R.
21. 9.1942	beim Vertreter des AA beim Afrikakorps
11.10.1943	DA AA, Gruppe Inland I, dann Politische Abt., Ref. IVb/Südosteuropa
9.11.1944	Legationsrat I.Kl.

Später bei der Bundesstelle für Außenhandelsinformation in Köln, 17.4.1957 Oberregierungsrat, zuletzt Regierungsdirektor.

Selzam, Eduard von
(später Edwart und Edward C. W.)

* 9.12.1897 Darmstadt
† 5.11.1980 Charlottesville/Virginia

ev.

Eltern: Carl S., preuß. Offizier, Stimmbildner (12.6.1918 hess. Adelsstand); Martha geb. Schmitt

∞ 2.6.1927 Anita geb. Henry (gebürtige amerik. Staatsangehörige; Vater: John H.)

Kinder: Letty Lee (28.2.1934), Rüdiger (6.12.1936)

Realgymnasium in Darmstadt – 21.6.1918 Abitur; 6.8.1914 bis 12.6.1919 Militärdienst: Leutnant, 1.5.1915 bis Febr. 1918 in russ. Kriegsgefangenschaft; 1919 bis 1921 Studium in Frankfurt/Main, München und Würzburg: Jura, Staatswissenschaften – 3.3.1921 1. juristisches Examen, 12.9.1921 Dr.jur. et rer.pol.; 1.10.1921 bis 1.7.1922 bei der Zweigstelle des AA für Außenhandel in Bremen.- 1920 und 1.8.1939 NSDAP.

30. 6.1922	Einberufung in den Auswärtigen Dienst, AA, Attaché, DA 24.7., Abt. IVa (Osteuropa, Skandinavien), Ref. Po/Polen
12. 8.1924	Abt. II (West- und Südosteuropa)
20.12.1924	Diplomatisch-konsularische Prüfung
2. 1.1925	B Washington, DA 10.3., bis 19.7.1928, persönlicher Sekretär des Botschafters Ago von Maltzan
7. 7.1925	Amtsbez. Legationssekretär
24.12.1926	Legationssekretär
10. 5.1928	AA, DA 1.11., Abt. P (Presse), Ref. III/Vereinigte Staaten von Amerika, Großbritannien, Irland, Dominions und Kolonien (ausschließlich Indien)

31. 1.1931	GK Kalkutta, Amtsbez. Vizekonsul, DA 24.4., bis 7.4.1937, 19.4. bis 20.11.1935 Urlaub, währenddessen vom 7. bis 26.9. kommissarische Beschäftigung bei der Reichsstelle für Außenhandel (Sprechstundenreise)
25. 8.1931	1. Vizekonsul
4. 5.1934	Konsul II.Kl.
26. 1.1937	B London, DA 10.5., bis 3.9.1939 (Kriegszustand)
10.12.1937	Gesandtschaftsrat I.Kl.
14. 9.1939	G Den Haag, kommissarische Beschäftigung, DA 9.9., bis 10.5.1940 (Kriegszustand), Abreise 1.6.1940
6. 7.1940	G Bern, DA 9.7., bis 13.1.1943, Leitung der Wirtschaftsabt.
30.12.1942	AA, DA 15.2.1943, Handelspolitische Abt., Leitung des Ref. XIIb/Eisenbahn-, Post, Fernsprechangelegenheiten, Kraftfahr- und Straßenwesen etc., seit 29.10.1943 Urlaub
27. 3.1943	Legationsrat I.Kl.
28. 9.1944	Versetzung in den Ruhestand (aufgrund des Führererlasses vom 19.5.1943 über die Fernhaltung international gebundener Männer von maßgebenden Stellen in Staat, Partei und Wehrmacht)

26.4.1944 bis 28.4.1945 Militärdienst – Oberleutnant; dann Leiter eines Gartenbaubetriebes auf der Insel Wörth/Staffelsee; seit 6.1.1949 in den USA, Tätigkeit im Versicherungswesen.

Literatur:

Edwart von Selzam: Der völkerrechtliche Schutz der Minderheiten insbesondere der deutschen auf Grund der Friedensverträge und der Nebenverträge. Diss. Würzburg 1921.

Senden, Edmund

* 11. 7.1880 Barkhausen/Minden
† 31. 8.1944 bei Podsucha/Biely Potok/Slowakei (von Partisanen getötet)

Eltern: Ernst S.; Elisabeth geb. Jardon

∞ Margery

Kinder: Beatrix (31.8.1917), Elisabeth (9.2.1923)

13.3.1899 bis 31.12.1921 im preuß. Militärdienst: zuletzt Major a.D.

1. 1.1922	DA AA, Angestellter, Diplomatischer Kurier
31. 3.1932	Beendigung des Dienstverhältnisses
1. 4.1934	DA AA, Angestellter, Diplomatischer Kurier

Sethe, Eduard

* 13. 3.1884 Kassel
† 16. 1.1956 Dingelsdorf/Konstanz

ev.-luth.

Eltern: Eduard S., Fabrikbesitzer; Ernestine geb. Engelhardt

∞ I. Nora geb. Smelt; II. 13.6.1927 Idea geb. von Köppen (Vater: Lothar v.K., Rentner); III. 15.1.1947 Johanna geb. Schultheiß

Kind: Elisabeth (14.1.1913)

1902 bis 1906 Studium: Jura – 3.11.1906 Referendarexamen, 18.3.1910 Dr.jur.; 1.10.1903 bis 30.9.1904 Einjährig Freiwilliger; seit 10.11.1906 im preuß. Justizdienst – 6.12.1911 Assessorexamen; 1.1.1912 bis April 1913 Tätigkeit beim Bankhaus Pfeiffer in Kassel, dann bei der Discontogesellschaft; 3.8.1914 bis 30.11.1918 Militärdienst: Hauptmann d.R.- 1.10.1934 NSDAP.

10. 4.1919	Einberufung in den Auswärtigen Dienst (diplomatische Laufbahn), AA, Attaché, DA 30.4., Außenhandelsstelle
13. 2.1920	G Brüssel, Amtsbez. Legationssekretär, DA 29.2., bis 15.12.1921, 20.7. bis 7.9.1921 kommissarische Beschäftigung im AA
21. 5.1920	Legationssekretär
6.12.1921	GK Chicago, Amtsbez. Vizekonsul, DA 19.1.1922, bis 3.5.1923
17. 3.1923	GK New York, DA 5.5., seit 1.5.1924 Urlaub, währenddessen 19.5. bis 13.6.1924 kommissarische Beschäftigung im AA, Abt. II (West-, Süd- und Südosteuropa)
18. 7.1924	GK San Francisco, Amtsbez. Konsul, DA 19.9., bis 16.7.1925
18. 4.1925	Konsul in New Orleans, Übernahme der Geschäfte 23.7., seit 23.4.1928 Urlaub
13.11.1928	Konsul in Rotterdam, Übernahme der Geschäfte 17.11., bis 1.3.1934
17. 7.1929	Konsul I.Kl.
25.11.1933	Versetzung in den einstweiligen Ruhestand
8. 6.1935	AA, DA 18.6., Abt V (Recht, seit 15.5.1936 Rechtsabt.), Leitung des Ref. IV/Wehrpflicht, Arbeitsdienst, Militärrecht, seit 1943 stellvertretende Leitung der Abt.
30. 1.1937	Vortragender Legationsrat

Literatur:

Eduard Sethe: Die gemeinschaftliche Aktie im Gesellschaftsvermögen einer offenen Handelsgesellschaft. Borna-Leipzig 1910.

Seyd, Günter

* 24.11.1906 Ostheim v. d. Rhön
† 23. 5.1964 Berlin

ev., gottgläubig

Eltern: Heinrich S., Rektor; Anna geb. Bayer

⚭ I. 3.8.1935 Irene geb. Martin (Vater: Reinhold M., Lehrer); II. 21.2.1951 Erika geb. Wronski, Regieassistentin

Kind: Joachim (6.7.1936)

Gymnasien in Jena und Schleusingen – 1926 Abitur; 1926 bis 1933 Studium in Leipzig, München und Jena: Kunstwissenschaft, Germanistik, Literatur, Jura – 9.12.1933 1. juristisches Examen, 18.2.1939 Dr.jur.; seit 11.1.1934 im Justizdienst; 4.2.1935 zweiter ständiger Stellvertreter des Vorsitzenden des gemeinsamen Versicherungsamts Weimar; seit 12.8.1939 Militärdienst; 1.11.1941 bis 9.4.1942 beim Reichskommissar für die Festigung deutschen Volkstums, Dezernent für Volkstumsfragen und Grundstücksrecht in Danzig, dann Abteilungsleiter für Volkstumsangelegenheiten in Posen.- 1.5.1933 NSDAP.

20. 5.1942	DA AA, Abt. D (Deutschland), Ref. X/Betreuung ausländischer Arbeiter (seit 1.4.1943 Gruppe Inland I, Ref. C)
16. 7.1942	Dienstvertrag als Wissenschaftlicher Hilfsarbeiter
5.11.1943	Amtsbez. Referent
21. 9.1944	Militärdienst

26.2.1945 bis 14.2.1947 in amerik. Kriegsgefangenschaft; dann Buchhändler und Lektor in Wuppertal-Vohwinkel, selbständiger Schriftpsychologe, 25.6. bis 31.12.1951 Angestellter beim Finanzamt Berlin-Steglitz, 1.2. bis 30.4.1952 stellvertretender Verlagsleiter des Alfred H. Linde Verlags in Berlin-Halensee.

Literatur:

Günter Seyd: Der Versailler Vertrag. Auf Grund des amtlichen Materials für jedermann, namentlich auch zum Gebrauch in den Schulen kurz und übersichtlich zusammengestellt. Ostheim vor der Rhön 1933; ders.: Das Versicherungsamt. Weimar 1939; ders.: Wie spielt man Bridge? Ausführliche Darstellung der Spielregeln und des Spielverlaufs. Bonn 1955 (Sammlung „Hilf dir selbst!" Nr. 238).

Seydel, Hans

* 25.12.1903 Borin/Oberschlesien
† 4. 6.1968 Tripolis/Libyen

ev.

Eltern: Alexander S., Landwirt, Oberamtmann; Elisabeth geb. Kunik

⚭ 18.11.1939 Eva geb. Rogozinski

Humanistische Gymnasien in Ratibor und Lauban – 1922 Abitur; 1922 bis 1924 landwirtschaftliche Tätigkeit im Betrieb des Vaters; 1924 bis 1931 Studium in München, Tübingen, Berlin und Breslau: Jura, Volkswirtschaft, Landwirtschaft, Sprachen – 31.5.1933 Dr.phil.; dann landwirtschaftliche Tätigkeit im Betrieb des Vaters, währenddessen Studienreisen und 1936/37 Studien am Seminar für orientalische Sprachen in Berlin.

1. 7.1939	DA AA, Wissenschaftlicher Hilfsarbeiter, Kulturpolitische Abt., Ref. W/Wissenschaftliche Beziehungen zum Ausland, Hochschulwesen etc., 1.8. bis 15.9. kommissarische Beschäftigung an der G Bagdad, 1.10. bis 15.11. am K Libau
7. 6.1940	Legationssekretär
18. 6.1940	GK Batum, Vizekonsul, DA 6.8., bis 21.3.1941
17. 3.1941	AA, DA 7.4., Kulturpolitische Abt., Ref. K/Beziehungen zum Ausland auf dem Gebiet der Kunst
28. 5.1941	Politische Abt., Ref. VII/Orient
11.10.1942	K Tetuan, DA 2.12., bis 3.3.1945, dann in Spanien

Rückkehr nach Deutschland, Jan. bis Aug. 1946 in amerik. Internierung; seit 15.8.1947 Pressereferent in der Verwaltung für Wirtschaft des Vereinigten Wirtschaftsgebietes in Frankfurt/Main; seit 13.3.1950 Referent in der Auslandsabt. des Presse- und Informationsamts der Bundesregierung, Bonn, 18.10.1951 Oberregierungsrat.

10. 6.1954	Einberufung in den Auswärtigen Dienst, AA, DA 15.9., informatorische Tätigkeit
16.10.1954	Leitung der G Tripolis (Neueinrichtung), Ständiger Geschäftsträger, Ankunft 17.1.1955, Übergabe des Einführungsschreibens 3.6., bis Okt. 1958
6. 1.1955	Gesandtschaftsrat I.Kl.
15.10.1958	AA, DA 24.10., Abt. 2 (West I), Ref. 204/Frankreich, Belgien, Niederlande, Luxemburg, Italien
15. 2.1962	Leitung des Ref. 205/Magreb (seit 15.1.1963 Ref. I B 4)

10.12.1965	Botschafter in Tripolis, Übernahme der Geschäfte 26.1.1966, Übergabe des Beglaubigungsschreibens 29.1.

Literatur:

Hans Seydel: Das arabische Vollblut (Kuhaylan). Studien über seine Eigenschaften und seine Beziehungen zur deutschen Pferdezucht, in: Archiv für Tierernährung und Tierzucht 9 (1933), S. 50-87.

Siebert, Franz

* 9. 1.1880 Waldau/Westpreußen
† 27.10.1954

ev.

Eltern: Julius S., Gutsbesitzer; Wilhelmine geb. Daunert

∞ 5.1.1914 Elisabeth geb. Bandemer

Kind: Julius (14.10.1914)

Stadtschule und Gymnasium in Konitz – 28.2.1898 Abitur; 1898 bis 1902 Studium in Berlin und am Seminar für orientalische Sprachen in Berlin: Jura, Chinesisch – 3.8.1901 Diplomprüfung in der chin. Sprache, 6.4.1903 Referendarexamen, 22.12.1903 Dr.jur.; 1.8.1901 bis 5.4.1902 Hilfsarbeiter an der Kaiser Wilhelm-Bibliothek in Berlin, 22.7.1903 bis 14.6.1904 Volontär an der Universitätsbibliothek in Berlin.

16. 7.1904	Einberufung in den Auswärtigen Dienst (Dolmetscherdienst), G Peking, Dolmetscher-Eleve, DA 11.10., bis Aug. 1906, 1.9. bis 14.10.1905 kommissarische Beschäftigung am K Tientsin
12. 8.1906	WK Niutschwang (Dienstsitz in Mukden, seit 1.4.1907 BK Mukden-Niutschwang), 9.9.1908 bis Mai 1909 Urlaub, DA 17.8., bis 21.8.1914, 7.2. bis 28.3.1910 kommissarische Leitung des K Harbin
31. 7.1909	Dolmetscher
22. 8.1914	DA K Tientsin, bis 14.3.1917 (Abbruch der diplomatischen Beziehungen), dann Beschäftigung am mit dem Schutz der dt. Interessen betrauten niederl. K Tientsin, 20.11.1920 Rückkehr nach Deutschland, dann Urlaub
8. 9.1917	Versetzung in den einstweiligen Ruhestand, jedoch Weiterbeschäftigung
16. 4.1921	DA AA, Abt. P (Presse)
19.11.1921	Konsularische Prüfung

24.12.1921	Amtsbez. Konsul
26.10.1923	Vizekonsul
25.11.1924	kommissarische Leitung des GK Hankau, Übernahme der Geschäfte 9.12., bis 5.11.1925
11. 2.1925	kommissarische Leitung des K Tsinanfu, Übernahme der Geschäfte 16.11., 25.8.1929 bis 14.5.1930 und 2.6.1934 bis 22.1.1935 Urlaub, währenddessen 5.12.1934 bis 5.1.1935 kommissarische Beschäftigung im AA, Abt. I (Personal und Verwaltung), Ref. R/ Allgemeine Haushaltsfragen, 28.3.1936 bis 4.6.1937 kommissarische Leitung des GK Hankau, seit 21.8.1938 Urlaub
21. 6.1926	Konsul
17. 7.1929	Konsul I.Kl.
6. 2.1939	AA, DA 13.2., Politische Abt., Ref. VIII/Ostasien
15. 2.1939	Amtsbez. Generalkonsul
25. 2.1939	B in China (Shanghai), DA 24.3., bis 31.3.
16. 4.1939	DA in der Dienststelle der B in Kunming, Wahrnehmung konsularischer Geschäfte, bis 3.5.
3. 5.1939	Übernahme der Geschäfte in der Dienststelle der B in Chungking, bis 1.7.
6. 7.1939	Generalkonsul in Canton, Übernahme der Geschäfte 25.7.

Später Wohnsitz in Aumühle/Hamburg.

Literatur:

Franz Siebert: Die rechtliche Natur des Wiederkaufsrechtes. Rostock 1903.

Siebold, Friedrich-Karl
(seit 17.6.1935 von Siebold, Adoption)

* 11. 5.1897 Gadderbaum/Bielefeld
† 1984

ev.

Eltern: Karl S., Baurat; Caroline geb. Freiin von Lepel

∞ I. 25.5.1934 Judith geb. Spindler (Vater: Paul S., Fabrikant); II. Ruth gesch. von Lützow geb. Prandstetter (Vater: Dr.med. Franz P., Schiffsarzt)

Realgymnasien in Bielefeld und Bückeburg; 2.11.1914 bis 20.3.1919 Militärdienst: 30.9.1915 Leutnant, 25.5.1919 Charakter als Oberleutnant; dann technische und kaufmännische Lehre bei der Dürkoppwerke AG, Frühjahr 1921 Abitur (Oberrealschule in Hamm/Westfalen); 1921 bis 1923 Studium in Münster und München: Völkerrecht, Wirtschaftswissenschaften – Juli 1924 Dr.oec.publ.; 1923 fünfmonatige Ostindienreise als Hilfsfunker auf einem Dampfer; Juli bis Dez. 1924 bei einer Exportfirma in Hamburg, dann kaufmännische Tätigkeit in Ceuta und Tetuan.

13. 7.1926	Einberufung in den Auswärtigen Dienst, AA, Attaché, DA 19.7., Abt. II (West-, Süd- und Südosteuropa)
18.10.1926	Abt. P (Presse)
2. 5.1927	Abt. IV (Osteuropa, Skandinavien, Ostasien)
15. 1.1929	Diplomatisch-konsularische Prüfung
31. 1.1929	GK Amsterdam, Amtsbez. Vizekonsul, DA 25.2., bis 2.5.1931
31. 3.1931	K Thorn, DA 1.6., bis 22.5.1933
5. 8.1931	Vizekonsul
27. 5.1933	kommissarische Leitung des K Tetuan, Übernahme der Geschäfte 16.6., bis 12.8.
10. 8.1933	B Madrid, DA 14.8., bis 25.9.
11. 9.1933	AA, Legationssekretär, DA 1.11., beim Vertreter des AA bei den internationalen Stromschifffahrtskommissionen (Spezialbüro des Gesandten Seeliger/Internationale Stromkommissionen, Abgabe von Schiffen etc. aufgrund des Versailler Vertrages), seit 26.3.1934 Urlaub
25. 4.1934	Versetzung in den einstweiligen Ruhestand
17. 4.1939	Versetzung in den Ruhestand

1.1.1935 bis 31.12.1939 Angestellter, 1.1.1936 bis 1939 Teilhaber und Geschäftsführer der Textilfirma Kampf & Spindler in Hilden/Rheinland; 26.8.1939 bis 24.9.1941 Militärdienst, Hauptmann d.R.; dann Gutsbesitzer bei Holzhausen/Ammersee; 18.12.1946 bis 5.7.1948 Bürgermeister, seit 1.8.1947 Oberbürgermeister, in Geislingen an der Steige, 1949/50 Tätigkeit beim Presse- und Informationsamt der Bundesregierung; seit 1.8.1955 Bürgermeister in Badenweiler, dann Wohnsitz in München, 1965 bis 1972 Präsident der Dt.-Franz. Gesellschaft für München und Oberbayern.

Literatur:

Friedrich Karl Siebold: Die wirtschaftliche Lage der deutschen Fahrrad-Industrie in der Zeit nach dem Kriege bis einschließlich des Jahres 1923. Diss. München 1924; ders.: Philipp Franz von Siebold, der Erforscher und Freund Japans, in: Die Mainleite 3 (1952), S. 42–43; ders.: Renazifizierung der deutschen Diplomatie, in: Frankfurter Rundschau v. 28.8.1950; Siebold. Bearbeitet im Auftrag von Friedrich-Karl von Siebold durch Christoph von Lindeiner genannt Von Wildau unter Mitarbeit von Hans Körner. Neustadt/Aisch 1962 (Deutsches Familienarchiv Bd. 22); desgl., Neustadt/Aisch 1963 (Deutsches Familienarchiv Bd. 24).

Nachlass im Stadtarchiv Würzburg.

Sieburg, Friedrich

* 18. 5.1893 Altena/Westfalen
† 19. 7.1964 Gärtringen/Württemberg

kath.

Eltern: Ernst S., Bahnbeamter; Klara geb. Edle Slop von Cadenberg

⚭ I. Jan. 1921 Beate geb. Finkh, Schauspielerin; II. 3.8.1942 Dorothee geb. von Bülow (Vater: Bernhard Friedrich v.B., preuß. Offizier); III. 1962 Winnie geb. Stephan

Gymnasien in Altena und Düsseldorf – 1911 Abitur; 1911 bis 1914 Studium in Heidelberg, München, Freiburg i.Br., Paris, Rom und Münster: Philologie, Geschichte, Volkswirtschaft – 5.9.1919 Dr.phil.; 1914 bis 1918 Militärdienst: Leutnant d.R.; 1920 bis 1924 freier Schriftsteller in Berlin; dann Auslandskorrespondent der „Frankfurter Zeitung" in Kopenhagen, 1926 bis 1930 in Paris, dann in London, seit 1932 erneut in Paris.

7. 9.1939	DA B Brüssel, Amtsbez. Gesandtschaftsrat, bis 10.5.1940 (Kriegszustand)
9.10.1939	Dienstvertrag
28. 4.1940	Amtsbez. Botschaftsrat
15. 6.1940	DA Dienststelle des Bevollmächtigten des AA beim Militärbefehlshaber in Frankreich, Paris, bis 25.8.
8. 8.1940	Sonderauftrag des RAM zur „Aufnahme von Verbindungen mit portugiesischen Persönlichkeiten", 18.8. bis 17.9. und 12.10. bis 2.11. Aufenthalt in Lissabon, 25. bis 27.10. in Madrid
19. 5.1941	B Paris, DA 9.6., bis Ende Juni 1943

Dann in der Redaktion der „Frankfurter Zeitung"; seit Sept. 1943 freier Schriftsteller; Nov. 1945 bis Herbst 1946 Hausarrest der franz. Militärverwaltung in Birkenfeld; dann Wohnsitz in Gärtringen; seit 1956 Mitarbeiter der „Frankfurter Allgemeinen Zeitung".

Literatur:

Ausführliches Schriften- und Literaturverzeichnis in: Lexikon Westfälischer Autorinnen und Autoren 1750 bis 1950, http://www.lwl.org/literaturkommission/alex/index.php?id=00000004&letter=A&layout=2&place_id=00000328&author_id=881 (24.11.2011).

Nachlass im Deutschen Literaturarchiv, Marbach/Neckar.

Siedler, Adolf

* 23.12.1878 Loburg/Kreis Jericho
† 10. 6.1944 Berlin

ev.

Eltern: Gotthold Adolf Friedrich Jobst S., Oberlandesgerichtsrat; Anna Pauline Marie geb. Wolff

∞ 21.11.1916 Gertrud geb. Gassner

Kind: Elfriede (9.8.1921)

Gymnasium in Nordhausen/Harz, Friedrich Wilhelms-Gymnasium in Posen, Stadtgymnasium in Halle/Saale – 29.9.1897 Abitur; 1897 bis 1900 Studium in Würzburg und Halle/Saale: Jura – 22.12.1900 Referendarexamen, 7.12.1901 Dr.jur.; seit 8.1.1901 im preuß. Justizdienst – 4.10.1905 Assessorexamen.

9. 1.1906	Einberufung in den Auswärtigen Dienst (konsularische Laufbahn), AA, DA 17.2., Abt. II (Handelspolitik), seit 27.10. an der Akademie für Sozial- und Handelswissenschaften in Frankfurt/Main
9. 3.1907	AA, DA 12.3., Abt. III (Recht)
10. 4.1908	GK New York, DA 27.6., seit 10.8.1910 Urlaub
15. 6.1908	Charakter als Vizekonsul
5.10.1910	AA, DA 11.10., Abt. III (Recht)
25. 7.1911	Ständiger Hilfsarbeiter
15. 2.1912	Charakter als Legationsrat
29. 1.1920	kommissarische Leitung des Passstelle Wien, Übernahme der Geschäfte 7.3., bis 6.8.
24. 7.1920	AA, DA 14.8., Abt. VIII (Recht), Leitung des Ref. S/Staats- und Verfassungsrecht (seit 1.1.1922 Abt. V, seit 15.5.1936 Rechtsabt., Ref. III)
5.10.1920	Wirklicher Legationsrat und Vortragender Rat (seit 1928 Vortragender Legationsrat)

Siegfried, Herbert

* 6.12.1901 Schwerin
† 18. 4.1988 München

ev.-luth.

Eltern: Paul S., Generalstaatsanwalt; Helene geb. Jenßen

∞ 30.10.1934 Karola geb. Michels

Gymnasium in Schwerin – Ostern 1920 Abitur; 1920 bis 1924 Studium in Heidelberg, München und Rostock: Jura – 13.3.1924 Referendarexamen, 17.12.1927 Dr.jur.; seit 22.3.1924 im meckl.-schwer. Justiz- und Verwaltungsdienst – 19.6.1928 Assessorexamen.- 1.8.1937 NSDAP.

22. 5.1929	Einberufung in den Auswärtigen Dienst, AA, Attaché, DA 3.6., Abt. III (Britisches Reich, Amerika, Orient), seit 11.1.1932 im Ref. MS/Mittel- und Südamerika
18.12.1931	Diplomatisch-konsularische Prüfung
2. 7.1932	Büro Reichsminister
26. 5.1934	Legationssekretär
18. 8.1934	G Kairo, DA 28.11., bis 8.5.1937
17. 4.1937	AA, DA 18.5., Büro Staatsekretär
28. 2.1938	Legationsrat
15. 4.1939	Legationsrat I.Kl.
18. 4.1941	Vortragender Legationsrat
20. 5.1943	Leitung des K Genf, Amtsbez. Generalkonsul, Übernahme der Geschäfte 22.7.

Seit Nov. 1947 Rechtsanwalt in Bielefeld.

25. 9.1951	Einberufung in den Auswärtigen Dienst, B Brüssel, Angestellter, Wahrnehmung der Aufgaben eines Gesandtschaftsrats I.Kl., DA in Bonn 1.11., in Brüssel 8.11., bis 28.6.1954
24. 3.1952	Botschaftsrat
10. 6.1954	Leitung der G Stockholm, Übernahme der Geschäfte 28.6., Übergabe des Beglaubigungsschreibens 1.7., bis 6.9.1958
15. 7.1954	Gesandter
13. 4.1956	Botschafter (Umwandlung der G in eine B), Übergabe des Beglaubigungsschreibens 13.4.
26. 7.1958	Botschafter in Ottawa, Übernahme der Geschäfte 18.9., Übergabe des Beglaubigungsschreibens 25.9., bis 17.11.1963

4.10.1963	Botschafter in Brüssel, Übernahme der Geschäfte 29.11., Übergabe des Beglaubigungsschreibens 10.12., bis 31.12.1966
8.12.1966	Versetzung in den Ruhestand

Literatur:

Herbert Siegfried: Schwebezustände bei der Auflassung. Rostock 1927; ders.: Ministerialdirektor a.D. Friedrich Tischbein [Nachruf], in: Unser Mecklenburg. Heimatblatt für Mecklenburger und Vorpommern. Organ der Landsmannschaft Mecklenburg H. 348 (1970), S. 30.

Nachlass im Politischen Archiv des Auswärtigen Amts (Erinnerungsschriften).

Siemers, Bruno

* 28.12.1911 Kiel
† 3. 9.2006 Kiel

freier positiver Christ

ledig

Oberrealschule in Kiel – Ostern 1931 Abitur; 1931 bis 1936 Studium in Straßburg und Kiel: Geschichte, Volkswirtschaft, Öffentliches Recht – 15.6.1937 Dr. phil.; März 1936 bis Mai 1937 Redakteur bei der Eildienst für amtliche und private Handelsnachrichten GmbH, dann beim DNB in Berlin, seit Aug. 1938 Korrespondent des DNB und der Eildienst für amtliche und private Handelsnachrichten GmbH in Montreal, Aug. 1939 Pressebeirat des GK Ottawa.- 1.5.1937 NSDAP.

18. 9.1939	DA B Washington, Gehilfe des Pressereferenten, bis 31.5.1940
4. 6.1940	DA GK Chicago, bis Juni 1941 (Schließung der dt. Konsularbehörden in den USA), Abreise 15.7.1941
1. 8.1941	DA AA, Nachrichten- und Presseabt., Ref. XII/Nachrichtendienst
14. 8.1941	Dienstvertrag als Wissenschaftlicher Hilfsarbeiter
2.11.1942	Militärdienst
10. 5.1944	DA AA, Nachrichten- und Presseabt.

1945/46 Internierung; 29.6.1948 Habilitation, dann Professor in Kiel, 1951 bis 1956 Tätigkeit bei der American Machine & Foundry Co. in New York; seit 1953 amerik. Staatsangehöriger, 1959 Rückkehr nach Deutschland, Wohnsitz in Kiel.

Literatur:

Bruno Siemers: Japans Eingliederung in den Weltverkehr 1853–1869. Berlin 1937 (Historische Studien 316, zugleich Beiträge zur Weltpolitik 1; Reprint Vaduz 1965); ders.: Japans Aufstieg 1868-

1880. Berlin 1938 (Historische Studien 341, zugleich Beiträge zur Weltpolitik 2; Reprint Vaduz 1965); ders.: Japans Kampf gegen den USA-Imperialismus. Ein Abriss der japanisch-US-amerikanischen Beziehungen 1854-1942. Berlin 1943 (Schriften zur Weltpolitik 5); ders.: Amerika und die deutsche Einheit (1849- 1871). Habilitationsschrift Kiel 1948; ders.: Die Vereinigte Staaten und die deutsche Einheitsbewegung, in: Martin Göhring, Alexander Scharff (Hrag.): Geschichtliche Kräfte und Entscheidungen. Festschrift zum fünfundsechzigsten Geburtstage von Otto Becker. Wiesbaden 1954, S. 176-205.

Nachlass im Bundesarchiv.

Sievers, Johannes

* 27. 6.1880 Berlin
† 20. 7.1969 Berlin

ev.

Eltern: Carl S., Kgl. preuß. Hofmaler; Luise geb. Wittfeld

∞ I. 20.9.1907 Hermine geb. Schiffer (Vater: Dr.med. Julius S., Privatdozent an der Universität Berlin); II. 20.1.1934 Johanna Hempel geb. Fischer (Vater: Eduard F., Nagelschmiedemeister)

Kinder aus I. Ehe: Hans Gerhart (10.3.1911), Wolfgang (18.9.1913)

Friedrichs-Gymnasium in Berlin – Ostern 1901 Abitur; 1901 bis 1906 Studium in München, Berlin, Halle/Saale: Kunstgeschichte – 26.7.1906 Dr.phil.; 1.10.1902 bis 30.9.1903 Einjährig Freiwilliger; seit 18.4.1906 in der preuß. Museenverwaltung, Volontär in der Gemäldegalerie, seit 15.1.1907 im Kunstgewerbemuseum, seit 1.7.1907 im Kupferstichkabinett, 1.6.1908 Hilfsarbeiter, seit 7.4.1912 im preuß. Ministerium der geistlichen und Unterrichtsangelegenheiten, 1.4.1917 Direktorialassistent bei den kgl. Museen, 27.8.1917 Titel als Professor; seit 14.1.1915 Militärdienst, 17.12.1916 Leutnant d.L.- 10.7.1931 bis 13.6.1932 Deutsche Staatspartei.

25. 6.1918	Einberufung in den Auswärtigen Dienst, AA, DA 8.7., Abt. IV (Nachrichten, seit Frühjahr 1920 Abt. P/Presse), Ref. K/Theater-, Konzert-, Varieté- und sonstige Kunstveranstaltungen im Ausland, seit Mai 1920 Leitung des Ref.
17. 9.1918	Ständiger Hilfsarbeiter
20. 7.1919	Amtsbez. Legationsrat
1. 4.1920	Legationsrat I.Kl.
1.10.1920	Abt. IX (seit 1.1.1922 Abt. VI/Kultur), Leitung des Ref. C/Bildende Kunst, Kunstgewerbe und Kunstausstellungen, Musik und Theater im Auslande, Vortragswesen, sportliche Veranstal-

	tungen, seit Juli 1933 ohne Verwendung (Übergang der Aufgaben des Ref. auf das Reichsministerium für Volksaufklärung und Propaganda)
31. 1.1925	Vortragender Legationsrat
30.10.1933	Versetzung in den einstweiligen Ruhestand
13. 4.1937	Versetzung in den Ruhestand

Wissenschaftliche und publizistische Tätigkeit als Kunsthistoriker.

18. 5.1953	Wiedergutmachungsbescheid gemäß Gesetz zur Regelung der Wiedergutmachung nationalsozialistischen Unrechts für Angehörige des öffentlichen Dienstes vom 11.5.1951

Literatur:

Johannes Sievers: Pieter Aertsen. Ein Beitrag zur Geschichte der niederländischen Kunst im 16. Jahrhundert. Leipzig 1908; ders.: Die neuere Kunst im Königlichen Kupferstichkabinett zu Berlin. Eine Anleitung zur Benutzung der Sammlung. Berlin 1909 u. 1910; ders.: Bilder aus Indien. Berlin 1911 (2. Aufl. Leipzig 1922); ders: Die Radierungen, Holzschnitte und Lithographen von Käthe Kollwitz. Bd. 1: Die Radierungen und Steindrucke von Käthe Kollwitz innerhalb der Jahre 1890 bis 1912. Ein beschreibendes Verzeichnis. Dreden 1913; Katalog schöner und seltener Kupferstiche, Holzschnitte, Radierungen, Schabkunstblätter des XV. bis XIX. Jahrhunderts. Geleitwort von Johannes Sievers. Berlin 1926; ders.: Das Palais des Prinzen Karl von Preussen, erbaut von K. F. Schinkel. Berlin 1928; ders.: Karl Friedrich Schinkel. Akademie des Bauwesens. Das Palais des Prinzen August von Preußen. Berlin 1936; ders.: Kurt Jagow: Das Palais Kaiser Wilhelms I. in Berlin. Berlin : 1936; Johannes Sievers: Karl Friedrich Schinkel. Bd. 4: Bauten für den Prinzen Karl von Preussen. Berlin 1942; ders.: Berlin, Unter den Linden. Berlin 1944 (Große Baudenkmäler H. 5); ders.: Karl Friedrich Schinkel. Bd. 6: Die Möbel. München 1950, ders.: Karl Friedrich Schinkel. Bd. 8: Bauten für die preussischen Prinzen. München 1954; ders.: Karl Friedrich Schinkel. Bd. 9: Bauten für die preussischen Prinzen. München 1955; ders.: Schloss Glienicke. München 1961 [mehrere Aufl.]; ders., u.a. (Hrsg.): Max Slevogt. Das druckgraphische Werk. T. 1: Radierungen, Lithographien, Holzschnitte 1890-1914 Heidelberg 1962.

Peter Hutter: Gedächtnisausstellung Johannes Sievers. Leben und Wirken in Berlin 1880-1969 veranstaltet von der Verwaltung der Staatlichen Schlösser und Gärten Berlin in Schloß Glienicke 29. August – 27. September 1992. Begleitmaterial zur Ausstellung. Berlin 1992; ders.: Johannes Sievers 1880-1969. Diplomat – Schinkelforscher. In: Berliner Museumsjournal 6 (1992), H. 3, S. 82.

Nachlass (Lebenserinnerungen) im Politischen Archiv des Auswärtigen Amts.

Simon, Heinz

* 10.10.1911 Bochum
† 1.10.1981 Bergisch Gladbach

kath.

Eltern: Heinrich S., Amtsgerichtsdiätar; Maria geb. Tillmann

∞ 6.10.1942 Lore geb. Knopf

Kinder: Heinz-Peter (30.10.1942), Eva-Maria (26.5.1945)

4.3.1931 Abitur; 1931 bis 1935 Studium in München, Königsberg i.Pr. und Münster: Jura – 31.1.1935 Referendarexamen, 30.4.1936 Dr.jur.; seit 1.3.1935 im Justizdienst.- 1.3.1930 NSDAP.

25. 3.1937	Einberufung in den Auswärtigen Dienst, AA, Attaché, DA 5.4., Politische Abt., Ref. II/Westeuropa
30. 4.1938	GK Thorn, DA 17.5., bis 1.9.1939 (Kriegszustand), 26.9. bis 5.10. Abwicklung der Geschäfte in Thorn
2.10.1939	AA, DA 7.10., Informationsabt.
12. 3.1941	Legationssekretär
16. 7.1941	Militärdienst (Kriegsberichter, seit 29.11. Sonderführer Z)
14.11.1944	Legationsrat
1. 3.1945	beim Bevollmächtigten des Reichs in Dänemark, Kopenhagen, DA 15.3., Amtsbez. Gesandtschaftsrat, Leitung des Kulturref.

Seit 1.5.1948 Hauptgeschäftsführer beim Deutschen Volksheimstättenwerk in Köln.

Literatur:

Heinz Simon: Das Wesen der falschen Anschuldigung in der geschichtlichen Entwicklung und im ausländischen sowie geltenden und kommenden deutschen Strafrecht. Breslau-Neukirch 1939.

Simon, Hugo-Ferdinand

* 15. 1.1877 Schönbrunn/Niederschlesien
† 20. 8.1958 Evanston/Illinois

ev.

Eltern: Felix S., preuß. Offizier; Antoinette geb. Schmitz

∞ 22.9.1906 Hanna geb. Riedel (Vater: Friedrich R., Kommerzienrat, Fabrikbesitzer)

Gymnasium in Glogau – 1895 Abitur; 1895 Studien in Genf; seit 23.9.1895 im Militärdienst: zuletzt Oberstleutnant, 20.2.1921 Versetzung in den Ruhestand; 1919 bis 1921 Studium in Berlin: Philosophie – Juli 1921 Dr.rer.pol.; seit Juni 1921 Beschäftigung im Reichsministerium für Wiederaufbau, Leitung des Ministerbüros.

1. 2.1922	DA AA, Wissenschaftlicher Hilfsarbeiter, Sonderref. W.Rep./ Wirtschaft, Reparationen
7. 4.1922	Vortragender Legationsrat
19. 9.1922	Leitung des Ref., 30.10.1925 bis 30.4.1926 kommissarische Beschäftigung an der B London
2.12.1926	Generalkonsul in Chicago, Übernahme der Geschäfte 15.3.1927, bis 16.8.1933
25. 6.1933	Versetzung in den einstweiligen Ruhestand
15. 3.1934	Versetzung in den Ruhestand

Verbleib in Chicago, bis 1941 Privatdozent an der Northwestern University.

16. 9.1952	Wiedergutmachungsbescheid gemäß Gesetz zur Regelung der Wiedergutmachung nationalsozialistischen Unrechts für Angehörige des öffentlichen Dienstes vom 11.5.1951

Literatur:

Hugo Ferdinand Simon: Vom polnischen Gewerbe. Charakteristik der gewerblichen Entwicklung im alten Polen. Diss. Berlin 1923; ders.: Reparation und Wiederaufbau. Berlin 1925; ders., Harry Graf Kessler, Georg Bernhard: In memoriam Walther Rathenau: 24. Juni 1922. Weimar 1925; Hugo Ferdinand Simon: Aus Walther Rathenaus Leben. Dresden 1927 (Schriften der Walther-Rathenau-Stiftung, 1); ders.: Revolution whither bound? New York 1935.

Simons, Walter

* 24. 9.1861 Elberfeld
† 14. 7.1937 Neubabelsberg/Potsdam

ev.

Eltern: Louis S., Fabrikbesitzer; Helene Henriette geb. Kyllmann

∞ 20.5.1890 Erna geb. Rühle (Vater: Dr.med. Hugo R., Universitätsprofessor, Geheimer Rat)

Kinder: Helene Dora (Docky) (28.3.1892), Hans (1.7.1893), Helene Elisabeth (Hella) (9.10.1894), Erna Johanna (Friedel) (24.2.1896), Paul Winand (24.2.1901), Gertrud Nora (Tula) (2.3.1905), Wilhelm (27.5.1908)

Gymnasium in Elberfeld – 28.2.1879 Abitur; 1879 bis 1882 Studium in Straßburg und Leipzig: Jura, Volkswirtschaft, Geschichte – 17.7.1882 1. juristisches Examen, 19.12.1913 Dr.jur.h.c. der Universität Kiel, D.theol.h.c. der Universität Marburg; 1.10.1882 bis 30.9.1883 Einjährig Freiwilliger, 16.9.1884 Sekonde-

Lieutenant d.R., 1903 Rittmeister d.R.; seit 22.9.1882 im preuß. Justizdienst – 18.7.1888 Assessorexamen, 7.11.1889 Hilfsrichter, 25.3.1893 Amtsrichter in Velbert, 29.3.1897 Landrichter in Meiningen, 19.10.1903 Landgerichtsrat, 15.3.1905 Oberlandesgerichtsrat in Kiel, seit 1.12.1905 Hilfsarbeiter im Reichsjustizamt, 5.9.1907 Geheimer Regierungsrat und Vortragender Rat, 30.9.1910 Geheimer Oberregierungsrat.

5.12.1911	Einberufung in den Auswärtigen Dienst, AA, Geheimer Legationsrat und Vortragender Rat, DA 11.12., Abt. III (Recht), Justitiar des AA
15.12.1917	Wirklicher Geheimer Rat

Seit 15.10.1918 in der Reichskanzlei, 16.11. Ministerialdirektor.

28.11.1918	AA, Leitung der Abt. III (Recht), Übernahme der Geschäfte 1.1.1919, Mai/Juni zugleich Generalkommissar der Dt. Friedensdelegation in Versailles mit der Amtsbez. Unterstaatssekretär
7. 7.1919	Versetzung in den einstweiligen Ruhestand

Juli 1919 bis Juni 1920 Geschäftsführendes Mitglied des Präsidiums des Reichsverbandes der Deutschen Industrie.

25. 6.1920	Reichsminister des Auswärtigen, Übernahme der Geschäfte 25.6., bis 10.5.1921

8.1. bis 31.5.1922 beim Dt. Bevollmächtigten für die dt.-poln. Verhandlungen über Oberschlesiens, Leitung der Rechtskommission; 1.10.1922 bis 31.3.1929 Präsident des Reichsgerichts, 1.3. bis 12.5.1925 Vertretung des Reichspräsidenten.

Literatur:

Ernst Rudolf Huber: Walter Simons. 1861 bis 1937; in: Wuppertaler Biographien. 9. Folge. Wuppertal 1970, S. 61-79; Horst Gründer: Walter Simons, die Ökumene und der Evangelisch-Soziale Kongress. Ein Beitrag zur Geschichte des politischen Protestantismus. Soest 1974; ders.: Walter Simons als Staatsmann, Jurist und Kirchenpolitiker. Neustadt/Aisch 1975 (Bergische Forschungen Bd. XIII); darin chronologisches Schriftenverzeichnis.

Nachlass im Bundesarchiv.

Simson, Ernst von

* 7. 4.1876 Berlin
† 7.11.1941 Oxford

ev.

Eltern: August v.S., Justizrat, Rechtsanwalt; Beate geb. Jonas

∞ 30.9.1901 Martha geb. Oppenheim (Vater: Dr.phil. Franz O., Generaldirektor der Aktiengesellschaft für Anilin-Fabrikation (Agfa) in Berlin)

Kinder: Anna (29.8.1902), Else (12.9.1907), Martin (11.3.1909), Dorothee (20.12.1910), Otto (17.7.1912), Victoria (21.1.1915)

Friedrichswerdersches Gymnasium in Berlin – 10.3.1894 Abitur; 1894 bis 1897 Studium in Lausanne, Leipzig und Berlin: Jura – 14.6.1897 Referendarexamen, 14.5.1900 Dr.jur.; 1.10.1897 bis 30.9.1898 Einjährig Freiwilliger, 16.11.1899 Leutnant d.R., 20.12.1909 Oberleutnant d.R., 22.3.1914 Rittmeister d.R.; seit 22.6.1897 im preuß. Justizdienst – 17.6.1903 Assessorexamen; seit 19.2.1904 kommissarische Beschäftigung im Reichsjustizamt, 21.3.1908 Landrichter in Düsseldorf, seit 21.3.1908 Hilfsarbeiter im Reichsjustizamt (Vorarbeiten zur Revision des Strafprozessrechts), 9.12.1911 Geheimer Regierungsrat und Vortragender Rat, 15.12.1915 Geheimer Oberregierungsrat; seit Ende 1910 zugleich Generalsekretär der Kaiser-Wilhelm-Gesellschaft zur Förderung der Wissenschaften; 1914/15 Militärdienst; seit 18.8.1915 bei der Zivilverwaltung Belgien, Referent für die wirtschaftliche Abt.; seit 1.3.1917 wieder im Reichsjustizamt, März 1918 Teilnahme an Verhandlungen mit Finnland, 15.4.1918 Abteilungsdirigent im Reichswirtschaftsamt; seit 19.5.1918 zugleich stellvertretender preuß. Bevollmächtigter zum Bundesrat.

28.11.1918	Einberufung in den Auswärtigen Dienst, AA, Charakter als Geheimer Legationsrat, DA 3.12., Abt. III (Recht), Dirigent
16. 7.1919	Direktor
8.1919	Leitung der Abt. F (Frieden)
19. 1.1920	Abt. II (Westeuropa), Leitung des Ref. Frankreich
29. 7.1921	Vertretung des Staatssekretärs für wirtschaftliche Angelegenheiten
10.11.1921	Staatssekretär (wirtschaftliche Angelegenheiten)
21.10.1922	Versetzung in den einstweiligen Ruhestand
18. 7.1933	Versetzung in den Ruhestand

Seit 1922 Mitglied des Vorstands und des Aufsichtsrats der AG für Anilin-Fabrikation (Agfa) in Berlin, dann Mitglied des Verwaltungsrats der IG Farben, seit März 1939 Wohnsitz in Montreux/Schweiz, dann in Oxford.

Literatur:

Ernst von Simson und Hermann Buecher: Grundlagen der Wirtschafts- und Handelspolitik. Berlin 1925; Ernst von Simson und August von Simson (Hrsg.): August von Simson. Reisebriefe aus dem Jahre 1863. Privatdruck Berlin 1937.

Nachlass im Politischen Archiv des Auswärtigen Amts.

Simson, Hermann Eduard von

* 16. 6.1880 Berlin
† 12. 9.1951 Stuttgart

ev.

Eltern: August v.S., Geheimer Justizrat, Rechtsanwalt und Notar; Beate geb. Jonas

∞ 14.2.1906 Marianne geb. Rauhaus (Vater: Karl-Friedrich, Kaufmann)

Kinder: Karl-Eduard (7.12.1906), Werner (21.2.1908), Dettloff (21.2.1908), Curt (6.4.1909), Beate (16.6.1912), Marianne (23.6.1914), Gabriele (24.7.1917)

Im ks. Marinedienst: zuletzt Korvettenkapitän a.D.; seit Anfang 1913 bei der Fried. Krupp AG.

8.1914	DA G Bern, Legationssekretär, dann Beschäftigung am GK Zürich, Propagandatätigkeit und Wirtschaftsberichterstattung, auch an den Admiralstab der Marine, bis Jan. 1919

Dann Tätigkeit als Kaufmann.

Sittig, Ernst

* 1. 2.1887 Berlin
† 25.12.1955 Tübingen

ev.

Eltern: Karl S., Ingenieur bei Siemens & Halske; Klara geb. Kobelius

∞ 22.8.1927 Annelise geb. Koch (Vater: Hans K.)

Kinder: Erhard (3.6.1928), Walter (21.5.1929), Anne Christiane (2.12.1933)

Gymnasium in Groß-Lichterfelde/Berlin – Abitur Ostern 1905; 1905 bis 1911 Studium in Jena, Berlin und Halle/Saale: Philologie, vergleichende Sprachwissenschaft – 3.5.1910 Dr.phil., Dez. 1911 1. Staatsexamen für das höhere Lehramt, Dolmetscherexamen in der poln., russ., bulgar. und griech. Sprache; seit 1.2.1912 Forschungsreisen in Rußland, Griechenland und Ägypten, 1.10.1913 bis Juli 1914 für die Sächs. und Preuß. Akademie der Wissenschaften auf Zypern; 17.8.1914 bis 3.4.1919 Militärdienst, 22.8.1917 Leutnant d.R.; seit 1.10.1914 im preuß. Schuldienst – März 1920 2. Staatsexamen für das höhere Lehramt.

19. 4.1919	DA AA, Wissenschaftlicher Hilfsarbeiter, Politische Nachrichtenstelle, seit 1920 Chiffrierbüro, seit 1.10.1919 Personal- und Verwaltungsabt., Chiffrier- und Nachrichtenwesen
1.10.1920	Übernahme in den Auswärtigen Dienst, Anwärter für den höheren Chiffrierdienst
12. 4.1924	Entlassung aus dem Reichsdienst

1923 Habilitation, Privatdozent für Slawistik und vergleichende Sprachwissenschaft an der Universität Berlin, 1924 bis 1926 zugleich Studienrat am Königstädtischen Gymnasium in Berlin, 1926 Professor in Königsberg i.Pr., 1929 bis 1952 in Tübingen.

Literatur:

Ernst Sittig: De Graecorum nominibus theophoris. Halle/Saale 1912; Ludwig Borchardt: Längen und Richtungen der vier Grundkanten der großen Pyramide bei Gise. Mit Bemerkungen über die Besucherinschriften an der Pyramide von Eugen Mittwoch und Ernst Sittig. Kairo 1926; Ernst Sittig: Litauische Dialekte. Berlin 1928; ders.: Der polnische Katechismus des Ledezma und die litauischen Katechismen des Daugßa und des Anonymus vom Jahre 1605 nach den Krakauer Originalen und Wolters Neudruck interlinear herausgegeben. Göttingen 1929; ders.: Cypern, eine Brücke vom Okzident zum Orient, in: Der vordere Orient. Königsberg i.Pr. 1929 (Auslandsstudien 4), S. 72-87; ders.: Das Alter der Anordnung unserer Kasus und der Ursprung ihrer Bezeichnung als „Fälle". Stuttgart 1931; ders.: Litauisch. Leipzig 1935 (Lautbibliothek. Texte zu den Sprachplatten des Instituts für Lautforschung an der Universität Berlin 36 u. 37); ders., Olaf August Danielsson, Carl Pauli: Corpus inscriptionum Etruscarum Academiae litterarum Regiae Borussicae et Societatis litterarum Regiae Saxonicae munificentia adiutus in societatem operis. Vol. 2,1,3. Sect. 1, Fasc. 3 (Tit. 5327-5606). Leipzig 1936, S. 184-332; Ernst Sittig: Germanenspuren auf etruskischen Inschriften, in: Scritti in onore di Bartolomeo Nogara. Raccolti in occasione del suo LXX anno. Rom 1937, S. 467-473; ders.: Entzifferung der ältesten Silbenschrift Europas, der kretischen Linearschrift B, in: La nouvelle Clio T. 3 (1951), fasc. 1.

Six, Franz Alfred

* 12. 8.1909 Mannheim
† 9. 7.1975 Bozen

altkath., gottgläubig

Eltern: Alfred S., Dekorateur, Möbelhändler; Anna Maria geb. Schwindt

∞ I. 12.4.1940 Ellen gesch. Kohrt geb. Offenbach (Vater: Friedrich Ernst August O., Eisenbahnangestellter); II. Sybille geb. Lachemann

Kinder aus der I. Ehe der I. Frau: Heide (16.12.1939); aus der I. Ehe: Elke (25.6.1941)

Lessing-Realgymnasium in Mannheim – 2.4.1930 Abitur; 1927 bis 1929 Tätigkeit als Maurer; 1930 bis 1934 Studium in Heidelberg: Staatswissenschaften, Soziologie, Geschichte, Literaturgeschichte, Zeitungswissenschaft – 12.12.1936 Dr.phil.; 1.5.1933 Hilfsassistent am Institut für Zeitungswesen der Universität Heidelberg, 28.5.1934 außerordentlicher Assistent, 1935 bis 1939 zugleich Dozent am Zeitungswissenschaftlichen Institut der Universität Königsberg i.Pr., April 1938 Habilitation, Juli 1938 außerordentlicher Professor und Institutsdirektor, seit 1.4.1939 außerordentlicher Professor in Berlin, 1.4.1940 ordentlicher Professor an der Auslandswissenschaftlichen Fakultät der Universität Berlin und Direktor bzw. Präsident des Deutschen Auslandswissenschaftlichen Instituts; seit Aug. 1934 in der Reichsstudentenführung, Hauptamtsleiter für Presse, Buch und Propaganda, seit 9.4.1935 hauptamtlicher Mitarbeiter des SD, Leiter der Hauptstelle Presse und Schrifttum im SD-Hauptamt, 1937/38 zugleich Hauptschriftleiter der Zeitschrift „Volk im Werden", seit 25.1.1936 Leiter der Abt. I/3 (Presse und Museum), später auch der Abt. II/1 (Weltanschauliche Gegner) und II/2 (Lebensgebietsmäßige Auswertung), zuletzt im RSHA; 28.5.1940 bis 10.4.1942 Militärdienst (Waffen-SS), 22.6. bis 28.8.1941 Kommandeur des „Vorkommandos Moskau" der Einsatzgruppe B der Sicherheitspolizei und des SD in Smolensk.- 1.9.1929 NS-Schülerbund, 1.3.1930 NSDAP, 1.11.1932 bis 29.4.1935 SA, 9.4.1935 SS (Untersturmführer, 9.11.1935 Obersturmführer, 30.1.1936 Hauptsturmführer, 9.11.1936 Sturmbannführer, 31.12.1937 Obersturmbannführer, 9.11.1938 Standartenführer, 9.11.1941 Oberführer, 30.1.1945 Brigadeführer).

31. 3.1943	AA, kommissarische Beschäftigung, DA 1.4., Leitung der Kulturpolitischen Abt.
26. 6.1943	Gesandter I.Kl. als Ministerialdirigent

Nach Kriegsende Tätigkeit als landwirtschaftlicher Gehilfe; seit 17.1.1946 in amerik. Haft, Prozess vor dem Amerik. Militärtribunal II in Nürnberg, Fall 9 („Einsatzgruppenprozess"), 10.4.1948 Verurteilung zu 20 Jahren Gefängnis, Haft in Landsberg/Lech, 30.4.1953 vorzeitige Entlassung; seit Nov. 1953 bis 1960 Geschäftsführer beim Verlag C.W.Leske, Darmstadt, 1956 zugleich Berater, seit 1957 Werbeleiter der Porsche Diesel Motorenbau GmbH, Friedrichshafen; seit 1963 selbständiger Unternehmensberater in Essen, zugleich Dozent an der Akademie für Führungskräfte der Wirtschaft, Bad Harzburg.

Literatur:

Regina Urban, Ralf Herpolsheimer: Franz Alfred Six, in: Arnulf Kutsch (Hrsg.): Zeitungswissenschaftler im Dritten Reich. Sieben biographische Studien. Köln 1984, S. 169-212; Lutz Hachmeister: Der Gegnerforscher. Die Karriere des SS-Führers Franz Alfred Six. München 1998 (darin Schriftenverzeichnis); Tuviah Friedman: SS-Brigadeführer Prof. Franz Six, Vorgesetzter Adolf Eichmanns, der bei der Endlösung der Judenfrage 1933-1945 aktiv beteiligt war. Haifa: 2002; Gideon Botsch: „Politische Wissenschaft" im 2. Weltkrieg. Die „deutschen Auslandswissenschaften" im Einsatz 1940-1945. Paderborn 2006.

Skala, Harald

* 14. 9.1915 Graz

gebürtiger österr. Staatsangehöriger

ev.-luth.

Mutter: Betti (Vater: Offizier)

ledig

Realgymnasium in Zagreb – 1934 Abitur; Studium in Zagreb und Graz: Jura – Staatsdiplomprüfung; Aug. 1940 bis Jan. 1941 Leiter des Verpflegungslagers der Volksdeutschen Mittelstelle für die bessarabien- und dobrudschadeutschen Umsiedler, dann Leiter des Amts für Selbstverwaltung, Rechts- und politische Angelegenheiten der Führung der Deutschen Volksgruppe in Kroatien und Verbindungsführer des Volksgruppenführers zum Ustascha-Hauptquartier.

23. 3.1942	DA G Zagreb, Wissenschaftlicher Hilfsarbeiter, beim Referenten für Volkstumsfragen, bis 12.5.

Vorbereitung der Promotionsprüfung.

4. 8.1942	DA G Zagreb, Wissenschaftlicher Hilfsarbeiter, Wirtschaftsabt., bis 30.9.1944
27. 1.1943	Dienstvertrag
10.10.1944	Militärdienst

Frühjahr 1944 Dr.jur.

Literatur:

Harald Skala: Die kroatische Frage und der Versuch ihrer staatsrechtlichen Lösung in Jugoslavien. Diss. Graz 1944.

Skalweit, Bruno

* 29.10.1867 Labiau/Ostpreußen

† 17. 4.1926 Königsberg i.Pr.

Vater: Fabrikbesitzer

∞ April 1894 (Vater: Bahnmeister)

Gymnasium in Tilsit und Kneiphöfsches Gymnasium in Königsberg i.Pr. – 15.9.1888 Abitur; 1888 bis 1892 landwirtschaftliche Ausbildung; 1892/93 Studien an der Landwirtschaftlichen Hochschule Berlin; April 1894 bis Okt. 1899 Verwaltung der Güter des Vaters; 1899 bis 1902 Studium an der Landwirtschaftlichen Hochschule Berlin – 6.5.1902 Lehrerexamen für Landwirtschaftsschulen, 21.3.1903 Dr.phil.; 1902/03 landwirtschaftliche Studien in Mittel- und Nordwestdeutschland.

10. 8.1903	GK London, Landwirtschaftlicher Sachverständiger, DA 18.9.
30. 9.1912	Beendigung des Dienstverhältnisses

1912 Habilitation, dann Lehrauftrag für landwirtschaftliche Betriebslehre an der Universität Königberg i.Pr., 1915 Titel Professor, 1.10.1920 ordentlicher Professor.

Literatur:

Bruno Skalweit: Beste Verwertung der Molkerei-Rückstände durch Aufzucht und Mast von Kälbern, Schweinen und Geflügel unter besonderer Berücksichtigung der Art und Menge der diesen Tieren zu reichenden Futtermittel. Berlin-Schöneberg 1897; ders.: Welche Mittel dienen zur Hebung der deutschen Rindviehzucht. Schöneberg-Berlin 1899; ders.: Die ökonomischen Grenzen der Intensivierung der Landwirtschaft. Betriebswissenschaftliche Untersuchungen auf Grund der Buchführung von 35 vorzüglich geleiteten Betrieben in Mittel- und Nordwest-Deutschland. Berlin 1903; ders.: Der Anbau des Rhabarbers in England; in: Beiträge zum feldmäßigen Gemüsebau. Berlin 1906, S. 45-51 (Arbeiten der Deutschen Landwirtschafts-Gesellschaft. H. 117); ders.: Die Arbeiteransiedelung in England, in: Emil Stumpfe, u.a.: Die Sesshaftmachung der Landarbeiter. Beispiele und Erfahrungen nebst Vorschlägen zur Arbeiteransiedlung auf den preußischen Domänen. Berlin 1906, Anhang 3 (Landwirtschaftliche Jahrbücher Ergänzungsband 35,3); ders.: Der Obstbau in England. Berlin 1907; ders.: Gras- und Kleesaaten, Gewinnung und Handel in Dänemark, Großbritannien und Irland. Berlin 1909 (Berichte über Land- und Forstwirtschaft im Auslande 20); Gesellschaftsreise durch England und Schottland in der Zeit vom 28 Juli bis 17. August 1910 veranstaltet von der Deutschen Landwirtschafts-Gesellschaft unter Führung des Herrn Skalweit. Berlin 1910; Das Veterinärwesen einschließlich einiger verwandter Gebiete in Großbritannien und Irland : Nach Berichten des landwirtschaftlichen Sachverständigen bei der Kaiserlichen Botschaft in London Skalweit bearbeitet durch Erwin Wehrle. Berlin 1910 (Arbeiten aus dem Kaiserlichen Gesundheitsamte Bd 36, H. 1); Bruno Skalweit: Die englische Landwirtschaft. Entwicklung, Betrieb, Lage mit Berücksichtigung der volkswirtschaftlichen Bedeutung. Berlin 1915; ders.: Die Landwirtschaft in den litauischen Gouvernements. Ihre Grundlagen und Leistungen. Jena 1918.

Sklarz, Waldemar

Während des Ersten Weltkriegs Sekretär des russ. Revolutionärs Helphand („Parvus") in Stockholm.

23. 4.1919	AA, Dienstvertrag als Hilfsarbeiter, Abt. IV (Nachrichten), DA 23.4., seit 27.11. Urlaub
29. 8.1919	Beendigung des Dienstverhältnisses zum 31.3.1920

Publizistische Tätigkeit, Herausgeber der Zeitschrift „Die Tendenz".

Literatur:

Waldemar Sklarz: England und Deutschland. Berlin 1918.

Smend, Johannes (Hans)

* 13. 1.1880 Dudenrode
† 23.11.1970 Georgsmarienhütte/Bad Iburg

ev.

Eltern: Friedrich S.; Gesine geb. Hoon

∞ 11.9.1911 Käte geb. Tabbert (Vater: Hermann T.)

Kinder: Wolfgang (28.7.1912), Renate (23.10.1915), Hermann (6.10.1917)

Humanistisches Gymnasium; 1902 bis 1905 Studium in München, Grenoble, Berlin und Göttingen: Jura, Volkswirtschaft – 31.7.1905 Referendarexamen, 13.11.1908 Dr.jur.; 1.10.1905 bis 30.9.1906 Einjährig Freiwilliger; seit 17.8.1905 im preuß. Justizdienst – 8.9.1911 Assessorexamen, dann bis 31.3.1913 Sprachstudien in England.

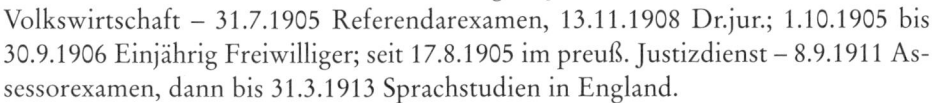

7. 9.1913	Einberufung in den Auswärtigen Dienst (konsularische Laufbahn), AA, DA 22.9.
8.1914	Militärdienst (zuletzt Hauptmann d.R.)
11.1916	G Bern, bis 11.7.1920
17. 1.1918	Amtsbez. Vizekonsul
28.12.1918	Amtsbez. Legationssekretär
12.11.1919	Legationssekretär (fliegend)
23. 8.1922	Legationsrat
23. 6.1920	AA, DA 13.7., Abt. II (Westeuropa)
5. 2.1925	Legationsrat I.Kl.
24.12.1926	Vortragender Legationsrat
17.12.1927	B Rom (Quirinal), Botschaftsrat, DA 11.2.1928, bis 15.4.1935
15. 2.1935	Gesandter in Teheran, Übernahme der Geschäfte 21.7., Übergabe des Beglaubigungsschreibens 30.7., bis 24.1.1940
16.10.1939	Versetzung in den einstweiligen Ruhestand
13. 7.1940	AA, kommissarische Beschäftigung, Gesandter z.D., DA 2.7., Abt. Protokoll, zuletzt Leitung des Arbeitsstabes in Krummhübel/Unterbringung der ausländischen Diplomaten

Später Wohnsitz in Osnabrück.

Literatur:

Hans Smend: Die Kirchenverfassung der Grafschaft Bentheim in ihrer geschichtlichen Entwicklung. Borna-Leipzig 1908.

Smend, Wolfgang

* 28. 7.1912 Berlin
†   2010

ev.

Eltern: Johannes S., Diplomat; Käte geb. Tabbert

⚭ I. 12.8.1943 Käte Rügen geb. Müller; II. Astrid von Pufendorf

1931 Abitur; Studium in den USA, Berlin, Göttingen und München: Jura – Referendarexamen, 1940 Dr.jur.; seit 15.3.1939 im preuß. Justizdienst.- 22.4.1933 NSDAP, SS (zuletzt Oberscharführer).

10. 4.1940	AA, Dienstvertrag als Wissenschaftlicher Hilfsarbeiter, DA 11.3., Rechtsabt.,
10.1941	beim Sonderkommando Künsberg
5. 2.1942	Militärdienst (zuletzt Oberleutnant d.R.)
17. 3.1944	beim Bevollmächtigten des Großdeutschen Reichs bei der ital. faschistischen Nationalregierung, Fasano, DA 24.3., Abordnung zum Italienstab des Reichsministeriums für Rüstung und Kriegsproduktion in Mailand (Auftrag zur Verlagerung der ital. Rüstungsproduktion in unterirdische Anlagen)

Später Wohnsitz in Düsseldorf.- 1989 SPD.

Literatur:

Wolfgang Smend: Bahrein. Die politische und wirtschaftliche Bedeutung der Insel und ihre völkerrechtliche Zugehörigkeit. Diss. Göttingen 1940.

Smilga, Arved

* 24. 6.1879 Alt-Pebalg/Livland

gebürtiger russ., dann lett., seit 18.9.1942 dt. Staatsangehöriger

ev.-luth.

Eltern: Michael S., Lehrer; Julie geb. Libbert

⚭ 2.1.1905 Rosalie geb. Strauss (gebürtige russ. Staatsangehörige; Vater: Georg-Andreas S., Kaufmann)

Kinder: Biruta (14.12.1905), Ollita (15.4.1908)

Oberrealschule in Riga – 1899 Abitur; Studium am Polytechnikum in Riga und in Jena, München und Berlin: Architektur, Philosophie, Germanistik, Naturwissenschaften – Frühjahr 1904 russ. Gymnasiallehrerdiplom; Tätigkeit als Lehrer und Gymnasialdirektor; 1924 bis 1929 Vertreter der Lettländischen Telegraphen-Agentur in Berlin; 1934 bis 1940 Direktor des Lettländischen Rundfunks in Riga.

23. 6.1941	DA AA, Wissenschaftlicher Hilfsarbeiter, Kulturpolitische Abt., Ref. R/Rundfunkangelegenheiten (seit 22.7. Rundfunkabt., seit 13.2.1942 Rundfunkpolitische Abt.), Ref. V/Osteuropa, seit 21.2.1944 Krankenurlaub
26. 6.1944	Beendigung des Dienstverhältnisses

Snyckers, Hans

* 26. 6.1914 Leipzig

ev.-ref., seit 1936 gottgläubig

Eltern: Dr. Alexander S., Professor, Direktor des Dolmetscherinstituts an der Handelshochschule Leipzig; Cläre geb. de Beaux

∞ 28.12.1937 Leonore geb. Sellheim, hauptamtliche BDM-Führerin (Vater: Dr.med. Hugo S., Universitätsprofessor, Geheimer Medizinalrat)

Kinder: Hans-Hugo (4.12.1938), Frank-Dieter (10.6.1940), Wolf Alexander (24.7.1942), Friedrich Otto (11.4.1944)

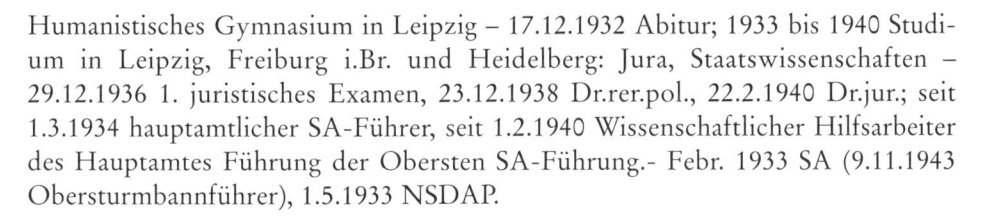

Humanistisches Gymnasium in Leipzig – 17.12.1932 Abitur; 1933 bis 1940 Studium in Leipzig, Freiburg i.Br. und Heidelberg: Jura, Staatswissenschaften – 29.12.1936 1. juristisches Examen, 23.12.1938 Dr.rer.pol., 22.2.1940 Dr.jur.; seit 1.3.1934 hauptamtlicher SA-Führer, seit 1.2.1940 Wissenschaftlicher Hilfsarbeiter des Hauptamtes Führung der Obersten SA-Führung.- Febr. 1933 SA (9.11.1943 Obersturmbannführer), 1.5.1933 NSDAP.

31.12.1941	G Preßburg, Kulturreferent, DA 3.1.1942, bis 30.6.1944
14. 8.1942	Dienstvertrag

Dann bei der Obersten SA-Führung in Berlin; seit Mai 1953 Wohnsitz in Südafrika.

Literatur:

Hans Snyckers: Die Eingliederung des Weinbaues in den landwirtschaftlichen Einzelbetrieb in Baden. Leipzig 1938; ders.: Wehrmannschaften, wehrbereites Volk. Die Bedeutung des Führererlasses über die SA.-Wehrmannschaften für die deutsche Wehrerfassung und für die staatsrechtliche Stellung der SA. München 1940; ders: Tagebuch eines Sturmführers. München 1940.

Sobernheim, Moritz

* 13. 8.1872 Berlin
† 5. 1.1933 Berlin

jüd.

Eltern: Adolf S., Bankier; Anna geb. Magnus; Adoptivvater: Eugen Landau, Bankier

∞ 25.11.1909 Clara geb. Schiff (Ludwig S., Bankier)

Kinder: Rudolf (11.10.1910), Manfred (7.9.1913), Marianne (28.3.1916)

Französisches Gymnasium in Berlin; Studium in Berlin, München, Wien und Bonn: Philologie, Orientalistik – 6.8.1896 Dr.phil.; Privatgelehrter, 1900 Mitglied der dt. Ausgrabungsexpedition nach Baalbek, 1905 bis 1914 Mitarbeiter des franz. Archäologischen Instituts in Kairo, 1908 Professor; Vorstandsmitglied des Vereins Esra – Verein zur Unterstützung ackerbautreibender Juden in Palästina und Syrien, Vorstandsmitglied des Arbeiterfürsorgeamts der jüdischen Organisationen Deutschlands, stellvertretender Vorsitzender des Deutsch-Israelitischen Gemeindebundes, Vorstandsmitglied des Komitees für den Osten, Vorstandsmitglied des Pro Palästina Komitees und Vorsitzender der Gesellschaft zur Förderung des Judentums.

22.11.1918	DA AA, Abt. IV (Nachrichten), Ref. A1/Österreich-Ungarn, Polen, Balkan, Türkei, Hilfsarbeiter für jüdische Angelegenheiten, seit 28.4.1919 Leitung des Ref. A6/Jüdische Angelegenheiten
16.12.1918	Dienstvertrag
3.1920	Abt. III (seit 1.1.1922 II b/Südosteuropa), Leitung des Ref. Jüdisch-politische Angelegenheiten
25.12.1920	Regierungsrat
13. 2.1922	Abt. III (Britisches Reich, Amerika, Orient), Leitung des Ref. Jüdisch-politische Angelegenheiten, 14.7. bis 14.9.1928 kommissarische Leitung des GK Neapel
22. 2.1923	Amtsbez. Legationsrat
9. 4.1927	Legationsrat I.Kl.

Literatur:

Moritz Sobernheim: Madraset el Azwag. Comödie von Mohammad Bey Osman Galal. Berlin 1896; ders.: Palmyrenische Inschriften. Berlin 1905; ders.: Baalbek in islamischer Zeit. Berlin 1922 sowie zahlreiche Arbeiten zur arabischen und semitischen Epigraphik.

Moritz Sobernheim zum 60. Geburtstage, in: Monatsschrift der Gesellschaft zur Förderung der Wissenschaft des Judentums 76 (1932), S. 274-464; Francis R. Nicosia: Moritz Sobernheim and the Jewish Affairs Section of the German Foreign Office, 1918-1933, in: The European Studies Journal 3 (1986), S. 185-193; ders.: Jewish Affairs and German Foreign Policy during the Weimar Republic. Moritz Sobernheim and the Referat für jüdische Angelegenheiten, in: Leo Baeck Institute Year Book 33 (1988), S. 261-283; Peter Grupp: Juden, Antisemitismus und jüdische Fragen im Auswärtigen Amt in der Zeit des Kaiserreichs und der Weimarer Republik. Eine Annäherung, in: Zeitschrift für Geschichtswissenschaft 46 (1998), S. 237-248; Verena Dohrn: Diplomacy in the Diaspora. The Jewish Telegraphic Agency in Berlin (1922-1933), In Leo Baeck Institute Year Book 54 (2009), S. 219-241.

Nachlass im Leo-Baeck-Institut Jerusalem und New York.

Soden, Julius Freiherr von

* 5. 2.1846 Stuttgart
† 2. 2.1921 Tübingen

ev.

Eltern: Julius Freiherr v.S., württ. Offizier; Maria geb. von Neurath

⚭ 1.9.1900 Helene geb. von Sick (Vater: Hermann v.S., württ. Offizier)

Knabeninstitut der Evangelischen Brüdergemeinde Korntal und Gymnasium in Stuttgart – 1864 Abitur; 1864 bis 1869 Studium in Göttingen und Tübingen: Jura – 1869 1. juristisches Examen; seit 15.6.1869 im württ. Justizdienst – Herbst 1871 2. juristisches Examen; 1870/71 Teilnahme am dt.-franz. Krieg.- 5.7.1899 Kgl. württ. Kammerherr.

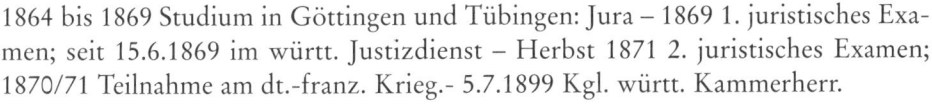

22.11.1871	Einberufung in den Auswärtigen Dienst (konsularische Laufbahn), GK Bukarest, Vizekonsul, DA 20.12., bis Ende Juni 1872
15. 5.1872	Konsul in Algier (Umwandlung des WK in ein BK), Übernahme der Geschäfte 11.7., bis 3.2.1876
28.12.1875	Konsul in Canton, Übernahme der Geschäfte 4.4.1876, bis 8.7.1879, seit Anfang 1877 zugleich kommissarische Leitung des WK Hongkong, 24.1. bis 6.4.1877 zugleich kommissarische Leitung des russ. K Hongkong
18. 4.1877	zugleich Konsul in Hongkong (Umwandlung des WK in ein BK)

1. 5.1879	Konsul in Havanna, Übernahme der Geschäfte 16.10., bis 18.3.1884, 25.3. bis 25.11.1880 Urlaub, 20.1.1882 bis 3.4.1883 kommissarische Leitung der MR Lima, dann bis 10.11.1883 Urlaub
30. 1.1884	Konsul in St. Petersburg, Übernahme der Geschäfte 2.6.1884, bis 23.4.1885
23. 4.1885	Gouverneur von Kamerun, Übernahme der Geschäfte 25.6., zugleich Wahrnehmung der Aufgaben des Oberkommissars für das Togogebiet, 13.5.1887 bis 17.1.1888 und seit 26.12.1889 Urlaub
1890	Gouverneur von Deutsch-Ostafrika mit dem Prädikat Exzellenz, Übernahme der Geschäfte 14.10., bis März 1893
19. 9.1893	Versetzung in den Ruhestand

Verwaltung seines Gutes; 17.5.1899 Wahrnehmung der Aufgaben des Kabinettschef des Königs von Württemberg, 24.5. 1899 Titel und Rang als Geheimer Rat und Mitglied des Oberhofrats, 17.1.1900 Kabinettschef; 9.11.1900 bis 27.6.1906 württ. Staatsminister der auswärtigen Angelegenheiten und des Kgl. Hauses, seit 14.11.1900 zugleich Bevollmächtigter zum Bundesrat; dann bis Ende 1916 erneut Kabinettschef des Königs von Württemberg; seit 1920 Studien in Tübingen: Philosophie, Philologie, Ästhetik.

Literatur:

J. Reuß: Freiherr von Soden, Julius, Gouverneur von Kamerun und Deutsch-Ostafrika, Staatsminister des Auswärtigen, Kabinettschef, in: Württembergischer Nekrolog für das Jahr 1920 und 1921. Im Auftrag der Württembergischen Kommission für Landesgeschichte hrsg. v. Karl Weller u. Viktor Ernst. Stuttgart 1928, S. 314-325; Edwin Henning: Württembergische Forschungsreisende der letzten anderthalb Jahrhunderte. Festschrift zur Feier des 70-jährigen Bestehens des Württembergischen Vereins für Handelsgeographie, Museum für Länder- und Völkerkunde, Lindenmuseum. Stuttgart 1953, S. 412f.; Memhard Freiherr von Ow: Julius Freiherr v. Soden, in: Lebensbilder aus Schwaben und Franken. Bd. 16. Stuttgart 1986, S. 250-272.

Nachlass im Landesarchiv Baden-Württemberg Abt. Hauptstaatsarchiv Stuttgart.

Soehring, Otto

* 18. 1.1872 Berlin

ev.

Eltern: August S., Kaufmann; Luise geb. Schröder

∞ 10.9.1907 Maria geb. Miadowicz (Vater: Josef M., Museumsbeamter bei der Kaiser-Wilhelm-Akademie)

Kinder: Hansjürgen (23.7.1908), Klaus (3.11.1911), Friedrich Wilhelm (3.11.1911)

I. Realschule und Luisenstädtische Oberrealschule, Luisenstädtisches Realgymnasium in Berlin – 1895 Abitur; 1895 bis 1899 Studium in Berlin: Philosophie, Neuere Sprachen – 10.2.1900 Dr.phil., 12.2.1901 1. Staatsexamen für das höhere Lehramt; 1900/01 im preuß. Ministerium der geistlichen, Unterrichts- und Medizinalangelegenheiten; seit 1.4.1901 im preuß. Schuldienst, 1.4.1904 Oberlehrer; 1.10.1901 bis 30.9.1902 Einjährig Freiwilliger, 27.1.1905 Leutnant d.R.; 1.10.1907 bis Juli 1914 Direktor der Schulen der dt. und schweizer. Schulgemeinde in Konstantinopel; dann erneut im preuß. Schuldienst, 13.8.1914 Realgymnasialdirektor; seit 9.8.1914 Militärdienst, 9.9.1914 Oberleutnant d.R., 1915 Hauptmann d.R.

30. 1.1915		Einberufung in den Auswärtigen Dienst, AA, außeretatmäßiger Hilfsarbeiter, DA 30.1., Abt. III (Recht), Ref. d/Kirchen- und Schulsachen, Kunst und Wissenschaft, seit Frühjahr 1920 Abt. IX (seit 1.1.1922 VI/Kultur), Leitung des Ref. B/Unterrichtswesen
25. 7.1915		Ständiger Hilfsarbeiter
17. 1.1921		Amtsbez. Legationsrat
1. 4.1921		Legationsrat I.Kl.
31. 7.1922		Vortragender Legationsrat
5. 4.1927		kommissarische Leitung des GK Valparaíso, Übernahme der Geschäfte 7.7., bis 30.6.1937, 13.12.1930 bis 16.9.1931 und 6.4. bis 3.12.1935 Urlaub
11. 6.1927		Amtsbez. Generalkonsul
25.10.1928		Generalkonsul
9.11.1928		Konsularische Prüfung
10. 3.1937		Versetzung in den einstweiligen Ruhestand
5. 9.1938		DA AA, Generalkonsul z.D., Nachrichten- und Presseabt., Leitung des Ref. XIII/Südamerika
30. 6.1941		Leitung des K (dann Verbindungsstelle des Bevollmächtigten des Reichs in Dänemark) Aarhus (Umwandlung des WK), DA 3.8., bis 12.10.1943
28. 7.1943		AA, DA 13.10., Personal- und Verwaltungsabt., Leitung eines Sonderref./Fürsorgemaßnahmen für die Gefolgschaft, seit 1.10.1944 (Zusammenlegung mit Ref. Pers D) Leitung des Ref. Pers W/Raumbeschaffung für dienstliche Zwecke, Wohnungsangelegenheiten der Gefolgschaft, Fürsorgemaßnahmen für die Gefolgschaft

Literatur:

Otto Söhring: Werke bildender Kunst in altfranzösischen Epen. Erlangen 1900; Otto Soehring: David Humes „Skeptizismus" ein Weg zur Philosophie. Schöneberg/Berlin 1907; David Hume: An inquiry concerning human understanding. In Auswahl mit Einleitung, Anmerkungen und einem Register hrsg. von Otto Soehring. Heidelberg 1910; Otto Soehring: Der Akademiker im Auslandsdienst, in: Die akademischen Berufe Bd. 5. Berlin 1920, S. 315–324; ders.: Völkerbund und internationale wissenschaftliche Beziehungen. Vier Rundfunk-Vorträge gehalten für die „Deutsche Welle". Leipzig 1927.

Solf, Wilhelm

* 5.10.1862 Berlin
† 6. 2.1936 Berlin

ev.

Eltern: Hermann S., Besitzer einer Braunkohlenzeche; Augusta geb. Peters

∞ 7.9.1908 Johanna geb. Dotti (Vater: Georg Leopold D., Fabrikant, Gutsbesitzer)

Kinder: Marie Elisabeth So'oa'emalelagi (Lagi) (31.8.1909), Hans Heinrich Georges (21.12.1910), Wilhelm Hermann (11.1.1915), Otto Isao (25.12.1921)

Gymnasien in Anklam und Mannheim – 1881 Abitur; 1881 bis 1885 Studium in Berlin, Kiel, Halle/Saale, Göttingen und am Seminar für orientalische Sprachen in Berlin: Philologie, Philosophie, Indologie, Sanskrit, Hindi, Urdu, Persisch – 28.1.1886 Dr.phil.; 1.4.1886 bis 30.4.1887 Hilfsarbeiter an der Universitätsbibliothek in Kiel.

10.12.1888	Einberufung in den Auswärtigen Dienst, K Kalkutta, Wahrnehmung der Geschäfte des Sekretärs, DA 31.1.1889, bis 29.12.1890
1. 2.1891	Entlassung aus dem Reichsdienst

1891/92 Studium in Jena: Jura – 12.12.1892 1. juristisches Examen; seit 20.3.1893 im ghzgl. sächs. Justizdienst – 29.9.1896 2. juristisches Examen.

1896	Einberufung in den Auswärtigen Dienst (Kolonialdienst), AA, DA 13.11., Abt. IV (Kolonien)
1898	Gouvernement von Deutsch-Ostafrika, Wahrnehmung der Geschäfte eines Bezirksrichters in Daressalam, DA 5.4., bis 14.1.1899
1.12.1898	Bezirksrichter

Seit 3.5.1899 Präsident der Munizipalität in Apia/Samoa.

25. 1.1900	Gouverneur von Samoa, Übernahme der Geschäfte 1.3., 23.12.1901 bis 7.1.1903 Urlaub

Nach Überleitung der Kolonialabt. des AA in das Reichskolonialamt am 17.5.1907 Weiterbeschäftigung in Samoa, bis 22.9.1910, seit 4.11.1911 Wahrnehmung der Geschäfte des Staatssekretärs des Reichskolonialamts, 9.11.1911 bis 29.12.1918 preuß. Bevollmächtigter beim Bundesrat, 20.12.1911 Staatssekretär, Wirklicher Geheimer Rat, 20.6.1912 bis 13.10.1913 Informationsreise durch die dt. Schutzgebiete in Afrika.

7.10.1918	zugleich Staatssekretär des AA, Stellvertreter des Reichskanzlers im Geschäftsbereich des AA
13.12.1918	Entlassung aus dem Reichsdienst zum 30.12.
8. 4.1920	Einberufung in den Auswärtigen Dienst, Geschäftsträger in Tokyo, Übernahme der Geschäfte und Übergabe des Einführungsschreibens 10.8., bis 15.12.1928, 14.5. bis 28.11.1922, 6.2. bis 25.8.1924 und 8.9.1926 bis 5.2.1927 Urlaub
2.12.1920	Botschafter, Übergabe des Beglaubigungsschreibens 26.2.1921
1. 2.1928	Versetzung in den Ruhestand

30.11.1929 Dr.rer.pol.h.c. der Universität Heidelberg, 1930 D.theol.h.c. der Universität Göttingen.

Literatur:

Wilhelm Solf: Die Kaçmîr-Recension der Pañçâcikâ. Halle/Saale 1886; Franz Kielhorn: Grammatik der Sanskrit-Sprache aus dem Englischen übersetzt von Wilhelm Solf. 1888 (Reprint Wiesbaden 1965); Wilhelm Solf: Eingeborene und Ansiedler auf Samoa. Berlin 1908; ders.: Rede zur Gründung der Deutschen Gesellschaft 1914. Berlin 1915; ders.: Die deutsche Kolonialpolitik, in: Otto Hintze, Friedrich Meinecke, Hermann Oncken, Hermann Schumacher (Hrsg.): Deutschland und der Weltkrieg. Bd. I. Leipzig 1916; Wilhelm Solf: Die Lehren des Weltkriegs für unsere Kolonialpolitik. Stuttgart, Berlin 1916; ders.: Das deutsche und das englische koloniale Kriegsziel. Rede in Leipzig am 7.6.1917. Berlin 1917; ders.: Die Zukunft Afrikas. Vortrag in der Berliner Philharmonie vom 21.12.1917. Berlin 1917; ders.: Rede in der Deutschen Gesellschaft 1914 am 20.8.1918. Leipzig 1918; ders.: Kolonialpolitik. Mein politisches Vermächtnis. Berlin 1919; ders.: Schnee und Lettow-Vorbeck, in: Die Deutsche Nation. Eine Zeitschrift für Politik 2 (1920), H. 2, S. 87-95; ders.: Afrika für Europa. Der koloniale Gedanke des 20. Jahrhunderts. Neumünster 1920; ders.: [Einleitung], in: Takeutschi: Die Wahrheitssucher. Leipzig 1923; Wilhelm Solf: Die Erschließung der deutschen Archive, in: Archiv für Politik und Geschichte 12 (1926); ders.: Mahayana – the Spiritual Tie of the Far East, in: Japan Chronicle v. 9.5.1926; ders.: The New International Conscience. Address to the League of Nations Association of Japan 20.2.1928. Tokio 1928; ders.: Deutschlands politisches Gesicht, in: Europäische Revue 9 (1930); ders.: Wie kam es zum Konflikt im Fernen Osten?, in: Berliner Börsen-Zeitung v. 25.3.1932; ders.: Auslandsdeutschtum und Heimat, in: Königsberger Hartungsche Zeitung v. 5.5.1932.

Eberhard von Vietsch: Wilhelm Solf. Botschafter zwischen den Zeiten. Tübingen 1961; ders. (Hrsg.): Gegen die Unvernunft: Der Briefwechsel zwischen Paul Graf Wolff Metternich und Wilhelm Solf 1915-1918. Bremen 1964; Hans Schwalbe, Heinrich Seemann (Hrsg.): Deutsche Botschafter in Japan 1860-1973. Tokyo 1974, S. 83-92; Ludwig Brandl: Wilhelm Solf, in: Traugott Bautz (Hrsg.): Biographisch-Bibliographisches Kirchenlexikon. Bd. X. Herzberg 1995, Sp. 758-763 Birthe Kundrus: Das Reichskolonialamt zwischen nationalem Geltungsbewusstsein und Weltbürgertum. Die Staatssekretäre Friedrich von Lindequist und Wilhelm Solf, in: Ulrich van der Heyden, Joachim Zeller (Hrsg.): Macht und Anteil an der Weltherrschaft. Berlin und der deutsche Kolonialismus. Münster 2005, S. 14-21; Masako Hiyama: Wilhelm Solf (1862-1936), in: Brückenbauer. Pioniere des japanisch-deutschen Kulturaustausches hrsg. vom Japanisch-Deutschen Zentrum Berlin und der Japanisch-Deutschen Gesellschaft Tokyo. Berlin 2005; Peter J. Hempenstall, Paula Tanaka Mochida: The Lost Man. Wilhelm Solf in German History. Harrassowitz Verlag, Wiesbaden 2005.

Hermann Graml: Solf-Kreis, in: Wolfgang Benz, Walter H. Pehle (Hrsg.): Lexikon des deutschen Widerstandes. Frankfurt/Main 1994, S. 298–300.

Nachlass im Bundesarchiv und im Politischen Archiv des Auswärtigen Amts.

Solms-Braunfels, Alexander Prinz zu

* 5. 8.1903 Braunfels/Wetzlar
† 8.10.1989 München

kath.

Eltern: Friedrich Prinz z.S.-B., Offizier; Marie geb. Gräfin Westphalen

∞ 7.9.1946 Carmen geb. Prinzessin von Wrede (Vater: Edmund Fürst v.W., Offizier)

Humanistisches Gymnasium in Ettal/Obb. – Ostern 1924 Abitur; 1924 Bankvolontär, 1925 Gutseleve; 1926 bis 1932 Studium in Paris, Wien und Göttingen: Jura, Staatswissenschaften – 12.1.1933 Referendarexamen; seit Sommer 1933 im Justizdienst – 30.9.1937 Assessorexamen.- 1934 SA, 1.5.1937 NSDAP.

3. 8.1938	Einberufung in den Auswärtigen Dienst, AA, Attaché, DA 5.8., Politische Abt., Ref. III/Spanien, Portugal, Vatikan
1.1939	Rechtsabt.
18. 3.1939	G Budapest, DA 22.3., bis 22.8.
19. 8.1939	G Preßburg, DA 22.8., bis 1.4.1941
5. 3.1941	G Bukarest, DA 2.4., bis 1.3.1943
27.10.1941	Legationssekretär
3.1943	Militärdienst, bis 30.6.1944
7.1944	DA AA, Politische Abt., Ref. IV/Südosteuropa
31. 7.1944	beim Sonderbevollmächtigten des AA für den Südosten, Belgrad, DA 1.8., seit 11.9. in der Dienststelle Gesandter Altenburg, Wien
25.11.1944	beim Sonderbevollmächtigten des AA für den Südosten, Gesandter Neubacher, Wien

Aug. 1945 bis Juni 1946 in amerik. Internierung; Aug. 1946 bis März 1948 Tätigkeit als Brauereihilfsarbeiter in Fronberg/Oberpfalz; März 1948 Übersiedlung nach Argentinien, Kunsthändler.

24.11.1952	Einberufung in den Auswärtigen Dienst, Angestellter, Legationssekretär z.Wv., G Bogotá, Amtsbez. Gesandtschaftsrat, DA 12.12., seit Sommer 1957 Urlaub
3. 9.1953	Gesandtschaftsrat I.Kl.
3.12.1957	AA, Legationsrat I.Kl., DA 15.11., Abt. 6 (Kultur), Ref. 600/ Grundsatzangelegenheiten
19. 3.1960	Leitung der B San Salvador, Amtsbez. Botschafter, Übernahme der Geschäfte 23.6., Übergabe des Beglaubigungsschreibens 1.7., bis 16.7.1968
15. 8.1966	Botschaftsrat
6. 6.1968	Versetzung in den Ruhestand

Solms-Sonnenwalde, Eberhard Graf zu

* 2. 7.1825 Kotitz/Bautzen
† 29. 6.1912 Berlin

ev.

Eltern: Theodor Graf z.S.-S., preuß. Offizier, Standesherr, erbliches Mitglied des preuß. Herrenhauses; Clementine geb., Reichsgräfin von Bressler

ledig

Ritterakademie in Brandenburg/Havel; 15.10.1843 bis 14.10.1851 im preuß. Militärdienst: Mai 1844 Offiziersexamen, 11.6.1844 Sekonde-Lieutenant, 1847 bis 1851 an der Kriegsakademie in Berlin.

15. 4.1856	Einberufung in den preuß. Auswärtigen Dienst, G Dresden, DA 7.5., bis 1.6.1859, 11.10. bis 4.11.1858 kommissarische Leitung der G Wien
14. 5.1858	Diplomatische Prüfung
29. 6.1858	Charakter als Legationssekretär
13. 5.1859	G Hannover, Legationssekretär, DA 4.6., bis 15.1.1861, 24.5. bis 2.9.1860 Wahrnehmung der Geschäfte des 2. Sekretärs an der G St. Petersburg

14. 1.1861	G Wien, Wahrnehmung der Geschäfte des Legationssekretärs, DA 17.1., bis Dez. 1863
1.12.1863	B Paris, 1. Sekretär, DA Ende Dez., 9.1. bis 19.2.1869 Teilnahme an der Pariser Kretakonferenz, seit 23.7.1870 Teilnahme am dt.-franz. Krieg im Hauptquartier der III. Armee, 25.5. bis 26.7.1871 kommissarische Leitung der G Brüssel
13. 5.1865	Charakter als Legationsrat
7. 9.1871	kommissarische Leitung der G Brüssel, Übernahme der Geschäfte 18.9., bis 15.10.
4.11.1871	AA, DA 22.11., Abt. I (Politische Sachen)
4.11.1871	Ministerresident in Rio de Janeiro, Übernahme der Geschäfte 4.3.1872, Übergabe des Beglaubigungsschreibens 13.3., bis 1.11.1872
22.11.1872	DA AA, Abt. I (Politische Sachen)
7. 4.1873	preuß. Gesandter in Dresden, zugleich für Anhalt, Sachsen-Altenburg, Reuß ä.u.j.L., Übernahme der Geschäfte 16.5., Übergabe des Beglaubigungsschreibens in Dresden 17.5., in Dessau, Altenburg, Gera und Greiz Anfang Juli, bis 23.11.1878
27.10.1878	Gesandter in Madrid, Übernahme der Geschäfte 8.12., Übergabe des Beglaubigungsschreibens 10.12., bis 21.5.1887
18. 6.1885	Wirklicher Geheimer Rat mit dem Prädikat Exzellenz
4. 5.1887	Botschafter in Rom, Übernahme der Geschäfte 14.6., Übergabe des Beglaubigungsschreibens 20.6., bis 25.12.1893
14.12.1893	Versetzung in den Ruhestand

Nachlass (Lebenserinnerungen) im Politischen Archiv des Auswärtigen Amts.

Sommer, Erich

* 19. 7.1912 Moskau
† 29.12.1996

gebürtiger russ., seit 1936 dt. Staatsangehöriger

ev.-luth.

Eltern: Oskar Eduard S., Fabrikbesitzer; Elisabeth Anna geb. Mure-Murneck

ledig

Adoptivsohn: Klaus (25.10.1941)

Deutsche Schule und 41. Oberschule in Moskau – 1930 Dolmetscherprüfung; 1933 bis 1939 Studium in Moskau, Riga, Königsberg i.Pr., Tübingen und Berlin: Neuere Sprachen, Neuere und osteuropäische Geschichte, Staatswissenschaften – 9.7.1940 Dr.phil.; Sommer/Herbst 1938 Tätigkeit am Deutschen Auslandsinstitut in Stuttgart; Nov./Dez. 1939 Mitarbeiter einer Ostforschungsstelle.- 1.4.1941 NSDAP.

12.1939	DA AA, Personal- und Verwaltungsabt., Ref. L/Sprachendienst, freier Mitarbeiter
15. 3.1941	DA Protokoll, 1.9.1941 bis 7.1.1942 Militärdienst, zuletzt in der Ausweichstelle des AA in Krummhübel/Riesengebirge
31. 3.1941	Dienstvertrag als Wissenschaftlicher Hilfsarbeiter
19. 1.1945	Militärdienst

Juni 1945 bis Okt. 1955 in sowjet. Kriegsgefangenschaft.

16.11.1955	AA, Angestellter, Hilfsreferent, DA 2.1.1956, Abt. 6 (Kultur), Ref. 604/Wissenschaft, Hochschulwesen, Jugend, Sport, Medizinalangelegenheiten
1.10.1956	Ref. 606/Buchwesen
7. 8.1958	Legationsrat
27. 5.1959	K Linz, Konsul, DA 8.6., bis 22.3.1960
16. 3.1960	B Pretoria, Legationsrat, Presse- und Kulturreferent, DA 12.4., bis 30.6.1962
2. 5.1962	GK San Francisco, Konsul, DA 14.7., bis 21.8.1971
12. 8.1966	Konsul I.Kl.
24. 3.1971	Leitung des K Linz, Übernahme der Geschäfte 1.9., bis 30.3.1973 (Umwandlung des BK in ein WK), 19.6. bis 15.9.1972 Abordnung als Dolmetscher zum Olympia-Organisationskomitee, München
19. 7.1971	Vortragender Legationsrat
9. 3.1973	B Bern, Botschaftsrat, DA 4.6., bis 10.1.1975
7.11.1974	B Rom (Vatikan), Botschaftsrat, DA 15.1., bis 27.6.1977
22. 6.1977	Versetzung in den Ruhestand

Literatur:

Erich Franz Sommer: Die Einigungsbestrebungen der Deutschen im Vorkriegs-Rußland 1905-1914. Leipzig 1940; ders.: Das Memorandum. Wie der Sowjetunion der Krieg erklärt wurde. München 1981 (um ein Nachwort erweiterte Ausgabe Frankfurt/Main 1991); ders.: Botschafter Graf Schulenburg. Der letzte Vertreter des Deutschen Reiches in Moskau. Asendorf 1987; ders.: Geboren in Moskau. Erinnerungen eines baltendeutschen Diplomaten 1912-1955. München 1997.

Sommer, Rudolf

* 1.12.1877 Naumburg/Saale

ev.-luth.

Eltern: Emil S., Mechaniker, Optiker; Anna geb. Hartwig

∞ I. 20.9.1913 Helga geb. Schütt (Vater: Otto S., Ingenieur); II. 12.4.1938 Barbara Wedig geb. Pichler (Vater: Franz P., Landwirt)

Domgymnasium und Realgymnasium in Naumburg/ Saale – 17.2.1893 Sekunda-Reife; seit 6.4.1893 im mittleren preuß. Justizdienst – 28.12.1898 Gerichtsschreiberprüfung, 1.4.1902 Ständiger Bürohilfsarbeiter.- 1.1.1934 NSDAP.

19. 8.1905	Einberufung in den Auswärtigen Dienst (Bürodienst), GK Genua, DA 31.8., bis 26.9.1912
6. 5.1907	1. Konsulatssekretär
9. 9.1912	AA, Geheimer Sekretariatsassistent, DA 30.9., Chiffrierbüro
8.10.1912	B Konstantinopel, Wahrnehmung der Geschäfte des 1. Botschaftskanzlisten, DA 15.10., bis 10.1.1913
13.11.1912	G Teheran, DA 27.1.1913, bis 21.12.1923, 18.7.1916 bis 18.1.1923 Führung der örtlichen Geschäfte der G, seit 22.5.1917 Geschäftsträger, bis 1917 zeitweise unter dem Schutz und im Gebäude der amerik. G, später zeitweise unter dem Schutz der span. G
12. 8.1913	Legationskanzlist
3.12.1917	Charakter als Hofrat
27.11.1919	Kanzleivorstand
21. 6.1920	Amtsbez. Legationssekretär
21. 6.1922	Konsularische Prüfung
1. 2.1923	Legationssekretär
26.10.1923	GK Charkow, Amtsbez. Konsul, DA 2.1.1924, bis 22.12.1924, 23.4. bis 4.6.1924 kommissarische Leitung des GK Tiflis
6.10.1924	kommissarische Leitung des K Wladiwostok, Übernahme der Geschäfte 19.1.1925, bis 3.4.1928
11. 4.1925	Konsul
29. 2.1928	Konsul in Kiew, Übernahme der Geschäfte 30.4., bis 23.4.1933
17. 7.1929	Konsul I.Kl.
6. 4.1933	Generalkonsul in Leningrad, Übernahme der Geschäfte 28.4., bis 19.10.1937
17.12.1937	AA, DA 20.12., Presseabt.

| 29. 3.1938 | Versetzung in den einstweiligen Ruhestand |
| 20. 9.1938 | Versetzung in den Ruhestand |

Sommerfeldt, Josef

* 5. 9.1914 Friedeberg/Neumark
† 1992

kath.

Eltern: Josef S., Eisenbahnschaffner; Martha geb. Piwek

ledig

Gymnasium in Allenstein – Ostern 1933 Abitur; 1933 bis 1935 und 1937 bis 1939 Studium in Leipzig, Königsberg i.Pr. und Berlin und an der Auslandswissenschaftlichen Fakultät der Universität Berlin: Geschichte, Germanistik, Slawistik – Febr. 1939 Diplom in der poln. Sprache, 8.9.1939 Dr.phil.; 1935 bis 1937 Reichsarbeitsdienst und Militärdienst.- 23.5.1933 SA, 1.5.1937 NSDAP.

| 5.12.1939 | AA, Dienstvertrag als Wissenschaftlicher Hilfsarbeiter, DA 31.10., Kommission zur Verwertung der Warschauer Akten |
| 31. 1.1940 | Beendigung des Dienstverhältnisses |

Seit 1940 Leiter des Referats für Judenforschung beim Institut für deutsche Ostarbeit in Krakau; seit 1950 beim Johann-Gottfried-Herder-Forschungsrat, seit 1953 Journalist in Straubing.

Literatur:

Sebastjan Miczyński: Hie Bürger, hie Jude. Eine Krakauer Kampfschrift aus dem Jahre 1618, übers. und bearb. v. Josef Sommerfeldt. Krakau 1941; Josef Sommerfeldt: Die Entwicklung der Geschichtsschreibung über die Juden in Polen, in: Die Burg 1 (1940), S. 64-79; ders.: Die Ostjudenfrage als Problem der preussischen Verwaltung im 18. und 19. Jahrhundert, in: Jahrbuch des Instituts für Dt. Ostarbeit 1941, S. 136-168; ders.: Die Judenfrage als Verwaltungsproblem in Südpreußen. Berlin 1942; ders.: Galizien bei der Besitznahme durch Österreich, in: Das Generalgouvernement 2 (1942), S. 4-14; ders.: Die Juden in den polnischen Sprichwörtern und sprichwörtlichen Redensarten, in: Die Burg 3 (1942), S. 313-354; ders.: Zur Geschichte der Judentaufen in Polen, in: Dt. Forschung im Osten 3 (1943), S. 59-78; ders.: Juden und Bauern in Galizien nach der Bauernbefreiung, in: Weltkampf. Die Judenfrage in Geschichte und Gegenwart 1943, S. 121-132; ders.: Galizien und die ersten russisch-jüdischen Auswanderungswellen nach Amerika (1881-1883), in: Die Burg 4 (1943), S. 187-196; ders.: Judenstaatsprojekte der polnischen Publizistik des 19. Jahrhunderts, in: Die Burg 5 (1944), S. 14-26; ders.: Die Ausstrahlung der Universität Königsberg auf den Raum des polnisch-litauischen Staates. Zum 400. Jahrestag ihrer Gründung, in: Die Burg 5 (1944), S. 183-202.

Sonne, Leo-Joachim

* 11. 2.1904 St. Petersburg
† 9. 7.2001 Gräfelfing

gebürtiger russ., dann estn., später dt. Staatsangehöriger

ev.

Eltern: Konstantin S.; Cary geb. von Rummel

⚭ 13.9.1941 Käte geb. Pfaff, Stenotypistin (Vater: Konrad P.)

Kind: Marita (14.6.1946)

Mai 1929 bis Nov. 1939 Notariatsgehilfe in Tallinn, dann Tätigkeit beim Finanzamt in Danzig.

6. 5.1941	AA, Dienstvertrag als Wissenschaftlicher Hilfsarbeiter, DA 2.5., Nachrichten- und Pressesabt.
6.10.1941	Lektor in der Funkabhörstelle
15.11.1941	Rundfunkabt. (seit 13.2.1942 Rundfunkpolitische Abt.)

Seit 1943 Militärdienst, u.a. als Dolmetscher; 1945 bis 1952 Tätigkeit bei Besatzungsdienststelle in Marburg/Lahn, dann Gerichts- und Notariatsdolmetscher in Marburg/Lahn; später Wohnsitz in Krailling/München.

Sonnenhol, Gustav Adolf

* 25. 1.1912 Hottebruch/Lüdenscheid
† 21. 1.1988 Bonn

ev., gottgläubig, später konfessionslos

Eltern: Wilhelm S., Landwirt; Emma geb. Kaiser

⚭ I. 17.1.1939 Ruth geb. Schmidt; II. 6.9.1957 Eva Brigitte geb. Kapfhammer (Vater: Prof. Dr.phil. Dr. med. Joseph K., physiologischer Chemiker)

Kinder aus I. Ehe: Jürgen (18.3.1940), Astrid (8.10.1944); aus II. Ehe: Rainer (10.9.1959), Peter (23.3.1961)

Realgymnasium in Lüdenscheid – 1931 Abitur; 1931 bis 1934 Studium in Leipzig, Marburg, Berlin und Heidelberg: Jura, Volkswirtschaft – 28.11.1934 Referendarexamen, 8.7.1936 Dr.jur.; 1934/35 Leiter des Studentenwerks in Marburg, 1.5.1935 bis 1.5.1936 Leitung der Auslandsabt. des NSDStB, 1.5.1937 bis 1.1.1938 in der

Reichsleitung der NSDAP.- 1.5.1930 bis 1.8.1935 SA, 1.6.1931 NSDAP, 9.11.1939 SS (20.4.1941 Obersturmführer).

10. 6.1939	Einberufung in den Auswärtigen Dienst, AA, Attaché, DA 15.6., Kulturpolitische Abt., Ref. W/allgemeine wissenschaftliche Beziehungen zum Ausland
4. 7.1940	DA Dienststelle des Bevollmächtigten des AA beim Militärbefehlshaber in Frankreich (seit 20.11. B), Paris, bis 16.1.1942, Bearbeitung von Rundfunkangelegenheiten
12. 3.1941	Legationssekretär
19.11.1941	GK Casablanca, DA 20.1.1942, bis 8.11.1942 (amerik. Besetzung)
20. 2.1942	Amtsbez. Vizekonsul
18.11.1942	B Paris, DA 25.11., bis 12.12.
27.11.1942	GK Tanger, DA 16.12., bis 15.6.1944 (Schließung des GK)
24. 6.1944	DA AA, Gruppe Inland II, Leitung des Ref. B/Verbindung zum Chef der Sicherheitspolizei und des SD, Polizeiattachés, Auslandsreisen, Emigrantentätigkeit, Sabotage, Attentate
21.10.1944	K Genf, DA 27.11.

26.7.1945 bis 3.2.1948 in brit. und franz. Internierung; 1.9.1948 bis 31.3.1949 Tätigkeit bei einem Zeitschriftenverlag in Baden-Baden, 1.4. bis 30.9.1949 Wirtschaftsredakteur bei der Süddeutschen Nachrichtenagentur, Baden-Baden; seit 21.11.1949 im Bundesministerium für den Marshallplan (seit 1953 Bundesministerium für wirtschaftliche Zusammenarbeit), Leiter der Pressestelle, dann Referatsleiter in der volkswirtschaftlichen Abt., 10.1.1953 Oberregierungsrat, 14.6.1956 Ministerialrat, seit 1.1.1957 stellvertretender Leiter der dt. Vertretung beim OEEC.- FDP.

9.12.1957	Übernahme in den Auswärtigen Dienst (Übergang der dt. Vertretung beim OEEC in den Geschäftsbereich des AA), Botschaftsrat I.Kl., Weiterbeschäftigung bei der dt. Vertretung beim OEEC, Paris

Seit 16.4.1962 im Bundesministerium für wirtschaftliche Zusammenarbeit, Leiter der Abt. Entwicklungspolitik, 18.5.1962 Ministerialdirektor.

23. 2.1968	Botschafter in Pretoria, Übernahme der Geschäfte 5.3., Übergabe des Beglaubigungsschreibens 21.3., bis 16.3.1971
29. 1.1971	Botschafter in Ankara, Übernahme der Geschäfte 1.4., Übergabe des Beglaubigungsschreibens 10.4., bis 31.1.1977
4. 1.1977	Versetzung in den Ruhestand

Dann bis 1985 Industrieberater.

Literatur:

Adolf Sonnenhol: Sitte, Moral, Sittlichkcit und Recht im zukünftigen Strafrecht unter besonderer Berücksichtigung der Beurteilung der Täterpersönlichkeit. Eine Wert-Wirklichkeitsbetrachtung. Mainz 1936; Gustav Adolf Sonnenhol: Sündenbock Staat? Bonn 1961; ders.: Südafrika ohne Hoffnung? Wege aus der Gefahr. Düsseldorf 1978; ders.: Rohstofflieferant Südafrika. Bonn 1980; ders.: Untergang oder Übergang? Wider die deutsche Angst. Stuttgart 1984; ders.: Südafrika im Horizont des Jahres 2000. Bonn 1987; ders.: Diplomatie ohne Außenpolitik in einer unregierbaren Welt, in: Gerd-Klaus Kaltenbrunner (Hrsg.): Wozu Diplomatie? Außenpolitik in einer zerstrittenen Welt. München 1987, S. 76-95; Gustav Adolf Sonnenhol: Die Türkei – Land zwischen zwei Welten. Kommentare eines kritischen Freundes hrsg. u. eingeleitet von Dietrich Schlegel. Opladen 1990; Gustav Adolf Sonnenhol, Rainer Barthelt: Die Dritte Welt. Mythos und Wirklichkeit. Bonn 2007; sowie Zeitungs- und Zeitschriftenartikel zu Fragen Entwicklungszusammenarbeit und Außenpolitik.

Sechzig verweht. Kleine Festschrift. Meinem Mann, Gustav Adolf Sonnenhol, zum 70. Geburtstag. o.O. o.J. (Privatdruck, in der Bibliothek des Auswärtigen Amts); Susanna Schrafstetter: Von der SS in den Apartheidsstaat. Gustav Adolf Sonnenhol und die bundesdeutsche Südafrikapolitik, in: Theresia Bauer (Hrsg.): Gesichter der Zeitgeschichte. Deutsche Lebensläufe im 20. Jahrhundert. München 2009, S. 151–164.

Sonnenschein, Franz

* 8. 1.1857 Berlin
† 13. 6.1897 Berlin

ev.

Eltern: Dr. Franz Leopold S., Chemiker, Universitätsprofessor; Regina geb. Sameloon

∞ 14.4.1896 Anna geb. Dittner

Kind: Franz (18.6.1897)

Französisches Gymnasium in Berlin, Gymnasium an Marzellen in Köln, Landesschule zur Pforte in Schulpforta und Friedrich-Wilhelm-Gymnasium in Köln – 15.7.1876 Abitur; 1876 bis 1879 Studium in Göttingen: Jura – 5.3.1880 Referendarexamen; seit 13.4.1880 im preuß. Justizdienst – 14.1.1885 Assessorexamen.

20. 5.1885	Einberufung in den Auswärtigen Dienst (konsularische Laufbahn), AA, DA 26.5., Abt. III (Recht)
23. 2.1886	zugleich Abt. II (Handelspolitik), Expedient
3. 3.1886	GK Apia, Charakter als Vizekonsul, DA 5.5., bis 7.8.1887
28. 6.1887	kommissarische Verwaltung des Schutzgebiets der Marshallinseln in Jaluit, Ankunft 22.8., Übernahme der Geschäfte 5.10.
14. 4.1888	Kommissar für die Marshallinseln, seit 29.3.1889 Urlaub

27. 9.1889	AA, DA 1.10., Abt. IA (Politik), Kolonialref. (seit 1.4.1890 Abt. IV/Kolonien), kommissarischer Hilfsarbeiter
1. 2.1891	Ständiger Hilfsarbeiter
1. 5.1891	Charakter als Legationsrat
12.10.1891	Gouvernement von Deutsch-Ostafrika, kommissarischer Oberrichter, DA in Daressalam 19.11., seit 30.7.1893 Urlaub
6. 1.1894	DA AA, Abt. IV (Kolonien), seit Febr. 1897 Krankenurlaub
15. 4.1894	Wirklicher Legationsrat und Vortragender Rat

Sonnleithner, Franz von

* 1. 6.1905 Salzburg

† 18. 4.1981 Ingelheim

gebürtiger österr. Staatsangehöriger

bis 20.12.1938 kath., gottgläubig

Eltern: Max von S., österr. Offizier; Anna geb. Starck

∞ 22.9.1929 Hermine geb. Scheich

Kinder: Lore (24.9.1932), Hermine (9.2.1939), Gerd (18.1.1941)

Gymnasien in Budweis und Salzburg – 18.6.1924 Abitur; 1924 bis 1928 Studium in Wien, Rom, Paris, Innsbruck und an der Hochschule für Welthandel in Wien: Jura, Staatswissenschaften – 12.7.1926 rechtshistorische, 20.6.1928 judizielle und 3.11.1928 staatswissenschaftliche Staatsprüfung, 12.7.1927 Diplom-Kaufmann, 17.11.1928 Dr.rer.pol., 1.12.1928 Dr.jur.; Jan. bis März 1929 bei der Julius Meindl A.G. in Wien, 1.4.1929 bis 1934 Tätigkeiten bei den Polizeidirektionen in Salzburg und Wien, 1.1.1931 Polizeikommissär, seit 15.1.1931 im Bundeskanzleramt; 26.9.1934 Haft, 8.2.1936 Verurteilung wegen Hochverrats, 12.2.1938 Amnestie, seit 14.3.1938 im österr. Ministerium für innere und kulturelle Angelegenheiten, Ministerialsekretär.- 4.5.1932 österr. NSDAP, SA (9.11.1940 Standartenführer, 20.4.1944 Oberführer).

18.10.1938	Legationssekretär
31.10.1938	Einberufung in den Auswärtigen Dienst, AA, DA 2.12., Ref. D/Deutschland
1.1939	Büro RAM
9. 3.1939	Legationsrat
13. 7.1940	Legationsrat I.Kl.
18. 4.1941	Vortragender Legationsrat

| 31. 3.1943 | Gesandter I.Kl. als Ministerialdirigent, seit Mai 1943 ständiger Vertreter des RAM im Führerhauptquartier |

April 1945 bis Jan. 1948 in amerik. Internierung; seit 1.9.1949 Tätigkeit in einem privaten Industrieunternehmen.

Literatur:

Franz von Sonnleithner: Als Diplomat im „Führerhauptquartier". München 1989.

Soyez, Willi

* 19. 7.1911 Mannheim
† 2. 3.1983 Bonn

ev.

Eltern: Balthasar S., Prokurist; Emilie geb. Hellmuth

⚭ I. 19.7.1941 Anni geb. Westädt (Vater: Karl W. Fabrikdirektor); II. 5.1.1960 Barbara Gertrud Sigrid geb. Schönfeldt

Kinder aus I. Ehe: Dietrich Andreas (12.12.1941), Annette (9.12.1951), Charlotte (9.4.1954); aus II. Ehe: Martin (8.7.1961)

Tulla-Oberrealschule in Mannheim – 26.2.1931 Abitur; 1931 bis 1935 Studium in Heidelberg: Germanistik, Englisch, Französisch, Schwedisch – Dez. 1935 1. Staatsexamen für das höhere Lehramt; 1936/37 Austauschstudent an der Universität Rochester/USA, 1937 bis 1939 Graduate Assistant (Pianist) am Music Department der University of North Carolina in Chapel Hill, zugleich Studien: Geschichte, Literatur, Soziologie, Politik.- 1.5.1933 NSDAP, Mai 1933 bis Dez. 1935 SA.

| 7. 9.1939 | DA AA, Wissenschaftlicher Hilfsarbeiter, Personal- und Verwaltungsabt., Ref. L/Sprachendienst |
| 10. 2.1942 | Militärdienst |

Mai 1945 bis 27.5.1946 in amerik und franz. Kriegsgefangenschaft, 1.7. bis 31.10.1946 und 1.10.1947 bis 31.12.1949 Beschäftigung bei der brit. Militärregierung in Münster und Ahaus/Westfalen, Okt. 1946 bis Sept. 1947 Inhaber und Leiter eines Übersetzungsbüros in Ahaus/Westfalen.

| 2. 1.1950 | DA Bundeskanzleramt (Verbindungsstelle zur Alliierten Hohen Kommission, seit 15.3.1951 AA), Angestellter, Abt. I (Personal |

	und Verwaltung), Sprachendienst, seit Febr. 1952 Abordnung zur Schuman-Plan-Delegation in Paris
1. 8.1952	Leitung des Übersetzungsbüros der dt. Delegation beim Interimsausschuss für die Organisation einer europäischen Verteidigungsgemeinschaft (später Sekretariat der deutschen Delegationen für europäische Verhandlungen), Paris, seit Juni 1955 unter Zuteilung zur B Paris, bis 17.10.1955
9. 9.1955	AA, DA 17.10., Abt. I (Personal und Verwaltung), Leitung des Sprachendienstes (seit 1953 Ref. 115, seit 1963 Abt. Z/Personal und Verwaltung, Ref. A5)
26. 8.1958	Legationsrat I.Kl.
7.10.1963	Vortragender Legationsrat
6.12.1967	Vortragender Legationsrat I.Kl.
20. 1.1972	Versetzung in den Ruhestand

Spahn, Gert

* 20. 9.1909 St. Petersburg
† 19. 7.1999 Bonn

ev.

Eltern: Emil S., Diplom-Ingenieur, Exporteur optischer Instrumente nach der UdSSR; Elisabeth geb. Pilling

∞ 12.6.1941 Emily geb. Lackland (gebürtige amerik. Staatsangehörige)

Kinder: Karin (2.3.1942), Rolf (9.2.1944)

Arndtgymnasium in Berlin-Dahlem – 1929 Abitur; 1929 bis 1935 Studium in Genf und Berlin: Jura – 15.11.1935 Referendarexamen; seit 1.3.1936 im Justizdienst – 30.4.1940 Assessorexamen.- 1.5.1933 NSDAP.

21. 5.1940	AA, Dienstvertrag als Wissenschaftlicher Hilfsarbeiter, DA 6.5., Kulturpolitische Abt., Ref. R/Rundfunkangelegenheiten (seit 22.7.1941 Rundfunkabt., seit 13.2.1942 Rundfunkpolitische Abt.), dann bei der Leitung der Rundfunkpolitischen Abt.

Später Oberregierungsrat im Bundesministerium für Wirtschaft, zuletzt Ministerialrat.

Spakler, Wolfgang

* 18. 1.1907 Erfurt
† 15. 2.2003 München

ev., gottgläubig

Eltern: Heinrich S., Versicherungsdirektor; Helene geb. Hampe

⚭ 21.9.1935 Charlotte geb. Wiebrecht (Dr.med. Karl W., praktischer Arzt)

Kinder: Christine (5.7.1936), Henning (21.11.1937), Waltraud (11.5.1940), Veronika (6.2.1942)

Gymnasium in Berlin-Lichterfelde – 25.2.1925 Abitur; 1.4.1925 bis 31.3.1928 kaufmännische Lehre bei Siemens & Halske in Berlin; 1928 bis 1931 Studium in Berlin, Leipzig, München und Marburg: Jura – 10.6.1931 Referendarexamen, 4.4.1932 Dr.jur.; seit 1.10.1931 im preuß. Justizdienst – 9.2.1935 Assessorexamen; seit 18.3.1935 Abordnung zum Reichsarbeitsministerium, 20.4.1936 Regierungsassessor, 17.1.1938 Regierungsrat, 26.3.1941 Oberregierungsrat; 1.9. bis 28.10.1939 Militärdienst.- 1.5.1933 NSDAP (15.11.1940 bis 20.4.1944 Leitung der Rechtsamts der Landesgruppe Italien der AO der NSDAP), 4.11.1933 SS (1.1.1942 Hauptsturmführer).

30. 1.1938	DA B Rom (Quirinal), Abordnung, sozialpolitischer Referent, 15.9.1941 bis Ende 1942 zugleich Leiter der Verbindungsstelle der Deutschen Arbeitsfront in Italien, bis 9.9.1943
1.10.1943	DA AA, Kulturpolitische Abt., zugleich Dolmetscher des Führers und des RAM für Italienisch
26.10.1943	Gesandtschaftsrat I.Kl.
29. 3.1944	Handelspolitische Abt., Ref. IVa/Ungarn, Serbien, Protektorat Böhmen und Mähren
14. 9.1944	Militärdienst (Waffen-SS), seit 15.1.1945 an der SS-Junkerschule in Prag

Später Rechtsanwalt in München.

Literatur:

Wolfgang Spakler: Fremdwirkung bei rechtsgeschäftlichem Handeln ohne gemeinsames Vorliegen der beiden Voraussetzungen des § 164 1,1 BGB. Ein Beitrag zur Stellvertretungslehre. Berlin 1932.

Spalding, Richard von

* 16. 6.1871 Gut Klein Miltzow/Vorpommern
† 1. 4.1913 Groß-Lichterfelde/Berlin

ev.

Eltern: Richard S. (seit 1.1.1900 preuß. Adelsstand), preuß. Offizier, Gutsbesitzer; Marie geb. von Loesewitz

∞ 7.5.1907 Paula geb. Grote (Vater: Friedrich Wilhelm G.)

Studium in Bonn und Halle/Saale: Jura – Dr.jur.; Regierungsassessor.

1. 4.1900	DA AA, Abt. IV (Kolonien)
1900	Schutzgebiet Deutsch-Ostafrika, Bezirksamtmann in Bagamojo
1. 4.1903	Hilfsarbeiter
9.1905	Charakter als Regierungsrat
1906	DA AA, Abt. IV (Kolonien)
7.1906	Ständiger Hilfsarbeiter
11.1906	Charakter als Legationsrat

Nach Überleitung der Kolonialabt. des AA in das Reichskolonialamt am 17.5.1907 Regierungsrat, 1908 Geheimer Regierungsrat und Vortragender Rat in Abt. C (Personalangelegenheiten), Delegierter zur Brüsseler Waffenkonferenz, Ende 1909 bis Juni 1910 Wahrnehmung der Geschäfte des Gouverneurs von Deutsch-Ostafrika, April 1911 Geheimer Oberregierungsrat.

Literatur:

Richard Spalding: Der Begriff des „negotium utiliter gestum" nach gemeinem Rechte unter Berücksichtigung der modernen Gesetzgebungen. Greifswald 1895.

Spaltowski, Kurt

* 24. 1.1881 Eydtkuhnen/Ostpreußen

ev.

Eltern: Wilhelm S., Obertelegrafensekretär, Rechnungsrat; Bertha geb. Fischer

ledig

Kaiserin Augusta-Gymnasium in Koblenz und Gymnasium in Bromberg – 1902 Abitur; Studium in Greifswald und Berlin: Volkswirtschaft, Finanzwissenschaft, Statistik, Staats- und Verwaltungsrecht, Philosophie – 20.2.1909 Dr.phil.; Tätigkeiten bei der Ev. Geschäftsstelle für sociale Arbeit, Essen, beim Verband pommerscher landwirtschaftlicher Genossenschaften, Stettin und als Privatlehrer, seit 1.12.1929 stellvertretender Leiter des Arbeitsamts in Wormditt/Ostpreußen, zuletzt Büroangestellter beim Arbeitsamt Berlin, Dienststelle ID-Statistik.

1.11.1939	DA AA, Bürohilfsarbeiter, Kulturpolitische Abt., Ref. E/Nf (seit 25.3.1943 Rechtsabt., Ref. XII)/Aus- und Rückwanderung, Nachforschungen nach Reichsdeutschen, später in Ref. VI/Konsularische Befugnisse auf dem Gebiet des bürgerlichen und des Prozessrechts etc.
1.10.1943	Wissenschaftlicher Hilfsarbeiter

Literatur:

Kurt Spaltowski: Die Versorgung der deutschen Hochofen-Industrie mit Eisenerz. Greifswald 1909.

Speck von Sternburg, Hermann Freiherr

* 21. 8.1852 Leeds/England
† 23. 8.1908 Heidelberg

ev.

Eltern: Alexander Freiherr S.v.S., Guts- und Brauereibesitzer; Martha geb. Stocks

∞ 5.12.1900 Lilian May geb. Langham (gebürtige amerik. Staatsangehörige; Vater: Arthur L., Minenbesitzer)

Fürstenschule St. Afra in Meißen, Sprachunterricht in Dresden; seit 19.6.1870 im sächs. Militärdienst, 1870/71 Teilnahme am dt.-franz. Krieg, 2.3.1972 Sekonde-Lieutenant, 1876 bis 1879 Kommandierung zur preuß. Reitschule in Hannover, 29.8.1878 Premier-Lieutenant, seit 1880 Erster Assistent an der sächs. Militärreitanstalt in Dresden, 26.7.1883 Rittmeister, seit 8.2.1884 à la suite des Regiments, 26.7.1889 à la suite des sächs. Generalstabs, 16.9.1891 Charakter als Major.

9. 9.1884	Kommandierung zur G Washington, DA 11.10., bis 1.9.1886, dann Militärdienst
29.11.1886	Kommandierung zur G Washington, Militärattaché, DA 31.12., seit 7.7.1891 Urlaub
29. 9.1891	G Peking, Wahrnehmung der Geschäfte des Legationssekretärs, DA 31.12., 16.10.1893 bis 13.10.1894 Urlaub, währenddessen 13.5. bis Juli kommissarische Beschäftigung im AA, Abt. II (Handelspolitik), seit 11.3.1896 Urlaub

15. 6.1892	Zulassung zum Auswärtigen Dienst (diplomatische Laufbahn)
27. 9.1893	Diplomatische Prüfung
14.10.1893	Legationssekretär
24. 1.1894	Ausscheiden aus dem Militärdienst
7.10.1896	G Belgrad, DA 27.11., bis 21.2.1898, 2.12.1896 bis 14.8.1897 Urlaub
12.12.1897	Charakter als Legationsrat
9. 2.1898	B Washington, 1. Sekretär, DA 31.3., 19.4. bis 6.9.1899 dt. Delegierter der Samoa-Kommission, seit 15.10.1900 Urlaub
3.11.1900	Generalkonsul in Kalkutta, Übernahme der Geschäfte 21.1.1901, seit 31.7.1902 Urlaub
10. 1.1903	Titel und Rang eines außerordentlichen Gesandten und bevollmächtigten Ministers
13. 1.1903	Leitung der B Washington, Übernahme der Geschäfte 30.1.
29. 6.1903	Botschafter, Übergabe des Beglaubigungsschreibens 7.8., seit 16.5.1908 Urlaub
2. 3.1906	Prädikat Exzellenz

Literatur:

Hermann Freiherr Speck von Sternburg: American and German university ideals. Commencement address delivered at the University of the South, Sewanee, Tennessee, June 30, 1904. Sewanee (Tenn.) 1904.

Frank Lambach: Der Draht nach Washington. Von den ersten preußischen Ministerresidenten bis zu den Botschaftern der Bundesrepublik Deutschland, S. 65-71. Köln 1976; Karl Josef Rivinius: Die katholische Mission in Süd-Shantung. Ein Bericht des Legationssekretärs Speck von Sternburg aus dem Jahr 1895 über die Steyler Mission in China. St. Augustin 1979 (Studia Instituti Missiologici Societatis Verbi Divini 24); Stefan H. Rinke Zwischen Weltpolitik und Monroedoktrin. Botschafter Speck von Sternburg und die deutsch-amerikanischen Beziehungen 1898-1908 (auch: Between Weltpolitik and Monroe Doctrine. Ambassador Speck von Sternburg and German-American relations 1898-1908. Stuttgart 1992 (American German studies, Bd. 11); Claus Deimel u.a.: Das Yunnan-Album Diansheng Yixi Yinan Yiren Tushuo: Illustrierte Beschreibung der Yi-stämme im Westen und Süden der Provinz Dian der Sammlung Hermann Freiherr Speck von Sternburg aus Lützschena. In Zusammenarbeit mit Wolf-Dietrich Freiherr Speck von Sternburg. Museum für Völkerkunde Leipzig. Leipzig 2003; Grassi Museum für Völkerkunde zu Leipzig: Buddhas Leuchten & Kaisers Pracht. Bestandkatalog der Sammlung von Freiherr Speck von Sternburg. Leipzig 2008.

Nachlass (eine Mappe mit Briefkopien) im Politischen Archiv des Auswärtigen Amts.

Specka, Gustav

* 24. 8.1872 Flatow/Westpreußen
† 14. 8.1955 Buchschlag/Frankfurt/Main

ev.

Eltern: Karl S., Postmeister; Ottilie geb. Jeschke

∞ 10.8.1905 Katharina geb. Brennecke (Vater: Ludwig B., Geheimer Admiralitätsrat, Marinehafenbaudirektor)

Kinder: Ingeborg (27.3.1907), Kurt (24.1.1913), Fritz (4.7.1914), Hermann (2.8.1917)

Progymnasium in Preußisch Friedland und Gymnasium in Marienwerder – 9.3.1893 Abitur; 1893 bis 1898 Studium in Berlin und am Seminar für orientalische Sprachen in Berlin: Jura, Japanisch – 18.5.1896 Referendarexamen, 8.10.1896 Dr.jur., 29.1.1898 Diplomprüfung in der japan. Sprache; seit 1.6.1896 im preuß. Justizdienst.

31. 1.1898	Einberufung in den Auswärtigen Dienst (Dolmetscherdienst), Dolmetscher-Eleve, G Tokyo, DA 13.4., bis 15.4.1901
25. 3.1901	GK Yokohama, DA 16.4., bis 10.3.1903, zeitweise kommissarische Leitung
14. 3.1903	K Nagasaki, DA 17.3., seit 29.11.1904 Urlaub
15. 7.1905	G Tokyo, DA 24.9., bis 19.6.1906
26.12.1905	K Nagasaki, Dolmetscher, DA 24.6., bis 8.5.1908, seit 25.6. kommissarische Leitung
20. 3.1908	K Kobe, DA 10.5, 15.5. bis 1.4.1910 und 25.8.1910 bis 17.2.1912 kommissarische Leitung
16.12.1911	B Tokyo, 1. Dolmetscher, DA 23.2.1912, seit 3.3. Urlaub
10. 2.1913	K Kobe, DA 24.3., bis 22.4.
8. 4.1913	kommissarische Leitung des K Nagasaki, Übernahme der Geschäfte 25.4., bis 23.8.1914 (Kriegszustand), Abreise 27.8.
14.10.1914	DA K St. Louis, kommissarische Beschäftigung, bis 27.6.1915
13. 4.1915	Versetzung in den einstweiligen Ruhestand, jedoch Weiterbeschäftigung
2. 7.1915	DA K St. Paul, kommissarische Beschäftigung, bis 5.2.1917 (Abbruch der diplomatischen Beziehungen), Abreise 10.2.
3. 4.1917	AA, DA 7.4., Abt. III (Recht)
30.11.1920	Konsularische Prüfung, Amtsbez. Konsul
16. 9.1921	GK Kobe, Vizekonsul, 10.10. bis 11.11. informatorische Beschäftigung in Abt. VII (Ostasien), DA in Kobe 11.2.1922, 9.1. bis 31.3.1923 kommissarische Leitung, seit 12.5.1923 Urlaub
22.11.1923	Versetzung in den einstweiligen Ruhestand
18. 7.1933	Versetzung in den Ruhestand

Seit 1.3.1928 Leiter der Gemeinnützigen öffentlichen Auswanderer-Beratungsstelle in Frankfurt/Main.

Literatur:

Gustav Specka: Die Conventionalstrafe als Interesseersatz. Berlin 1896.

Spee, Ludwig Graf von

* 31. 3.1870 Luzern
† 1. 9.1950 Schmidtheim/Eifel

kath.

Eltern: Rudolph Graf v.S., Privatier; Fernande geb. Tutein

⚭ 2.5.1914 Maria Gräfin von Oriola geb. Freiin von Hartmann (Vater: Hermann Freiherr v.H., bayer. Offizier)

Kinder: Maximilian (18.2.1912), Hermann (1.6.1916)

Gymnasium in Würzburg – Sommer 1889 Abitur; 1889 bis 1892 Studium in Würzburg, Lausanne und Berlin: Jura – 13.1.1893 Referendarexamen; seit 24.2.1893 im preuß. Justizdienst – 19.8.1899 Assessorexamen.

19. 1.1900	Einberufung in den Auswärtigen Dienst (konsularische Laufbahn), AA, DA 1.2., Abt. II (Handelspolitik)
4.10.1900	Abt. III (Recht)
9.12.1901	K Rio de Janeiro, DA 22.5.1902, bis 14.1.1904
15. 4.1902	Charakter als Vizekonsul
31.12.1903	kommissarische Leitung des K Bahia, Übernahme der Geschäfte 17.1.1904, bis 21.6.
27. 7.1904	kommissarische Leitung des GK Kristiania, Übernahme der Geschäfte 10.8., bis 26.9.
16.10.1904	kommissarische Leitung des K Rotterdam, Übernahme der Geschäfte 25.10., bis 6.12.
30.12.1904	kommissarische Leitung des GK Kristiania, Übernahme der Geschäfte 8.1.1905, bis 2.3.
19. 2.1905	kommissarische Leitung des WK Palermo, Übernahme der Geschäfte 16.3, bis 19.7.
16. 7.1905	kommissarische Leitung des K Nizza, Übernahme der Geschäfte 23.7., bis 14.12.
30.11.1905	kommissarische Leitung des GK Zürich, Übernahme der Geschäfte 16.12., bis 30.6.1906
16. 6.1906	kommissarische Leitung des K Nizza, Übernahme der Geschäfte 2.7., bis 12.12.
8.12.1906	kommissarische Leitung des GK Valparaíso, DA 5.4.1907, Übernahme der Geschäfte 12.4.1907, bis 17.12.
17. 7.1907	Konsul in Quito, Übernahme der Geschäfte 26.4.1908, bis 20.11.1913, 24.1. bis 28.3.1910 kommissarische Leitung der G Lima, 9.3.1911 bis 20.1.1912 Urlaub

7. 8.1913	Konsul in Belgrad, Übernahme der Geschäfte 21.3.1914, bis 6.8. (Kriegszustand), Abreise 8.8.
15. 8.1914	GK Konstantinopel, DA 19.8., bis 5.7.1915
12.11.1914	Versetzung in den einstweiligen Ruhestand, jedoch Weiterbeschäftigung, Konsul z.D.
7. 8.1914	DA AA, Zensurstelle
19.10.1915	kommissarische Leitung des K Smyrna, 19.11. bis 5.1.1916 kommissarische Beschäftigung an der B Konstantinopel, Übernahme der Geschäfte in Smyrna 8.1.1916, bis 19.1.1917
21.12.1916	kommissarische Leitung des K Varna, Übernahme der Geschäfte 4.2.1917, bis 21.12.
27. 2.1918	GK Budapest, Delegierter zur Vertretung der dt. wirtschaftlichen Interessen (Dienstsitz Zagreb), DA in Budapest 6.4., DA in Zagreb 18.4., bis 27.9
15. 4.1918	Amtsbez. Legationsrat
10. 9.1918	kommissarische Leitung des K Sarajevo, Konsul z.D., Übernahme der Geschäfte 28.9., bis 6.11. (Schließung des K), dann ohne Verwendung
10. 4.1919	GK Kopenhagen, DA 5.5., Leitung der Passabt., seit 15.1.1921 kommissarische Beschäftigung an der G Kopenhagen, Abreise Anfang Febr.
26.11.1920	AA, DA 5.2., Abt. III (Südosteuropa)
14. 2.1921	Leitung der Diplomatischen Vertretung in Athen (Wiedereinrichtung), Geschäftsträger, Übernahme der Geschäfte 1.3., Übergabe des Einführungsschreibens 3.3., bis 7.5.1922
23. 4.1922	Gesandter in Montevideo, Übernahme der Geschäfte 7.9., Übergabe des Beglaubigungsschreibens 19.9., bis 11.5.1923
13. 3.1923	Gesandter in Santiago de Chile, Übernahme der Geschäfte und Übergabe des Beglaubigungsschreibens 30.5., bis 5.10.1928, 4.6.1926 bis 3.2.1927 Urlaub
8. 3.1928	Versetzung in den einstweiligen Ruhestand
7. 9.1928	Botschafter in besonderer Mission anlässlich des Amtsantritts des argent. Präsidenten Carlos Ibanéz del Campo, Übergabe des Beglaubigungsschreibens in Buenos Aires 10.10.
18. 7.1933	Versetzung in den Ruhestand

Literatur:

Die Vererbung des ländlichen Grundbesitzes im Königreich Preussen. Im Auftrag des Kgl. Ministeriums für Landwirtschaft, Domänen und Forsten hrsg. von Max Sering. Bd. 5 Oberlandesgerichtsbezirk Hamm. Bearb. von Ludwig Graf von Spee. Berlin 1898; desgl. Bd. 2,1. Oberlandesgerichtsbezirk Hamm, Provinz Hannover. Berlin 1900.

Speiser, Hermann

* 28. 1.1889 Sinsheim
† 18. 5.1961 München

ev.

Eltern: Eduard S., Kaufmann; Walburga geb. Dold

⚭ I. 1908 Margarethe geb. Dold (gebürtige brit. Staatsangehörige; Vater: August Victor D., Kaufmann und Farmbesitzer); II. 5.7.1954 Helena geb. Gratschewa

Kinder: Viktor (7.1.1909), Joachim (11.10.1911), Brigitte (11.5.1917)

Gymnasium in Heidelberg – 30.7.1898 Abitur; 1898 bis 1902 Studium in Straßburg, München, Freiburg i.Br., Berlin und Heidelberg: Jura – 30.11.1902 1. juristisches Examen, 22.1.1904 Dr.jur.; 1.10.1898 bis 30.9.1899 Einjährig Freiwilliger; seit 1902 im bad. Justizdienst – 22.10.1906 2. juristisches Examen.- 1.10.1934 NSDAP.

15. 3.1908	Einberufung in den Auswärtigen Dienst (konsularische Laufbahn), AA, DA 1.4.
10.11.1909	GK Genua, DA 21.11.
28.12.1909	Charakter als Vizekonsul
20. 8.1913	GK Paris, DA 1.9.
20.12.1913	GK Kapstadt
5. 1.1914	kommissarische Leitung des K Durban, bis 5.8.1914 (Kriegszustand)
11.1914	Militärdienst, zuletzt Hauptmann d.L.
20. 2.1918	Leitung der Passstelle Bregenz, DA 25.2.
3. 9.1918	diplomatische Vertretung in Kiew, kommissarische Beschäftigung, DA 9.9., bis 13.1.1919, dann ohne Verwendung
29.11.1918	Charakter als Konsul

Seit 23.2.1920 beim Reichsministerium für Wiederaufbau, Reichsausgleichsamt, 22.8.1921 Regierungsrat, 22.10.1922 Oberregierungsrat.

4. 5.1925	Konsul in Mombasa (Wiedereinrichtung, seit Febr. 1929 Verlegung nach Nairobi), DA AA 14.5., Übernahme der Geschäfte in Mombasa 16.9.1925, seit Nov. 1930 Urlaub
12. 9.1931	DA AA, Abt. III (Britisches Reich, Amerika, Orient)
30.10.1931	Generalkonsul in São Paulo, Übernahme der Geschäfte 30.11., bis 9.8.1937
3. 6.1937	Versetzung in den einstweiligen Ruhestand
11.12.1937	B Moskau, kommissarische Beschäftigung, Generalkonsul z.D., DA 18.12., bis 14.5.1938

10. 6.1938	DA AA, kommissarische Beschäftigung, Personal und Verwaltungsabt., seit 31.1.1939 ohne Verwendung
16. 5.1940	DA AA, kommissarische Beschäftigung, Rechtsabt., Leitung des Ref. VIII/Interventionsangelegenheiten, Schutz der Deutschen im Ausland u.a.
23. 2.1945	Versetzung in den Ruhestand, jedoch Weiterbeschäftigung

Spelsberg, Arthur

* 14. 9.1892 Elberfeld
† 17. 3.1976 Wuppertal

ev.-luth., gottgläubig

Eltern: Maximilian S., Hersteller von Kaffeemühlen; Christine geb. Röhrig

∞ 22.4.1927 Aenne geb. Schmitz (Vater: Handwerksmeister)

Kind: Arthur (27.11.1934)

Gymnasium in Elberfeld – 1914 Abitur; 5.8.1914 bis Ende 1916 Militärdienst; 1916 bis 1919 Studium in Münster, Bonn und Köln: Jura, Volkswirtschaft – 29.9.1919 Referendarexamen, 28.11.1924 Dr.jur.; Nov. 1919 bis 30.11.1921 im preuß. Justizdienst; 1921 bis 1925 Ausbildung und Tätigkeit bei der Deutschen Bank, seit Jan. 1925 Syndikus der Vereinigung dt. Fabrikanten und Kaufleute in Elberfeld, seit 1926 selbständiger Syndikus; 30.5.1927 bis 9.3.1934 in den USA, Tätigkeiten als Eisenarbeiter, Hausangestellter und Gärtner; seit 20.9.1934 im Stab der Obersten SA-Führung, München, 20.11.1934 Referent im Personalamt, seit Mai 1935 im Gerichts- und Rechtsamt.- 31.7.1923, 22.3.1926 und 1.10.1934 NSDAP, 1923, 1925 SA (30.9.1934 Sturmführer, 9.11.1935 Obersturmführer, 20.4.1936 Sturmhauptführer, 9.11.1936 Sturmbannführer, 1939 Standartenführer, 9.11.1940 Oberführer), seit 12.2.1941 Fachschaftsgruppenwalter der Fachschaftsgruppe AA bei der Gaufachschaft Reichsverwaltungsbeamte des Amtes für Beamte und des Reichsbundes der Deutschen Beamten e.V.

4. 7.1939	AA, Dienstvertrag als Wissenschaftlicher Hilfsarbeiter, DA 3.7., Rechtsabt.
9.12.1939	G Reval, kommissarische Beschäftigung, DA 14.10., bis 19.12.1940, Bearbeitung der Angelegenheiten der Umsiedlung der dt. Volksgruppe in Lettland
23. 2.1940	Legationsrat I.Kl.

11.12.1940	AA, DA 21.12., Personal- und Verwaltungsabt., dann Leitung des Ref. O/Treudienstehrenzeichen, Kriegsverdienstkreuz etc., zugleich Sonderaufträge in Parteiangelegenheiten
20.12.1941	Vortragender Legationsrat

Literatur:

Arthur Spelsberg: Die rechtliche Stellung der Privatperson gegenüber der Gewalthandlung im Kriege unter besonderer Berücksichtigung des Falles der feldgerichtlichen Erschießung des englischen Kapitäns Charles Fryatt. MS Diss. Köln 1924.

Spesshardt, Hugo Freiherr von

* 2. 5.1860 Meiningen

† 6. 6.1937 Aschenhausen

ev.-luth.

Eltern: Hugo Freiherr v.S., Hzgl. sächs.-mein. Kammerherr, Wirklicher Geheimer Rat, Hofmarschall; Thekla geb. von Uttenhoven

∞ 7.10.1890 Karoline geb. Trüdinger (Vater: Philipp T., Bandfabrikant)

Kinder: Hans (29.4.1895), Charlotte (7.1.1897)

Gymnasium Bernhardinum in Meiningen – Ostern 1878 Abitur; 1878 bis 1882 Studium in Tübingen und Leipzig: Jura – 26.11.1881 Referendarexamen, 1885 Dr.jur.; seit 11.1.1882 im preuß. Justizdienst – 3.12.1887 Assessorexamen; 1.4.1882 bis 31.3.1883 Einjährig Freiwilliger, Sept. 1883 Sekonde-Lieutenant d.R.

2. 5.1888	Einberufung in den Auswärtigen Dienst (konsularische Laufbahn), AA, DA 15.5., Abt. III (Recht)
2.11.1888	Abt. IB (Personal und Verwaltung)
16. 2.1890	kommissarische Leitung des GK Antwerpen, Übernahme der Geschäfte 28.2., bis 28.4.
25. 4.1890	kommissarische Leitung des K Basel, Übernahme der Geschäfte 4.5., bis 18.4.1891
13. 3.1891	Charakter als Vizekonsul
28. 3.1891	kommissarische Leitung des GK Antwerpen, Übernahme der Geschäfte 19.4., bis 30.3.1892
23. 3.1892	AA, DA 9.5., Abt. III (Recht)
19.10.1892	Ständiger Hilfsarbeiter
21.12.1893	Charakter als Legationsrat
11.12.1895	kommissarische Leitung des K Lemberg (Neueinrichtung), Übernahme der Geschäfte 1.4.1896, bis 14.11.1907

18. 4.1897	Konsul
19.10.1907	Generalkonsul in Kristiania, Übernahme der Geschäfte 30.12., seit 2.6.1918 Urlaub, 16.12.1911 bis 8.1.1912 kommissarische Leitung der G Kristiania
11. 5.1918	Versetzung in den Ruhestand

Literatur:

Hugo von Spesshardt: Der Versicherungsbetrug im Reichsstrafgesetzbuch unter Berücksichtigung der wichtigsten ausländischen Gesetzgebungen. Marburg 1885; Absalon Taranger: Norwegische Bürgerkunde. Verfassung und Verwaltung. Vom Verfasser durchgesehene Übersetzung nach der 7. Aufl. (1923) von Hugo von Spesshardt. Greifswald 1925.

Speth von Schülzburg, Victor Freiherr

* 2. 4.1887 Innsbruck
† 31. 8.1945 Landsberg/Warthe (vermisst)

gebürtiger österr. Staatsangehöriger

kath.

Eltern: Victor Freiherr S.v.S., österr. Offizier; Anna geb. Sommer

∞ I. 20.4.1918 Marthe geb. von Rainer zu Harbach (Vater: Hermann v.R.z.H., Hofrat der Statthalterei in Graz); II. 17.8.1926 Anne-Marie Marcelle geb. Lacroix; III. 18.11.1939 Mechthild geb. Freiin von Hanstein (Vater: August Freiherr v.H., Offizier)

Kinder aus I. Ehe: Marie Gabriele (Mariella) (19.2.1919), Christiane (21.6.1921); aus II. Ehe: Marie-Anne (Annette) (26.3.2918), Eberhard (2.8.1934); aus III. Ehe: Maria Mechthild (17.10.1943)

Studium in Graz: Jura – 1912 Dr.jur.; seit 10.10.1912 im österr.-ungar. Auswärtigen Dienst, zuletzt Vizekonsul im Ministerium der auswärtigen Angelegenheiten in Wien, 1919 Sekretär bei der steirischen Sachdemobilisierung, 25.11.1919 bis Ende Febr. 1920 Vertragsangestellter im österr. Staatsamt für Äußeres, 1920 bis 1926 bei der Mercurbank in Graz und Wien, 1927 bis 1929 neutraler Kommissionsleiter bei der Gemischten Kommission zum Austausch der griech.-türk. Bevölkerung in Konstantinopel, seit 1.12.1930 Angestellter des österr. Honorarkonsuls in Marseille.

1. 7.1935	AA, Lehrauftrag im Attachékursus, Lektor für Völkerrecht in franz. Sprache, bis 1938
30. 6.1939	bei der Kommission des AA für die Abwicklung des ehem. tschechoslowak. GK Wien, Angestellter, DA in Wien 6.7., bis 1.7.1941

22. 4.1941	AA, DA 2.7., Rechtsabt., Ref. VIa/Internationales Gesundheitswesen, Nachlasssachen, Fremdenpolizei etc., dann in Ref. X/ Schadenersatzansprüche aus Handlungen der Wehrmacht, dt.-rumän. Auslegungsschiedsgericht
10. 7.1941	Dienstvertrag als Wissenschaftlicher Hilfsarbeiter

Spiegel, Joachim

* 16. 6.1911 Berlin
† 1.11.1989 Nürtingen

kath.

Eltern: Paul S., Rektor; Justine geb. Freiin von Seydlitz-Kurzbach

∞ 6.6.1941 Margrit geb. Hartmann

Kinder: Gabriele (19.9.1941), Katharina, Angela; aus I. Ehe der Frau: Christa Strobel (1.6.1935)

Luisenstädtisches Gymnasium und Lessing-Gymnasium in Berlin – 1929 Abitur; 1929 bis 1934 Studium in Berlin: Ägyptologie – 10.5.1935 Dr.phil.; 1935/36 Assistent am Ägyptologischen Institut der Universität Leipzig, 3.12.1937 Habilitation, 1937 bis 1940 Wissenschaftlicher Hilfsarbeiter beim Deutschen Archäologischen Institut, Abt. Kairo.

24.11.1941	Dienststelle des Bevollmächtigten des Reichs für Griechenland, Athen, DA 26.11., Rundfunkref., Sachbearbeiter für die arab. Sendungen, bis 23.7.1943
22. 7.1943	beim Bevollmächtigten des AA beim Militärbefehlshaber in Serbien (seit Ende Sept. 1943 Sonderbevollmächtigter des AA für den Südosten), Belgrad, DA 23.7., Leitung der arab. Sendungen, bis Sept. 1944
23. 9.1944	DA AA, Rundfunkpolitische Abt., Ref. VII/Orient

1945 Privatdozent in Göttingen, 1950 bis 1952 kommissarischer Leiter des Ägyptologischen Seminars, 1957 Professor.

Literatur:

Joachim Spiegel: Die Idee vom Totengericht in der ägyptischen Religion. Glückstadt 1935 (Leipziger Ägyptologische Studien 2; unveränderte 2. Aufl. 1976); ders.: Die Präambel des Amenemope und die Zielsetzung der ägyptischen Weisheitsliteratur. Glückstadt 1935; ders.: Zum Gebrauch der Apposition im Aegyptischen und Arabischen, in: Zeitschrift für aegyptische Sprache und Altertumskunde 71 (1935), S. 56-82; ders.: Die Erzählung vom Streite des Horus und Seth in Pap. Beatty I als Literaturwerk. Glückstadt 1937 (Leipziger Ägyptologische Studien 9); ders.: Kurzer Führer durch das ägyptische Museum der Universität Leipzig mit vier Bildtafeln. Leipzig 1938; ders.: Soziale und weltanschauliche Reformbewegungen im alten Aegypten. Heidelberg 1950; ders.: Die Phasen der ägyptischen Geistesgeschichte. Freiburg i.Br., München 1950; ders.: Das Werden der altägyptischen Hochkultur. Ägyptische Geistesgeschichte im 3. Jahrtausend v. Chr. Heidelberg 1953; ders.: Das Auferstehungsritual der Unas-Pyramide. Wiesbaden 1971 (Ägyptologische Abhandlungen 23); ders.: Die Götter von Abydos. Studien zum ägyptischen Synkretismus. Wiesbaden 1973 (Göttinger Orientforschungen. Reihe 4, Ägypten 1).

Spiegel von und zu Peckelsheim, Edgar Freiherr

* 9.10.1885 Padrojen/Insterburg
† 15. 5.1965 Bremen

ev.

Eltern: Adolf S. Freiherr S.v.u.z.P., Geheimer Regierungs- und Forstrat; Martha geb. von Dresler

∞ 30.3.1914 Erna geb. Lent (Vater: Alfred L., Architekt, Eisenbahnbaumeister, Geheimer Baurat, Bankier)

Kadettenkorps in Köslin und Hauptkadettenanstalt in Groß-Lichterfelde; 1.4.1903 bis Jan. 1920 im ks. Marinedienst: 1.5.1904 Fähnrich z.S., 30.9.1906 Leutnant z.S., April 1909 Oberleutnant z.S., seit 3.9.1914 U-Boot-Kommandant, April 1915 Kapitänleutnant, 30.4.1917 bis 1919 in brit. Kriegsgefangenschaft; seit 1920 kaufmännische Tätigkeit, 1924 bis 1930 Generaldirektor eines Auto-Importunternehmens; März 1931 bis Aug. 1932 Tätigkeit in der Reichsleitung des Arbeitsdienstes, 1935 bis 1937 Politischer Leiter im Landkreis Lübben; 10.10.1936 bis 30.6.1937 Referent in der Dienststelle Ribbentrop, Ref. X/England.- 1.11.1930 NSDAP, SS (Oberführer).

4. 6.1937	Diplomatisch-konsularische Prüfung
6. 8.1937	Einberufung in den Auswärtigen Dienst, Konsul II.Kl., Amtsbez. Generalkonsul
20. 8.1937	Konsul in New Orleans, Übernahme der Geschäfte 9.9., bis Juni 1941 (Schließung der dt. Konsularbehörden), Abreise 16.7.
21.12.1940	Konsul I.Kl.
23.10.1941	Leitung des GK Marseille (Wiedereinrichtung), Übernahme der Geschäfte 22.1.1942
26. 1.1942	Generalkonsul
30. 1.1943	Generalkonsul I.Kl.

Seit 26.8.1944 in franz. Haft, dann in alliierter Internierung in Dijon, seit 31.12. in Taormina/Sizilien; später Kraftfahrzeughändler in Bremen.

Literatur:

Edgar Spiegel von und zu Peckelsheim: Kriegsbilder aus Ponape. Erlebnisse eines Seeoffiziers im Aufstande auf den Karolinen. Stuttgart 1912; ders.: Skagerrak! Der Ruhmestag der deutschen Flotte. Berlin 1916; ders.: „U 202". Kriegstagebuch. Angefangen den 12. April 19.. Abgeschlossen den 30. April 19.. Berlin 1916 (Auflagen in dän., schwed., poln., span. u. engl. Sprache); ders.: Oberheizer Zenne. Der letzte Mann der „Wiesbaden". Berlin 1917; ders., Paul König: U-Boot-Fahrten. Berlin 1918; Thomas Lowell: Ritter der Tiefe. Übers. u. bearb. v. Edgar Spiegel von und zu Peckelsheim. Berlin 1930; ders.: U-Boot im Fegefeuer. Berlin 1930; ders.: Das Mädchen unter den drei Bäumen. Berlin 1931; ders.: Eine tolle U-Boots-Reise. Donauwörth 1934; ders.: Meere, Inseln, Menschen. Vom Seekadetten zum U-Boot-Kommandanten. Berlin 1934; ders.: Meine letzte Fahrt mit „U 202". Berlin, Leipzig 1935; Gordon Campbell: Wir jagen deutsche U-Boote. Übers. u. bearb. v. Edgar Spiegel von und zu Peckelsheim. Berlin 1937; ders.: 45000 Tonnen versenkt. Gütersloh 1937.

Spindler, Joachim von

* 28. 6.1899 Langenselbold
† 1987

ev.

Eltern: Dr.jur. Hermann v.S., Oberlandesgerichtsrat; Anna geb. Knoch

∞ 25.9.1937 Liselotte geb. Krüger

Kind: Botho (10.7.1938)

Gymnasium Hammonense in Hamm/Westfalen – 7.3.1917 Abitur; 19.3.1917 bis 5.2.1919 Militärdienst, Leutnant d.R.; 1918 bis 1920 Studium: Staats-, Wirtschafts- und Sozialwissenschaften – 24.1.1921 Dr.rer.pol.; 23.11.1920 bis 1922 Tätigkeit beim Barmer Bankverein in Bielefeld; 1922 bis 1928 Studium: Jura – 15.11.1928 Referendarexamen, 21.7.1932 Dr.jur.; seit 1.12.1928 im preuß. Justizdienst – 14.1.1932 Assessorexamen, seit 16.3.1932 im Reichswirtschaftsministerium, dann Oberregierungsrat, Referent für Ostasien in der Handelspolitischen Abt., zuletzt Ministerialrat.- 1.5.1937 NSDAP.

    8. 9.1937   Abordnung an die B Tokyo, Handelsattaché, DA 29.10., Mitglied der Dt. Handelsdelegation

1948 in der Finanzverwaltung des Vereinigten Wirtschaftsgebiets, seit 1949 im Bundesministerium für Finanzen, Referatsleiter, seit 1952 Abteilungsleiter, zuletzt Ministerialdirektor.

Literatur:

Joachim von Spindler: Die Frauenarbeit in der Bielefelder Industrie unter besonderer Berücksichtigung der Verhältnisse während des Krieges. MS Diss. Frankfurt/Main 1921; ders.: Wanderungen gewerblicher Körperschaften von Staat zu Staat als Problem des internen und des internationalen Privatrechts. Berlin 1932; Die Deutsche Bundesbank. Grundzüge des Notenbankwesens und Kommentar zum Gesetz über die Deutsche Bundesbank für Wissenschaft und Praxis. Stuttgart 1957 (mehrere Aufl.); ders.: Geldmarkt, Kapitalmarkt, internationale Kreditmärkte. Stuttgart 1960; ders.: Das wirtschaftliche Wachstum der Entwicklungsländer. Stuttgart 1963 und weitere Publikationen zu politischen Finanzfragen.

Spitzy, Reinhard

* 11. 2.1912 Graz

† 2.11.2010 Maria Alm/Steinernes Meer

gebürtiger österr., seit 31.5.1935 dt. Staatsangehöriger

kath., gottgläubig

Eltern: Dr.med Hans S., Universitätsprofessor; Luise geb. Martinz

∞ 29.4.1943 Maria geb. von Poser-Schmidtmann, Sekretärin bei der Skoda-Vertretung in Spanien (Vater: Waldemar S., Exportkaufmann, Adoptivvater: Arno von Poser und Großnätlitz, preuß. Offizier)

Kinder: Wolfgang (12.11.1944), Elizabeth (18.3.1946), Miguel (18.10.1948), Alejandro (Xandro) (11.5.1950), Beatriz (11.2.1955)

Schottengymnasium in Wien – 1930 Abitur; Sept. 1930 bis 1931 Militärdienst; 1931 bis 1936 Studium in Wien, Berlin, Rom und Paris: Jura, Geographie, Meteorologie, Politikwissenschaft – Juli 1936 Diplom-Politologe; Juli bis Ende 1933 Tätigkeit an der Aeronautischen Anstalt Lindenberg/Mark; seit 6.11.1936 Referent in der Dienststelle Ribbentrop, 1. Adjutant mit Dienstsitz London.- 1928 bis 1930 Nationaler Steirischer Heimatschutz, 26.10.1931 österr. NSDAP, Okt. 1931 SA, Jan. 1932 SS (1.6.1935 Untersturmführer, zuletzt Hauptsturmführer).

14. 2.1938	Einberufung in den Auswärtigen Dienst, AA, Attaché, DA 14.2., Büro RAM
17. 2.1939	Entlassung aus dem Reichsdienst zum 1.3.

Mai bis Sept. 1939 Interessenvertretung für Coca-Cola in Deutschland, dann im Amt Ausland/Abwehr des OKW, seit Aug. 1942 Exportreferent der Skoda-Werke in Spanien, zugleich nachrichtendienstliche Tätigkeit für das OKW, seit 15.12.1943 für das RSHA; nach Kriegsende in Spanien, Juni 1948 Flucht nach Argentinien, dort bis 1958 Tätigkeit als Pflanzer; seit Jan. 1958 Wohnsitz in Österreich.

Literatur:

Reinhard Spitzy: So haben wir das Reich verspielt. Bekenntnisse eines Illegalen. München 1986; ders.: So entkamen wir den Alliierten. Bekenntnisse eines Ehemaligen. München 1989; ders.: Gedichte und Träume. Maria Alm, Gut Hinterthal 1988; ders.: Bärlibauch und Hasilinde. Wien 1993.

Splinter, Georg

* 23.10.1887 Berlin

ev.

Eltern: Hermann S., Postbeamter; Anna geb. Toepfer

∞ 5.2.1920 Erika geb. Neumann

Kind: Klaus Peter (9.11.1920)

Königstädtisches Realgymnasium in Berlin – Ostern 1906 Abitur; 1906 bis 1912 Studium in Berlin: Germanistik, Geschichte – Staatsexamen für das mittlere Lehramt; Frühjahr 1915 bis Ende 1918 Militärdienst; April 1919 bis Juni 1920 im Schuldienst, seit Dez. 1921 Tätigkeit bei der Commerzbank.

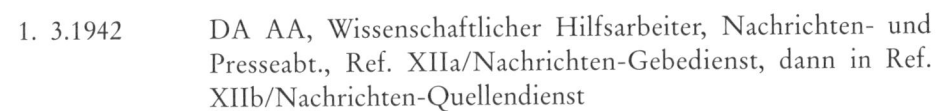

1. 3.1942	DA AA, Wissenschaftlicher Hilfsarbeiter, Nachrichten- und Presseabt., Ref. XIIa/Nachrichten-Gebedienst, dann in Ref. XIIb/Nachrichten-Quellendienst

Spörl, Johannes

* 5. 9.1904 München
† 19. 4.1977 München

kath.

Eltern: Georg S., Bäcker, Postbeamter

ledig

Ludwigsgymnasium in München – 1923 Abitur; 1923 bis 1929 Studium in München und Bonn: Philosophie, Theologie, Geschichte, Historische Hilfswissenschaften – 1929 Dr.phil., 18.7.1930 1. Staatsexamen für das höhere Lehramt; dann im preuß. Schuldienst; 1934 Habilitation; Jan. 1934 Assistent am Historischen Seminar der Universität Freiburg i.Br., 12.4.1934 Privatdozent, 1937 bis 1977 Herausgeber des Historischen Jahrbuchs der Görres-Gesellschaft, 15.7.1940 außerplanmäßiger Professor.

| 28. 2.1941 | DA AA, Personal- und Verwaltungsabt., Archivkommission, bis 24.2.1943 |

Dann Militärdienst, später in amerik. Kriegsgefangenschaft; seit WS 1945 Lehrtätigkeit an der Universität Freiburg i.Br., 1.5.1947 Professor in München.

Literatur:

Laetitia Boehm: Johannes Spörl † (1904–1977). In mutabilitate temporum initium conversationis. Zum Gedenken an den Herausgeber des Historischen Jahrbuchs, in: Historisches Jahrbuch Bd. 97/98 (1978), S. 1*–54* (darin Hinweise auf Spörls Schriften).

Sprigade, Paul

* 9.11.1863 Militsch
† 17. 3.1928

ev.

Eltern: Karl S., Ackerbürger; Johanna geb. Hübner

∞ 1.8.1895

Kind: Charlotte (16.8.1896)

Friedrichsgymnasium in Breslau – Unterprima-Reife; seit 1.4.1883 Ausbildung, dann Kartograph bei der Verlagsbuchhandlung Reimer in Berlin; 1.10.1886 bis 30.9.1887 Einjährig Freiwilliger, Leutnant d.R.; 1899 bis 31.3.1920 Leitung des Kolonialkartographischen Instituts beim Verlag Reimer im Auftrag des Reichskolonialamts, Abhaltung von Kursen für Kolonialkartographen, seit 1909 im Rahmen des Seminars für Orientalische Sprachen in Berlin, 1.4. bis 30.9.1920 Tätigkeit als geographischer Referent bei der Entschädigungsstelle der Kolonial-Zentralverwaltung, 15.1.1924 Dr.rer.nat.h.c.

1.10.1920	DA AA, Dienstvertrag als Technischer Hilfsarbeiter, Außenhandelsstelle, Ref. A 8/Sammelmappe
1.11.1921	Sonderref. N (Außenhandelsnachrichtendienst), Kartographisches Büro
6. 1.1926	zugleich Abt. III (Britisches Reich, Amerika, Orient)
31. 3.1926	Beendigung des Dienstverhältnisses

Literatur:

Paul Sprigade, Max Moisel: Großer deutscher Kolonialatlas. Berlin 1901-1915; sowie zahlreiche Einzelkarten vor allem der afrikanischen Kolonialgebiete; Richard Kiepert, Paul Sprigade (Bearb.): Russisch-Japanischer Kriegsschauplatz. Karte von Ost-Asien mit Spezialkarte von Korea.

Berlin 1904; Paul Sprigade (Bearb.): Karte Politische Gliederung der Sozialistischen Föderativen Sowjet-Republik Russland (Europäisches Russland), hrsg. v. Auswärtigen Amt. Berlin 1922; ders. (Bearb.): Karte Besetzte Gebiete, mit statistischen Angaben über Fläche und Einwohnerzahl der besetzten und der zu räumenden Gebiete. Berlin 1923-1924; ders. (Bearb.): Karte des rheinisch-westfälischen Industriegebiets mit Darstellung der Grenzen des Einbruchsgebiets. Berlin 1923-1924.

Springer, Max

* 10. 6.1852 Gerdauen/Ostpreußen

† 18. 2.1914 Braunschweig

ev.

Eltern: Eduard S., Pfarrer; Auguste geb. Marx

∞ 27.7.1890 Amalie geb. Elkan (Vater: Wilhelm E., Syndikus, dän. Konsul in Hamburg)

Kinder: Käthe, Ruth (27.9.1898), Anna Elise (27.5.1900), Margarethe (27.5.1900)

Gymnasien in Elbing und Lyck – 29.7.1870 Abitur; 1870 bis 1874 Studium in Halle/Saale und Königsberg i.Pr.: Geschichte, Jura – 19.7.1875 Referendarexamen; seit 21.7.1875 im preuß. Justizdienst; 1.10.1875 bis 30.9.1876 Einjährig Freiwilliger, 13.10.1877 Sekonde-Lieutenant d.R., 14.5.1895 Premier-Lieutenant d.R., 18.11.1893 Hauptmann d.L.

1.11.1881	Einberufung in den Auswärtigen Dienst (Expeditionsfach), AA, DA 5.11., Abt. II (Handelspolitik und Recht)
30. 3.1883	Expedient
1. 4.1885	Abt. II (Handelspolitik), Konsularref., später Personalref.
6. 6.1886	Außeretatmäßiger Hilfsarbeiter
1. 4.1888	Ständiger Hilfsarbeiter
5. 6.1890	Charakter als Konsul
29. 4.1896	Leitung des K Fiume, Übernahme der Geschäfte 23.5., bis 26.7.1905
25. 7.1898	Konsul in Fiume
9. 7.1905	Leitung des K Sarajevo, Übernahme der Geschäfte 27.7., bis 15.2.1910
24. 8.1906	Konsul in Sarajevo
12. 5.1909	Charakter als Generalkonsul
24.12.1909	Versetzung in den Ruhestand

Spuler, Bertold

* 5.12.1911 Karlsruhe
† 6. 3.1990 Hamburg

altkath.

Eltern: Rudolf S.; Natalena geb. Lindner

⚭ 22.10.1937 Gerda geb. Roehrig

Kinder: Christof (15.3.1942), Thomas, Hanna

Bismarck-Gymnasium in Karlsruhe – Abitur; 1930 bis 1935 Studium in Heidelberg, München, Hamburg und Breslau: Klassische Philogie, Geschichte, Slawistik, Orientalistik – 17.4.1935 Dr.phil.; seit 1934 Referent bei der Historischen Kommission für Schlesien in Breslau, dann Assistent am Institut für Osteuropakunde der Universität Berlin, seit 1937 Assistent an der Universität Göttingen, 1938 Habilitation, 24.4.1939 Universitätsdozent.- 1933/34 SA, 1.5.1937 NSDAP.

2. 5.1941	DA AA, Personal- und Verwaltungsabt., Ref. Z/Chiffrier- und Nachrichtenwesen, 1.11. bis 7.12.1941 Tätigkeit im Ostministerium

Seit 1.6.1942 Militärdienst; seit 1948 Professor für Islamkunde in Hamburg.

Literatur:

Hans R. Roemer, Albrecht Noth (Hrsg.) Studien zur Geschichte und Kultur des Vorderen Orients. Festschrift für Bertold Spuler. Leiden 1981 (darin Schriftenverzeichnis); NDB 24, S. 769 f. (darin Literaturverzeichnis).

Stahlberg, Gerhard

* 1. 5.1903 Charlottenburg/Berlin
† 26. 6.1990 Bad Krozingen

ev.

Eltern: Eduard S., Versicherungsdirektor; Elise geb. Link

⚭ 15.3.1938 Lilli geb. Busse (Vater: Dr.phil. Adolf B., Universitätsprofessor)

Kinder: Eduard (9.5.1939), Gisela (22.9.1943)

Helmholtz-Realgymnasium und Gymnasium zum Grauen Kloster in Berlin – 1921 Abitur; 1921 bis 1925 Studium in Heidelberg, Berlin und Göttingen: Jura – 23.5.1925 Referendarexamen, 16.6.1926 Dr.jur.; seit 5.8.1925 im preuß. Justizdienst – 3.6.1929 Assessorexamen; 1929/30 Studien an der Faculté de Droit in Paris, 25.11.1932 Ständiger Hilfsarbeiter, 6.3.1934 Landgerichtsrat.

10.10.1934	Einberufung in den Auswärtigen Dienst, AA, Attaché, DA 1.11., Abt. III (Britisches Reich, Amerika, Orient)
24.11.1934	K New Orleans, DA 22.12., bis 7.10.1936
31. 8.1936	AA, DA 9.11., Rechtsabt., Ref. I/Völkerrecht, 5. bis 30.7.1937 Kurs an der Akademie für Internationales Recht in Den Haag
1937	Diplomatisch-konsularische Prüfung
7. 3.1937	Legationssekretär
12. 8.1940	Legationsrat
1943	kommissarische Leitung des Ref. II/Exterritorialität, Kriegssachschäden
22. 1.1945	zugleich Zuteilung zum Staatssekretär z.b.V. Keppler

Seit 5.11.1945 bei der Landesdirektion für Wirtschaft (später Wirtschaftsministerium) in Württemberg-Hohenzollern, 8.1.1946 Oberregierungsrat, Leitung der Personal-, Rechts-, später auch Außenhandelsabt.

16. 9.1949	Abordnung in das Bundeskanzleramt, Organisationsbüro für die konsularisch-wirtschaftlichen Vertretungen im Ausland (seit 1.4.1950 Dienststelle für Auswärtige Angelegenheiten, seit 15.3.1951 AA), DA 23.1.1950, Rechtsabt.
9. 4.1951	Generalkonsul in San Francisco (Wiedereinrichtung), DA in New York 12.6., Übernahme der Geschäfte in San Francisco 7.7., bis 10.5.1954, 8.2. bis 12.4.1954 kommissarische Beschäftigung im AA, Abt. 1 (Personal und Verwaltung), Leitung der Unterabt. 10 (Personal)
28. 4.1954	AA, DA 8.6., Abt. 1 (Personal und Verwaltung), Leitung der Unterabt. 10 (Personal)
16. 8.1954	Ministerialdirigent
9. 4.1957	Generalkonsul in Montreal, zugleich für die frz. Inseln Saint-Pierre und Miquelon, Übernahme der Geschäfte 8.8., bis 30.4.1968
14. 3.1968	Versetzung in den Ruhestand

Literatur:

Gerhard Stahlberg: Gibt es eine Nachwirkung abgelaufener Tarifverträge? Diss. Göttingen 1926.

Stahlecker, Walter

* 10.10.1900 Sternenfels/Maulbronn
† 23. 2.1942 in Rußland (gefallen)

ev.

Eltern: Dr. Eugen S., Pfarrer, Oberstudiendirektor; Anna geb. Zaiser

∞ 14.10.1932 Luise-Gabriele geb. Freiin von Gültlingen (Vater: Konrad Freiherr von G., Kgl. Württ. Kammerherr, Geheimer Legationsrat, Erster Staatsanwalt)

Kinder: Konrad Wolfgang und Anni Christ (30.7.1934), Gisela (31.8.1939), Boto-Albrecht (18.3.1941)

Gymnasium in Tübingen – 1920 Abitur; 21.9. bis 7.12.1918 Militärdienst; 1920 bis 1924 Studium in Tübingen – Sept. 1924 erste juristische Prüfung, 7.11.1927 Dr.jur.; seit 24.12.1924 im württ. Justizdienst – 1927 zweite juristische Prüfung; seit 7.3.1928 im kommunalen württ. Verwaltungsdienst, 21.11.1930 bis 28.5.1933 Direktor der Arbeitsamts in Nagold, dann bis 23.11.1933 Stellvertreter des Leiters der württ. Politischen Polizei, dann bis 10.5.1934 an der württ. Gesandtschaft in Berlin, Jan. bis 14.2.1934 zugleich stellvertretender Bevollmächtigter Württembergs beim Reichsrat, seit 15.5.1934 Leiter des württ. Politischen Landespolizeiamtes, 1.10.1936 bis 10.5.1937 Leiter der Staatspolizeileitstelle Stuttgart, dann bis 19.5.1938 Leiter der Staatspolizeileitstelle Breslau, 20.5.1938 bis 1.6.1939 SD-Führer und seit 1.9.1938 Inspekteur der Sicherheitspolizei in den Wehrkreisen XVII (Wien) und XVIII (Salzburg), zugleich SD-Führer des SS-Oberabschnitts Donau (Wien), 2.6.1939 bis 20.9.1939 SD-Führer und Befehlshaber der Sicherheitspolizei im Protektorat Böhmen und Mähren, seit 20.9.1939 Befehlshaber der Sicherheitspolizei und des SD im Protektorat Böhmen und Mähren (Prag), 12.4. bis 24.4.1940 Beauftragter des Auswärtigen Amtes für die innere Verwaltung beim Reichsbevollmächtigten in Norwegen, 28.4. bis 13.11.1940 Befehlshaber der Sicherheitspolizei und des SD in Norwegen, 6.2.1941 Generalmajor der Polizei.- 1.5.1932 NSDAP, SS (Oberführer, dann Brigadeführer).

18.12.1940	Abordnung in den Auswärtigen Dienst, AA, Amtsbez. Ministerialrat, DA 13.11., informatorische Beschäftigung, Büro RAM, zugleich Leitung der Deutschen Informationsstelle III
18. 6.1941	Beendigung der Abordnung

22.6.1941 bis Sept. 1941 Beauftragter des Chefs der Sicherheitspolizei und des SD beim Befehlshaber des rückwärtigen Heeresgebietes Nord, Führer der Einsatzgruppe A (Baltikum).

Literatur:

Walter Stahlecker: Die Voraussetzungen der Anordnung der Fürsorgeerziehung nach dem Rechte des Bürgerlichen Gesetzbuches und des Reichsjugendwohlfahrtsgesetzes unter Berücksichtigung des württembergischen Landesrechts. Diss. Tübingen 1928.

Andreas Schulz, Dieter Zinke: Die Generale der Waffen-SS und der Polizei 1933-1945, Bd. 5, S. 405.

Stahmer, Heinrich Georg
(seit 29.3.1939 Graf von Stahmer-Silum, Erhebung in den erblichen liechtensteinischen Freiherrnstand und den Grafenstand ad personam)

* 3. 5.1892 Hamburg
† 13. 6.1978 Vaduz

ev.

Eltern: E.A. S., Kaufmann; Pauline geb. Schwarz

∞ 8.6.1916 Helga geb. Richter (Vater: Florian Franz R., Direktor der Dynamit AG vorm. Nobel)

Kinder: Heinz-Dieter (5.8.1917), Florian (6.2.1920)

Realgymnasium des Johanneums in Hamburg und Realgymnasium in Uelzen; 19.9.1911 bis 31.8.1919 im preuß. Militärdienst – 18.2.1913 Leutnant, Mai 1918 Oberleutnant; 1.8.1920 bis 1.10.1922 Volontär bei der Dynamit AG vorm. Nobel, Hamburg, seit Okt. 1922 Prokurist bei der Dominit AG, Köln, 1923 bis 1927 Vorstandsmitglied, 1927 zugleich stellvertretender Vorsitzender der Ultralumin Leichtmetall AG, 1.10.1927 bis 30.9.1934 Stellvertretendes Vorstandsmitglied der Accumulatoren Fabrik AG, Berlin; seit 1.7.1935 in der Dienststelle Ribbentrop, seit 31.8.1936 Hauptreferent, 26.1.1940 Amtsbez. Generalkonsul, Aug./Sept. 1940 Führung der Verhandlungen mit Japan zum Abschluss des Dreimächtepakts, 2.9.1940 Amtsbez. Gesandter, 15.11.1940 Amtsbez. Botschafter.- 2.10.1931 NSDAP, SS (Sturmbannführer).

29. 5.1941	Einberufung in den Auswärtigen Dienst, AA, Botschafter z.b.V., DA 23.8.
27. 9.1941	Botschafter in Nanking, Übernahme der Geschäfte 7.1.1942, Übergabe des Beglaubigungsschreibens 19.1., bis 14.1.1943
1. 1.1943	Botschafter in Tokyo, Übernahme der Geschäfte 30.1., Übergabe des Beglaubigungsschreibens 4.2.

8.10.1945 bis 27.8.1947 in amerik. Internierung in Japan, dann Wohnsitz in Hamburg, später in Vaduz, Kaufmann.

Literatur:

Heinrich Georg Stahmer: Japans Niederlage – Asiens Sieg. Aufstieg eines größeren Ostasien. Bielefeld 1952.

Hans Schwalbe, Heinrich Seemann (Hrsg.): Deutsche Botschafter in Japan 1860-1973. Tokyo 1974, S. 114-122; Peter Geiger: Der Graf von Silum, Heinrich Georg Freiherr von Stahmer. Eine Figur der Zeitgeschichte, in: Liechtensteiner Volksblatt, 5. und 6. August 1998.

Stahmer, Herbert

* 2. 4.1912 Hamburg
† 12. 2.1971 Wiesloch

ev., gottgläubig, ev.

Eltern: Federico S., Kaufmann; Helene geb. Iffland

∞ Sept. 1945 Marga geb. Börner

Kinder: Felicitas (23.5.1946), Frederik (19.1.1949)

Oberrealschule in Hamburg – Obersekunda-Reife; 1929 bis 1934 kaufmännische Ausbildung und Tätigkeit; 1934 bis 1936 Studium an der Dt. Hochschule für Politik in Berlin – 6.11.1936 Diplomprüfung; 1935 bis 1937 zugleich Geschäftsführer des Gauamts der NSDAP für Volksgesundheit, 1937 bis 1940 Überseereferent der Volksdeutschen Mittelstelle und Leiter des Überseereferats im Volksbund für das Deutschtum im Ausland; 21.2. bis 15.5.1940 Militärdienst.- 1.5.1932 NSDAP, 1936 SS (11.9.1938 Unterstumführer)

16. 8.1940	AA, Dienstvertrag als Wissenschaftlicher Hilfsarbeiter, DA 15.8., Nachrichten- und Presseabt.
16.10.1940	B Madrid, DA 26.10., Presseabt., bis 10.3.1942
11. 2.1942	AA, DA 20.3.
4. 5.1942	Militärdienst

Später kaufmännische Tätigkeit in München.

Stahr, Gerda

* 21. 9.1892 Königsberg i.Pr.

ev.

Eltern: Dr.med. Franz S., Generalarzt; Helene geb. Eccardt

ledig

Kollmorgensches Oberlyzeum in Berlin – 1912 Abitur, 1914 Lehrbefähigung für Unterricht an Lyceen; 1914 bis 1917 Lehrtätigkeit an Privatschulen; 1917 bis 1921 und 1924 Studium in Jena, Berlin und Rostock: Anglistik, Germanistik, Geschichte, Nationalökonomie – 28.7.1924 Dr.phil.

15. 2.1922	DA bei der dt. Abt. des Grenzrechteausschusses für das Saargebiet, Saarbrücken, Sekretärin und Dolmetscherin, bis Sept.
28. 2.1923	AA, DA 1.3., Kanzleidienst
10. 7.1923	beim Sprachendienst
31.12.1923	Beendigung des Dienstverhältnisses
1. 9.1924	DA AA, Übersetzerin, Sprachendienst
1.10.1943	Wissenschaftliche Hilfsarbeiterin

Literatur:

Gerda Stahr: Zur Methodik der Shakespeare-Interpretation. Aus Anlaß von Schückings ‚Charakterproblemen'. Rostock 1925.

Stalmann, Friedrich

* 22. 7.1902 Groß Ilsede/Peine
† 24. 3.1980 Bielefeld

Eltern: Gustav S.; Elisabeth geb. von Steuber

verwitwet

Kind: (24.6.1930)

Studium: Jura, Staatswissenschaften – 28.10.1925 Dr.jur.; im preuß. Verwaltungsdienst, zuletzt Oberregierungsrat im Reichsministerium des Innern, 1935 bis Mitte 1939 beim Chef der Sicherheitspolizei und des SD, dann in der allgemeinen Verwaltung des Reichsministeriums des Innern.- 1.5.1937 NSDAP.

5. 5.1940	DA beim Bevollmächtigten des Reichs bei der dän. Regierung, Kopenhagen, Abordnung, Zuteilung zum Beauftragten für die innere Verwaltung Kanstein, DA 5.5.

10.1942	preuß. Regierungsdirektor, jedoch Weiterbeschäftigung in Kopenhagen, seit Feb. 1945 zugleich Leitung der Flüchtlingszentralstelle

Später Wohnsitz in Bielefeld, Abteilungsleiter einer Wirtschaftsprüfungsgesellschaft, Regierungsdirektor z.Wv.

Literatur:

Friedrich Stalmann: Beitrag zu der Theorie des Staatsbegriffs. Stellungnahme zu den kritischen Ausführungen Kelsens in seinem Werke „Der soziologische und der juristische Staatsbegriff". Diss. Göttingen 1925.

Stammann, Erwin

* 1841 Hamburg
† 9.11.1880 Maracaibo (Gelbfieber)

Eltern: Friedrich S., Architekt; Friederike geb. von Helldorf

ledig

Dr.jur.; im hamburg. Staatsdienst.

22. 7.1868	Einberufung in den Auswärtigen Dienst des Norddeutschen Bundes, GK New York, Wahrnehmung der Aufgaben des Kanzlers, DA 21.9., bis 4.11.1871
26.12.1868	Kanzler
23. 9.1869	Charakter als Vizekonsul
4. 9.1871	Vizekonsul
6. 1.1872	kommissarische Leitung des WK Helsingfors, Übernahme der Geschäfte 13.4., bis 27.12.1873, Juli 1872 bis 20.9.1873 mehrmalige kommissarische Leitung des belg. K Helsingfors
10. 1.1872	Titel als Konsul
31.10.1873	Konsul (Umwandlung des WK in ein BK)
11.12.1873	Generalkonsul in Caracas, zugleich Geschäftsträger, Übernahme der Geschäfte 17.1.1874, Übergabe des Einführungsschreibens 13.4., zugleich zeitweilige kommissarische Leitung der ital. G Caracas, 18.11.1877 bis 18.9.1878 Urlaub
16. 6.1880	Ministerresident, Übergabe des Beglaubigungsschreibens 22.7.

Stampfel, Hans

* 9. 4.1898 Laibach

gebürtiger österr., dann jugoslaw., später dt. Staatsangehöriger

kath.

Eltern: Franz S.; Marie geb. Tscherne

ledig

Staatsgymnasium in Laibach – 1917 Abitur; Studium in Graz: Jura, Staatswissenschaften – rechtshistorische, judizielle und staatswissenschaftliche Staatsprüfung, Dr.jur.; Volontariat bei der Fürstlich Auerspergschen Güterverwaltung in Seisenberg/Jugoslawien, dann Tätigkeit bei der dt. Volksgruppenführung in Jugoslawien, Sachbearbeiter für Presse und Propaganda beim Militärattaché an der G Belgrad.

4.1941	DA AA, Personal- und Verwaltungsabt., Ref. L/Sprachendienst
19. 3.1942	DA G Zagreb, Wissenschaftlicher Hilfsarbeiter, Leitung des Sprachendienstes

Stange, Otto

* 24.12.1872 Plöwen
† 6.11.1920

ev.

Eltern: Wilhelm S., Gutsbesitzer; Auguste geb. Lubahn

ledig

Gymnasium in Stettin – 1891 Abitur; 1891 bis 1894 Studium in München, Heidelberg, Leipzig, Göttingen und Berlin: Jura – Febr. 1894 Referendarexamen, 1894 Dr.jur.; Febr. 1894 bis 30.12.1903 im preuß. Justizdienst – Nov. 1900 Assessorexamen; später Direktor der Kreditbank in Sofia; 1.10.1895 bis 30.9.1896 Einjährig Freiwilliger, 27.1.1899 Leutnant d.R., 16.10.1910 Oberleutnant d.R.; 1914 bis 1920 Militärdienst, 15.9.1916 Rittmeister d.R.

6. 1.1920	Einberufung in den Auswärtigen Dienst, AA, DA 1.3., Abt. III (Südosteuropa), Ref. Bulgarien
19. 1.1920	Geheimer Legationsrat und Vortragender Rat

Literatur:

Otto Stange: Beiträge zur Lehre von der Regentschaft und Regierungsstellvertretung nach preußischem Staatsrechte. Greifswald 1895.

Stannius, Hermann

* 23. 7.1842 Rostock
† 22. 9.1912 Weimar

ev.-luth.

Eltern: Professor Dr.med. Hermann S., Mediziner, Zoologe, Anatom; Berta geb. Fromm

∞ 11.11.1881 Flora geb. Kirchenpauer (Vater: Dr.jur. Gustav Heinrich K., Senator und mehrfach Bürgermeister von Hamburg)

Gymnasium in Rostock – 1864 Abitur; 1864 bis 1869 Studium in Tübingen, Göttingen und Rostock: Jura – 1869 Dr.jur., dann Reisen in England, Frankreich, Spanien und Portugal.

26. 7.1870	Einberufung in den Auswärtigen Dienst des Norddeutschen Bundes (konsularische Laufbahn), K Smyrna, Wahrnehmung der Geschäfte des Kanzlers, DA 17.9., bis 27.3.1875
18.12.1871	Kanzler
26. 2.1875	Konsul in Bangkok, Übernahme der Geschäfte 10.5., seit 16.2.1880 Urlaub
28. 4.1880	Konsul in Hiogo-Osaka, Übernahme der Geschäfte 4.12., seit 16.10.1885 Urlaub, währenddessen 29.5. bis Herbst 1886 kommissarische Beschäftigung im AA, Abt. IA (Politik) und Abt. II (Handelspolitik)
10. 2.1887	DA K Smyrna, kommissarische Leitung, bis 1.2.1896
20. 6.1887	Konsul in Smyrna
18. 2.1891	Charakter als Generalkonsul
8.12.1895	Konsul in Triest, Übernahme der Geschäfte 11.2.1896, bis 25.1.1909
21.11.1908	Versetzung in den Ruhestand

Dann Wohnsitz in Weimar.

Stapf, Hans

* 6. 3.1902 Nordhausen
† 29. 8.1956 München

ev.

Eltern: Gustav S., Oberpostsekretär; Anna geb. Fischer

∞ 3.12.1925 Liddy geb. Daniel, Rundfunksprecherin

Kind: Frank (23.5.1923)

1921 Abitur; Studien in München und Leipzig: Zeitungswissenschaft, Philosophie, Volkswirtschaft; Journalist, Redakteur bei Zeitungsverlagen in Breslau, zuletzt Hauptschriftleiter der „Schlesischen Sonntagspost".- 1.5.1937 NSDAP, SA.

  4. 4.1941   AA, Dienstvertrag als Wissenschaftlicher Hilfsarbeiter, DA 1.4., Nachrichten- und Presseabt., Ref. XVI/Deutscher Politischer Bericht, Deutscher Wirtschaftsbericht, Artikeldienst

Seit 1.4.1943 Tätigkeit für den Artikeldienst „Europäische Korrespondenz"; seit 1946 Vertriebsleiter eines Lübecker Verlages, seit 1950 Vertriebswerbeleiter der „Kieler Nachrichten", seit 1.7.1953 Werbeleiter beim Süddeutschen Verlag in München.

Literatur:

Hans Stapf (Hrsg.): Deutschland, Rumänien. Schrifttum zur Förderung der deutsch-rumänischen Wirtschaftsbeziehungen. Breslau 1940.

Starke, Gotthold

* 27. 1.1896 Runowo/Posen
† 27.11.1968 Bonn

1920 bis 1939 poln. Staatsangehöriger

ev.

Eltern: Gotthold S., Pfarrer, Superintendent; Marie geb. Hesekiel

∞ 22.3.1922 Renate geb. Wagner (Vater: Johannes W., Kaufmann)

Kinder: Adelheid (15.3.1923), Karin (18.9.1926), Detlef (14.10.1930), Bertram (31.12.1936)

Höhere Knabenschule in Czarnikau/Posen und Augusta Victoria-Gymnasium in Posen – 1.9.1914 Abitur; 1914/15 Militärdienst; 1915 bis 1918 Studium in Heidelberg, Berlin und Göttingen: Jura, orientalische Sprachen – Juni 1918 Referendarexamen; seit Aug. 1918 im preuß. Justizdienst, 1919 bis 1922 Beschäftigung bei der Kriegerhilfe Ost, beim Zweckverband Ost und beim Deutschen Schutzbund für das Grenz- und Auslandsdeutschtum; 22.3.1922 bis 31.12.1939 Hauptschriftleiter, seit 1936 zugleich Verlagsleiter der „Deutschen Rundschau in Polen" in Bromberg.- 1.6.1942 NSDAP.

1.12.1939	DA AA, Wissenschaftlicher Hilfsarbeiter, Nachrichten- und Presseabt.
20. 1.1940	B Moskau, Dienstvertrag als persönlicher Referent des Botschafters, Pressereferent, Amtsbez. Gesandtschaftsrat, DA 28.2., bis 22.6.1941 (Kriegszustand)
13. 8.1941	DA AA, Nachrichten- und Presseabt., Leitung des Ref. V/Osteuropa, zuletzt in der Ausweichstelle des AA in Mühlhausen/Thüringen

22.7.1945 bis 25.9.1955 in sowjet. Haft.

12.12.1955	Einberufung in den Auswärtigen Dienst, AA, Angestellter, DA Ende Dez., Abt. 3 (Länder), Ref. 353/Deutsche Ostfragen (seit 1.9.1956 Ref. 310)
24. 4.1956	Amtsbez. Legationsrat I.Kl. (Wiedergutmachungsbescheid gemäß Gesetz zur Regelung der Wiedergutmachung nationalsozialistischen Unrechts für Angehörige des öffentlichen Dienstes vom 11.5.1951)
9. 8.1956	Legationsrat I.Kl.
1. 5.1957	Leitung des Ref. 310/Deutsche Ostfragen (seit 8.4.1958 Abt. 7/Ostabt., Ref. 701)
24. 1.1958	Vortragender Legationsrat
27. 8.1959	Vortragender Legationsrat I.Kl.
4. 1.1961	Versetzung in den Ruhestand, jedoch Weiterbeschäftigung als Angestellter bis 31.7.1962

Literatur:

Joachim Freiherr von Braun: Gotthold Starke zum Gedächtnis, in: Jahrbuch der Albertus-Universität in Königsberg/Pr. 20 (1970), S. 5-11.

Staudacher, Rudolf

* 3.10.1900 Schloss Taxis/Dischingen
† 4. 2.1968

kath.

Eltern: Walter S., Oberförster; Paula geb. Plodeck

∞ 27.3.1949 Klothilda (Klonia) geb. Lubierska (gebürtige poln. Staatsangehörige)

Kinder: Kathrin (4.12.1940), Walter (6.10.1943), Marion (8.4.1945)

Hauptkadettenanstalt in Groß-Lichterfelde/Berlin – Juni 1918 Abitur; Juli 1918 bis Febr. 1919 Militärdienst; 1919 bis 1922 Studium in Tübingen und München: Jura, Staatswissenschaften – Dez. 1922 Dr.rer.pol.; 1923/24 kaufmännische Tätigkeit in Hamburg.- 1.5.1933 NSDAP.

22.12.1925	Einberufung in den Auswärtigen Dienst, AA, Attaché, DA 4.1.1926, Abt. III (Britisches Reich, Amerika, Orient), dann Fortbildungskurs für Attachés
21. 1.1928	Diplomatisch-konsularische Prüfung
7.11.1928	Amtsbez. Legationssekretär
15. 2.1928	G Teheran, DA 25.3., bis 15.5.1930
20. 8.1930	GK Posen, Amtsbez. Vizekonsul, DA 5.9., bis 11.1.1936
8. 3.1932	Vizekonsul
8.11.1935	G Pretoria, DA in Kapstadt 9.3.1936, bis 15.3.1938, 10.3. bis 20.6.1936 kommissarische Beschäftigung am K Kapstadt, 7.5. bis 2.10.1937 kommissarische Leitung des K Kapstadt, 14.10.1937 bis Mitte Jan. 1938 Leitung der Dienststelle Johannesburg
4. 3.1938	AA, DA 6.4., Nachrichten- und Presseabt., Ref. V/Osteuropa
9. 9.1939	Legationsrat
1942	Kulturpolitische Abt., Ref. Gen/allgemeine Fragen der Kulturpolitik, zuständig für Kirchenfragen
7. 5.1942	G Stockholm, kommissarische Beschäftigung, Amtsbez. Gesandtschaftsrat, DA 26.5., bis 27.12.1943, Presseattaché
16.11.1943	AA, DA 11.1.1944, Nachrichten- und Presseabt., Ref. XIII/Betreuung der ausländischen Journalisten

Später Wohnsitz in Wiesbaden, zeitweise Geschäftsführer der Gesellschaft für Bürgerrechte e.V., 13.2.1952 bis 31.3.1954 Angestellter bei der Ständigen Vertretung des Bundesministeriums des Innern beim Interimsausschuss der EVG in Paris, dann bis 30.4.1954 Gutachtertätigkeit für das Bundesministeriums des Innern, später Wohnsitz in Berlin.

30.12.1960	Amtsbez. Legationsrat I.Kl. a.D. (Wiedergutmachungsbescheid gemäß Gesetz zur Regelung der Wiedergutmachung nationalsozialistischen Unrechts für Angehörige des öffentlichen Dienstes vom 11.5.1951)

Literatur:

Walter Staudacher: Die württembergische Torfwirtschaft in der Kriegs- und Nachkriegszeit unter besonderer Berücksichtigung der Torfindustrie und ihrer Probleme. Tübingen 1923; ders.: Russland und der Westen, in: Die Neue Gesellschaft 5 (1958), S. 83-90; sowie Literaturübersetzungen aus dem Schwedischen.

Staude, Georg

* 14. 2.1874 Liegnitz

ev.

Eltern: Gustav S., Bürgermeister von Hamm, Oberbürgermeister von Halle/Saale; Auguste

ledig

Gymnasien in Halle/Saale und Stralsund – 29.9.1894 Abitur; 1894 bis 1897 Studium in Genf und Halle/Saale: Jura, Staatswissenschaften – 27.4.1898 Referendarexamen, 1900 Dr.jur.; 1.10.1898 bis 30.9.1899 Einjährig Freiwilliger, 18.8.1900 Leutnant d.R., 1910 Oberleutnant d.R.; seit 10.5.1898 im preuß. Justizdienst – 30.12.1903 Assessorexamen.

3. 6.1904	Einberufung in den Auswärtigen Dienst (konsularische Laufbahn), AA, DA 16.6., Abt. II (Handelspolitik), Teilnahme an Fortbildungskursen der Vereinigung für staatswissenschaftliche Fortbildung in Berlin
25. 4.1905	Abt. IB (Personal und Verwaltung)
17.11.1905	GK Schanghai, DA 18.2.1906, bis 10.4.1907
21.12.1905	Charakter als Vizekonsul
4. 4.1907	GK Yokohama, DA 16.4., bis 22.10.1909
30. 7.1909	K Tientsin, DA 6.1.1910, bis 13.3.1910, dann Krankenurlaub
1.10.1910	Rückkehr in den Justizdienst

Seit 1912 Landesassessor, später Landesrat und Mitglied des Vorstandes der Landesversicherungsanstalt Sachsen-Anhalt in Merseburg.

Literatur:

Georg Staude: Die völkerrechtliche Sonderstellung der Jurisdiktionskonsuln in der Türkei. Halle/Saale 1900.

Steche, Hellmuth

* 23. 1.1910 Gaschwitz/Leipzig
† 12. 9.1990 in Australien

ev.-ref.

Eltern: Hans S., Generaldirektor und Miteigentümer der Heine & Co. AG Fabriken ätherischer Öle und künstlicher Riechstoffe, Leipzig; Elisabeth geb. Retzmann

⚭ 20.3.1954 Ishbel geb. Hogg (Vater: Gustave Hogg, Arzt)

Realgymnasium in Leipzig – 1926 Mittlere Reife, 1926/27 Höhere Handelsschule; 1928/29 kaufmännische Lehre; seit 1929 Auslandskorrespondent und Vertreter der Firma Heine & Co. für die brit. Kolonien; seit Aug. 1939 Militärdienst, seit Mai 1940 bei der Militärverwaltung in Frankreich, dann auf dem Balkan.- 1.1.1934 NSDAP.

21. 7.1941	DA beim Bevollmächtigten des Dt. Reichs für Griechenland, Athen, Bürohilfsarbeiter bzw. Referent im Wirtschaftsstab, dann beim Sonderbevollmächtigten des AA für den Südosten, Dienststelle Athen
14. 7.1944	Wissenschaftlicher Hilfsarbeiter
10.1944	Militärdienst

Später Wohnsitz in Tasmanien/Australien.

Stechow, Johann (Jochen) von

* 26. 4.1902 Charlottenburg/Berlin
† 29.12.1969 Bonn-Bad Godesberg

ev.-luth.

Eltern: Karl von S., preuß. Offizier; Hertha geb. Rassmuss

⚭ 25.6.1938 Olga geb. Ostrowskij, Journalistin (gebürtige österr., dann poln. Staatsangehörige; Vater: Lehrer, Schuldirektor)

Kinder: Christian (12.6.1940), Arnim (27.7.1941), Andreas (23.8.1943)

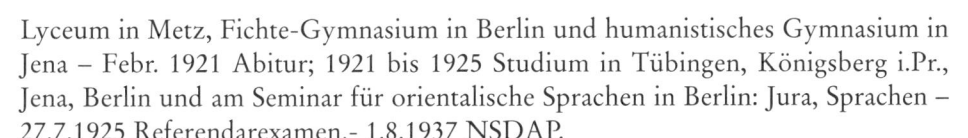

Lyceum in Metz, Fichte-Gymnasium in Berlin und humanistisches Gymnasium in Jena – Febr. 1921 Abitur; 1921 bis 1925 Studium in Tübingen, Königsberg i.Pr., Jena, Berlin und am Seminar für orientalische Sprachen in Berlin: Jura, Sprachen – 27.7.1925 Referendarexamen.- 1.8.1937 NSDAP.

13. 7.1926	Einberufung in den Auswärtigen Dienst, GK Posen, Attaché, DA 28.4., bis 17.10.
15.10.1926	AA, DA 18.10., Abt. III (Großbritannien, Amerika, Orient)
15. 1.1929	Diplomatisch-konsularische Prüfung
31. 1.1929	G Wien, DA 8.2., bis Anfang Febr. 1931
16. 8.1929	Amtsbez. Legationssekretär

17. 1.1931	G Kairo, DA 18.2., bis 11.1.1932
8.12.1931	AA, DA 10.2.1932, Abt. VI (Kultur), Ref. C/Bildende Kunst und Kunstausstellungen im Ausland, Musik, Theater, Film, Sport
31. 3.1933	DA Abt. IV (Osteuropa, Skandinavien, Ostasien), Ref. Ru/Rußland
6. 3.1934	Legationssekretär
22. 2.1936	GK Sydney, Vizekonsul, DA 18.5., bis 22.12.1937
14. 4.1937	1. Vizekonsul
1.11.1937	AA, kommissarische Beschäftigung, DA 19.2.1938, Politische Abt., Ref. X/Koloniale Fragen, später Ref. IVb/Österreich (Abwicklung), Tschechoslowakei
21. 6.1939	Versetzung in den einstweiligen Ruhestand
8.1939	DA AA, kommissarische Beschäftigung, Kulturpolitische Abt., Ref. U/Hochschulwesen, seit 1943 in der Ausweichstelle des AA in Krummhübel
8.1944	Einsatzgruppe Maulwurf des AA im Unternehmen Barthold (Schanzarbeiten im Großraum Breslau)
28.11.1944	Personal- und Verwaltungsabt., Arbeitsstab Krummhübel, DA 2.12., zeitweise in der Ausweichstelle Buckow, bis Dez.

Seit 25.2.1945 Militärdienst, seit 1.4.1945 in amerik. Kriegsgefangenschaft, seit Sept. 1945 Dolmetscher bei den brit. Besatzungsbehörden, April bis Sept. 1948 Auslandsredakteur beim Dt. Pressedienst, seit Okt. 1948 stellv. Vertriebsleiter der Dt. Presseagentur; 8.3.1966 Dr.jur h.c. der Xavier-University in Cagayan de Oro/Philippinen, 22.10.1966 Dr.jur h.c. der University of San Carlos, Cebu City.- 1946 CDU.

17. 5.1951	Einberufung in den Auswärtigen Dienst, GK Mailand, Angestellter, Amtsbez. Konsul, DA AA 1.6., DA in Mailand 13.7., bis 30.6.1954
4.12.1951	Konsul I.Kl.
5. 5.1954	AA, DA 1.7., Abt. 3 (Länder), Ref. 302B/Italien und 311/Information
5. 8.1955	Legationsrat I.Kl.
15.11.1955	B Kopenhagen, Amtsbez. Botschaftsrat, DA 3.1.1956, bis 31.10.1960
4. 1.1956	Botschaftsrat
17. 9.1960	AA, DA 2.11.1960, Abt. 6 (Kultur), Leitung der Zentralen Austauschstelle Bonn (Durchführung dt.-sowjet. kultureller Austauschvorhaben)
20. 1.1961	Abt. 4 (Handelspolitik), Leitung des Ref. 406 (seit 15.1.1963 Abt. III, Ref. A4)/Internationale Wirtschaftsfragen der Verteidigung,

	des Verkehrs, des Post- und Fernmeldewesens und des Fremdenverkehrs
12. 2.1964	Botschafter in Manila, Übernahme der Geschäfte 23.3., Übergabe des Beglaubigungsschreibens 24.3., bis 18.4.1967, Sonderbotschafter bei der Amtseinführung des Präsidenten Ferdinand Marcos am 30.12.1965
22. 3.1967	Versetzung in den Ruhestand

Wohnsitz in Bad Godesberg/Bonn.

Literatur:

Jochen von Stechow: Burg Ranis. Ein Führer. Worms 1922.

Steengracht von Moyland, Adolf

* 15.11.1902 Moyland/Kleve
† 7. 7.1969 Kranenburg

ev.

Eltern: Nikolaus Adrian Baron S.v.M., Rittergutsbesitzer, kgl. niederl. Kammerherr (gebürtiger niederl., dann dt. Staatsangehöriger, 19.12.1888 niederl. Baron nach Erstgeburtsrecht); Irene geb. Kremer Edle von Auenrode

∞ 16.5.1933 Ilsemarie geb. Baronesse von Hahn (Vater: Arved Baron v.H., russ. Staatsrat, kaufmännischer Direktor)

Kind: Adrian (16.11.1936)

Humanistisches Gymnasien in Freiberg/Sachsen und Kleve – Ostern 1922 Abitur; 1922 bis 1926 Studium in Bonn, Lausanne und Köln: Landwirtschaft, dann Jura – 16.12.1926 Referendarexamen, 16.2.1929 Dr.jur.; seit Jan. 1928 im preuß. Justizdienst – 21.7.1933 Assessorexamen; später zugleich Rechtsberater der Kreisbauernschaft Kleve, 1935/36 Kreisbauernführer des Kreises Kleve; seit 1.10.1936 Referent in der Dienststelle Ribbentrop, 26.10.1936 bis März 1938 Dienstsitz London.- 1925 bis 1933 Stahlhelm, 1.5.1933 NSDAP, 1935 bis 1937 Gemeinderat der Gemeinde Till-Moyland, 1.9.1933 SA (20.4.1934 Sturmführer, 9.11.1940 Standartenführer, 9.11.1942 Oberführer, 20.4.1944 Brigadeführer).

21. 9.1938	Einberufung in den Auswärtigen Dienst, AA, Legationssekretär, DA 3.10., Abt. Protokoll, dann im Persönlichen Stab RAM, zuletzt Chef des Persönlichen Stabs RAM

20. 4.1939	Legationsrat
16. 4.1940	Legationsrat I.Kl.
28. 1.1941	Vortragender Legationsrat
10. 7.1941	Gesandter I.Kl. als Ministerialdirigent, 18.12.1942 bis 15.2.1943 Wahrnehmung der Aufgaben des Ständigen Beauftragten des RAM beim Führer
31. 3.1943	Staatssekretär, Übernahme der Geschäfte 30.4., zugleich Chef des Persönlichen Stabs RAM

23.5.1945 in Flensburg verhaftet, dann in alliierter Internierung in Luxemburg, später in Nürnberg, Zeuge vor dem Internationalen Militärgerichtshof („Hauptkriegsverbrecherprozess"), dann Angeklagter vor dem Amerik. Militärtribunal IV in Nürnberg Fall 11 („Wilhelmstraßenprozess"), 14.4.1949 Verurteilung zu sieben Jahren Gefängnis (durch Revision am 12.12.1949 verkürzt auf fünf Jahre Haft), 28.1.1950 Entlassung aus der Haft, dann Wohnsitz auf Schloss Moyland, Verwaltung seines Besitzes, 3.2.1956 bis 1961 Rechtsanwalt in Kleve.

Literatur:

Gustav Adolf Baron Steengracht von Moyland: Das staatsrechtliche Moment in den §§ 99, 100 des Entwurfs eines allgemeinen deutschen Strafgesetzbuches von 1927. Eine staats- und strafrechtliche Studie zur Staatsrechtsreform. Bonn 1929.

Joachim Lilla: Adolf Baron Steengracht von Moyland (1902-1969). Letzter Staatssekretär des Auswärtigen Amtes im „Dritten Reich" – Eine biographische Annäherung, in: Der Niederrhein 71, 2004, S.129-136.

Steffen, Willi

* 4.10.1902 Oberstein/Nahe
† 10.10.1977

Siebenten-Tags-Adventist, dann gottgläubig, dann konfessionslos

Eltern: Georg S., kaufmännischer Angestellter; Louise geb. Koch

∞ I. 1.3.1927 Erna geb. Pfingstl (gebürtige österr. Staatsangehörige); II. 6.1.1945 Sylvia geb. Langenscheid (Vater: Paul L., Syndikus)

Kinder aus I. Ehe: Ingo (11.4.1929), Gerhard (3.12.1933), Günter (9.10.1937); aus II. Ehe: Heimo (30.11.1944), Manfred (23.4.1946), Gisela (19.5.1948)

Volksschule; 1921 bis 1925 Missionsseminar Marienhöhe in Darmstadt – 1925 Abschlussprüfung als Missionar und Lehrer; 25.9.1925 bis März 1927 Missionar in Kairo, zugleich Studien an der Amerikanischen Universität in Kairo: Arabisch, Islamwissenschaften; seit März 1927 Missionar und Missionslehrer in der Advent-Mission in Salt/Jordanien, Okt. 1930 bis Sept. 1936 Leiter der Advent-Mission und Missionsschule in Mossul.- 1.2.1934 NSDAP.

25. 9.1936	G Bagdad, Angestellter, Bürohilfsarbeiter, DA 1.10., bis 6.9.1939 (Abbruch der diplomatischen Beziehungen am 7.9.)
1937	Dolmetscher
23.10.1939	AA, Dienstvertrag als Büroangestellter, DA 9.10., Politische Abt.
30.11.1939	Nachrichten- und Presseabt., Lektor, Ref. VII/Türkei, Iran, Irak, Palästina, Syrien, Afghanistan, Saudi-Arabien, Jemen, seit Ende Sept. 1943 Leitung des Ref., zugleich zeitweise im Ref. IV/Protektorat Böhmen/Mähren, Slowakei, Ungarn, Bulgarien, Griechenland, Kroatien, Serbien, Rumänien
18. 3.1941	Wissenschaftlicher Hilfsarbeiter

Wohnsitz in Oberbayern, kurzzeitig Dolmetscher für die amerik. Besatzungsbehörden, dann Arbeiter in der Landwirtschaft; 1947/48 Studien in München: Alte Geschichte, Islamwissenschaften; dann verschiedene kaufmännische Tätigkeiten, seit 24.10.1950 Wirtschaftssachbearbeiter und Dolmetscher beim ägypt. GK in Frankfurt.

23. 4.1953	AA, Dienstvertrag als Hilfsreferent, DA 1.4., Abt. III (Länder), Ref. B5 Arabische Länder, Ägypten, Libyen (seit 15.12.1953 Ref. 308/Vorderer Orient)
25. 7.1955	G (seit 9.6.1959 B) Djidda, Dienstbez. Gesandtschaftsrat, DA 23.9., bis 25.4.1960
8. 4.1960	Leitung der G Taiz (Neueinrichtung), Dienstbez. Ständiger Geschäftsträger, Übernahme der Geschäfte 27.4. Übergabe des Einführungsschreibens 30.4., bis 29.9.1964
17. 5.1960	Legationsrat I.Kl.
11. 7.1962	Gesandter, Übergabe des Beglaubigungsschreibens 7.8.
21. 9.1963	Botschafter (Umwandlung der G in eine B), Übergabe des Beglaubigungsschreibens 25.10.
31. 8.1964	Botschafter in Tananarive, Übernahme der Geschäfte 31.10., Übergabe des Beglaubigungsschreibens 10.11., bis 6.10.1967
14.12.1964	Botschaftsrat
18.10.1967	Versetzung in den Ruhestand

Dann Wohnsitz in Bad Godesberg.

Steg, Rudolf

* 24.11.1911 Mühlhausen
† 7. 5.1982 München

ev.

Eltern: Hermann S., Kommunalbeamter, Hauptkassen-Rendant; Emma geb. Rasemann

∞ 20.2.1954 Ruth Hahn geb. Aszling (gebürtige amerik. Staatsangehörige; Vater: Walter A., Kaufmann)

Kinder aus der I. Ehe der Frau: Sieglinde Hahn (11.11.1939), Brigitte Hahn (7.5.1942), Ingrid Hahn (10.10.1943), Karin Hahn (10.10.1943)

Oberrealschule in Mühlhausen – Febr. 1932 Abitur; 1932 bis 1935 Studium in Berlin: Staatswissenschaft – 16.4.1935 Diplom-Volkswirt, 14.12.1937 Dr.rer.pol.; seit April 1935 Wissenschaftlicher Hilfsarbeiter am Institut für angewandte Wirtschaftswissenschaft in Berlin, seit Okt. 1935 Angestellter des German Railroads Information Office und der Works Progress Administration in New York, Aug. 1936 bis Jan. 1937 Studienreise in Ostasien.- 1.5.1937 NSDAP.

22. 6.1938	Einberufung in den Auswärtigen Dienst, AA, Attaché, DA 1.7., Wirtschaftspolitische Abt.
6. 3.1939	Rechtsabt.
2. 5.1939	Büro RAM
12. 3.1941	Legationssekretär
5. 2.1942	Legationsrat
9.1944	Suspendierung

März bis Mai 1946 in amerik. Internierung, seit Okt. 1947 freier Mitarbeiter, seit 1.11.1948 Referent im Deutschen Büro für Friedensfragen in Stuttgart.

18. 7.1950	Einberufung in das Bundeskanzleramt, Dienststelle für auswärtige Angelegenheiten (seit 15.3.1951 AA), Angestellter, Amtsbez. Legationsrat z.Wv., DA 1.7., Abt. IIIB (Länder, seit 15.3.1951 Abt. III/Länder)
19. 1.1952	Abt. II (Politik), Ref. 1/allgemeine Friedensfragen, Besatzungsangelegenheiten (seit 15.12.1953 Abt. 2, Ref. 200), DA 1.2.
21. 1.1952	Legationsrat I.Kl.
9. 3.1954	GK Genf, DA 1.4., bis 17.6.1956
4. 6.1956	G (seit 22.7.1957 B) Bern, Gesandtschaftsrat I.Kl., DA 18.6., bis 2.12.1960
2.11.1960	B Kopenhagen, DA 5.12., bis 10.9.1963

8.12.1960	Botschaftsrat I.Kl.
1. 8.1963	AA, DA 16.9., Abt. I (Politik), Leitung des Ref. A3/Frankreich, BeNeLux-Länder, Italien
22. 5.1968	B Rom, DA 10.7., bis 30.6.1976
24. 6.1968	Gesandter
19. 5.1976	Versetzung in den Ruhestand

Literatur:

Rudolf Steg: Die Arbeitsbeschaffungspolitik im Rahmen der Wirtschaftserneuerung Roosevelts. Würzburg 1938.

Stehr, Konrad

* 5. 7.1892 Königsberg i.Pr.

Vater: Kaufmann

verheiratet

Kind: 1 Sohn

Oberrealschule – Prima-Reife; kaufmännischer Angestellter in Berlin, 1914 bis Jan. 1917 Militärdienst, 7.8.1915 Leutnant d.R.; nach Verwundung Wiederaufnahme der Schulausbildung – Abitur; April 1919 bis Jan. 1928 Gewerkschaftssekretär beim Zentralverband der Angestellten; 1919 bis 1927 zugleich Studium in Halle/Saale: Jura, Staatswissenschaften – 31.3.1927 Dr.rer.pol.; seit Febr. 1928 Leitung der Rechtsabteilung (Sozialrecht) des Allgemeinen freien Angestelltenbundes.

15. 3.1930	G Bern, Dienstvertrag als Referent für Fürsorgeangelegenheiten und sozialpolitische Fragen, DA beim Reichsarbeitsministerium 15.3., DA in Bern 1.5.
21.10.1931	Beendigung des Dienstverhältnisses zum 29.4.1932

Literatur:

Konrad Stehr: Der Zentralverband der Angestellten. Sein Werdegang, seine Gestalt und sein Charakter. Berlin 1926; Gesetz über die Fristen für die Kündigung von Angestellten (Kündigungsschutzgesetz), kommentiert von Richard Schneider und Konrad Stehr. Berlin 1929.

Steifensand, Erich

* 12. 3.1857 Schwuchow/Stolp
† 18. 6.1909 Neapel

ev.-ref.

Eltern: Wilhelm S., Rittergutsbesitzer; Dorothea geb. Seyffert

ledig

Gymnasium in Stolp – 29.9.1876 Abitur; 1876 bis 1879 Studium in Leipzig, Bonn und Berlin: Jura – 17.2.1880 Referendarexamen; seit 23.3.1880 im preuß. Justizdienst – 9.5.1885 Assessorexamen.

8. 3.1886	Einberufung in den Auswärtigen Dienst (konsularische Laufbahn), AA, DA 30.3., Abt. II (Handelspolitik)
1. 7.1886	Abt. III (Recht)
10.12.1886	Abt. IA (Politik), Ref. Kolonialangelegenheiten
17. 1.1887	K Sansibar, Charakter als Vizekonsul, DA 23.2., bis 4.5.1890, dann Urlaub, 6.6. bis 21.7.1887 kommissarische Leitung, 3.11.1888 bis Ende Mai 1889 Urlaub
20. 3.1889	Vizekonsul
23.11.1890	kommissarische Leitung des K Fiume, Übernahme der Geschäfte 28.11., bis 2.7.1891
5. 7.1891	DA AA, kommissarische Beschäftigung, Abt. IV (Kolonien)
26. 3.1892	Konsul in Buenos Aires, Übernahme der Geschäfte 21.5., bis 25.2.1903, dann Urlaub, 15.6.1894 bis 10.2.1895 und 9.4. bis 24.11.1900 Urlaub
11. 6.1899	Generalkonsul (Umwandlung des K in ein GK)
13. 51903	kommissarische Leitung des GK Antwerpen, Übernahme der Geschäfte 1.6., bis 15.7.
28. 7.1903	kommissarische Leitung des GK Kristiania, Übernahme der Geschäfte 22.8., bis 6.10.
28. 2.1904	kommissarische Leitung des GK Konstantinopel, Übernahme der Geschäfte 5.3., bis 8.3.1905
30. 6.1905	kommissarische Leitung des GK Antwerpen, Übernahme der Geschäfte 31.7., bis 14.10.
25.11.1905	Generalkonsul in Barcelona, Übernahme der Geschäfte 9.1.1906, bis 7.1.1909
4. 1.1909	kommissarische Leitung des GK Neapel, Übernahme der Geschäfte 11.1.
2. 2.1909	Generalkonsul

Steimer, Karl

* 20. 6.1891 Konstanz
† 18. 1.1954 Lourenço Marques

kath.

Eltern: Josef S., Obertelegraphenassistent; Katharina geb. Vetter

∞ 4.1.1924 Hilda geb. Bohm (Vater: Friedrich B., Kaufmann)

Oberrealschule in Konstanz – 1911 Abitur; 1911 bis 1914 Studium in Leipzig: Jura, Volkswirtschaft, Geschichte, Völkerkunde; Aug. 1914 bis 1916 Militärdienst, 1915 Leutnant d.R., seit Juli 1916 in brit. Gefangenschaft, 1918 in niederl. Internierung.

1. 7.1918	Kommandierung zur G Den Haag, bis 31.12.1919, Kriegsgefangenenabt., seit 1.2.1919 Hilfsarbeiter in der Handelsabt.

1920 Fortsetzung des Studiums in Leipzig – 22.12.1920 Dr.phil.; 7.1. bis 5.4.1921 Volontariat bei der Handelskammer Konstanz, 8.4. bis 31.7.1921 beim Messeamt in Leipzig.- 1.4.1939 NSDAP.

11. 6.1921	Einberufung in den Auswärtigen Dienst, AA, Attaché, DA 1.8., Abt. I (Personal und Verwaltung), dann Abt. IIb (österr. Sukzessionsstaaten, Balkan), Abt. IVa (Osteuropa), Abt. P (Presse) und Sonderref. Vbd (Völkerbund)
25. 7.1925	Diplomatisch-konsularische Prüfung
10.12.1925	G Wien, DA 11.1.1926, bis 12.6.1933, 29.7. bis 23.10.1930 kommissarische Leitung der G Tirana
18. 6.1926	Amtsbez. Legationssekretär
21. 5.1927	Legationssekretär
20. 3.1933	GK Antwerpen, Amtsbez. Vizekonsul, DA 17.6., bis 29.3.1936
18. 2.1936	Konsul II.Kl.
11. 3.1936	Konsul in Florianopolis, Übernahme der Geschäfte 13.6., bis 16.9.1939
30. 6.1939	Leitung des K Bahia, Übernahme der Geschäfte 21.9., bis 29.1.1942 (Abbruch der diplomatischen Beziehungen), Abreise 7.5.1942
11. 6.1942	DA AA, kommissarische Beschäftigung, Kulturpolitische Abt., Ref. S/Dt. Schulwesen im Ausland

Seit Febr. 1945 Tätigkeit im Lebensmittel- und Kaffeegeschäft seines Schwagers in Konstanz; seit 1948 Vertreter der Arbeitsgemeinschaft Arbeiterwohlfahrt und Sozialhilfe der Europa-Union.

30. 1.1953	Einberufung in den Auswärtigen Dienst, Leitung des K Lourenço Marques (Wiedereinrichtung), Angestellter, Konsul z. Wv., Amtsbez. Konsul, DA AA 17.2., Übernahme der Geschäfte 26.6.
2. 5.1953	Konsul I.Kl.

Literatur:

Karl Steimer: Die Aufwands- und Luxusbesteuerung in den Niederlanden. Leipzig 1920.

Stein, Carl

* 11. 7.1908 Trier
† 5. 4.2003 München

kath.

Eltern: Dr.jur. Karl Heinrich St., Weingutsbesitzer; Anna geb. von Kühlwetter

∞ 19.3.1944 Mechthild geb. Freiin von dem Bussche-Ippenburg gen. von Kessell, Gutssekretärin (Vater: Friedrich Freiherr v.d.B.-I.g.v.K., Direktor der Dt. Landarbeiterzentrale)

Kind: Fabian (11.8.1954)

Gymnasium Aloysianum in Opladen – März 1929 Abitur; 1929 bis 1933 Studium in München, Berlin und Königsberg i.Pr.: Jura, Staatswissenschaften – 28.10.1933 Referendarexamen; 30.1. bis 1.8.1934 im Justizdienst, 1.8.1934 bis 22.2.1936 Sprachstudien in Lausanne, Paris und London.- 1.12.1935 NSDAP.

16. 3.1936	Einberufung in den Auswärtigen Dienst, AA, Attaché, DA 1.4., Abt. IV (Osteuropa, Skandinavien und Ostasien, seit 15.5. Politische Abt., Ref. V)
23. 3.1937	G Belgrad, DA 5.4., bis 19.9.1940, 19.4. bis 16.7.1939 kommissarische Beschäftigung am K Zagreb
12. 5.1939	Diplomatisch-konsularische Prüfung
22. 8.1940	AA, DA 21.9., Politische Abt., Ref. M/Militaria
9. 4.1941	Legationssekretär
4.11.1942	Militärdienst

März 1946 bis April 1947 in brit. Internierung, 1947 bis Herbst 1948 Geschäftsführer einer Finanzierungsgesellschaft, dann Generalvertreter einer Stahlbaufirma.

30.12.1950	Einberufung in den Auswärtigen Dienst, GK (seit 11.7.1951 Diplomatische Vertretung) Paris, Angestellter, Amtsbez. Konsul, DA 20.1.1951, bis 4.10.1952
29. 3.1951	Konsul I.Kl.
24. 9.1952	kommissarische Leitung des GK Zürich, Übernahme der Geschäfte 6.10., bis 22.8.1953, dann Weiterbeschäftigung bis 15.2.1954
24.11.1953	Konsul in Barranquilla (Wiedereinrichtung), DA AA 17.2.1954, DA in Bogotá 22.5., Übernahme der Geschäfte in Barranquilla 26.6., Eröffnung des Konsulats 30.8., bis 1.3.1956, 3.5. bis 22.9.1955 kommissarische Leitung der G Panama
18. 1.1956	AA, DA 6.8., Abt. 4 (Handelspolitik), Ref. 416/Naher und mittlerer Osten, Afrika
26. 8.1958	Botschafter in Accra, Übernahme der Geschäfte 28.10., Übergabe des Beglaubigungsschreibens an den Generalgouverneur 12.11., Übergabe des Beglaubigungsschreibens an Präsident Nkrumah 21.7.1960, bis 6.10.1960, dann Urlaub
16. 3.1961	Versetzung in den einstweiligen Ruhestand
1973	Versetzung in den Ruhestand

Dann Wohnsitz in München.

Stein, Felix Freiherr von

* 7. 2.1869 Groß Kochberg/Rudolstadt

† 31. 3.1938 Rudolstadt

ev.

Eltern: Felix Freiherr v.S., Rittergutsbesitzer; Anna geb. von Holtzendorff

∞ 19.5.1921 Eva gesch. von Lindeiner geb. Freiin von Gersdorf (Vater: Karl Freiherr v.G., Fideikommissherr)

Kinder aus I. Ehe der Frau: Erdmuthe (17.9.1909), Hanns-Gero (11.3.1912)

Domgymnasium in Naumburg/Saale – 13.3.1889 Abitur; 1889 bis 1894 Studium in München, Freiburg i.Br. und Halle/Saale: Jura – 7.5.1894 Referendarexamen; seit 21.6.1894 im preuß. Justizdienst – 23.6.1900 Assessorexamen; 1.10.1894 bis 30.9.1895 Einjährig Freiwilliger, 17.11.1896 Sekonde-Lieutenant d.R., 20.7.1907 Oberleutnant d.R.; 15.2.1910 Hzgl. sachs.-mein. Kammerherr.

11. 3.1901	Einberufung in den Auswärtigen Dienst (konsularische Laufbahn), AA, DA 11.4., Abt. III (Recht)
1. 4.1902	Abt. II (Handelspolitik)
17.11.1902	GK Genua, DA 31.12., bis 26.5.1904

16.12.1902	Charakter als Vizekonsul
26. 6.1904	GK Neapel, DA 22.7., bis 15.4.1905
26. 5.1905	kommissarische Leitung des K Lemberg, Übernahme der Geschäfte 2.6., bis 15.7.
1. 6.1905	kommissarische Leitung des K Kiew, Übernahme der Geschäfte 16.7., bis 15.10.
28. 9.1905	K Mailand, DA 23.10., bis 5.4.1907
6. 4.1907	GK Neapel, DA 7.4., bis 20.12.1909, 4.12.1908 bis 2.1.1909 kommissarische Leitung des K Lemberg
15. 9.1907	Vizekonsul
17. 9.1909	Charakter als Konsul
10. 1.1910	kommissarische Leitung des K Sarajewo, Übernahme der Geschäfte 15.2., bis 14.8.1912
5. 3.1910	Konsul
22. 7.1912	Konsul in Porto Alegre, Übernahme der Geschäfte 15.2.1913, bis 11.4.1917 (Abbruch der diplomatischen Beziehungen)
30. 7.1917	Versetzung in den einstweiligen Ruhestand
13.12.1917	G Stockholm, kommissarische Beschäftigung, DA 22.12., bis 13.2.1918
7. 2.1918	GK Stockholm, kommissarische Beschäftigung, DA 14.2., seit 17.5. Urlaub, dann ohne Verwendung
18. 7.1933	Versetzung in den Ruhestand

Landwirt in Groß Kochberg bei Rudolstadt.

Literatur:

In Kochberg, dem Reiche von Charlotte von Stein. Mit 24 sechsfarbigen Abbildungen nach Steinzeichnungen von Editha Drawert, einer Silhouette und dem Selbstbildnis von Charlotte von Stein. Begleitwort von Felix Freiherr von Stein. Leipzig 1936 (Weberschiffchen-Bücherei, 15).

Stein zu Nord- und Ostheim, Otto Freiherr von

* 23. 9.1886 München
† 10.12.1984 Würzburg

ev.-luth.

Eltern: Hermann Freiherr v.S.z.N.-u.O., bayer. Offizier; Lina geb. von Heckel

∞ 15.3.1957 Maria gesch. Hörry geb. Korinth

340

Gymnasien in Augsburg, Würzburg und München – 13.7.1906 Abitur; 1906 bis 1910 Studium in München und Grenoble: Jura, Staatswissenschaften, Philosophie – 21.7.1910 1. juristisches Examen; seit 10.10.1910 im bayer. Justiz- und Verwaltungsdienst – 15.12.1913 2. juristisches Examen; dann Reisen in Ägypten, Süd- und Südostasien; 1.5.1914 bis 14.1.1918 im bayer. Auswärtigen Dienst – 1918 Titel als Legationssekretär; seit 2.8.1914 freiwilliger Krankenpfleger, 19.6.1915 bis 20.11.1917 Referent für die Zivilverwaltung des besetzten Gebietes von Longwy-Briey und Justitiar der zwangsverwalteten De Wendelschen Werke in Lothringen, 21.11.1917 bis 29.12.1918 Leitung der Polizei- und Spionageabwehrabt. beim Generalquartiermeister West, seit 30.12.1918 Leitung der Finanzabt. der Waffenstillstandskommission; seit 1.9.1919 bei der Reichsrücklieferungskommission (seit 1.10.1923 Reichskommissariat für Reparationslieferungen), 12.11.1924 Regierungsrat, 31.12.1926 Versetzung in den einstweiligen Ruhestand (Auflösung des Reichskommissariats).- 1.3.1935 NSDAP.

1. 3.1927	Einberufung in den Auswärtigen Dienst, GK Amsterdam, DA 9.3., bis 17.9.1929
31. 3.1928	Vizekonsul
24. 4.1928	Amtsbez. Konsul
22. 8.1929	G Bukarest, DA 8.10., bis 22.11.1932
9.10.1929	Amtsbez. Gesandtschaftsrat
2.10.1931	Gesandtschaftsrat II.Kl.
22.10.1932	AA, kommissarische Beschäftigung, DA 24.11., Sonderref. W/ Wirtschaft
26. 5.1934	Gesandtschaftsrat I.Kl.
28. 5.1934	G Prag, DA 30.6., bis 9.10.1936
15. 8.1936	G Wien (seit 23.3.1938 Dienststelle des AA in Wien), Botschaftsrat, DA 9.10., bis 20.1.1939 (Schließung der Dienststelle)
23. 3.1938	Leitung der Dienststelle
29. 4.1939	Vortragender Legationsrat
27. 3.1939	Sonderauftrag, Abwicklung der ehemaligen tschechoslowak. Konsularbehörden in München, Stuttgart, Wien, Innsbruck und Linz, dann Leitung der Kommission für die Abwicklung des ehemaligen tschechoslowak. GK in Wien, bis 3.6.1941
29. 5.1941	Versetzung in den einstweiligen Ruhestand

Nachlass im Politischen Archiv des Auswärtigen Amts.

Steinbach, Rudolph

* 2. 8.1876 Werdau
† 18. 4.1954 Bonn

ev.-luth.

Eltern: Curt Oscar S., Kaufmann; Helene geb. Bäunig

∞ 24.2.1917 Erna geb. Reinke adoptierte Zuntz (Vater: Louis R., Kaufmann)

Grammar School in Alameda/Kalifornien, Privat-Realschule Müller-Gelinek und Kreuzschule in Dresden – 1897 Abitur; 1.10.1897 bis 30.9.1898 Einjährig Freiwilliger, 1902 Leutnant d.R., 1912 Oberleutnant d.R., 1916 Rittmeister d.R.; 1897 bis 1902 Studium in Genf und Leipzig: Jura, Volkswirtschaft – Jan. 1902 1. juristisches Examen, 1902 Dr.jur., 1905 Dr.phil.; seit 1.3.1902 im kgl. sächs. Justiz-, seit 1.4.1905 im Verwaltungsdienst – Okt. 1906 2. juristisches Examen; 15.7.1907 bis 31.5.1912 im kgl. sächs. Ministerium des Innern.

1.10.1912	DA im sächs. Ministerium der Auswärtigen Angelegenheiten, zuletzt Geheimer Legationsrat und Vortragender Rat
4. 8.1914	Militärdienst, bis 2.8.1915
22. 9.1919	Übernahme in den Auswärtigen Dienst, GK Kristiania, kommissarische Beschäftigung, DA 30.10., bis 29.2.1920, zeitweise kommissarische Leitung
19. 2.1920	AA, DA 2.3., Außenhandelsstelle
1. 5.1920	Abt. VI (Amerika, Spanien, Portugal), Ref. Rechtsangelegenheiten Südamerika, Spanien und Portugal nebst Besitzungen
23. 3.1921	Vortragender Legationsrat
2.12.1921	Generalkonsul in Chicago (Wiedereinrichtung), Übernahme der Geschäfte 21.1.1922, bis 5.5.1926
7. 4.1926	kommissarische Leitung der G Bogotá, Amtsbez. Gesandter, Übernahme der Geschäfte 31.5., Gesandter in besonderer Mission bei der Amtseinführung des kolumb. Präsidenten Abadia Mendéz am 7.8.1926
2.12.1926	Gesandter, Übergabe des Beglaubigungsschreibens 17.2.1927, bis 9.3.1927, Abreise 24.3.1927, dann Urlaub
18.11.1927	Leitung der G Caracas, Übernahme der Geschäfte 10.12., Übergabe des Beglaubigungsschreibens 31.12., bis 25.4.1932, 29.3. bis 3.11.1930 Urlaub
17. 1.1928	Gesandter
18.12.1931	Versetzung in den einstweiligen Ruhestand
18. 7.1933	Versetzung in den Ruhestand

Dann Wohnsitz in Oberlößnitz/Radebeul.

Literatur:

Rudolf Steinbach: Die rechtliche Stellung des Deutschen Kaisers verglichen mit der des Präsidenten der Vereinigten Staaten von Amerika. Leipzig 1903; ders.: Die Verwaltungsunkosten der Berliner Großbanken, in: Schmollers Jahrbuch für Gesetzgebung, Verwaltung und Volkswirthschaft im Deutschen Reiche Bd. 29 (1905), S. 481-520 u. 957-995.

Steinbichl, Wolfgang

* 21. 5.1912 Teplitz-Schönau

gebürtiger österr., dann tschechoslowak. Staatsangehöriger

ev.

Eltern: Josef S., Studienrat; Emma geb. Brader

∞ 29.8.1940 Hedi geb. Schmincke, Lektorin im AA

Kind: Andrea (11.2.1943)

Gymnasium in Teplitz-Schönau – 17.6.1930 Abitur; 1930 bis 1934 Studium in Wien und an der Deutschen Universität in Prag: Jura – rechtshistorische und judizielle, 13.12.1934 staatswissenschaftliche Staatsprüfung, 20.12.1934 Dr.jur.; 1.1.1935 bis 15.9.1938 hauptamtlicher politischer Leiter und Schriftleiter bei der Sudetendeutschen Partei; 1.10.1935 bis 23.9.1937 im tschechoslowak. Militärdienst, Unterleutnant.- 1.1.1931 bis 4.10.1933 DNSAP, 5.10.1933 bis 15.3.1938 Sudetendeutsche Partei, 1.11.1938 NSDAP, 2.2.1942 SS (20.4.1942 Untersturmführer).

3.11.1938	Einberufung in den Auswärtigen Dienst, AA, DA 4.11., Wissenschaftlicher Hilfsarbeiter, Nachrichten- und Presseabt., Persönlicher Referent des Abteilungsleiters
8.11.1939	Zulassung zum Auswärtigen Dienst, Attaché
26. 3.1941	Legationssekretär
3. 2.1942	Militärdienst (Waffen-SS), 1.7.1943 Obersturmführer

1945 bis 1947 in amerik. Kriegsgefangenschaft, 1.11.1947 bis 15.2.1948 und 3.4.1948 bis 28.2.1951 Diskussionsleiter im Amerika-Haus Heidelberg, dann Rechtsberater bei der Wirtschaftsdienst und Adressbuch GmbH in Frankfurt/Main, 1953 bis 1957 Chefredakteur des „Wegweisers für Heimatvertriebene" und der illustrierten Beilage „Heimat und Familie", seit 1957 Bundesbeamter, zuletzt Regierungsdirektor.

Literatur:

Wolfgang Steinbichl, Wolfgang Eschmann, Rudolf Stahl (Hrsg.): 10 Jahre Vertreibung. Eine Bilanz der Eingliederung. Frankfurt/Main 1955; dies. (Hrsg.): After ten Years. A European Problem, still no Solution. Frankfurt/Main 1957.

Steinbrinck, Walther

* 29. 9.1882 Dessau
† 2.11.1938 Berlin

ev.

Eltern: Gustav S., Vermessungsinspektor; Marie geb. Fischer

∞ 3.6.1933 Nina geb. Tan-Burakowa (gebürtige russ., später dt. Staatsangehörige, Vater: Gutsbesitzer)

Realgymnasium; 1903 bis 1908 und 1912 bis 1915 Studien: moderne Sprachen, Mathematik; 1908 bis 1911 und 1911/12 wissenschaftliche Hilfstätigkeit für einen Marburger Botaniker, 1911 Tätigkeit an einer Privatschule auf Sylt; 24.3.1915 bis 30.11.1918 Militärdienst, seit 1.10.1917 im Chiffrierdienst im Großen Hauptquartier.

1.12.1918	DA AA, Wissenschaftlicher Hilfsarbeiter, Politische Nachrichtenstelle, seit 1.10.1919 Abt. IB (Personal- und Verwaltung, seit März 1920 Abt. I, seit 15.5.1936 Personal- und Verwaltungsabt.), Chiffrier- und Nachrichtenwesen (seit Dez. 1926 Ref. Z), Sonderdienst (Sprachgruppen), Leitung der franz., belg., rumän., türk., niederl., Schweizer und nordischen Sprachengruppe
1. 5.1924	Anwärter für den höheren Chiffrierdienst
15. 6.1927	Regierungsrat

Steinert, Wilhelm

* 18. 7.1875 Potsdam
† 13. 9.1911

ev.

Eltern: Anton S., Uhrmacher; Auguste geb. Schadow

∞ 24.9.1907 Elma geb. Riess

Viktoria-Gymnasium in Potsdam – Abitur; 1895 bis 1900 Studium in Marburg und Berlin: Jura – 4.1.1909 Dr.jur.; seit Febr. 1904 Wissenschaftlicher Hilfsarbeiter bei der Geschäftsstelle des Preußischen Gesamtkatalogs.

26.12.1906   AA, Hilfsbibliothekar, DA 2.1.1907

Literatur:

Wilhelm Steinert: Der Umfang der Prokura. Berlin 1908.

Steinmann, Georg

* 4.10.1887 Halberstadt

ev.

∞ Ruth geb. Buchholtz

Kinder: Sohn 1, Hans-Georg (26.11.1923), Tochter (16.9.1925)

Studium: Jura – 23.10.1909 Referendarexamen, 22.4.1913 Dr.jur. et rer.pol.; seit 22.11.1909 im preuß. Justizdienst; 1.10.1910 bis 30.9.1911 Einjährig Freiwilliger; 2.8.1914 bis 25.3.1919 Militärdienst; 21.5.1919 Assessorexamen, seit 7.7.1919 Tätigkeit bei der Reichsversicherungsanstalt für Angestellte, 31.7.1920 Regierungsassessor, später beim Reichsarbeitsministerium, zuletzt Ministerialrat.

15.11.1927   DA B Paris, Sozialattaché, bis 15.8.1928

Zuletzt Ministerialdirigent im Bundesministerium für Arbeit.

Literatur:

Georg Steinmann: Praktische Konsequenzen aus den verschiedenen Konkursverwalter-Theorien. Borna, Leipzig 1913; ders.: Das Koalitionsrecht im deutschen Reich. Mönchengladbach 1926; Werner Mansfeld, Wolfgang Pohl, Georg Steinmann, Krause: Die Ordnung der nationalen Arbeit. Kommentar zu dem Gesetz zur Ordnung der nationalen Arbeit und zu dem Gesetz zur Ordnung der Arbeit in öffentlichen Verwaltungen und Betrieben unter Berücksichtigung aller Durchführungsbestimmungen. Berlin 1934; Wilhelm Herschel, Georg Steinmann: Kommentar zum Kündigungsschutzgesetz. Heidelberg 1951; Georg Steinmann, Heinz Goldschmidt: Gewerkschaften und Fragen des kollektiven Arbeitsrechts in Großbritannien, Frankreich, Belgien, den Niederlanden und Italien. Ein Überblick. Stuttgart 1957.

Steinmann, Johannes

* 19. 2.1870 Hannover
† 6. 5.1940 Mahr/Brixen

kath.

Eltern: Heinrich S., Obertelegraphenassistent; Christiane geb. Lohse

ledig

Abitur; Studium in Münster und Rom: Kath. Theologie – kirchliches Examen, Dr.phil. et theol.; Priesterweihe; 1894 bis 1904 Geheimsekretär von Fürstbischof Georg Kardinal Kopp von Breslau, 1903 Rang eines päpstlichen Geheimkämmerers mit dem Titel Monsignore, 1904 Domkapitular, Generalvikariatsrat, Konsistorialrat, 1904 bis 1920 Direktor des Theologenkonvikts des Fürstbistums Breslau, seit 1914 zugleich mit der Verwaltung der Güter des Fürstbistums in Böhmen betraut, seit 1918 zugleich Kurator des Ordens der Elisabeth-Schwestern, seit 1919 zugleich Verhandlungsbevollmächtigter des Fürstbistums in Prag und Rom in der Frage der enteigneten Besitzungen des Fürstbistums in der Tschechoslowakei, 1921 apostolischer Protonotar, 22.6.1921 bis Okt. 1925 Domdekan in Breslau.

	1921	zugleich B Rom (Vatikan), Sonderauftrag in Bezug auf die oberschlesische Frage
23. 9.1921		B Rom (Vatikan), Konsultor, DA 16.11., seit 1.2.1939 Krankenurlaub

Literatur:

Stefan Samerski: Der geistliche Konsultor der deutschen Botschaft beim Heiligen Stuhl während der Weimarer Republik, in: Römische Quartalschrift 86 (1991), S. 261-278.

Steinseifer, Ernst

* 13. 7.1884 Siegen
† 5. 1.1945 Berlin

ev.-ref.

Eltern: Gustav S., Buchbinder, Schreibwarenhändler; Anna geb. Weinberg

∞ 23.8.1916 Hedwig geb. Schmidt (Vater: Johann Gottlieb S., Zimmermeister)

Kinder: Eva (7.6.1917), Gustav (15.9.1919)

Realgymnasium in Siegen – Sekunda-Reife; 1.5. bis 20.10.1902 Tätigkeit bei einem Anwalt, dann bis 12.2.1903 Kopist beim Amtsgericht Siegen, seit 17.2.1903 im mittleren preuß. Justizdienst – 18.1.1906 Gerichtsschreiberprüfung, seit 1.6.1908 Bürohilfsarbeiter im Reichsjustizamt, 1.6.1909 Ständiger Bürohilfsarbeiter.- 1.4.1940 NSDAP.

7. 5.1910	Einberufung in den Auswärtigen Dienst (Bürodienst), AA, DA 14.5., Abt. III (Recht, seit Frühjahr 1920 Abt. VIII/Recht, seit 1.1.1922 Abt. V/Recht, seit 15.5.1936 Rechtsabt.), Völkerrechtsref.
1. 4.1915	Geheimer expedierender Sekretär

1920	Ministerialamtmann
1935	Amtsrat, 18.4. bis 31.5.1935 kommissarische Beschäftigung an der B Paris
1936	kommissarische Leitung der Passstelle Kehl, Übernahme der Geschäfte 2.4., bis 15.6.
1938	Abwicklung der ehemaligen österr. Konsulate in Breslau, Königsberg i.Pr. und Stettin
1939	Abwicklung mehrerer ehemaliger tschechoslowak. Konsulate im Reichsgebiet
14. 2.1944	Regierungsrat

Literatur:

Ernst Steinseifer: Verfahren bei Verträgen, Gesetzentwürfen und Bekanntmachungen. o.O. 1925 (in der Bibliothek des Auswärtigen Amts); ders.: Formularbuch für die Behandlung von Staatsverträgen usw. o.O. 1927 (in der Bibliothek des Auswärtigen Amts).

Stelzer, Gerhard

* 20.11.1896 Deutsch-Krone/Westpreußen
† 26. 7.1965 Grundlsee/Steiermark

kath.

Eltern: Georg S., Rechtsanwalt und Notar; Gertrud geb. Kielbassa

∞ 27.9.1939 Renata geb. Gräfin de la Fontaine und d'Harnoncourt-Unverzagt (Vater: Hubert Graf de la F. und d'H.-U.)

Humanistisches Gymnasium in Deutsch-Krone –
Sommer 1914 Abitur; 1914 bis 1920 Militärdienst, zuletzt Oberleutnant d.R., 1939 Hauptmann d.R.; 1921 bis 1924 Tätigkeit bei Banken, 1922 bis 1925 zugleich Studium in Berlin und Leipzig: Jura – 30.6.1925 Dr.jur.- 1.2.1936 NSDAP.

13. 7.1926	Einberufung in den Auswärtigen Dienst, AA, Attaché, DA 19.7., Sonderref. W (Wirtschaft)
15. 1.1929	Diplomatisch-konsularische Prüfung
31. 1.1929	G Reval, DA 4.2., bis 22.6.
7. 6.1929	GK Leningrad, Amtsbez. Vizekonsul, DA 22.6., bis 14.5.1930
15. 5.1930	DA B Moskau, Amtsbez. Legationssekretär, bis 11.3.1935
29. 7.1931	Legationssekretär

8. 1.1935	AA, kommissarische Beschäftigung, DA 15.3., Abt. VI (Kultur)
8.11.1935	GK Posen, Amtsbez. Vizekonsul, DA 6.12., bis 25.3.1938
29. 6.1937	Konsul II.Kl.
12. 3.1938	G Bukarest, DA 31.3., bis 25.8.1944 (Kriegszustand), 15.3. bis Mitte April 1944 kommissarische Beschäftigung im AA, Politische Abt., Ref. IVb/Südosteuropa
28. 4.1938	Gesandtschaftsrat
19. 6.1941	Gesandtschaftsrat I.Kl.

Sept. 1944 bis 16.1.1956 in sowjet. Kriegsgefangenschaft.

19. 7.1956	Einberufung in den Auswärtigen Dienst, AA, Angestellter, Gesandtschaftsrat I.Kl. z.Wv., DA 1.12., Abt. 1 (Personal und Verwaltung), Ref. 117/Politisches Archiv
21. 3.1958	Legationsrat I.Kl.
16. 2.1959	Abt. 3 (West II), Ref. 307/Afrika südlich der Sahara
27. 8.1959	Vortragender Legationsrat I.Kl.
28. 3.1960	Generalkonsul in Antwerpen, Übernahme der Geschäfte 1.4., bis 30.11.1961
13.11.1961	Versetzung in den Ruhestand

Nachlass im Politischen Archiv des Auswärtigen Amts.

Stempel, Kurt Baron von

* 15. 4.1882 Wittenheim-Sussey/Kurland
† 26. 8.1945 Potsdam

ev.

Eltern: Léonce Baron von S., Rittergutsbesitzer, Privatier; Elvira geb. von Walther

∞ 19.10.1912 Elli geb. Pfeffer (Vater: preuß. Oberregierungsrat)

Kinder: Otto (11.10.1913), Leonore (23.8.1917)

Wilhelmsgymnasium in Königsberg i.Pr.- Abitur; Studium in Genf, München, Leipzig und Königsberg i.Pr.: Jura – Referendarexamen, 1904 Dr.jur.; seit Juni 1904 im preuß. Justizdienst – 1909 Assessorexamen; seit Nov. 1911 im preuß. Verwaltungsdienst, 3.5.1917 Regierungsrat; Okt. 1914 bis 30.9.1915 Delegierter des Johanniterordens bei der freiwilligen Krankenpflege, 1.10.1915 bis 28.5.1916 Tätigkeit bei der Militärverwaltung für Kurland in Mitau.

| 7. 6.1916 | AA, kommissarische Beschäftigung, DA bei der Dt. Nachrichten-Verkehrsgesellschaft 30.5., dann beim Dt. Nationalausschuss für einen ehrenvollen Frieden, dann Abt. IV (Nachrichten) |

10.9.1917 bis 1919 Landrat in Wirsitz, 1919 bis 1928 Landrat in Kolberg, 1928 bis 1933 Hauptgeschäftsführer des Dt. und Preuß. Landkreistags, 1933 bis 1935 Direktor in der Präsidialabt. des Reichsrechnungshofs.

Literatur:

Kurt von Stempel: Wie unterscheiden sich nach dem Bürgerlichen Gesetzbuche Forderungsübertragung und Schuldübernahme hinsichtlich ihres Einflusses auf Forderung, Einwendungen und Nebenrechte? Greifswald 1904; ders.: Regionalreform und Kreisverfassung. Gedanken und Vorschläge des Preußischen Landkreistages zur kommunalen Verwaltungsreform. Berlin 1928; ders.: Die Organisation der Mecklenburg-Schwerinschen Ämter im Vergleich zu den Organisationen und Formen der anderen deutschen Landkreise unter Berücksichtigung der vom Sparkommissar in dieser Beziehung berührten Probleme. Vortrag. Hagenow 1930.

Stemrich, Wilhelm

* 18. 3.1852 Münster
† 19.11.1911 Berlin

ev.-luth.

Eltern: Heinrich S., Rechtsanwalt; Pauline geb. Schmieding

∞ 27.2.1877 Diederike geb. Longerich (Vater: Johann Wilhelm Hubert L., Kaufmann)

Gymnasium in Detmold – 18.3.1871 Abitur; 1871 bis 1874 Studium in Heidelberg, Berlin und Straßburg: Jura – 5.9.1874 Referendarexamen; 1.10.1874 bis 30.9.1875 Einjährig Freiwilliger, 11.1.1877 Sekonde-Lieutenant d.R.; 5.10.1874 bis 13.1.1882 im preuß. Justizdienst – 16.11.1881 Assessorexamen, währenddessen Okt. 1875 bis April 1876 Studienreise nach Italien, dann Rechtsanwalt in Wiesbaden.

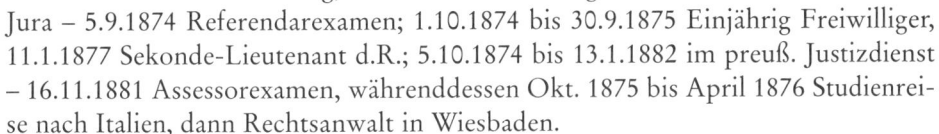

5. 3.1883	Einberufung in den Auswärtigen Dienst (konsularische Laufbahn), AA, Hilfsexpedient, DA 11.4., Abt. II (Handelspolitik und Recht)
24. 4.1885	Charakter als Vizekonsul
24. 4.1885	GK London, DA 26.5., bis 31.5.
30. 3.1886	Vizekonsul für den Hafen von London
21. 5.1887	kommissarische Leitung des GK Antwerpen (Umwandlung des WK in ein GK), Übernahme der Geschäfte 4.6., bis 8.11.1887

26.10.1887	AA, DA 10.11., Abt. IA (Politik), Ref. Kolonialangelegenheiten (seit 1.4.1890 Abt. IV/Kolonien), 1888 zeitweise kommissarische Beschäftigung in Abt. III (Recht)
30.12.1887	Ständiger Hilfsarbeiter, Charakter als Legationsrat
1. 6.1890	Leitung des GK Antwerpen, Übernahme der Geschäfte 24.7., bis 15.4.1891
22. 3.1891	Konsul in Mailand, Übernahme der Geschäfte 22.4., bis 26.6.1895, 1.8. bis 9.12.1891 kommissarische Beschäftigung im AA, Abt. II (Handelspolitik), 7.5. bis 8.6., 6. bis 28.8.1893 und 13.3. bis 17.4.1895 kommissarische Beschäftigung im AA
19. 5.1895	Generalkonsul in Konstantinopel, Übernahme der Geschäfte 3.7., bis 9.6.1906, 1.2. bis 10.10.1904 kommissarische Beschäftigung im AA und bei Vertragsverhandlungen in Rumänien, 2.1. bis 3.3.1905 und 29.10. bis 23.12.1905 erneute kommissarische Beschäftigung im AA
20.12.1902	Charakter als Geheimer Legationsrat
7. 4.1906	Gesandter in Teheran, Übergabe des Beglaubigungsschreibens 14.10., Übernahme der Geschäfte 15.10., bis 22.11.1907
11.11.1907	AA, Unterstaatssekretär, Charakter als Wirklicher Geheimer Legationsrat, DA 7.12.
25.11.1907	Stellvertretender Vorsitzender der Prüfungskommission für das Diplomatische Examen
4.12.1907	Stellvertretender preuß. Bevollmächtigter zum Bundesrat
5. 5.1911	Versetzung in den einstweiligen Ruhestand, Charakter als Wirklicher Geheimer Legationsrat mit dem Prädikat Exzellenz

Stengel, Anton

* 8.11.1908 Berganger/Ebersberg
† 30. 6.1972 München

gottgläubig

Eltern: Anton S., Volksschullehrer; Maria geb. Leipfinger

∞ 6.4.1935 Christine geb. Zeller

Kinder: Anton (10.3.1936), Hans (11.12.1937), Helgi (10.1.1939), Erika (18.1.1940)

Volksschule, Lehrerbildungsanstalt in Freising – 1927 Abitur, seit 15.7.1927 im bayer. Volksschuldienst – 1931 Prüfung für den Volksschuldienst.- 1.8.1931 NSDAP (Kreispropagandaleiter).

| 24. 3.1941 | DA G Preßburg, Dienstvertrag als Wissenschaftlicher Hilfsarbeiter, DA 3.2., Gehilfe des dt. Beraters beim slowak. Propagandaamt |

Stengel, Hermann Freiherr von

* 27. 7.1872 Mülhausen/Elsaß
† 31.10.1954 Gauting/München

kath.

Eltern: Dr.jur. Karl Freiherr v.S., Universitätsprofessor, bayer. Geheimer Rat; Karoline geb. Ott

⚭ 16.5.1906 Lina geb. Gonnermann (Vater: Karl G., Kommerzienrat, Fabrikant)

Lyceum in Straßburg, Elisabeth- und St. Matthiasgymnasium in Breslau und Neues Gymnasium in Würzburg – 1890 Abitur; 1.10.1890 bis 30.9.1891 Einjährig Freiwilliger, dann bis 15.5.1893 Militärdienst: 5.3.1892 Leutnant, 12.6.1901 Oberleutnant d.R., 26.7.1914 Hauptmann d.L., zuletzt Major d.L.; 1890/91 und 1893 bis 1895 Studium in Würzburg: Jura – 19.7.1895 1. juristisches Examen; dann im bayer. Justiz- und Verwaltungsdienst – Dez. 1898 2. juristisches Examen.

1.10.1899	Einberufung in den Auswärtigen Dienst (konsularische Laufbahn), AA, DA 13.10., Abt. III (Recht)
5.10.1900	Abt. II (Handelspolitik), Ref. Auswanderungswesen
9.12.1901	GK Yokohama, DA 13.5.1902, bis 16.4.1904
12. 3.1902	Charakter als Vizekonsul
8.12.1903	GK Shanghai, DA 21.4.1904, bis 4.11.1905, 22.5. bis 19.6.1905 kommissarische Leitung des K Hankau
16. 9.1905	kommissarische Leitung des K Pakhoi, Übernahme der Geschäfte 15.11., bis 12.12., dann Urlaub
26.12.1905	AA, DA 15.2.1906, Abt. II (Handelspolitik)
18. 9.1906	Ständiger Hilfsarbeiter
21.12.1906	Charakter als Legationsrat
19. 2.1911	Konsul in Madrid, Übernahme der Geschäfte 30.9., bis 30.11.1920, 30.9. bis 2.11.1912 kommissarische Beschäftigung im AA, Abt. II (Handelspolitik), 20.2. bis 6.4.1920 kommissarische Leitung des GK Barcelona
2. 9.1920	Versetzung in den einstweiligen Ruhestand
11.1920	kommissarische Leitung des GK Barcelona, Übernahme der Geschäfte 1.12., bis 4.2.1921, dann Urlaub
27. 6.1921	AA, kommissarische Beschäftigung, DA 4.7., Abt. VIII (Recht)

10. 9.1921	Gesandter in La Paz (Wiedereinrichtung), Übernahme der Geschäfte 26.1.1922, Übergabe des Beglaubigungsschreibens 4.2., seit 15.10.1925 Urlaub
25. 2.1926	Versetzung in den einstweiligen Ruhestand
18. 7.1933	Versetzung in den Ruhestand

Stephan, Werner

* 15. 8.1895 Altona/Hamburg
† 4. 7.1984 Wachtberg-Berkum

ev.

Eltern: Carl S., Kaufmann; Marie geb. Christiansen

∞ I. 21.5.1926 Else geb. Kieselhorst, Lehrerin (Vater: Adolf K., Kaufmann), II. 15.2.1951 Marita geb. Voswinckel, Sozialfürsorgerin (Vater: Wilhelm V., Industrieller)

Kinder: Enno (22.3.1927), Uwe Jens (19.1.1930)

Gymnasium Christianeum in Altona – Frühjahr 1913 Abitur; 1913 bis 1914 und 1920 Studien in Tübingen und Hamburg: Volkswirtschaft; Okt. 1914 bis Jan. 1920 Militärdienst, Oberleutnant d.R., Okt. 1918 bis Dez. 1919 in brit. Kriegsgefangenschaft; 1920 Parteisekretär der DDP in Stade, dann in Bremen, seit 1920 zugleich journalistische Tätigkeit bei den „Bremer Nachrichten", seit Okt. 1922 Reichsgeschäftsführer der DDP.- 1919 DDP, 1.5.1938 NSDAP.

1. 5.1929	AA, Dienstvertrag als Redakteur, DA 1.5., Abt. P (Presse)
6. 2.1930	Regierungsrat

Seit 1.4.1933 im Geschäftsbereich des Reichsministeriums für Volksaufklärung und Propaganda (nach Übergang von Teilen der Abt. P/Presse auf das Reichsministerium für Volksaufklärung und Propaganda), Referent, Nov. 1934 Oberregierungsrat, stellvertretender Leiter der Abt. Dt. Presse, 1938 Ministerialrat und persönlicher Referent des Reichspressechefs, Dr. Otto Dietrich; seit Ende Okt. 1939 zugleich Militärdienst, Fachprüfer Presse in der Abt. Wehrmacht-Propaganda des OKW, 1.11.1940 Hauptmann d.R., 9.4.1945 Versetzung in den einstweiligen Ruhestand; seit Mai 1945 Wohnsitz in Hamburg, 9.3. bis 30.7.1946 in amerik. Internierung, journalistische Tätigkeit in Ascheberg und Hamburg, 1951 bis 1953 Geschäftsführer der Stiftung Dankspende des Dt. Volkes, 1953 bis 1955 Pressereferent bei der Dt. Forschungsgemeinschaft, 3.1.1955 bis 1959 Bundesgeschäftsführer der FDP, 1959 bis 1964 Geschäftsführer der Friedrich-Naumann-Stiftung, 1964 bis 1982 Mitglied des Vorstands der Friedrich-Naumann-Stiftung.- Sept. 1953 FDP.

Literatur:

Werner Stephan: Parteiorganisation im Wahlkampf. Berlin [1928]; ders. Joseph Goebbels – Dämon einer Diktatur. Stuttgart 1949; ders.: Absender Deutschland. Der Bericht über die Dankspende des deutschen Volkes (1951). Berlin 1955; Hans Reif, Friedrich Henning, Werner Stephan: Geschichte des deutschen Liberalismus. Köln 1966; Werner Stephan: Aufstieg und Verfall des Linksliberalismus 1918-1933. Geschichte der Deutschen Demokratischen Partei. Göttingen 1973; ders.: 100 Jahre liberale Parteien, in: Wolfram Dorn, Harald Hofmann (Hrsg.): Geschichte des deutschen Liberalismus, 2. Aufl. Bonn 1976, S. 68-193; ders.: Friedrich Naumann. Persönlichkeit und Werk. Bonn 1978; ders.: Acht Jahrzehnte erlebtes Deutschland. Ein Liberaler in vier Epochen. Düsseldorf 1984.

Barthold C. Witte: Liberaler in schwierigen Zeiten – Werner Stephan (1895-1984), in: Jahrbuch zur Liberalismus-Forschung 18 (2006), S. 239-254.

Nachlass im Archiv des Liberalismus in Gummersbach.

Stephany, Heinrich

* 2. 9.1889 Essen

kath.

Eltern: Heinrich S., Rentier; Auguste

ledig

Gymnasium in Essen – Ostern 1909 Abitur; 1909 bis 1912 Studium in München, Königsberg i.Pr. und Grenoble: Volkswirtschaft, Betriebswirtschaft, Staatsrecht und Geographie – 27.11.1912 Dr.phil.; 1910/11 Einjährig Freiwilliger; 1912/13 Volontariat bei der Permutit AG in Berlin, dann volkswirtschaftlicher Berater des Generaldirektors der Bayer-Werke Carl Duisberg, seit Aug. 1914 freiwilliger Sanitätsdienst, 1916 bis März 1919 Militärdienst.

2. 8.1919		Einberufung in den Auswärtigen Dienst, AA, Attaché, DA 1.10., Außenhandelsstelle
1. 4.1920		DA Abt. I (Personal und Verwaltung)
19.10.1920		G Prag, Amtsbez. Legationssekretär, DA 8.11., bis 30.4.1922, 13.10.1921 bis Mitte Jan. 1922 Bevollmächtigter der Gesandtschaft in Troppau
31.10.1921		Konsularische Prüfung
10. 4.1922		GK Kattowitz, Amtsbez. Vizekonsul, 1. bis 21.6. informatorische Tätigkeit im AA, Abt. IVa (Osteuropa), DA in Kattowitz 22.6., bis 17.2.1923
10. 2.1923		AA, DA 19.2., Abt. II (West-, Süd- und Südosteuropa)
3.11.1923		Entlassung aus dem Reichsdienst zum 30.11.

Literatur:

Heinrich Stephany: Der Einfluß des Berufes und der Sozialstellung auf die Bevölkerungsbewegung der Großstädte, nachgewiesen an Königsberg/Pr. Königsberg i.Pr. 1912.

Stephany, Werner

* 3.12.1882 Bruchsal
† 16. 2.1957 Karlsruhe

ev.

Eltern: Alfred S., Offizier; Ida geb. Reusch

∞ 30.9.1939 Elisabeth (Lisa) geb. Weise

Gymnasium in Wiesbaden – Ostern 1901 Abitur; 1901 bis 1905 Studium in Genf und Bonn: Jura – 5.12.1905 Referendarexamen, Juli 1906 Dr.jur.; seit 2.1.1906 im preuß. Justizdienst – 15.2.1913 Assessorexamen; 1.10.1906 bis 30.9.1907 Einjährig Freiwilliger, Leutnant d.R.; 1913 Weltreise.- DVP, 1.4.1936 NSDAP.

4. 1.1914	Einberufung in den Auswärtigen Dienst (konsularische Laufbahn), AA, DA 16.2., Abt. II (Handelspolitik)
2. 8.1914	Militärdienst (zuletzt Rittmeister d.R.)
17. 2.1918	Charakter als Vizekonsul
19. 2.1918	K Belgrad, DA 1.3., bis 13.4.1918
9. 4.1918	K Sofia, DA 15.4., bis 11.10., 29.6. bis 9.8. kommissarische Leitung
20.12.1918	AA, DA 2.1.1919, Abt. III (Recht)
19. 6.1919	Außenhandelsstelle, Leitung des Ref. L.8a/Deutsch-Österreich, Tschechoslowakei
21. 7.1920	GK (seit 7.9. G) Budapest, DA 28.7., bis 2.2.1921
9. 8.1920	Legationssekretär
8. 1.1921	G Sofia, DA 9.2., bis 3.2.1923
16. 1.1923	AA, DA 12.2., Abt. II (West- und Südosteuropa), kommissarische Leitung des Ref. F/Abrüstung
28. 8.1923	Leitung des K Kiew (Wiedereinrichtung), Amtsbez. Konsul, Übernahme der Geschäfte 3.11., bis 20.2.1928
11. 4.1925	Konsul
8. 3.1928	Versetzung in den einstweiligen Ruhestand
13. 3.1928	B Konstantinopel, kommissarische Beschäftigung, Konsul z.D., DA 25.3., zeitweise in Ankara, bis 17.6.1930

31. 3.1928	Amtsbez. Gesandtschaftsrat
26. 6.1930	DA AA, kommissarische Beschäftigung, Abt. P (Presse), seit 22.12. Urlaub, seit 1.1.1931 ohne Verwendung
14.10.1932	Leitung des K Lourenço Marques, Übernahme der Geschäfte 10.12., bis 24.10.1937, 23.7. bis 30.12.1933 Urlaub, 14.6. bis 8.9.1934 kommissarische Leitung der konsularischen Zweigstelle des GK Pretoria in Johannesburg
3.12.1932	Konsul II.Kl.
21. 1.1935	Konsul I.Kl.
31.10.1937	Konsul in Alexandrien, Übernahme der Geschäfte 1.11., bis 17.3.1939
29.12.1938	AA, DA 25.4.1939, Personal- und Verwaltungsabt., Leitung des Kurierref.
28. 7.1942	Amtsbez. Generalkonsul
15. 8.1942	Leitung des K Odessa (Wiedereinrichtung als Zweigstelle der G Bukarest), Übernahme der Geschäfte 20.10., bis 17.3.1944 (Schließung des K)
19. 3.1944	DA G Bukarest, kommissarische Beschäftigung, Leitung der Konsularabt., bis 11.5.
19. 4.1944	Vertreter des AA bei der Heeresgruppe Nordukraine (seit 23.9.1944 Heeresgruppe A), Übernahme der Geschäfte 8.6.

Literatur:

Werner Stephany: Die Unterhaltungspflicht des außerehelichen Vaters. Heidelberg 1908.

Steuer, Christine

* 19. 7.1913 Ratibor

ledig

1941 Dr.phil.; 1.4.1941 bis 30.6.1942 bei der Dt. Informationsstelle I.

1. 7.1942	DA AA, Wissenschaftliche Hilfsarbeiterin, Personal- und Haushaltsabt., Ref. Politisches Archiv
1. 3.1943	Kulturabt., Ref. U/Hochschulwesen

Seit 1.7.1943 beim Dt. Wissenschaftlichen Institut in Bukarest, 14.9.1943 bis 16.3.1944 beim Dt. Wissenschaftlichen Institut in Odessa, 17.3. bis 12.4.1944 erneut beim Dt. Wissenschaftlichen Institut in Bukarest, seit 14.6.1944 beim Dt. Wissenschaftlichen Institut in Zagreb.

Sthamer, Friedrich

* 24.11.1856 Groß Weeden/Lauenburg
† 29. 6.1931 Hamburg

ev.-luth.

Eltern: Friedrich S., Kaufmann, preuß. Generalkonsul in Havanna, Gutsbesitzer; Henriette geb. Jeß

⚭ 7.8.1884 Elizabeth geb. Pollitz (gebürtige amerik. Staatsangehörige; Vater: Otto Wilhelm P., Kaufmann)

Kinder: Friedrich (23.6.1885), Mary (6.4.1887), Robert (25.11.1890), Margaret (27.7.1892), Otto (2.11.1893)

Kieler Gelehrtenschule – Abitur; 1874 bis 1879 Studium in Heidelberg, Leipzig und Göttingen: Jura – 14.2.1879 Dr.jur.; 1876/77 Einjährig Freiwilliger, 1879 Sekonde-Lieutenant d.R., 1890 Premier-Lieutenant d.R.; seit 1.10.1879 Rechtsanwalt in Hamburg, seit 1900 Mitglied des Präsidiums der hamburg. Oberschulbehörde, 13.7.1904 bis 15.9.1920 hamburg. Senator, seit 1907 Präses der Kommission des Zollwesens, 1.10.1907 zugleich stellvertretender hamburg. Bevollmächtigter zum Bundesrat und zweites Mitglied der Kommission für Reichs- und Auswärtige Angelegenheiten, seit 1912 Präses der Kommission für Reichs- und Auswärtige Angelegenheiten, zugleich der Deputation für Handel, Schifffahrt und Gewerbe, 10.10.1912 bis Febr. 1919 Bevollmächtigter zum Bundesrat; 1915/16 Präsident der dt. Zivilverwaltung in Antwerpen, 1916/17 Präsident der Kommission für Übergangswirtschaft, Berlin; 22.12.1919 bis 3.2.1920 Erster Bürgermeister der Freien und Hansestadt Hamburg.- 1901 bis 1904 Mitglied der hamburg. Bürgerschaft (parteilos).

19. 1.1920	Einberufung in den Auswärtigen Dienst, Geschäftsträger in London, Charakter als Außerordentlicher Gesandter und Bevollmächtigter Minister, Übernahme der Geschäfte 13.2., bis 2.10.1930
27. 8.1920	Botschafter, Übergabe des Beglaubigungsschreibens 14.10.
2. 6.1930	Versetzung in den Ruhestand

Literatur:

Heinz Günther Sasse: 100 Jahre Botschaft in London. Bonn 1963, S. 47-55; Max Schramm: Der Kapp-Putsch in Hamburg (März 1920) nach einem Bericht des Senators Dr. Max Schramm an den Botschafter Dr. Friedrich Sthamer und dem Tagebuch seines Sohnes, des damaligen cand. phil. Percy Ernst Schramm, in: Zeitschrift des Vereins für Hamburgische Geschichte 49/50 (1964), S.191-210; Kurt Doß: Das deutsche Auswärtige Amt im Übergang vom Kaiserreich zur Weimarer Republik. Düsseldorf 1977, S. 279-86.

Familiennachlass im Staatsarchiv Hamburg.

Sthamer, Gustav

* 9. 6.1894 Hamburg
† 15.12.1968 Hamburg

ev.

Eltern: Dr.jur. Walter S., Polizeirat, Amtspräsident; Gertrud geb. Sengstack

∞ 15.8.1921 Ilsegard geb. Nawatzki (Vater: Victor N., Generaldirektor der Werft Bremer Vulkan)

Kind: Rüdiger (6.6.1922)

Gymnasium – März 1913 Abitur; 1.4.1913 bis 15.12.1918 im Marinedienst: zuletzt Oberleutnant z.S.; 1919 Bankvolontär, dann Bankbeamter, später Geschäftsführer des Ausfuhrverbandes der dt. Salinen.

10. 9.1924	AA, Dienstvertrag, DA 15.9., Presseabt., Lektor, dann im Büro des Pressechefs der Reichsregierung
22.12.1925	Einberufung in den Auswärtigen Dienst, AA, Attaché, DA 4.1.1926, Abt. III (Britisches Reich, Amerika, Orient)
21. 1.1928	Diplomatisch-konsularische Prüfung
15. 2.1928	G Brüssel, DA 5.3., bis 21.3.1930
7.11.1928	Amtsbez. Legationssekretär
10. 3.1930	GK Antwerpen, DA 21.3., bis 10.4.1933
15. 3.1930	Vizekonsul
19. 9.1931	1. Vizekonsul
20. 3.1933	G Belgrad, Legationssekretär, DA 26.4., bis 21.6.1938
10. 6.1938	G Riga, 1. Legationssekretär, DA 1.7., bis 3.7.1940
19. 5.1939	Gesandtschaftsrat
31. 5.1940	AA, DA 4.7., Informationsabt., Leitung des Ref. VI/Naher und Mittlerer Osten, Rußland
25. 6.1940	Legationsrat
14. 2.1941	Militärdienst, 1.3.1942 Kapitänleutnant z.V.
27.12.1944	Versetzung in den einstweiligen Ruhestand

Mai 1945 bis April 1947 in alliierter Gefangenschaft, dann Privatlehrer und kaufmännische Tätigkeit in der Firma seines Bruders in Hamburg.

18. 5.1951	Einberufung in den Auswärtigen Dienst, Angestellter, GK Basel, Amtsbez. Konsul, DA AA 1.6., DA in Basel 20.6., bis 17.11.1953
14. 1.1952	Konsul I.Kl.
7.11.1953	GK Genf, kommissarische Beschäftigung, DA 20.11., bis 3.4.1954

21. 5.1954	Konsul in Atlanta, Ankunft 18.6., dann Krankenurlaub
6. 8.1954	AA, Legationsrat I.Kl., DA 23.8., Abt. 4 (Handelspolitik), Ref. 415/Südamerika
14. 7.1959	Versetzung in den Ruhestand zum 30.6.

Stichel, Bernhard

* 1. 9.1891 Buenos Aires
† 1948

zugleich argentinischer Staatsangehöriger

ev.

Eltern: Johannes St., Kaufmann

ledig

Oberrealschule auf der Uhlenhorst in Hamburg – 1910 Abitur; 1910 bis 1914 Studium in Berlin, Genf und Münster: Staatswissenschaften – 7.6.1916 Dr.jur.; Aug. bis Okt. 1914 Militärdienst; dann Tätigkeit in der väterlichen Firma, dann Volontär in der Handels-Redaktion des „Hamburgischen Correspondenten", 1916 bis 31.8.1919 Wissenschaftlicher Hilfsarbeiter im Wirtschaftsdienst der Zentralstelle des Hamburgischen Kolonialinstituts.

19. 8.1919	G Buenos Aires, Sachverständiger in Auswanderungsangelegenheiten, DA Anfang Nov., bis 1.3.1924
11. 9.1919	Dienstvertrag
26.11.1923	Beendigung des Dienstverhältnisses

Tätigkeit als Herausgeber der „Argentinischen Rundschau".

1. 7.1924	DA G Buenos Aires, Sachverständiger in Auswanderungsangelegenheiten, bis 1.10.

Dann leitende Tätigkeit für das dt.-argent. Kolonisationsunternehmen Compañia Eldorado, 13.4.1933 bis 15.4.1936 Direktor des Hamburgischen Welt-Wirtschafts-Archivs, dann Tätigkeit beim Hamburgischen Statistischen Landesamt.

Literatur:

Bernhard Stichel: Argentinien als Absatzgebiet der Eisenbahnbedarfsindustrie. Hamburg 1916; ders.: Die Zukunft in Marokko. Berlin 1917; ders.: Argentinien. Hamburg 1919 (= Auslandswegweiser 1).

Stieda, Ludwig

* 18. 5.1893 Riga

gebürtiger russ., seit 1923 dt. Staatsangehöriger

ev.-luth.

Eltern: Alexander S., Verlagsbuchhändler; Emmeline geb. Lange

ledig

Humanistisches russ. Privatgymnasium – 1913 Abitur; 1913 bis 1916 Buchhändlerlehre in Leipzig und Erfurt, dann Verlagsbuchhändler in Hannover, Berlin, Dessau, Aschaffenburg, Freiburg i.Br., Donauwörth, Stuttgart und Riga; 1.1. bis 1.4.1937 Tätigkeit bei der Reichsstelle für Sippenforschung, seit 1.6.1937 beim Amt für Sippenforschung der NSDAP.

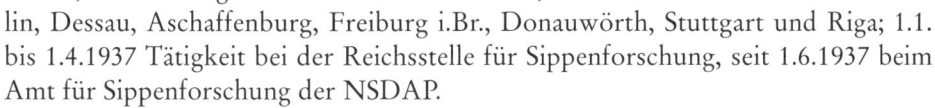

11. 6.1940	AA, Dienstvertrag als Wissenschaftlicher Hilfsarbeiter, DA 8.5., Personal- und Verwaltungsabt., Archivkommission
30. 4.1942	Beendigung des Dienstverhältnisses

Stieve, Friedrich (Fritz)

* 14.10.1884 München
† 3. 1.1966 München

ev.

Eltern: Prof. Dr. Felix S., Historiker, Professor an der Technischen Hochschule München; Agnes geb. Schäffer

∞ I. 19.3.1908 Ingrid geb. Larsson (gebürtige schwed. Staatsangehörige; Vater: Axel L., Kolonialwaren-Großhändler, Politiker); II. 25.6.1941 Käte geb. Boddien

Kinder aus I. Ehe: Ragnhild (19.11.1910), Birgitta (2.3.1915)

Wilhelmsgymnasium in München – 14.7.1904 Abitur; 1904 bis 1908 Studium in München, Leipzig und Heidelberg: Geschichte, Volkswirtschaft, Literaturgeschichte – April 1909 Dr.phil.; dann Privatgelehrter und Schriftsteller.

1.1916	G Stockholm, Dienstvertrag, Pressebeirat, bis 30.3.1921
18.10.1920	Legationsrat
31.12.1920	AA, DA 1.4.1921, Abt. II (Westeuropa), Ref. Presse
1. 5.1921	Leitung des Schuldref. (seit Juni 1921 in Abt. V/Großbritannien und britisches Reich, seit 1.1.1922 in Abt. III/Britisches Reich, Amerika, Orient)
24. 9.1923	Vortragender Legationsrat
31. 3.1928	Gesandter in Riga, Übernahme der Geschäfte 1.7., Übergabe des Beglaubigungsschreibens 3.7., bis 29.11.1932
23.11.1932	AA, DA 1.12., Leitung der Abt. VI (Kultur), 1.4.1933 bis März 1937 zugleich Abt. I (Personal und Verwaltung), Leitung des Politischen Archivs
9.12.1932	Vortragender Legationsrat
26. 6.1936	Gesandter I.Kl. z.b.V.
26. 9.1938	Ministerialdirektor
7. 6.1939	Versetzung in den einstweiligen Ruhestand, jedoch seit 4.11. Weiterbeschäftigung, Sonderauftrag
3.11.1942	Leitung der Archivkommission des AA

Literatur:

Friedrich Stieve: Gedichte. Leipzig 1908; ders.: Ezzelino von Romano. Eine Biographie. Leipzig 1909; ders.: Ein Königswerden. Dramatisches Gedicht in fünf Akten. Leipzig 1909; ders.: Von erster Liebe. Novellen. Leipzig 1910; Friedrich Stieve (Hrsg.): Neue nordische Novellen. Stuttgart 1914; ders.: Schwedische Stimmen zum Weltkrieg. Leipzig, Berlin 1916; ders.: Deutschland vor den Toren der Welt. München 1915; ders. (Hrsg.): Die deutsche Kaiseridee im Laufe der Jahrhunderte. Eine Auswahl wichtiger Äußerungen und Zeugnisse. München 1915; ders.: Warum und wofür wir Krieg führen. Für die deutsche Jugend. München 1915; ders. (Hrsg.): Die Italiener. Wie sie über ihre neuen Freunde, über die Deutschen und sich selber urteilen. München 1915; ders. (Hrsg.): Unsere Feinde, wie sie die Deutschen hassen. München 1915; Gustav Cassel: Deutschlands wirtschaftliche Widerstandskraft, übersetzt von Friedrich Stieve. Berlin 1916; Rudolf Kjellén: Die politischen Probleme des Weltkrieges, übersetzt von Friedrich Stieve. Leipzig, Berlin 1916; Fredrik Böök: Deutschland und Polen, übersetzt von Friedrich Stieve. München 1917; Friedrich Stieve: Gedanken über Deutschland. Jena 1922; Helmer Key: Amerikareise, übersetzt von Friedrich Stieve. München 1922; Friedrich Stieve: Wie Frankreich und Russland zum Weltkrieg kamen. München [1926]; ders.: Iswolski und der Weltkrieg. Auf Grund der neuen Dokumentenveröffentlichung des Deutschen Auswärtigen Amtes. Berlin 1924; ders. (Hrsg.): Der diplomatische Schriftwechsel Iswolskis aus den Jahren 1914-1917. Neue Dokumente aus den Geheimakten der russischen Staatsarchive, im Auftrag des Deutschen Auswärtigen Amtes. Berlin 1924; ders. (Hrsg.): Im Dunkel der europäischen Geheimdiplomatie. Iswolskis Kriegspolitik in Paris 1911-1917. Volksausgabe der im Auftrag des Deutschen Auswärtigen Amtes veröffentlichten Iswolski-Dokumente. Berlin 1926; ders. (Hrsg.): Das russische Orangebuch über den Kriegsausbruch mit der Türkei. Seine Fälschungen über das Garantieangebot der Ententemächte an die Ottomanische Regierung. Berlin 1926; ders., Max Graf von Montgelas: Russland und der Weltkonflikt. Berlin 1927; Friedrich Stieve: Deutschland und Europa 1890 bis 1914. Ein Handbuch zur Vorgeschichte des Weltkriegs mit den wichtigsten Dokumenten. Berlin 1927; ders.: Die Tragödie der Bundesgenossen. Deutschland und Österreich-Ungarn 1908 bis 1914. München 1930; ders.: Geschichte des deutschen Volkes. München 1934; ders.: Abriss der deutschen Geschichte von 1792 bis 1933. Leipzig 1936; ders.: Die Schuld am Weltkriege. Langensalza 1936; ders.: Vom Volksstamm zum Volksstaat. Ein Überblick über den politischen Werdegang der Deutschen. Frankfurt/Main. 1937; ders.: Neues Deutschland. Ein Bildbuch für die auslandsdeutsche Jugend. München 1939; ders.: Was die Welt nicht wollte. Hitlers Friedensangebote 1933-1939. München 1940 (parallele Ausgaben in allen europ. Sprachen); ders.: Die außenpolitische Lage Deutschlands von Bismarck bis Hitler. Langensalza 1940; ders. (Hrsg.): Politische Gespräche. Hamburg 1940; ders.: Über die Zukunft Europas. Berlin 1941; ders.: Wendepunkte europäischer Geschichte vom Dreißigjährigen Krieg bis zur Gegenwart. Leipzig 1941; ders.: Deutschlands europäische Sendung im Laufe der Jahrhunderte. Münster 1942; ders.: Deutsche Tat für Europa. Von Armin bis Hitler. Potsdam 1943; ders.: Elfhundert Jahre Verdun. Deutschland und Europa im Laufe der Geschichte. Berlin 1943; ders.: Von den Ursachen des zweiten Weltkrieges – neue Aufschlüsse aus europäischen Geheimarchiven, in: Das Reich, 1944; ders.: Diplomatie im Sprachgebrauch. München 1954.

Stille, Hans

* 11. 1.1908 Berlin
† 13. 8.1983

ev.-luth.

Eltern: Dr.phil. Hans Stille, Geologe, Universitätsprofessor; Hanna geb. Touraine

⚭ 4.6.1938 Gisela geb. Bürger

Kinder: Michael (24.7.1939), Hans (23.2.1942)

Gymnasium – Ostern 1926 Abitur; 1926 bis 1929 Studium in Göttingen und Stanford/USA: Jura – 1.6.1929 Referendarexamen, 4.1.1932 Dr.jur.; seit 13.6.1929 im preuß. Justizdienst – 30.11.1933 Assessorexamen; 4.3. bis 14.8.1934 Tätigkeit beim Reichsstand der Deutschen Industrie.- 1.5.1933 NSDAP.

26. 6.1934	Einberufung in den Auswärtigen Dienst, AA, Attaché, DA 15.8., Abt. V (Recht)
14. 3.1935	G Belgrad, DA 25.3., 27.3.1936
28. 1.1936	AA, DA 20.4.
24. 6.1936	Diplomatisch-konsularische Prüfung
12.10.1936	GK Barcelona, DA 22.10., bis 18.11.1936 (Abreise des Personals)
25.11.1936	Diplomatische Vertretung (dann B) in Spanien (Dienstsitz Salamanca, seit 4.5.1938 in San Sebastián, seit 12.9.1939 in Madrid), DA 28.11., bis 3.5.1944, 25.11.1938 bis 7.1.1939 kommissarische Beschäftigung im AA, Abt. Protokoll
29. 6.1937	Legationssekretär
19. 5.1941	Gesandtschaftsrat

| 10. 3.1944 | AA, DA 5.5., Politische Abt., kommissarische Leitung des Ref. III/Spanien, Spanisch-Marokko, Portugal |

Seit 14.5.1944 Militärdienst, beim Sonderstab Felmy, seit 6.1.1945 Waffen-SS; später im Vorstand der Dt. Südamerika-Bank.

Literatur:

Hans E. Stille: Die Rechtsstellung der de-facto-Regierung in der englischen und amerikanischen Rechtsprechung. Berlin 1932.

Stille, Wilhelm

* 3. 1.1905 Wilmersdorf/Berlin

ev.

Eltern: Dr.phil. Hans S., Geologe, Universitätsprofessor; Hanna geb. Touraine

∞ I. 20.5.1939 Hildegard geb. Meissner (Vater: Dr. Otto M., Diplomat, Leiter der Präsidialkanzlei, Staatsminister); II. 30.4.1948

Kinder: Verena (23.10.1941), ein weiteres Kind

Gymnasium – 7.9.1923 Abitur; 1923 bis 1928 Studium: Naturwissenschaften, Jura – 18.2.1928 Referendarexamen, 1928 Dr.jur., seit 1.4.1928 im preuß. Justizdienst – 6.5.1932 Assessorexamen; Jan. 1933 bis 1.2.1934 Kreditreferent beim Kommissar für die Osthilfe, 1.3. bis 1.4.1934 Tätigkeit beim Reichs- und Preuß. Arbeitsministerium, seit 9.4.1934 beim Treuhänder der Arbeit für das Wirtschaftsgebiet Brandenburg, 1.1.1936 Regierungsassessor, 26.6.1936 Regierungsrat.- 1.5.1933 NSDAP, 1.11.1933 SS, zuletzt Obersturmführer.

10. 2.1938	Einberufung in den Auswärtigen Dienst, AA, Legationssekretär, DA 1.3., Wirtschaftspolitische Abt., Ref. III/Südosteuropa, Italien, Naher Orient
9. 1.1939	B Brüssel, DA 15.2., bis 11.12.1939
12.12.1940	DA GK Antwerpen, kommissarische Beschäftigung, bis 10.5.1940 (Kriegszustand)
2. 6.1940	DA Abwicklungsstelle der B Brüssel, bis 12.6.
10. 6.1940	G Belgrad, DA 28.6., bis 3.4.1941
12.12.1940	Gesandtschaftsrat
9. 4.1941	DA AA, kommissarische Beschäftigung, Abt. Protokoll

4. 6.1941	DA beim Bevollmächtigten des AA beim Militärbefehlshaber in Serbien, Belgrad, bis 31.1.1942
12.12.1941	GK Istanbul, DA 4.2.1942, bis 2.8.1944 (Abbruch der diplomatischen Beziehungen), 1.9.1944 bis 21.4.1945 in türk. Internierung
31.12.1941	Konsul

Später Rechtsanwalt und Notar in Frankfurt/Main und stellvertretender Vorsitzender des Dt. Kinderschutzbundes.

Literatur:

Wilhelm Stille: Einzelrechte und gemeinsame Rechte der Gemeinschafter bei der Gemeinschaft nach Bruchteilen im Bürgerlichen Gesetzbuch. Göttingen 1928.

Stiller, Bruno

* 7. 7.1885 Düsseldorf
† 13. 5.1959 Südafrika

ev., konfessionslos

Eltern: Prof. Hermann S., Architekt, Direktor der Kunstgewerbeschule Düsseldorf; Hermine geb. Bumiller

∞ 13.5.1921 Lilli geb. Lorenz, Stenotypistin im preuß. Kriegsministerium, dann bei der B Rom (Vater: Paul L., Fabrikant)

Kinder: Klaus (30.3.1922), Rolf (10.8.1924)

Ev. Pädagogium in Godesberg und Gymnasium in Düsseldorf – 1904 Abitur; 1904 bis 1906 Studien an der TH Charlottenburg: Architektur, 1906 bis 1910 Studien an der Kunstakademie in Karlsruhe: Zeichnung, Bildhauerei; 1.10.1910 bis 30.9.1911 Einjährig Freiwilliger; Aug. 1914 bis 1.5.1919 Militärdienst, 10.10.1914 Leutnant d.R.

22. 5.1919	Einberufung in den Auswärtigen Dienst (diplomatische Laufbahn), AA, Attaché, DA 16.6., Außenhandelsstelle
10. 2.1920	Dt. Kommission zur Wiederanknüpfung wirtschaftlicher Beziehungen mit Italien, Rom (seit 29.4.1920 Diplomatische Vertretung, seit 5.11. B), Amtsbez. Legationssekretär, DA 4.3., bis 30.4.1921
22. 3.1921	Beendigung des Dienstverhältnisses

4.5.1921 bis 27.7.1934 Wahlkonsul in Florenz.- 1.5.1933 NSDAP, Landesgruppenleiter der AO in Südafrika.

1. 6.1934		Diplomatisch-konsularische Prüfung
23. 6.1934		Konsul in Kapstadt, DA 13.10., Übernahme der Geschäfte 29.10., bis 15.4.1937
10. 3.1937		Gesandtschaftsrat I.Kl.
22. 3.1937		G Pretoria, DA 16.4., bis 6.9.1939 (Kriegszustand), Abreise 14.9., 30.7.1938 bis 2.4.1939 Urlaub, währenddessen 2.11. bis 26.12.1938 kommissarische Beschäftigung im AA, Politische Abt., Ref. X/Afrika
6.11.1939		DA AA, kommissarische Beschäftigung
8. 1.1940		B Rom (Quirinal), DA 22.1., bis 16.1.1943

Dann Militärdienst, 1.4.1943 Oberleutnant (Marineartillerie) d.R.z.V., 1.2.1944 Kapitänleutnant d.R.z.V.; später Wohnsitz in Paarl/Südafrika.

Stitz, Géza

* 8. 1.1903 Zalotna/Ungarn

Eltern: Paul S.; Luise geb. Follberth

ledig

Dr.

1. 6.1940	DA AA, Wissenschaftlicher Hilfsarbeiter, Personal- und Verwaltungsabt., Ref. L/Sprachendienst

Literatur:

Gert van Stetten, Géza Stitz: Zwei Herzen auf Reisen. Ein heiteres Spiel in 13 Bildern. Berlin 1940.

Stobbe, Georg

* 27. 6.1872 Leipzig
† 6. 5.1937

ev.-ref.

Eltern: Dr.jur. Otto S., Universitätsprofessor, Rechtshistoriker; Margarethe geb. Eberty

∞ 15.7.1911 Ilse geb. Kellermann (Vater: Heinrich K., Rittergutsbesitzer)

Kind: Peter (23.7.1912)

Nikolai-Gymnasium in Leipzig – Ostern 1891 Abitur; 1891 bis 1894 Studium in Freiburg i.Br., Berlin und Leipzig: Jura – 22.1.1895 1. juristisches Examen, 17.11.1895 Dr.jur.; seit 19.2.1895 im kgl. sächs. Justizdienst – 18.5.1900 2. juristisches Examen; 1.10.1895 bis 30.9.1896 Einjährig Freiwilliger, 24.11.1897 Sekonde-Lieutenant d.R., 18.10.1908 Oberleutnant d.R., zuletzt Hauptmann d.R.

13.10.1902	Einberufung in den Auswärtigen Dienst (konsularische Laufbahn), AA, DA 3.11., Abt. III (Recht)
21.10.1903	Abt. II (Handelspolitik)
27. 2.1904	Abt. III (Recht)
20. 5.1904	GK St. Petersburg, DA 6.6., bis Mitte Jan. 1908, 6.11.1906 bis 3.4.1907 kommissarische Leitung des K Kowno, 13.6. bis 14.8.1907 kommissarische Leitung des GK St. Petersburg
11. 6.1904	Charakter als Vizekonsul
31.12.1907	GK Odessa, DA 21.1.1908, bis 19.5.1910, 15.5. bis 3.7.1908 und 7.8. bis 20.9.1909 kommissarische Leitung
15. 4.1910	K Moskau, DA 26.5., bis Anfang Juni 1911, 4.7. bis 3.9.1910 kommissarische Leitung
20. 5.1911	Konsul in Wladiwostok (Umwandlung des WK in ein BK), Übernahme der Geschäfte 10.10., bis 1.8.1914 (Kriegszustand)
5.10.1914	DA GK New York, kommissarische Beschäftigung, bis 6.2.1915
12.11.1914	Versetzung in den einstweiligen Ruhestand jedoch Weiterbeschäftigung
2. 2.1915	Leitung des K Philadelphia, Konsul z.D., Übernahme der Geschäfte 8.2., bis 5.2.1917 (Abbruch der diplomatischen Beziehungen)
28. 3.1917	Militärdienst, bis 29.6.
1. 7.1917	DA G Stockholm, kommissarische Beschäftigung, bis 26.4.1918
29. 4.1918	DA AA, informatorische Beschäftigung
15. 5.1918	Leitung des K Nikolajew (Wiedereinrichtung), Konsul z.D., Übernahme der Geschäfte 13.7., bis 16.3.1919
2. 9.1918	Amtsbez. Generalkonsul
4.1919	in alliierter Internierung in Thessaloniki, bis 10.6.
1. 8.1919	DA AA, Außenhandelsstelle, Ref. Rußland
7. 5.1920	Leitung des K Posen (Neueinrichtung), Generalkonsul z.D., Übernahme der Geschäfte 15.7., bis 19.4.1924
22. 2.1922	Generalkonsul
15. 8.1924	Versetzung in den einstweiligen Ruhestand

Wohnsitz in Arnsdorf im Riesengebirge.

17. 4.1926	AA, kommissarische Beschäftigung, DA 20.4., Abt. IV (Osteuropa, Skandinavien, Ostasien)

19. 7.1926	Leitung des K Harbin, Generalkonsul z.D., Übernahme der Geschäfte 2.11., bis 1.6.1930
22. 5.1930	Leitung des K Dairen, Generalkonsul z.D., Übernahme der Geschäfte 6.6., bis 11.12.

April 1931 bis 31.12.1933 Leitung des Kommissariats für das Flüchtlingswesen des Internationalen Nansenamtes für Flüchtlinge in Berlin.

18. 7.1933	Versetzung in den Ruhestand

Literatur:

Georg Stobbe: Die Magdeburger Gerichtsverfassung im dreizehnten Jahrhundert im Vergleich mit dem Sachsenspiegel. Diss. Leipzig 1895; ders.: Die Beerdigungskosten im Konkurs, in: Dt. Juristenzeitung 9 (1904), Sp. 308f.

Stobbe, Martin

* 26.10.1903 Metz
† 1944

ev.

ledig

1924 Abitur; 1924 bis 1930 Studium in Berlin und Göttingen: Physik – 1930 Dr. phil.; April bis Sept. 1931 Assistent am Physikalischen Institut der Universität Zürich, Okt. 1931 bis April 1934 Assistent am Physikalischen Institut der Universität Bristol, April bis Sept. 1934 Forschungsaufenthalt am Collège de France und am Institut Henri Poincaré in Paris; Sept. 1934 bis Aug. 1937 Tätigkeit an der mathematischen Abt. des Institute for Advanced Study in Princeton, Okt. 1937 bis Juli 1938 Forschungsassistent am Institut für theoretische Astrophysik an der Universität Oslo, Jan. bis Aug. 1939 Assistent am Physikalischen Institut der Universität Bristol, dann im Auftrag des Heereswaffenamtes Wissenschaftlicher Assistent am Kaiser Wilhelm-Institut für Physik in Berlin.- 1.1.1942 NSDAP, 28.1.1943 SS.

10. 3.1941	AA, Dienstvertrag als Wissenschaftlicher Hilfsarbeiter, DA 3.6., Nachrichten- und Presseabt.
27.12.1941	Politische Abt., Ref. VII/Orient

Seit 26.3.1943 Militärdienst.

Literatur:

Martin Stobbe: Zur Quantenmechanik photoelektrischer Prozesse. Leipzig 1930.

Stobwasser, Hans

* 1857
† 23. 9.1932

Kaufmann, 1893 bis 1919 Inhaber eines Einrichtungs- und Auktionshauses in Berlin.

26.10.1920	AA, Wissenschaftlicher Hilfsarbeiter, DA 26.10., Abt. I (Personal und Verwaltung), Ref. D/Finanzfragen, Fondsverwaltung, Organisationsfragen, Bau- und Beschaffungssachen im Ausland
28.11.1923	Beendigung des Dienstverhältnisses zum 31.12.

Wohnsitz in Berlin.

Stockhammern, Karl Edler von

* 13.10.1869 Bogen/Niederbayern
† 20. 3.1928 Berlin

kath.

Eltern: Karl Edler v.S., bayer. Regierungsrat; Louise geb. von Mayer

∞ 11.10.1899 Alexandrine geb. Freiin Koenig von und zu Warthausen (Vater: Dr.phil. h.c. Richard Freiherr K.v.u.z.W., Gutsbesitzer, Kgl. württ. Kammerherr)

Kind: Karl-Alexander (10.1.1901)

Wilhelmsgymnasium in München – Juli 1888 Abitur; 1.10.1888 bis 30.9.1889 Einjährig Freiwilliger, 13.1.1892 Sekonde-Lieutenant d.R., später Oberleutnant d.R.; 1888 bis 1892 Studium in München: Jura – 18.10.1892 1. juristisches Examen; seit 1.11.1892 im bayer. Justiz- und Verwaltungsdienst – 18,12.1895 2. juristisches Examen; 29.12.1913 Kgl. bayer. Kämmerer.

7. 9.1897	Einberufung in den Auswärtigen Dienst (konsularische Laufbahn), DA 15.10., Abt. III (Recht)
1.10.1898	Abt. II (Handelspolitik)
27. 2.1900	GK London, DA 2.4., bis 14.2.1903
1. 1.1901	Charakter als Vizekonsul
7. 2.1903	AA, DA 16.2., Abt. II (Handelspolitik), Ref. W/Handelsbeziehungen zu den europäischen Staaten, seit 1906 Leitung des Ref.

367

29. 5.1904	Ständiger Hilfsarbeiter
1.10.1904	Charakter als Legationsrat
5.12.1906	zugleich Kurator der Bibliothek des AA
21. 3.1907	zugleich Mitglied der Statistischen Zentralkommission
24.12.1908	Wirklicher Legationsrat und Vortragender Rat
12. 2.1913	Geheimer Legationsrat
12.1917	Teilnahme an den Friedensverhandlungen in Brest-Litowsk, bis 4.3.1918
3.1918	Teilnahme an den Friedensverhandlungen in Bukarest
30.10.1918	Direktor der Abt. II (Handelspolitik), Charakter als Wirklicher Geheimer Legationsrat
19.12.1918	Stellvertretender preuß. Bevollmächtigter zum Bundesrat
3.1920	Leitung der Abt. III (Südosteuropa, seit 1.1.1922 Abt. IIb), bis 30.1.1922
21.12.1921	Kommissar des AA für Handelsvertragsverhandlungen
14. 3.1922	zugleich Vertreter des AA in der Kommission zur Ausarbeitung eines neuen Zolltarifs
7. 4.1926	Versetzung in den einstweiligen Ruhestand

Dann Wohnsitz in Berlin.

Stockhammern, Karl-Alexander Edler von

* 10. 1.1901 London
† 21. 8.1942 Krakau (Lazarett)

ev.

Eltern: Karl Edler von S., Diplomat; Alexandrine geb. Freiin Koenig von und zu Warthausen

ledig

Prinz Heinrichs-Gymnasium in Berlin und Ritterakademie in Liegnitz – 16.1.1924 Abitur; 19.5. bis 11.10.1918 Militärdienst, 18.5.1919 bis Okt. 1919 bei Freikorps in Oberschlesien, München und Berlin (Beteiligung am Kapp-Putsch), Okt. 1919 bis 1.10.1920 im Militärdienst; 1922 bis 1925 Studium in Köln, Wien und Tübingen und an der Konsularakademie in Wien: Volkswirtschaft, Jura – 30.6.1924 Diplomprüfung der Konsularakademie, 1.10.1925 Dr.jur.- 1.10.1934 NSDAP.

22.12.1925	Einberufung in den Auswärtigen Dienst, AA, Attaché, DA 4.1.1926, Sonderref. W/Wirtschaft
1. 5.1926	DA Abt. IV (Osteuropa, Skandinavien, Ostasien)

18.10.1926	DA Fortbildungskurs für Attachés
1. 3.1928	Abt. III (Britisches Reich, Amerika, Orient)
21. 6.1928	Diplomatisch-konsularische Prüfung
20. 7.1928	G Lissabon, DA 5.8., bis 29.3.1929
18. 2.1929	B Ankara, DA in Konstantinopel 7.4., bis 4.8.
28. 8.1929	DA AA, kommissarische Beschäftigung, Abt. III (Britisches Reich, Amerika, Orient), Ref. MS/Mittel- und Südamerika
1. 9.1930	Referategruppe W (Wirtschaft)
26. 5.1931	G Rio de Janeiro, DA 20.7., bis 5.5.1936, 7.11.1934 bis 17.8.1935 Urlaub
30. 8.1932	Legationssekretär
23. 4.1936	G Reval, kommissarische Beschäftigung, DA 27.5., bis 18.11.
23. 4.1936	G Riga, DA 19.11., bis 18.7.1938
23. 7.1937	1. Legationssekretär
14. 6.1938	G Pretoria, DA 10.8., bis 16.6.1939
19. 5.1939	AA, kommissarische Beschäftigung, DA 25.7., Wirtschaftspolitische Abt.
9.1939	Militärdienst, bis Juni 1942 (Verwundung auf der Krim), 1937 Leutnant d.R., 1939 Oberleutnant d.R.
12.12.1940	Legationsrat

Literatur:

Karl-Alexander von Stockhammern: Das internationale Landwirtschaftsinstitut in Rom. Brandenburg/Havel 1924.

Stocks, Theodor

* 22. 9.1895 Arnis a. d. Schlei
† 7. 1.1987 Bremen

ev.

Eltern: Hermann S., Pfarrer; Elfriede geb. Krüger

∞ 7.11.1939 Ella geb. Wolf

Gymnasien in Schleswig, Cottbus, Altona und Wandsbek – März 1920 Abitur; 15.8.1914 bis 31.1.1919 Militärdienst, Leutnant d.R.; Studien in Hamburg: Jura, Volkswirtschaft; Dez. 1920 bis Sept. 1931 Buchhalter bei der Commerzbank in Hamburg, 1931 bis 1934 kaufmännische Tätigkeit für Handelshäuser in Beirut; seit Febr. 1934 Sekretär am WK Aleppo.- 1.2.1934 NSDAP.

4.10.1937	G Bagdad, Dienstvertrag als Handelsattaché, DA 2.10., bis 6.9.1939 (Abbruch der diplomatischen Beziehungen am 7.9.)
23. 9.1939	DA AA, Wirtschaftspolitische Abt. (seit 1.1.1941 Handelspolitische Abt.), Ref. XII (Allgemeine Verkehrsangelegenheiten)
17.10.1939	Dienstvertrag als Wissenschaftlicher Hilfsarbeiter, Ref. VII/Orient
5.1944	im Vorzimmer des Dirigenten der Handelspolitischen Abt.

Bis 11.9.1945 in amerik. Internierung, Holzfäller und Bahnarbeiter, dann selbständige kaufmännische Tätigkeit in Berlin.

29. 5.1952	AA, Dienstvertrag, Sachbearbeiter, DA 4.7., Abt. IV (Handelspolitik, seit 15.12.1953 Abt. 4), zuletzt in Ref. 411/Sterlinggebiet
24. 8.1955	Hilfsreferent
11. 9.1957	G Colombo, Wirtschaftsreferent, DA 18.10., bis 6.5.1959
2. 4.1959	B Karachi, Wirtschaftshilfsreferent, DA 8.5.
30. 9.1960	Beendigung des Dienstverhältnisses

Stöpel, Theodor

* 14.03.1862 Landau
† 22.05.1940 Heidelberg

ev.

Eltern: Philipp S., Gutsbesitzer, Rentier; Natalie geb. Brück

∞ 9.11.1904 Margarethe geb. Hormuth (Vater: Gustav H., Rentier, Gasthofsbesitzer)

Kinder: Kurt (6.10.1905), Theodor (13.9.1906), Margarete (3.5.1913)

Realgymnasium; 1892/93 Einjährig Freiwilliger; Banklehre, dann Tätigkeit bei verschiedenen Banken in Deutschland, London und Paris; 1892 bis 1896 Studium in Heidelberg und Berlin und am Seminar für orientalische Sprachen in Berlin: Volkswirtschaft, Japanisch – 1902 Dr.phil., Diplomexamen in der japan. Sprache; 1896 bis 1899 Forschungsreisen in Asien, Nordamerika und Nordafrika, dann Syndikus der Handelskammer in Halle/Saale.

20. 8.1903	GK Buenos Aires, Handelssachverständiger, DA 17.11., bis 30.9.1906

1907 bis 1911 Tätigkeit für eine Bank in Heidelberg, 1911/12 Forschungsreisen in Lateinamerika, 1912/13 Inhaber einer Lotterieeinnahmestelle in Ludwigshafen,

15.8.1913 bis 30.6.1918 leitende Tätigkeit bei einer Bank in Ludwigshafen, Okt. 1914 bis 1917 Militärdienst, Leutnant d.L., 1921/22 Reise in Südamerika zur Wiederanbahnung von Wirtschaftskontakten, später Gutsbesitzer, Familienforscher.- Alldeutscher Verband, 1925 NSDAP, SA.

Literatur:

Karl Theodor Stöpel: Über japanisches Bankwesen und Deutschlands Anteil am Welthandel und der Industrie Japans. Halle/Saale 1898; ders.: Die deutsche Kaliindustrie und das Kalisyndikat. Eine volks- und staatswirtschaftliche Studie. Halle/Saale 1904 (Auszug daraus: ders.: Reformvorschläge zur Organisation der deutschen Kaliindustrie (Fiskuskartell). Heidelberg 1902); ders.: Eine Reise in das Innere der Insel Formosa und die erste Besteigung des Niitakayama, Mount Morrison, Weihnachten 1898. Buenos Aires 1905; ders., Carlos von Luecken: Mapa geografico y comercial de la Republica Argentina. Berlin 1910; Karl Theodor Stöpel: Südamerikanische prähistorische Tempel und Gottheiten. Ergebnisse eigener Ausgrabungen in Ecuador und Südkolumbien. 1912.

Stohrer, Eberhard von

* 5. 2.1883 Stuttgart
† 7. 3.1953 Konstanz

ev.

Eltern: Karl S., württ. Offizier (1893 persönlicher Adelsstand, 7.4.1908 erblicher württ. Adelsstand); Marie geb. Brandauer

∞ 29.5.1925 Marie Ursula von Günther (Vater: Franz v.G., preuß. Offizier)

Kind: Berthold (25.4.1931)

Gymnasien in Stettin, Straßburg, Metz und Gymnasium an Marzellen in Köln – 8.3.1902 Abitur; 1902 bis 1907 Studium in Bonn, München, Lausanne, Berlin und Tübingen: Jura – 14.6.1907 1. juristisches Examen, 12.2.1909 Dr.jur.; 1.10.1902 bis 30.9.1903 Einjährig Freiwilliger, 16.8.1907 Leutnant d.R.; seit 28.6.1907 im württ. Justizdienst, seit 1.7.1908 Urlaub; dann Studium in Straßburg und an der École libre de sciences politiques in Paris: Staatswissenschaften – 19.12.1908 Dr.rer.pol.- 1.9.1936 NSDAP.

23. 3.1909	Einberufung in den Auswärtigen Dienst (diplomatische Laufbahn), GK Sofia, Attaché, DA 3.4., bis 28.2.1910
12. 2.1910	B London, DA 7.3., bis Ende Aug. 1911, währenddessen fünfmonatige informatorische Tätigkeit bei einer Londoner Bank
27. 9.1911	G Brüssel, kommissarische Beschäftigung, DA 2.11., bis 9.4.1912

14. 3.1912	AA, DA 30.7., Abt. II (Handelspolitik), Ref. E/Verkehr, Auswanderungswesen
26. 6.1913	Diplomatische Prüfung
28. 6.1913	B Madrid, Legationssekretär, 2. Sekretär, DA 7.7., bis 9.1.1919, dann Urlaub
18. 4.1919	Amtsbez. Legationsrat
4. 6.1919	bei der dt. Waffenstillstandskommission in Spa, dann in Düsseldorf, Wahrnehmung der Geschäfte des Vertreters des AA, DA 8.6., bis 1.8.
29. 7.1919	AA, kommissarische Beschäftigung, DA 6.8., Abt. IA (Politik)
12.11.1919	Ständiger Hilfsarbeiter
4.1920	DA Abt. VI (Amerika, Spanien, Portugal), Leitung des Ref. für Mittelamerika, Venezuela, Kolumbien, Ecuador, Spanien und Portugal und ihre Besitzungen
1. 4.1920	Legationsrat I.Kl.
20. 3.1923	Vortragender Legationsrat, Dirigent der Vereinigten Presseabt. der Reichsregierung
1. 8.1924	Leitung der Abt. I (Personal und Verwaltung)
16.12.1924	Ministerialdirektor
23.11.1926	Gesandter in Kairo, Übernahme der Geschäfte 29.1.1927, Übergabe des Beglaubigungsschreibens 10.2.1927, bis 10.10.1935
15. 8.1935	Gesandter in Bukarest (Posten nicht angetreten)
17.10.1935	kommissarische Leitung der G Kairo, Übernahme der Geschäfte 31.10., bis 25.7.1936, Sonderbotschafter bei den Trauerfeierlichkeiten für König Fuad I. am 30.4.1936
9. 1.1936	Gesandter in Kairo
16. 7.1936	Botschafter in Madrid (Posten nicht angetreten)
3. 9.1936	AA, kommissarische Beschäftigung, Amtsbez. Botschafter, DA 5.9.
28.11.1936	Versetzung in den einstweiligen Ruhestand, jedoch Weiterbeschäftigung
27. 8.1937	Botschafter in Spanien, Dienstsitz in Salamanca (seit 4.5.1938 in San Sebastián, seit 12.9.1939 in Madrid), Übernahme der Geschäfte 18.9., Übergabe des Beglaubigungsschreibens 23.9., bis 6.1.1943
1. 1.1943	Versetzung in den einstweiligen Ruhestand
20. 4.1943	Versetzung in den Ruhestand

Zuletzt Wohnsitz in Konstanz.

Literatur:

Eberhard von Stohrer: Die Stellung des deutschen Rechtes zur Frage der Erwerbung und des Verlustes der Staatsangehörigkeit durch Naturalisation. Straßburg 1909; ders.: Die Regentschaft in Württemberg. Borna, Leipzig 1909; ders.: Die Reichsverwesung. Ein Beitrag zur Geschichte des württembergischen Verfassungsrechts, in: Württembergische Vierteljahrshefte zur Landesgeschichte Neue Folge 18 (1909), S. 418-433.

Rudolf Feistmann: Eberhard von Stohrer, in: Die neue Weltbühne 1937, Nr. 41, S. 1273–1304.

Nachlass im Politischen Archiv des Auswärtigen Amts.

Stolberg-Wernigerode, Otto Graf zu
(seit 22.10.1890 Fürst zu Stolberg-Wernigerode)

* 30.10.1837 Gedern
† 19.11.1896 Wernigerode

ev.

Eltern: Hermann, Erbgraf zu S.-W.; Emma geb. Gräfin von Erbach-Fürstenau

∞ 22.8.1863 Anna geb. Prinzessin Reuß j.L.(-Köstritz) (Vater: Heinrich LXIII. Prinz R.j.L.(-K.), preuß. Offizier, Gutsbesitzer)

Kinder: Christian Ernst (28.9.1864), Elisabeth (1.5.1866), Hermann (8.7.1867), Wilhelm (23.7.1870), Heinrich (27.7.1871), Marie (5.10.1872), Emma (20.7.1875)

Gymnasium in Duisburg – 29.9.1856 Abitur; 1856 bis 1858 Studien in Göttingen und Heidelberg: Jura, Volkswirtschaft, Geschichte; Jan. 1859 bis Mai 1861 im preuß. Militärdienst, dann à la suite des Regiments Garde du Corps, Sekonde-Lieutenant à la suite, 16.6.1865 Premier-Lieutenant, 24.9.1866 Rittmeister, 6.9.1867 Major, 22.3.1873 Oberst-Lieutenant à la suite, 22.3.1876 Oberst, 22.3.1887 General-Lieutenant à la suite, 27.1.1892 General der Kavallerie à la suite, 1866 Teilnahme am Krieg gegen Österreich als Delegierter des Militärinspekteurs für die freiwillige Krankenpflege bei der Mainarmee; Herbst 1862 Übernahme der standesherrlichen Regierung und Verwaltung seiner Güter, 18.9.1867 bis 1873 Oberpräsident der preuß. Provinz Hannover.- seit 1854 erbliches Mitglied des preuß. Herrenhauses, 1872 bis 1876 und seit 1893 dessen Präsident, erbliches Mitglied der I. Kammer des Großherzogtums Hessen, erbliches Mitglied der Provinziallandtage der preuß. Provinzen Sachsen und Hannover.– Konservative Partei, 1867 Mitglied des konstituierenden Reichstags des Norddeutschen Bundes, Freikonservative Partei/Dt. Reichspartei: 1871 bis 1878 MdR.

23. 2.1876	Botschafter in Wien, Übernahme der Geschäfte 2.3., Übergabe des Beglaubigungsschreibens 4.3., bis 8.7.1878

29.5.1878 bis 17.6.1881 preuß. Staatsminister ohne Geschäftsbereich und Vizepräsident des preuß. Staatsministeriums, 15.7.1878 bis 17.6.1881 zugleich Stellvertreter des Reichskanzlers.

11.10.1879	Stellvertreter des Reichskanzlers im Geschäftsbereich des AA, Übernahme der Geschäfte 11.10., bis 20.4.1880

Jan. 1884 bis 1893 Oberstkämmerer des kgl. Hauses Hohenzollern, Febr. 1885 bis 30.6.1888 zugleich Minister des kgl. Hauses Hohenzollern.

Literatur:

Konrad Breitenborn (Hrsg.): Otto Graf zu Stolberg-Wernigerode (1837-1896). Deutscher Standesherr und Politiker der Bismarckzeit. Ausgewählte Dokumente. Wernigerode 1993; ders. (Hrsg.): Die Lebenserinnerungen des Fürsten Otto zu Stolberg-Wernigerode. Wernigerode 1996.

Heinrich Heffter: Otto Fürst zu Stolberg-Wernigerode. Husum 1980; Konrad Breitenborn: Im Dienste Bismarcks. Die politische Karriere des Grafen Otto zu Stolberg-Wernigerode. Berlin 1984.

Stolberg-Wernigerode, Wilhelm Prinz zu

* 23. 7.1870 Hannover
† 23. 1.1931 Borzęciczki/Koźmin (Polen)

seit 1922 poln. Staatsangehöriger

ev.-luth.

Eltern: Otto Graf zu S.-W., Politiker, Diplomat (seit 22.10.1890 Fürst zu S.-W.; Anna geb. Prinzessin Reuss j.L.(-Köstritz)

∞ 19.1.1910 Elisabeth (Edda) geb. Prinzessin zu Erbach-Schönberg (Vater: Gustav Fürst und Graf zu E.-S.)

Kind: Ludwig-Christian (30.12.1910)

Friedrichsgymnasium in Kassel – Ostern 1890 Abitur; 1890 bis 1893 Studium in Leipzig, Freiburg i.Br. und Berlin: Jura – 9.3.1894 Referendarexamen, Dez. 1895 Dr.jur.; 2.3.1893 Sekonde-Lieutenant à la suite, Ende Aug. 1894 Offiziersprüfung, seit Sept. 1894 im preuß. Militärdienst, seit 17.10.1899 à la suite der Armee – zuletzt Rittmeister.

12. 9.1896	Kommandierung zur Dienstleistung in das AA, DA 15.10., Abt. IB (Personal und Verwaltung)
14. 9.1896	Zulassung zum auswärtigen Dienst (diplomatische Laufbahn), Attaché

24. 2.1897	Abt. III (Recht), zeitweise informatorische Beschäftigung in der Geheimen Kalkulatur, der Legationskasse und dem Chiffrierbüro
13. 9.1897	B Rom, DA 25.10., bis 16.9.1898, dann Urlaub
13. 9.1899	Ausscheiden aus dem Militärdienst
24. 3.1900	Diplomatische Prüfung
25. 3.1900	B St. Petersburg, Legationssekretär, 3. Sekretär, DA 10.4., bis 24.4.1904, dann Urlaub
28.12.1904	G Brüssel, kommissarische Beschäftigung, DA 15.1.1905, bis 2.4.
30. 3.1905	kommissarische Leitung der G Luxemburg, Übernahme der Geschäfte 3.4., bis Anfang Mai
24. 5.1905	B London, 2. Sekretär, DA 29.7., bis 13.12.1908
10.11.1906	Charakter als Legationsrat
22.11.1908	B Rom (Quirinal), 2. Sekretär, DA 29.12., bis 8.1.1912
1.12.1909	1. Sekretär
31.10.1911	B Wien, 1. Sekretär, DA 10.1.1912, bis 19.12.1919
1. 1.1917	Charakter als Gesandter
2. 1.1920	Versetzung in den Ruhestand

Dann Wohnsitz auf Gut Borzęciczki bei Koźmin/Polen.

Stoll, Willi

* 5. 4.1908 München

† 16. 1.1990 München

kath.

Eltern: Oskar S., Müllermeister; Elise geb. Rünzi

⚭ 25.9.1943 Maria geb. Sachnowski, Balettmeisterin

Mittelschule in Berchtesgaden und Friedrichsgymnasium in Freiburg i.Br. – 1926 Abitur; 1926 bis 1930 Studium in Wien und München: Jura – 15.2.1930 1. juristisches Examen, 1932 Dr.jur.; seit 1930 im bayer. Justiz- und Verwaltungsdienst – März 1933 2. juristisches Examen; 1.4.1933 bis 31.10.1934 1. Bürgermeister von Berchtesgaden, dann Tätigkeit beim Landratsamt Berchtesgaden, 1.11.1934 Regierungsassessor, 30.1.1935 Regierungsrat, seit 18.2.1935 zugleich Badkommissär in Bad Reichenhall, seit 1.9.1937 im bayer. Staatsministerium des Innern, persönlicher Adjutant des Staatsministers und Gauleiters Adolf Wagner, zugleich Referent für die Organisation von Veranstaltungen und Leitung des Amts für Ehrengäste, 25.3.1939 Regierungsrat I.Kl.; 27.8.1939 bis 7.4.1941 Militärdienst, zuletzt Leutnant d.R.; 4.12.1940 bis 28.1.1941 kommissarische Leitung des Landratsamts in Nördlingen, 29.5.1941 Landrat.- 1.4.1933 NSDAP, 16.1.1939 Gauamtsleiter.

7. 4.1941	DA AA, kommissarische Beschäftigung, Abt. Protokoll
15. 4.1942	Legationsrat, seit 1.2.1943 Abordnung zur Parteikanzlei der NSDAP in München
20. 4.1943	Legationsrat I.Kl.

Dann Wohnsitz in München, zuletzt Ministerialdirigent im bayer. Staatsministerium des Innern, Leitung der Abt. IC (Öffentliche Sicherheit und Ordnung).

Literatur:

Willi Stoll: Die Voraussehbarkeit bei fahrlässiger Tötung und fahrlässiger Körperverletzung durch den Kraftfahrer im Lichte der obersten Rechtsprechung. Laßleben 1933; ders. (Hrsg.): Straßenverkehrsrecht. Textausgabe mit Anmerkungen. München 1953.

Stoller, Wilhelm

* 8. 4.1884 Amstetten
† 4.11.1970 Ludwigsburg

ev.

Eltern: Friedrich S., Kaufmann; Margarethe geb. Miller

∞ 20.5.1918 Meta geb. Lemke

Realgymnasium in Ulm – 1902 Abitur; 1903 bis 1907 Studium in Tübingen und Berlin und am Seminar für orientalische Sprachen in Berlin: Jura, Volkswirtschaft, Chinesisch – 15.11.1906 Diplomprüfung in der chin. Sprache, 16.12.1907 1. juristisches Examen; 3.1.1908 bis 25.11.1909 im württ. Justizdienst; 1.10.1908 bis 30.9.1909 Einjährig Freiwilliger.

8.10.1909	Einberufung in den Auswärtigen Dienst (Dolmetscherdienst), G Peking, Dolmetscher-Aspirant, DA 14.2.1910, bis 8.7.1913, 9.3. bis 6.11.1911 kommissarische Beschäftigung am K Hankow
11. 7.1913	DA K Mukden, bis 31.1.1914
9. 2.1914	DA K Hankau, bis 14.3.1917 (Abbruch der diplomatischen Beziehungen)
24. 6.1917	Militärdienst, Oberleutnant d.R., seit 9.8.1918 in brit. Gefangenschaft
22. 1.1920	AA, kommissarische Beschäftigung, DA 6.11.1919, Abt. II (Handelspolitik), dann Abt. IV (Osteuropa), Büro des Abteilungsleiters
11.11.1920	Konsularische Prüfung, Amtsbez. Vizekonsul
30. 7.1921	Vizekonsul

30. 7.1921	GK Schanghai, DA 7.1.1922, bis 13.3.1928, dann Urlaub, 14.9. bis 12.10.1923 kommissarische Beschäftigung am GK Kobe
9. 7.1925	Amtsbez. Konsul
24. 1.1928	Konsul in Haiphong (Dienstsitz Hanoi), Übernahme der Geschäfte 12.1.1929, bis 17.10.1936, 28.3.1933 bis 13.5.1934 Urlaub, währenddessen vom 4.11.1933 bis 29.3.1934 kommissarische Beschäftigung im AA, Abt. IV (Osteuropa, Skandinavien, Ostasien), 15.8. bis 6.10.1934 und 28.4.1935 bis 23.9.1936 kommissarische Leitung der G Bangkok
1. 8.1936	Generalkonsul in Tientsin, Übernahme der Geschäfte 21.12., bis 29.11.1941, dann Urlaub
15.10.1941	B in China (Nanking), DA 5.3.1942, bis Mai 1942
1942	kommissarische Leitung der Dienststelle Shanghai der B in China, Übernahme der Geschäfte 18.5.1942

Jan. 1948 bis März 1950 Vorsitzender der Spruch- bzw. Berufungskammer Ludwigsburg.

22. 3.1951	Einberufung in den Auswärtigen Dienst, Angestellter, Leitung des GK Basel (Wiedereinrichtung), DA AA 2.4., Übernahme der Geschäfte in Basel 7.6., bis 7.2.1952
1. 9.1951	Dienstvertrag

Stolzmann, Paulus von

* 18. 8.1901 Straßburg
† 27. 8.1989 Reinbek

ev.

Eltern: Paulus v. S., preuß. Offizier; Mathilde geb. Bühring

∞ 23.1.1937 Jutta von Hase (Vater: Günther v. H., preuß. Offizier und Polizeioffizier)

Kinder: Uta (31.8.1938), Reinhart (14.2.1941), Rüdiger (22.1.1943), Rochus (2.10.1945)

Humanistische Gymnasien in Saarburg und Altona, Gymnasium Bernhardinum in Meiningen – Febr. 1919 Abitur; 1919 bis 1922 Studium in Tübingen und Göttingen: Jura, Staatswissenschaften – 22.7.1922 Referendarexamen; Nov. 1922 bis März 1923 Konsularakademie in Wien.– 1.11.1933 NSDAP.

27. 2.1923	Einberufung in den Auswärtigen Dienst, Zweigstelle des AA für Außenhandel in Bremen, Attaché, DA AA 23.3., bis 14.2.1924
7. 2.1924	AA, DA 20.2., Abt. VI (Kultur)
1. 5.1925	Abt. II (West-, Süd- und Südosteuropa)
19.12.1925	Diplomatisch-konsularische Prüfung
30.12.1925	B Konstantinopel, DA 17.1.1926, bis 20.9.
19. 6.1926	G Kowno, DA 4.10., bis 20.11.1928
6. 3.1928	Amtsbez. Legationssekretär
27. 8.1928	Legationssekretär
17. 9.1928	G Belgrad, DA 26.11., bis 18.1.1930
8. 1.1930	G Warschau, DA 22.1., bis 8.4.1934, Leitung der Passstelle, 30.1. bis 8.4. und 13. bis 30.10.1933 kommissarische Beschäftigung am GK Kattowitz
14. 2.1934	AA, kommissarische Beschäftigung, DA 10.4., Abt. IV (Osteuropa, Skandinavien, Ostasien), Ref. Po/Polen, Danzig
11.1934	Abt. VI (Kultur, seit 15.5.1936 Kulturpolitische Abt.), Ref. W/Allgemeine Kulturpolitik, wissenschaftliche Beziehungen zum Ausland etc.
31.10.1936	B Washington, 1. Legationssekretär, DA 6.2.1937, bis 31.1.1939, 8.7. bis 26.11.1938 kommissarische Leitung des GK Chicago
7. 8.1937	Gesandtschaftsrat
20.10.1938	Legationsrat
11. 1.1939	AA, DA 13.2., Kulturpolitische Abt., Ref. Gen/Allgemeine Fragen der Kulturpolitik, 6.10. bis 1.11.1939 Sonderauftrag als Leiter der Kommission zur Umsiedlung der dt. Volksgruppe in Lettland, Riga
23. 5.1940	G (seit Aug. 1940 Deutsche Vertretung) Riga, Amtsbez. Gesandtschaftsrat, DA 1.7., bis 15.1.1941
25. 6.1940	Gesandtschaftsrat
21.12.1940	Legationsrat I.Kl.
2. 1.1941	AA, DA 17.1.
4. 2.1941	Vertreter des AA bei der Akademie zur Wissenschaftlichen Erforschung und Pflege des Deutschtums in München, DA 30.1., bis 24.3.
1. 6.1941	DA AA, Kulturpolitische Abt., Leitung des Ref. Spr/Sprachangelegenheiten, dann zugleich Leitung des Ref. Gen I/Allgemeine Fragen der Kulturpolitik
4.1943	Leitung der Verbindungsstelle des Beauftragten für das Informationswesen im Persönlichen Stab RAM, Karl Megerle
20. 4.1944	Vortragender Legationsrat
20. 4.1944	B Paris, DA 28.4., Vertreter des AA beim Oberbefehlshaber West, zeitweise zugleich Tätigkeit in der Kulturabt. der B, seit 27.8. Dienstsitz am jeweiligen Hauptquartier des Oberbefehlshabers West

Mai 1945 bis Juni 1946 in amerik. Gefangenschaft in Garmisch-Partenkirchen, 1946 bis 1948 Hilfsarbeiter in der Landwirtschaft auf Sylt, Jan. bis Okt. 1949 kaufmännischer Angestellter bei einem Buch- und Zeitschriftenimporteur, Jan. 1950 Tätigkeit für die brit. Flüchtlings- und Heimkehrerstelle, seit 30.1.1950 Tätigkeit beim Dt. Amt für Ein- und Ausreisegenehmigungen als Rechtsberater des alliierten Combined Travel Board in Bad Salzuflen, 16.8.1950 Regierungsrat.

16.11.1951	Einberufung in den Auswärtigen Dienst, G Montevideo, Angestellter, Konsul I.Kl. z.Wv., Amtsbez. Gesandtschaftsrat, DA AA 1.12., DA in Montevideo 29.12., bis 15.10.1953
4.12.1951	Konsul I.Kl.
25. 6.1953	Generalkonsul
7. 8.1953	Generalkonsul in Valparaíso (Wiedereinrichtung), Ankunft 22.10., Eröffnung des GK 5.11., seit 30.12.1955 Urlaub
26. 8.1955	Botschafter in La Paz, Übernahme der Geschäfte 14.5.1956, Übergabe des Beglaubigungsschreibens 23.5., sei 20.1.1959 Urlaub, Sonderbotschafter bei der Amtseinführung des bolivianischen Präsidenten Siles Zuazo am 6.8.1956
16. 9.1959	Botschafter in Addis Abeba, Übernahme der Geschäfte 28.9., Übergabe des Beglaubigungsschreibens 6.10., seit 15.8.1962 Urlaub
16. 8.1963	Botschafter in Luxemburg, Übernahme der Geschäfte 14.9., Übergabe des Beglaubigungsschreibens 24.9., bis 1.9.1966
29. 7.1966	Versetzung in den Ruhestand

Nov. 1966 bis 1971 Leiter des Goethe-Instituts in Neapel.

Strache, Wolfgang (Wolf)

* 5.10.1910 Greifswald
† 11. 8.2001 Stuttgart

ev.

∞ I.; II. 1960 Carla geb. Schneider

Realgymnasium in Erfurt – Abitur; Studium in München und Köln: Volkswirtschaft – 1935 Dr.rer.pol., dann Tätigkeit als Fotograf und Bildjournalist.

18.11.1941	AA, Dienstvertrag als Wissenschaftlicher Hilfsarbeiter, DA 1.11., Nachrichten- und Presseabt.

Seit 19.1.1942 Militärdienst, nach 1945 Fotograf, Autor und Verleger in Stuttgart.

Literatur:

Wolfgang Strache: Meistbegünstigungsklausel und Regionalabkommen in den südosteuropäischen Staaten. München 1935; sowie zahlreiche Bildbücher vorwiegend über dt. Städte und Landschaften.

Christoph Kalisch: Vergänglichkeit oder gültige Aussage? Der Nachlass des Fotografen Wolf Strache im Fotoarchiv des LMZ (www.lmz-bw.de/fileadmin/user_upload/medien/fotoarchiv/strache_id25.pdf, 20.12.2011).

Nachlass in der Library of Congress, Washington, und im Landesmedienzentrum (Bildarchiv), Stuttgart.

Strachwitz, Rudolf Graf

* 3. 1.1896 Groß-Reichenau/Schlesien
† 13. 8.1969 Berchtesgaden

kath.

Eltern: Arthur Graf S. von Groß-Zauche und Camminetz, preuß. Offizier; Emma geb. Freiin von Landsberg

⚭ 25.3.1943 Barbara geb. Greene, Kinderkrankenschwester, Autorin (gebürtige brit. Staatsangehörige; Vater: Edward G., Kaufmann, Gutsbesitzer)

Kinder: Rupert (30.4.1947), Helene (Ilona) (2.6.1951)

Humanistisches Gymnasium in Sagan – März 1914 Abitur; dann Studien in England; 4.8.1914 bis Dez. 1918 Militärdienst – Rittmeister d.R.; 1919 bis 1921 Studium in Breslau, München und Freiburg i.Br.: Staatswissenschaften, Volkswirtschaft – 24.2.1921 Dr.rer.pol.; 1.1.1922 bis 31.3.1923 Ausbildung bei einer Bank in Essen, 20.6.1923 bis 30.9.1924 Handlungsbevollmächtigter der Dt. Wald- und Holzwirtschaft AG.- 1.12.1936 NSDAP.

18. 6.1925	Einberufung in den Auswärtigen Dienst, AA, Attaché, DA 1.7.
24. 8.1927	Abt. III (Britisches Reich, Amerika und Orient)
21. 1.1928	Diplomatisch-konsularische Prüfung
21. 3.1928	GK Kobe, Amtsbez. Vizekonsul, DA 4.6., bis 21.12.
6.11.1928	B Tokyo, Amtsbez. Legationssekretär, DA 22.12., bis 28.8.1931
23.12.1929	Legationssekretär
30. 6.1931	G Peking, DA 3.9., bis 27.10.1932
5. 9.1932	K Kanton, kommissarische Beschäftigung, DA 7.11., Vizekonsul, seit 30.5.1933 Urlaub

18.11.1933	AA, kommissarische Beschäftigung, DA 5.12., Abt. IV (Osteuropa, Skandinavien, Ostasien)
26. 9.1934	B Washington, DA 10.11., bis 1.12.1936
10.12.1935	1. Legationssekretär
23.10.1936	AA, kommissarische Beschäftigung, DA 14.12., Politische Abt., Ref. VIII/Ostasien, Australien, 23.3. bis 1.4.1939 kommissarische Beschäftigung an der B Paris
30.12.1936	Legationsrat
15. 2.1939	Legationsrat I.Kl.
6. 3.1939	G Budapest, Gesandtschaftsrat I.Kl., DA 3.4., bis 3.12.1940
17. 1.1941	GK Barcelona, DA 21.1., bis 17.12.1942

20.12.1942 bis 28.2.1944 kommissarische Beschäftigung beim Reichsministerium für die besetzten Ostgebiete, Abt. Ländergruppe Ostland, 21.3.1944 bis April 1945 Militärdienst.

26.10.1944	Versetzung in den Ruhestand (auf Grund des Führererlasses vom 19.5.1943 über die Fernhaltung international gebundener Männer von maßgebenden Stellen in Staat, Partei und Wehrmacht)

April 1945 bis Jan. 1946 in amerik. Kriegsgefangenschaft, dann Wohnsitz in Liechtenstein, seit Frühjahr 1948 in Argentinien, Professor für Wirtschaftspolitik und Verwaltungswissenschaft an der Universität Mendoza.

8.11.1951	Einberufung in den Auswärtigen Dienst, Angestellter, AA, DA 14.1.1952, Abt. III (Länder)
3. 3.1952	B Rom (Quirinal), Amtsbez. Botschaftsrat, DA 6.4., seit 22.9.1956 Urlaub
25.10.1952	Botschaftsrat
24. 9.1956	AA, DA 2.1.1957, Abt. 3 (Länder), Ref. 315/China, Mongolei, Nordkorea, Nordvietnam, Hongkong, Macau
26. 4.1957	Botschafter in Rom (Vatikan), Übernahme der Geschäfte 17.5., Übergabe des Beglaubigungsschreibens 23.5., bis 15.6.1961
4. 1.1961	Versetzung in den Ruhestand zum 31.1., jedoch Weiterbeschäftigung

Literatur:

Rudolf Graf Strachwitz: Thomas Chalmers. Seine Grundanschauungen, seine Lehren und seine Stellung innerhalb der geistigen Strömungen seiner Zeit. Freiburg i.Br. 1921.

Strack, Hans

* 18. 7.1899 Essen
† 21. 7.1987 Bonn

kath.

Eltern: Ferdinand S., Ingenieur; Anna geb. Beckmann

⚭ 24.2.1930 Ada geb. Melchior

Kinder: Heinrich (8.2.1933)

Realgymnasium – 24.2.1919 Abitur; 20.6.1917 bis 31.8.1919 Militärdienst, dann Freikorps, 1.4.1937 Leutnant d.R.; Okt. 1919 bis Nov. 1920 kaufmännische Lehre im Getreide-Großhandel Katz & Naumann in Görlitz und Hamburg; 1920 bis 1924 Studium in Breslau, Hamburg und Münster: Jura, Volkswirtschaft – 26.2.1924 Dr.rer.pol.; 1.4.1924 bis 1925 Handelsbevollmächtigter der Firma Wilstaedt & Wolff in Düsseldorf; 1.1.1926 bis 9.1.1928 Treuhänder der rheinisch-westfälischen Vereinigten Innungsausschüsse in Essen, Mai bis Dez. 1928 Sprachstudien in Grenoble und Oxford.- 1.10.1936 NSDAP.

22. 5.1929	Einberufung in den Auswärtigen Dienst, AA, Attaché, DA 3.6., Abt. VI (Kultur)
26. 1.1930	DA Abt. III (Großbritannien, Amerika, Orient)
18.12.1931	Diplomatisch-konsularische Prüfung
24.12.1931	Abt. W (Wirtschaft), DA 11.1.1932
10. 2.1932	Sonderref. E/Protokoll, DA 24.2., März bis Mitte April kommissarische Beschäftigung an der G Kowno und im AA, Abt. W (Wirtschaft)
24. 9.1932	GK Memel, DA 11.11., bis 26.4.1934
30. 5.1934	GK Chikago, DA 25.6., bis 4.2.1939, 28.8. bis 1.10.1936 kommissarische Leitung
14.11.1935	Vizekonsul
23. 9.1937	1. Vizekonsul
5. 4.1939	AA, DA 11.4., Abt. Protokoll, seit Aug. 1940 Leitung des Ref. H/Reisen prominenter Ausländer
18.10.1939	Legationsrat
21.12.1940	Legationsrat I.Kl.
1.12.1941	Politische Abt., Leitung des Ref. II/Westeuropa, zeitweise in Ref. IV/Südosteuropa
28. 4.1942	Vortragender Legationsrat
20. 8.1943	Leitung des GK Klausenburg, Übernahme der Geschäfte 30.9., bis 27.9.1944
17.10.1944	DA G Budapest, kommissarische Beschäftigung, bis 2.11.

30.11.1944	AA, DA 27.11., Personal- und Verwaltungsabt., dann Politische Abt., Ref. IVa/Italien

Dann Wohnsitz in Kohlgrub/Obb., 1945 zeitweise Internierung, seit 1.12.1948 Referent, dann Referatsleiter bei der Verwaltung für Wirtschaft des Vereinigten Wirtschaftsgebiets (seit 1949 Bundesministerium für Wirtschaft), 1.12.1954 Ministerialrat, Leitung des Ostasienref. in der Außenhandelsabt.

1959	Einberufung in den Auswärtigen Dienst, AA, DA 1.8., informatorische Tätigkeit
11. 8.1959	Botschafter in Santiago de Chile, Übernahme der Geschäfte 3.12., Übergabe des Beglaubigungsschreibens 18.12., bis 31.7.1964
24. 6.1964	Versetzung in den Ruhestand

Literatur:

Hans Strack: Der deutsche Getreidehandel der Nachkriegszeit. Münster 1926.

Strahl, Otto von

* 5.12.1882 Hanau
† 8. 4.1961 San Francisco

seit Aug. 1942 brit., später amerik. Staatsangehöriger

ev.

Eltern: Otto S., preuß. Offizier, Kgl. preuß. Hofmeister und Kammerherr, Hofmarschall des Landgrafen von Hessen (4.8.1879 preuß. Adelsstand); Adelheid geb. Gräfin von Monts de Mazin

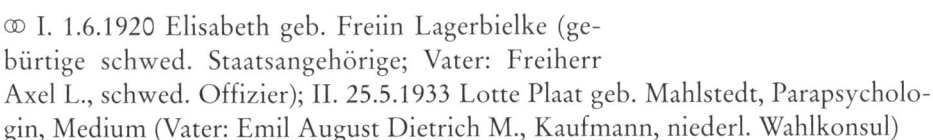

∞ I. 1.6.1920 Elisabeth geb. Freiin Lagerbielke (gebürtige schwed. Staatsangehörige; Vater: Freiherr Axel L., schwed. Offizier); II. 25.5.1933 Lotte Plaat geb. Mahlstedt, Parapsychologin, Medium (Vater: Emil August Dietrich M., Kaufmann, niederl. Wahlkonsul)

Kinder aus I. Ehe: Otto (6.3.1921), Axel (16.5.1922)

Gymnasium in Hanau – 26.2.1903 Abitur; 1.10.1903 bis 30.9.1904 Einjährig Freiwilliger, 27.1.1908 Leutnant d.R.; 1903 bis 1906 Studium in Heidelberg und Marburg: Jura – 23.11.1907 Referendarexamen; seit 7.12.1907 im preuß. Justiz- und Verwaltungsdienst – 14.10.1913 Assessorexamen; 1914 bis 1918 Militärdienst, 1.3.1915 Oberleutnant d.R., 30.6.1918 Rittmeister d.R.

16. 4.1918	Einberufung in den Auswärtigen Dienst (diplomatische Laufbahn), AA, Attaché, DA 20.4., Abt. IV (Nachrichten)
18.11.1918	Diplomatische Vertretung Warschau, kommissarische Beschäftigung, DA 20.11., bis 15.12. (Abbruch der diplomatischen Beziehungen)
17.12.1918	DA AA, bei Unterstaatssekretär Toepffer
29. 7.1919	GK (später G) Stockholm, Amtsbez. Vizekonsul, DA 22.8., Passabt., bis 21.10.1920
21. 5.1920	Amtsbez. Legationssekretär
27. 9.1920	AA, DA 23.10., Abt. IV (Osteuropa), Ref. Skandinavien, Dänemark und Finnland
4. 1.1921	Abt. I (Personal und Verwaltung), Ref. 3(E)/Etikette
1. 4.1921	Abt. IV (Osteuropa), Ref. Skandinavien, Dänemark und Finnland
30. 7.1921	Legationssekretär
10.11.1921	G Kopenhagen, DA 2.12., bis 30.9.1923
7. 8.1923	Leitung der Passstelle Reichenberg, DA an der G Prag 2.10., Übernahme der Geschäfte in Reichenberg 24.11., bis 30.9.1925
21. 8.1925	Amtsbez. Konsul
25. 9.1925	Leitung des K Maastricht, Übernahme der Geschäfte 3.10., bis 21.12.1929
6. 5.1926	Konsul in Maastricht
23.11.1929	G Guatemala, DA 25.2.1930, bis 26.9.1931, dann Urlaub und Krankenurlaub
26. 5.1930	Gesandtschaftsrat
22. 3.1932	AA, informatorische Beschäftigung, DA 15.8., Abt. IV (Osteuropa, Skandinavien, Ostasien)
16. 8.1932	Leitung des K Bergen, Übernahme der Geschäfte 13.9., bis 10.10.1934
8. 9.1932	Konsul in Bergen
8.12.1934	AA, DA 10.12., Abt. III (England, Amerika, Orient), Ref. k/Koloniale Angelegenheiten
31.12.1934	Gesandtschaftsrat
26.11.1935	Konsul in Durban, Übernahme der Geschäfte 13.2.1936, bis 10.3.1938
10.12.1937	Versetzung in den einstweiligen Ruhestand

Seit 1938 Tätigkeit für dt. Industriefirmen in Berlin, seit Juli 1939 Vertretung dt. Industriefirmen in Südafrika, nach Ausbruch des Zweiten Weltkrieges Verbleib in Südafrika, zeitweise Tätigkeit für die südafrik. Zensurbehörde.

1. 3.1943	Versetzung in den Ruhestand

Seit 1947 Wohnsitz in Hollywood, seit 1951 in San Francisco, technischer Berater der Spielfilme „Der Fall Cicero" von Joseph L. Mankiewicz und „Alt-Heidelberg" von Richard Thorpe.

Literatur:

Otto von Strahl: Seven Years as a Nazi Consul. Kapstadt 1942 (2., durchgesehene und erweiterte Auflage Kapstadt 1944); ders.: What shall we do with Germany? Kapstadt 1944.

Strahl, Richard

* 25. 6.1884 Marburg
† 1957

ev.

Eltern: Dr.med. Hans S., Professor, Geheimer Medizinalrat; Agnes geb. Bersch

∞ 21.2.1925 Felicitas geb. Wilde (Vater: Ludwig W., Offizier)

Kind: Renate

Gymnasien in Marburg und Giessen – Abitur; 1902 bis 1906 Studium in Marburg und Giessen und an der Handelshochschule in Frankfurt/Main: Jura – 24.4.1906 Referendarexamen, Herbst 1907 Dr.jur.; 1906 bis 30.11.1913 im preuß. Justizdienst – 4.10.1911 Assessorexamen; 1.11.1911 bis 1913 Sprachstudien in Frankreich und England; Aug. bis Nov. 1914 Militärdienst, 16.11.1914 bis 12.9.1917 Tätigkeit beim Reichskommissariat zur Erörterung von Gewalttätigkeiten gegen dt. Zivilpersonen in Feindesland.

12. 9.1917	AA, kommissarischer Hilfsarbeiter, Abt. IV (Nachrichten, seit Frühjahr 1920 Abt. P/Presse), persönlicher Referent des Direktors Deutelmoser, seit März 1918 Leitung der Reichszentralstelle für den Heimatdienst
1919	Regierungsrat
1923	Oberregierungsrat
1926	Ministerialrat
1933	Versetzung in den Ruhestand

Später Leiter der Zweigstelle Metz des Reichsrechnungshofes; dann Direktor beim Rechnungshof von Rheinland-Pfalz.

Literatur:

Richard Strahl: Das mitwirkende Verschulden des Beschädigten bei Schadensersatzansprüchen. Greifswald 1907; ders.: Die Reichszentrale für Heimatdienst. Berlin 1922; ders.: Grundsätze der Volksaufklärung. Berlin 1923; Karl-Anton Schulte, Richard Strahl: Bericht über die Reichskonferenz der Reichszentrale für Heimatdienst. Berlin 1927; Richard Strahl: Aufgaben und Ziele der staatspolitischen Aufklärungsarbeit. Berlin 1928; Carl Haensel, Richard Strahl: Politisches ABC des neuen Reichs. Schlag- und Stichwörterbuch für den deutschen Volksgenossen. Stuttgart 1933; dies.: Politisches ABC des Saar-, Grenz- und Auslanddeutschtums. 2. Schlag- und Stichwörterbuch für den deutschen Volksgenossen. Stuttgart 1934; dies.: Außenpolitisches ABC. Ein Stichwörterbuch. Stuttgart 1935 (mehrere Aufl.).

Wippermann, Klaus: Politische Propaganda und staatsbürgerliche Bildung. Die Reichszentrale für Heimatdienst in der Weimarer Republik. Bonn 1976.

Nachlass im Bundesarchiv Koblenz.

Straub, Peter

* 14. 2.1909 Freiburg i.Br.
† 13. 6.1995 Schömberg/Schwarzwald

ev.

Eltern: Prof. Dr.med. Walther S., Pharmakologe; Dagny geb. Lie

∞ 20.5.1950

Frühjahr 1927 Abitur; 1927 bis 1930 Studium: Jura – 28.1.1931 Referendarexamen, 27.6.1935 Dr.jur.; seit April 1931 im Justizdienst – 2.8.1934 Assessorexamen.- 1.10.1937 NSDAP.

16. 3.1936	Einberufung in den Auswärtigen Dienst, AA, Attaché, DA 1.4., Abt. W (Wirtschaft, seit 15.5.1936 Handelspolitische Abt.)
20. 3.1937	G Brüssel, DA 23.5., bis 18.2.1939
1.10.1938	Diplomatisch-konsularische Prüfung
31.12.1938	B Rom (Quirinal), DA 31.3.1939, bis 21.11.1941
18. 9.1941	AA, DA 24.11., Informationsabt.
7.11.1941	Legationssekretär

Seit 12.2.1942 Militärdienst, Leutnant d.R., dann in amerik. Kriegsgefangenschaft in Nordafrika und den USA.

Literatur:

Peter Straub: Die Rechte des Gesandten auf Reisen vor der Beglaubigung und nach der Abberufung, in: Niemeyers Zeitschrift für Internationales Recht. Bd. 51 (1935), S. 2-94.

Strautz, Felix Ritter von

* 14. 5.1884 Jerusalem
† 18. 8.1967 Reichenau an der Rax/Niederösterreich

gebürtiger österr. Staatsangehöriger

kath., dann altkath.

Eltern: Anton Ritter v.S., österr.-ungar. Diplomat; Katharina geb. Prinzessin Soutzo

⚭ I. 20.7.1920 Mary geb. Laska; II. 28.3.1927 Irene geb. Prinzessin Soutzo (gebürtige griech. Staatsangehörige; Vater: Alexander Fürst S., griech. Offizier)

Wilhelm-Gymnasium in Breslau, Staatsgymnasium in Görz/Isonzo – 1903 Abitur; 1.10.1903 bis 30.9.1904 Einjährig Freiwilliger, 1.1.1910 Leutnant d.R.; 1904/05 Studien in Wien: Jura; 1905 bis 1910 Studium an der Konsularakademie in Wien: Juli 1910 Abschlussprüfung; seit 30.9.1910 im österr. Auswärtigen Dienst, zuletzt Legationsrat an der G Rom (Quirinal).- 1.7.1940 bis 5.4.1945 (Parteiausschluss wegen „gegnerischer Einstellung und unwürdigem Verhalten") NSDAP.

24. 3.1938	DA B Rom (Quirinal), Leitung der Konsularabt., seit 23.10.1940 Krankenurlaub
31. 1.1939	Überleitung in den Reichsdienst mit Wirkung vom 1.10.1938, Amtsbez. Botschaftsrat
26. 7.1939	Vortragender Legationsrat
3. 1.1940	Gesandtschaftsrat I.Kl.
24.11.1941	Versetzung in den Ruhestand

Streich, Ivo

* 16. 9.1857 Ellwangen
† 3. 8.1920 Schwäbisch-Gmünd

kath.

Eltern: Karl v.S. (württ. Adelsstand ad personam), Richter, württ. MdL, März bis Juli 1871 MdR; Clementine geb. Probst

⚭ 5.6.1895 Olga geb. Nebrich (Vater: Oberbürgermeister)

Gymnasien in Ellwangen und Stuttgart, Kadettenkorps – Prima-Reife; seit 1877 kaufmännische Tätigkeit in Tientsin.

29. 3.1879	Einberufung in den Auswärtigen Dienst (Dolmetscherdienst), G Peking, Dolmetscher-Eleve, DA 14.4., bis 8.9.1881
14. 9.1881	DA K Shanghai, kommissarische Beschäftigung, bis 6.11.
12.11.1881	DA K Canton, bis Okt. 1882, 14.6. bis 1.8.1882 kommissarische Leitung
17. 1.1882	Dolmetscher
5. 8.1882	GK Shanghai, DA 7.10., bis 4.6.1887, zugleich zeitweise kommissarische Tätigkeit für das ital., österr.-ungar. bzw. amerik. K, 13.3.1885 bis 15.3.1886 Urlaub
4.1889	Konsularische Prüfung
30. 4.1889	kommissarische Leitung des VK Swatau, Übernahme der Geschäfte 19.6., bis 13.4.1902, dann Krankenurlaub, zugleich zeitweilige Wahrnehmung der amerik. und niederl. Interessen, 28.4. bis 26.11.1894 und 30.3.1899 bis 9.3.1900 Urlaub
14. 3.1891	Vizekonsul
29. 7.1897	Charakter als Konsul
26. 4.1900	Konsul in Swatau (Umwandlung des VK in ein K)
4. 9.1903	Versetzung in den Ruhestand

Dann Wohnsitz in Schwäbisch-Gmünd.

Literatur:

Ivo Streich: Die Avifauna eines Gartens in Swatau, Süd-China, in: Journal für Ornithologie 51, 1903, S. 515-527.

Streichhan, Fritz

* 10. 8.1895 Potsdam
† 30. 9.1967 Freiburg i.Br.

ev.

Eltern: Arthur S., Gutsbesitzer; Margarethe geb. Engelhardt

ledig

Viktoria-Gymnasium in Potsdam – März 1914 Abitur; Aug. bis 8.12.1914 Militärdienst; Studium in Freiburg i.Br., Greifswald, Jena und Berlin: Jura, Religionswissenschaft, Geschichte und Sprachwissenschaften – 21.3.1921 Lic.theol., 1922 1. Staatsexamen für das höhere Lehramt, 21.7.1923 Dr.phil.; 1.4.1922 bis 3.10.1923 Vorbereitungsdienst an der preuß. Staatsbibliothek Berlin – 30.10.1923

Fachprüfung für den wissenschaftlichen Bibliotheksdienst; seit 1.10.1927 Hilfsreferent an der Bibliothek der Universität Berlin, 1.4.1930 Bibliotheksrat.

| 6. 5.1940 | DA AA, Wissenschaftlicher Hilfsarbeiter, Personal und Verwaltungsabt., Archivkommission, zugleich Weiterbeschäftigung an der Bibliothek der Universität Berlin |

Seit 17.8.1944 an der Bibliothek der Universität Berlin, 1946 Abteilungsleiter und Hauptbibliothekar.

Literatur:

Friedrich Streichhan: Die Anfänge des Vikariates von Thessalonich, in: Zeitschrift der Savigny-Stiftung für Rechtsgeschichte. Kanonistische Abt. 12 (1922), S. 330-384; ders.: Die Sammlung der Kirche von Thessalonich. 1923.

Strempel, Fritz

* 28. 2.1882 Steglitz/Berlin
† 13. 2.1958 Berlin

ev.-luth.

Eltern: Heinrich S., Geheimer Kanzleidiener im preuß. Eisenbahnministerium; Betty geb. Bader

∞ 26. 6.1909 Hedwig geb. Kahnert (Vater: Kaufmann)

Borsig-Realschule in Berlin – 1898 Schulabschluss; seit 1.11.1899 im Eisenbahndienst – 1902 Fachprüfung I.Kl. nebst Kalkulatorprüfung, 1.11.1902 Eisenbahnpraktikant; 1.10.1903 bis 30.9.1904 Einjährig Freiwilliger.- 1.4.1940 NSDAP.

8. 3.1906	Einberufung in den Auswärtigen Dienst (Bürodienst), AA, DA 1.4., Abt. IB (Personal und Verwaltung, seit 1920 Abt. I, seit 15.5.1936 Personal- und Verwaltungsabt.), Legationskasse, dann Ref. D/Allgemeine Verwaltung der Fonds, später dem Abteilungsleiter zugeordnet, dann Leitung des Ref. Verwaltung geheimer Mittel
1.10.1909	Eisenbahngütervorsteher
31. 3.1910	Legationskassen-Assistent
23. 3.1915	Legationskassen-Buchhalter, später Geheimer expedierender Sekretär
1. 4.1920	Ministerialamtmann, später Amtsrat, 10.12.1922 bis 15.1.1923, 1.6. bis 3.7.1924, 12.7. bis 13.8.1925 und 21.2. bis 22.3.1927 kommissarische Beschäftigung bei der B Paris
15. 4.1939	Regierungsrat

Strempel, Heribert von

* 8. 3.1902 Berlin
† 6.12.1981 Feldafing

ev.

Eltern: Walter v.S., preuß. und türk. Offizier; Maria Theresia geb. Herbertz

∞ I. 29.2.1936 Eleanor geb. van Gülpen (Vater: Hans v.G., Tuchfabrikant, rumän. Konsul); II. 6.12.1951 Herta geb. Cramer (Vater: Gustav. C.)

Kinder aus I. Ehe: Marion (16.12.1936), Viktoria (24.1.1941)

Prorealschule in Potsdam – 16.9.1919 Abitur; 1919 bis 1922 Studium in Jena: Jura, Volkswirtschaft – Dez. 1922 Referendarexamen; dann im preuß. Justizdienst.- 1.10.1939 NSDAP, 20.4.1940 SS (Hauptsturmführer).

1. 4.1923	DA AA, kommissarische Beschäftigung, Sonderref. Vbd/Völkerbund, 13.8. bis 12.9.1924 an der Akademie für Internationales Recht in Den Haag
9.12.1924	Einberufung in den Auswärtigen Dienst, Attaché
6. 1.1927	Abt. II (West-, Süd- und Südosteuropa), Mitglied der dt. Delegation für die dt.-franz. Handelsvertragsverhandlungen
27. 4.1927	Diplomatisch-konsularische Prüfung
24. 5.1927	G Belgrad, DA 18.7., bis 1.12.1928
4. 2.1928	Amtsbez. Legationssekretär
15. 9.1928	Legationssekretär
20. 9.1928	G Santiago de Chile, DA 19.2.1929, seit 30.5.1934 Urlaub
15.10.1934	AA, DA 14.12., Abt. P (Presse, seit 15.5.1936 Presseabt.), Leitung des Ref. Mittel- und Südamerika, Liberia, Spanien, Portugal, Vatikan, seit Juli 1935 Leitung des Ref. England mit Dominien, Protektoraten und Kolonien, Portugal, Spanien, Vereinigte Staaten von Amerika, Mittel- und Südamerika
9. 7.1937	Politische Abt., Ref. IX/Amerika
12. 8.1938	Legationsrat
2.11.1938	B Washington, Gesandtschaftsrat, DA 24.12., bis 11.12.1941 (Kriegszustand), dann bis 6.5.1942 in amerik. Internierung in White Sulphur Springs/West Virginia
20. 5.1942	DA AA, Nachrichten- und Presseabt., seit Juni 1942 Leitung des Ref. I/England, Irland, britische Besitzungen
10. 6.1944	Gesandtschaftsrat I.Kl.

Später zeitweise beim Zeitverlag, Hamburg, dann Wohnsitz in Düsseldorf, seit 1955 in Starnberg.

Literatur:

Heribert von Strempel: Confessions of a German Propagandist, in: Public Opinion Quarterly 10 (1946), S. 216–233.

Stresemann, Gustav

* 10. 5.1878 Berlin
† 3.10.1929 Berlin

ev.

Eltern: Ernst S., Gastwirt, Bierverleger; Mathilde geb. Juhre

⚭ 20.10.1903 Käte geb. Kleefeld (Vater: Arthur K., Fabrikant)

Kinder: Wolfgang (20.7.1904), Joachim (13.5.1908)

Andreas-Realgymnasium in Berlin – 20.3.1897 Abitur; seit 1895 zugleich journalistische Tätigkeit; 1897 bis 1901 Studium in Berlin und Leipzig: Volkswirtschaft, Deutsche Literatur, Geschichte – 1901 Dr.phil.; 25.3.1901 bis 30.9.1904 Assistent in der Geschäftsführung des Verbandes Deutscher Schokoladenfabrikanten, zugleich seit 15.1.1902 Geschäftsführer des Bezirksvereins Dresden-Bautzen des Bundes der Industriellen, 21.2.1902 bis 31.3.1919 Syndikus, seit 1911 zugleich geschäftsführender Vorsitzender des Verbandes sächsischer Industrieller, zugleich Wahrnehmung verschiedener Aufsichtsratsmandate, 13.8. bis 30.11.1923 Reichskanzler.- Nationalsozialer Verein, 1903 bis 15.12.1918 Nationalliberale Partei, Nov. 1906 bis 1910 Stadtverordneter in Dresden, Jan. 1907 bis Jan. 1912 und seit 9.12.1914 MdR, seit Sept. 1917 Fraktionsvorsitzender, 15.12.1918 DVP, Parteivorsitzender, bis 14.8.1923 Fraktionsvorsitzender.

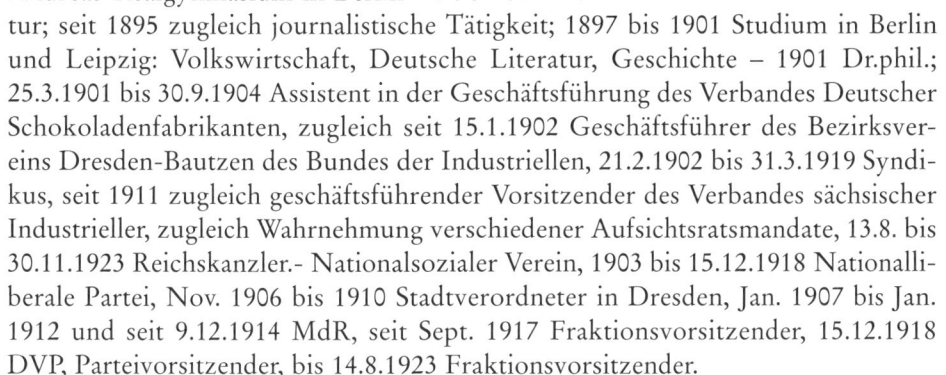

13. 8.1923	zugleich Wahrnehmung der Geschäfte des Reichsministers des Auswärtigen, Übernahme der Geschäfte 15.8.
30.11.1923	Reichsminister des Auswärtigen, Übernahme der Geschäfte 1.12.

1926 gemeinsam mit Aristide Briand Friedensnobelpreisträger.

Literatur:

Gustav Stresemann: Die Entwicklung des Berliner Flaschenbiergeschäfts. Berlin 1900; ders.: Wirtschaftspolitische Zeitfragen, Dresden 1910; ders.: Michel horch der Seewind pfeift ...! Kriegsbetrachtungen. Berlin 1916; ders.: Von der Revolution bis zum Frieden von Versailles. Reden und Aufsätze. Berlin 1919; ders.: Traumjörg. Gedichte einer Jugend. Privatdruck o.O. 1920; ders.: Goethe und Napoleon. Berlin 1924; ders.: Vermächtnis. Der Nachlass in drei Bänden, hrsg. v. Henry Bernhard. Berlin 1932-1933; ders.: Reichstagsreden, hrsg. v. Gerhard Zwoch. Bonn 1972; ders.: Schriften, hrsg. v. Arnold Harttung. Berlin 1976; ders.: Reden und Schriften. Politik – Geschichte – Literatur 1897-1926, eingeleitet v. Rochus von Rheinbaben. Dresden 1926.

Martin Walsdorff: Bibliographie Gustav Stresemann. Düsseldorf 1972; Biographien in Auswahl (nach 1972): Wolfgang Stresemann: Mein Vater Gustav Stresemann. Frankfurt/Main, Berlin 1979; Kurt Koszyk: Gustav Stresemann. Der kaisertreue Demokrat. Eine Biographie. Köln 1989; Manfred Berg: Gustav Stresemann. Eine politische Karriere zwischen Reich und Republik. Göttingen 1992; Constanze Baumgart: Stresemann und England. Köln 1996; Christian Baechler: Gustave Stresemann (1878-1929). De l'impérialisme à la sécurité collective. Strasbourg 1996; Karl Heinrich Pohl (Hrsg.): Politiker und Bürger. Gustav Stresemann und seine Zeit. Göttingen 2002; Jonathan Wright: Gustav Stresemann. Weimar's greatest statesman. Oxford 2002; Eberhard Kolb: Gustav Stresemann. München 2003.

Nachlass im Archiv des Instituts für Zeitgeschichte, München, und im Politischen Archiv des Auswärtigen Amts.

Stroheker, Heinrich

* 9. 8.1870 Reutlingen
† 29.12.1932 Rom

ev.

Eltern: Gottfried S., Industrieller; Katharina

∞ Anna geb. Schickhardt

Kinder: 2 Töchter

Gymnasium – Prima-Reife, dann Höhere Handelsschule; Studien an einer Technischen Universität; seit 1892 Wohnsitz in Italien, während des 1. Weltkriegs Aufenthalt in Deutschland.

23.10.1919	Dt. Wirtschaftskommission in Rom, DA 5.12.
30. 9.1920	Dienstvertrag
1.10.1920	DA B Rom (Quirinal), Amtsbez. Handelsrat, bis 3.1.1922
26.12.1921	AA, kommissarische Beschäftigung, DA 11.1.1922, Abt. IIa (Westeuropa), Ref. Italien
27. 2.1922	DA B Rom (Quirinal), Amtsbez. Handelsrat, seit Frühjahr 1932 Krankenurlaub
24. 9.1932	Beendigung des Dienstverhältnisses

Strohm, Gustav

* 1. 6.1893 Esslingen
† 22. 8.1957 Pretoria

ev.

Eltern: August S., Kaufmann; Luise geb. Eitel

∞ 11.2.1926 Anita geb. Grüner (Vater: Emil G., Kaufmann; Pflegevater: Gross, Oberregierungsrat)

Kinder: Anita (24.10.1928), Winifred (3.10.1931), Gustav Georg (5.12.1940)

Gymnasium in Esslingen – 1911 Abitur; 1.10.1911 bis 30.9.1912 Einjährig Freiwilliger; 1912 bis 1914 und 1919/20 Studium in Tübingen: Geschichte, Archäologie, alte Sprachen – 1920 1. Staatsexamen für das höhere Lehramt, 2.12.1920 Dr.phil.; 3.8.1914 bis 31.12.1918 Militärdienst, Leutnant d.R.; seit 1920 im württ. Schuldienst – 1921 2. Staatsexamen für das höhere Lehramt.- 1.3.1938 NSDAP.

16.12.1922	Einberufung in den Auswärtigen Dienst, AA, Attaché, DA 1.4., Abt. VI (Kultur)
14.12.1923	Diplomatisch-konsularische Prüfung
1923	Büro Staatssekretär
3. 3.1925	Amtsbez. Legationssekretär
17. 7.1925	Legationssekretär
31. 3.1928	Legationsrat
26. 7.1930	kommissarische Leitung des K Lyon, Übernahme der Geschäfte 8.9., bis 28.10.1933, 22.2. bis 4.7.1933 kommissarische Beschäftigung an der B Paris, Wirtschaftsabt.
15. 7.1932	Konsul
13.10.1933	AA, DA 1.11., Abt. II (West-, Süd- und Südosteuropa), Ref. Saargebiet
26. 5.1934	Legationsrat
20. 1.1936	kommissarische Leitung der G Addis Abeba, Übernahme der Geschäfte 17.2., bis 19.1.1937
13. 8.1936	Gesandtschaftsrat I.Kl.
7.11.1936	AA, kommissarische Beschäftigung, DA 7.4.1937, Politische Abt., Leitung des Ref. X/Afrika
5.11.1937	Legationsrat I.Kl.
13. 7.1938	Generalkonsul in Addis Abeba, Übernahme der Geschäfte 4.10., seit 22.4.1941 in brit. Internierung in Aden, Juli 1941 bis 20.11.1942 in Kenia

11. 1.1943	DA AA
23. 3.1943	Leitung des GK Bozen, Übernahme der Geschäfte 22.5., bis Aug., später zeitweise kommissarische Beschäftigung im AA, Personal- und Verwaltungsabt., Archivkommission

10.1.1944 bis 1945 freiwilliger Arbeitseinsatz als Maschinenschlosser, nach Kriegsende Tätigkeit als Übersetzer, seit 16.9.1947 Abteilungsleiter beim Deutschen Büro für Friedensfragen in Stuttgart und Bonn.

17. 7.1950	Einberufung in den Auswärtigen Dienst, Bundeskanzleramt, Dienststelle für Auswärtige Angelegenheiten (seit 15.3.1951 AA), Angestellter, Abt. II (Verbindungsstelle zur Alliierten Hohen Kommission), DA 1.7., später Abt. II (Politik), Ref. 2/ Grenzfragen, seit 24.3.1952 Suspendierung
20.12.1951	Gesandter I.Kl.
18. 8.1952	Abt. III (Länder), DA 21.8., Leitung der Ref. 1b/Italien, Griechenland, Skandinavien (seit 15.12.1953 Abt. 3, Ref 304)
11.1953	zugleich Leitung der Unterabt. A (seit 15.12.1953 Unterabt. 30)
18.11.1954	Botschafter in Pretoria, Übernahme der Geschäfte 24.2.1955, Übergabe des Beglaubigungsschreibens 3.3.1955

Literatur:

Gustav Strohm: Demos und Monarch. Untersuchungen über die Auflösung der Demokratie. Stuttgart 1922.

Strube, Leopold

* 7.12.1877 Bremen
† 12. 8.1931 Bremen

ev.-luth.

Eltern: Leopold S., Kaufmann, amerik. Wahlvizekonsul; Eleonore geb. Miesegaes

⚭ 27.8.1921 Luise Elisabeth (Betsy) geb. Miesegaes

Kinder: Eleonore (19.7.1922), Nellie (4.11.1923)

Gymnasium in Bremen – Herbst 1896 Abitur; 1.10.1896 bis 30.9.1897 Einjährig-Freiwilliger, 18.8.1901 Leutnant d.R.; 1897 bis 1901 Studium in Tübingen, Genf, München und Berlin: Jura – 22.4.1901 1. juristisches Examen, 20.7.1902 Dr.jur.; 14.6.1901 bis

30.4.1905 im brem. Justizdienst – 14.12.1905 2. juristisches Examen; 1906/07 Reise durch Nord- und Mittelamerika.

5. 1.1908	Einberufung in den Auswärtigen Dienst (konsularische Laufbahn), AA, DA 11.1., Abt. II (Handelspolitik)
1.10.1908	Abt. III (Recht)
20.11.1909	GK St. Petersburg, kommissarische Beschäftigung, DA 4.1.1910, bis 10.6.1914, 30.6. bis 9.8.1913 kommissarische Leitung des K Kowno
31.12.1909	Charakter als Vizekonsul
22.11.1914	Militärdienst (18.6.1915 Oberleutnant d.R.), bis 26.6.1917
22. 6.1917	GK Budapest, kommissarische Beschäftigung, DA 30.6., bis 29.8.1919
30. 4.1919	Amtsbez. Konsul
5. 8.1919	AA, kommissarische Beschäftigung, DA 6.9., Außenhandelsstelle, dann Abt. IV (Osteuropa), Ref. Rußland, wirtschaftliche Angelegenheiten, und Ref. Kaukasus, wirtschaftliche Angelegenheiten, dann Abt. IVa (Osteuropa), Ref. Rußland, seit 1923 Mitglied der dt. Delegation bei den Verhandlungen mit Sowjetrußland bzw. der UdSSR wegen der Ausführung des Rapallovertrags in Moskau
25.12.1920	Legationsrat
20. 5.1926	Konsul in São Paulo, Amtsbez. Generalkonsul, Übernahme der Geschäfte 16.7., seit 27.2.1931 Krankenurlaub, 14.6.1929 bis 24.1.1930 Urlaub
9. 4.1927	Generalkonsul

Literatur:

Leopold Strube: Der Transportdiebstahl. Rostock 1902.

Struve, Gustav

* 7. 7.1899 Dresden
† um 1946

ev.-luth.

Eltern: Dr.phil. Alexander S., Eigentümer der Chemischen Fabrik Mineralwasseranstalt Dr. Struve in Dresden; Janka geb. Gontard

∞ 23.2.1935 Elinor geb. Castendyk (Vater: Christian C., Kaufmann auf Hawaii)

Vitzthumsches Gymnasium in Dresden – Mai 1917 Abitur; 9.5.1917 bis Sept. 1919 Militärdienst, 12.8.1918 Leutnant d.R., 1937 Oberleutnant d.R., 1.12.1938 Hauptmann d.R.; 1919 bis 1922 Studium in Freiburg i.Br., München und Erlangen: Jura, Volkswirtschaft – Juli 1922 1. juristisches Examen, 24.7.1925 Dr.jur.; Herbst 1922 bis Juli 1923 Beschäftigung bei der Reichsbank, dann leitende Tätigkeit in der väterlichen Firma, Sommer 1924 bis Dezember 1925 Wissenschaftlicher Hilfsarbeiter bei den „Süddeutschen Monatsheften", 10.8.1926 bis 28.2.1927 Tätigkeit bei der Zweigstelle des AA für Außenhandel in Bremen.- 1.7.1936 NSDAP.

26. 4.1927	Einberufung in den Auswärtigen Dienst, AA, Attaché, DA 2.5., Abt. V (Recht), dann im Büro Staatssekretär
2.11.1928	DA Fortbildungskurs für Attachés
21.12.1929	Diplomatisch-konsularische Prüfung
27.12.1929	Ministerbüro, DA 10.1.1930
25. 2.1931	B Washington, DA 29.5., bis 16.11.1931
5.10.1931	GK San Francisco, Abordnung zum WK Los Angeles, DA in San Francisco 9.12., in Los Angeles 15.12., bis 2.4.1933
14. 3.1933	B Washington, DA 3.4., bis 11.5.1937
28. 7.1933	Legationssekretär
7. 5.1937	B Warschau, DA 29.5., bis 15.7.1939
17. 7.1939	DA AA, Protokoll
27. 6.1939	Gesandtschaftsrat
16. 2.1940	Legationsrat
13. 8.1940	G Budapest, DA 10.9., bis 23.12.1941
24. 9.1940	Gesandtschaftsrat
13.11.1941	Zweigstelle Vichy der B Paris, DA 24.12., bis 4.8.1942
10. 6.1942	AA, DA 13.8., kommissarische Beschäftigung, Politische Abt., Ref. IX/Amerika
31.12.1942	Zweigstelle Vichy der B Paris, DA 13.1.1943, bis 16.9.1944, seit 15.1.1944 Leitung der Zweigstelle, seit Okt. 1944 in der Dienststelle auf der Insel Mainau
28.12.1943	Gesandtschaftsrat I.Kl.

Struve, Hermann

* 19. 6.1852 Gnesen

† 2. 6.1924 Berlin-Lichterfelde

ev.

Eltern: Franz S., Güter-Expeditions-Vorsteher; Luise geb. Zadow

∞ 4.5.1878 Friederike geb. Fielk (Vater: Gerberei- und Tischlereibesitzer)

Kinder: Gustav (2.4.1879), Benno (12.8.1880), Helene, Margarethe

Realschulen I. Ordnung in Bromberg und Elbing – Prima-Reife; seit 9.2.1870 Zivilsupernumerar, dann Bureau-Assistent bei den preuß. Eisenbahnen bzw. den Reichseisenbahnen in Elsaß-Lothringen – 12.2.1876 Betriebs-Sekretär; 1.4.1873 bis 31.3.1874 Einjährig Freiwilliger.

11. 9.1877	Einberufung in den Auswärtigen Dienst (Bürodienst), GK Bukarest, Bürogehilfe, DA 1.10., bis Anfang Mai 1880
27. 5.1880	K Galatz, Konsulatssekretär, DA 9.5., bis Mitte Nov. 1887
8.11.1887	K Bukarest, Wahrnehmung der Geschäfte des Dragomans, DA 19.11., 10.3. bis 24.4.1888 kommissarische Leitung der G
2. 1.1888	Dragoman
25. 2.1889	K Galatz, kommissarische Beschäftigung, DA 24.3., bis 29.7.1902, 24.3.1889 bis 16.10.1891, 5.7.1893 bis 25.6.1894 und 10.4.1901 bis 19.7.1902 sowie mehrmalig über mehrere Monate kommissarische Leitung
21. 6.1890	Dragoman in Galatz
24. 5.1902	K Bukarest, DA 31.7., bis 31.8.1910, 12.1. bis 9.3.1903, 22.7. bis 29.9.1904 kommissarische Leitung
30. 6.1910	Versetzung in den Ruhestand

Seit Mai 1909 als Nebenerwerb, seit 1.9.1910 hauptberuflich Verwaltungstätigkeit bei der dt. ev. Schule in Bukarest, Ende Aug. bis 23.12.1916 in rumän. Internierung in Jalomitza, dann bis Herbst 1918 zugleich Verwaltungs- und Dolmetschertätigkeit für die dt. Militärverwaltung in Rumänien, seit Ende 1919 Wohnsitz in Chemnitz, dann in Berlin.

Struwe, Albert

* 30. 5.1905 Bochum
† 4.11.1966 Bochum

kath.

Eltern: Emil S., Lehrer; Maria geb. Brand

∞ 6.3.1940 Margarethe geb. Gockel

Kind: Barbara (12.9.1943)

1926 Abitur; Studium in München, Greifswald und Göttingen: Jura – Referendarexamen, Assessorexamen; Rechtsanwalt.- 1933 NSDAP.

3. 7.1939	DA K Sarajewo, Bürohilfsarbeiter
24. 4.1941	AA, Dienstvertrag als Wissenschaftlicher Hilfsarbeiter, DA 15.4., Rechtsabt.
2. 7.1941	DA K Sarajevo, bis 13.10.1944
8.11.1944	DA AA, Rechtsabt., Ref. XIV B/Dt. und feindliche Kriegsgefangene

Später Rechtsanwalt und Notar in Bochum.

Stubbe, Walter

* 17. 2.1906 Stolp
† 3. 7.1966 Pentling/Regensburg

ev.

Eltern: Hermann S., Ingenieur, Besitzer einer Mühlenbauanstalt; Johanna geb. Hörnemann

∞ 10.4.1940 Annemarie geb. Domrich, Ärztin (Vater: Dr.jur. Viktor D., Amtsrichter)

Kinder: Kristina (28.5.1941), Goerdt (15.7.1942), Wolfgang (24.3.1946)

Humanistische Gymnasien in Stolp und Gütersloh – 1927 Unterprima-Reife; 1928 und 1933 bis 1935 Studium an der Handelshochschule und der Hochschule für Politik in Berlin: Volkswirtschaft, Handels- und Auslandswissenschaft – 1.7.1935 Diplom der Auslandswissenschaften; Herbst 1928 bis 1929 kaufmännische Ausbildung, 1929 bis 1932 Prokurist in der väterlichen Firma; 1.10.1935 bis 31.1.1940 Assistent bei Albrecht Haushofer am Institut für Geopolitik der Hochschule für Politik in Berlin, dann an der Universität Berlin.- 1.5.1933 NSDAP.

25. 5.1940	DA AA, Kulturpolitische Abt., Ref. R/Rundfunkangelegenheiten
7.10.1940	AA, Dienstvertrag als Wissenschaftlicher Hilfsarbeiter, DA 1.9., Presseabt., Ref. XII/Nachrichtendienst, später in Ref. IX b/Mittel- und Südamerika, Spanien, Portugal

1945 bis Nov. 1946 Wohnsitz im Kreis Stolp, danach in Wipperfürth, seit Juli 1948 in Hohne/Celle, freiberufliche Tätigkeit, 1951 bis Febr. 1952 journalistische Tätigkeit für die Pommersche Landsmannschaft, seit Sept. 1952 Referent beim Zentralverband vertriebener Deutscher.

25. 3.1953	AA, Dienstvertrag, Hilfsreferent, DA 2.3., Abt. II (Politik), Ref. A 9/Heimatvertriebene, (seit 15.12.1953 Abt. 2, Ref. 205/Politische Fragen der Wiedergutmachung), dann Abt. 5 (Recht), Ref. 508/Dt. Gefangene, Flüchtlinge, dann Abt. 7 (Ost), Ref. 712/Repatriierung, heimatloser Ausländer, Flüchtlinge
16.12.1955	Legationsrat
3.11.1959	Abt. 5 (Recht), Ref. 505/Sozialrecht, Sozialpolitik (seit 15.1.1963 Abt. V, Ref. 6)
19. 7.1962	Legationsrat I.Kl.

Literatur:

Adolf Grimme, Carl Friedrich von Weizsäcker, Walter Stubbe: In memoriam Albrecht Haushofer. Gedenkworte. Hamburg 1948; Walter Stubbe: Albrecht Haushofer, in: Berichte zur deutschen Landeskunde 17, 1956; ders.: In memoriam Albrecht Haushofer, in: Vierteljahrshefte für Zeitgeschichte 8, 1960, S. 236-256.

Studnitz, Hans Georg von

* 31. 8.1907 Potsdam
† 16. 7.1993 Rimsting/Chiemsee

ev.

Eltern: Thassilo von S., preuß. Offizier; Anna-Marie geb. von Schinckel

⚭ I. 20.9.1933 Eveline geb. Baronesse von Behr (Vater: Dr.phil. Eberhard Baron von B., Gutsbesitzer); II. 16.10.1938 Maria geb. Freiin von Mengersen (gebürtige ungar. Staatsangehörige, Vater: Armin Freiherr von M., österr.-ungar. Offizier); III. 23.4.1950 Vera geb. Schuler (Vater: Wilhelm S., Brauereibesitzer)

Kinder aus II. Ehe: Georgine (5.7.1939); aus III. Ehe: Andreas (9.2.1954), Allegra (14.2.1958)

Realgymnasium in Potsdam – 1923 Obersekunda-Reife; 1923/24 halbjährige Banklehre in Hamburg, Juni 1924 bis Frühjahr 1926 Tätigkeit für eine Bank in Valparaíso, dann für einen Schiffsmakler in Buenos Aires, 1929 bis 29.10.1931 Tätigkeit für die Hamburg-Amerika-Linie in New York und Berlin, seit 25.11.1931 Volontär, dann Journalist bei Zeitungen des Scherl-Verlages, seit Frühjahr 1934 Korrespondent in Wien, seit Anfang 1935 in Rom, dann in Spanien, 1937 in Indien, Jan. bis Dez. 1938 in London, 1939 in Nordafrika, dem Nahen Osten und dem Balkan, dann bis Mai 1940 in den Niederlanden.- 1.5.1933 NSDAP.

1. 6.1940	DA AA, Informationsabt., Ref. III/Nachrichtenausgabe und Artikeldienst, dann Nachrichten- und Presseabt., Ref. Archiv Völkerbund und Rüstung, dann Leitung des Ref. XVI/Deutscher Politischer Bericht, Deutscher Wirtschaftsbericht, Artikeldienst, zeitweise zugleich Informationsabt., Arbeitskreis Indien
11. 9.1941	Dienstvertrag als Wissenschaftlicher Hilfsarbeiter
11. 3.1943	Beurlaubung zum 1.4.

Dann im Auftrag des AA Leitung des Artikeldienstes „Europäische Korrespondenz", der Zeitschrift „Berlin-Rom-Tokio" und seit April 1944 der „Deutschen Diplomatischen Korrespondenz"; 23.12.1945 bis 23.7.1946 in brit. Internierung; seit 1947 Tätigkeit als freier Journalist für „Christ und Welt", „Zeit" und weitere Zeitungen, Korrespondent der „Zeit" beim Nürnberger Prozess, 1.4.1949 bis 24.3.1950 Chefredakteur der „Hamburger Allgemeinen Zeitung", 1952 Bonner Korrespondent bzw. seit 3.11.1953 bis 1955 Chefredakteur des „Hamburger Anzeigers", Mitbegründer und von 1950 bis 1965 Mitherausgeber der Zeitschrift „Aussenpolitik", 1955 bis 1961 Pressechef der Dt. Lufthansa AG, 1961 bis 1964 stellvertretender Chefredakteur, dann Redakteur von „Christ und Welt", seit 1965 zugleich feste Mitarbeit bei der „Welt am Sonntag".

Literatur:

Georg Buderose [d.i. Hans-Georg von Studnitz]: England so – und so!. Berlin 1939; ders.: Roosevelt & Co. Kriege, Lügen, Verbrechen. Berlin 1942; Hans-Georg von Studnitz: Als Berlin brannte. Diarium der Jahre 1943-1945. Stuttgart 1963; ders.: Bismarck in Bonn. Bemerkungen zur Außenpolitik. Stuttgart 1964; ders.: Glanz und keine Gloria. Reise durch die Wohlfahrtsgesellschaft. Stuttgart 1965; ders.: Den Größten die Ehre. Aus der Geschichte des Nobelpreises für Literatur. Zürich 1966; ders.: Rettet die Bundeswehr! Stuttgart 1967; ders.: Deutsche Ostpolitik. Eine Rede. Wien 1968; ders.: Ist Gott Mitläufer? Die Politisierung der evangelischen Kirche. Analyse und Dokumentation. Stuttgart 1969; ders.: Seitensprünge. Erlebnisse und Begegnungen 1907-1970. Stuttgart 1975; ders.: Menschen aus meiner Welt. Frankfurt/Main 1985; Georgine Offermann (Hrsg.): Die Schrift an der Wand. In memoriam Hans Georg von Studnitz, 1907-1993. Ein journalistisches Kaleidoskop aus den Jahren 1962-1993. Wien 2003.

Nils Asmussen: Hans-Georg von Studnitz. Ein konservativer Journalist im Dritten Reich und in der Bundesrepublik, in: Vierteljahrshefte für Zeitgeschichte 45 (1997), S. 75-119; Jürgen Hagenmeyer: Hans-Georg v. Studnitz (1907-1993) und die Berichterstattung über die Nürnberger Prozesse in der liberalkonservativen Presse der Nachkriegszeit. Hamburg 2000.

Nachlass im Unternehmensarchiv der Axel Springer AG, Berlin.

Stübel, Oscar

* 11. 8.1846 Dresden
† 15. 6.1921 Dresden

ev.-luth.

Vater: Dr.jur. Anselm S., Rechtsanwalt, Hofrat; Adelheid Auguste geb. Meissner

ledig

Kreuzschule in Dresden – Ostern 1865 Abitur; 1865 bis 1869 Studium in Leipzig, Berlin und Heidelberg: Mathematik, dann Jura – 1870 1. juristisches Examen, Dez. 1872 Dr.jur.; 1.4.1867 bis 31.3.1868 Einjährig Freiwilliger, 9.12.1868 Sekonde-Lieutenant d.R., 1870/71 Teilnahme am Krieg gegen Frankreich, 22.4.1874 Premier-Lieutenant d.R., später Hauptmann d.R.; 1.4. bis Juli 1870 Tätigkeit als Rechtskandidat bei einem Rechtsanwalt, 1.9.1871 bis 28.2.1872 Accessist am Bezirksgericht Dresden, seit 1.3.1872 im kgl. sächs. Justizdienst – 1876 2. juristisches Examen; 1.8. bis 29.10.1873 Privatsekretär des Königs Johann von Sachsen, 1.10.1874 bis 30.4.1875 Sekretär des sächs. ev.-luth. Landeskonsistoriums, seit 1.5.1875 Hilfsarbeiter im kgl. sächs. Ministerium der auswärtigen Angelegenheiten, 5.10.1876 Regierungsassessor.

16.12.1878	Einberufung in den Auswärtigen Dienst (konsularische Laufbahn), AA, DA 1.11.1879, Abt. II (Handelspolitik und Recht), Justitiariat
25. 6.1880	Charakter als Legationsrat
9.11.1881	kommissarische Leitung des K St. Louis, Übernahme der Geschäfte 1.1.1882, bis 6.5.
17. 4.1882	kommissarische Leitung des K Cincinnati, Übernahme der Geschäfte 25.6., bis 11.11.
17. 9.1882	kommissarische Leitung des K Apia, DA 5.2.1883, Übernahme der Geschäfte 15.5., bis 12.8.1886
18.11.1884	Charakter als Generalkonsul
13.10.1885	Konsul in Apia
21. 1.1887	Konsul in Kopenhagen, Übernahme der Geschäfte 4.3., bis 26.11.1888, 15.7. bis 31.10.1888 kommissarische Beschäftigung im AA, Abt. II (Handelspolitik), Leitung des Schifffahrtsref.
25.11.1888	AA, kommissarische Beschäftigung, DA 28.11.
23. 2.1889	kommissarische Leitung des K Apia, Übernahme der Geschäfte 9.5., bis 27.4.1891
19. 5.1890	Generalkonsul in Shanghai, Übernahme der Geschäfte 27.6.1891, seit 30.8.1898 Urlaub, 12.8.1893 bis 25.8.1894 Urlaub, Juli 1896 bis April 1897 zugleich Vertretung der österr.-ungar. Interessen

11. 4.1899	Gesandter in Santiago de Chile, Übernahme der Geschäfte 31.10., Übergabe des Beglaubigungsschreibens 4.11., bis 25.6.1900
12. 6.1900	AA, Direktor der Abt. IV (Kolonien), Übernahme der Geschäfte 22.8., seit 27.11.1905 Urlaub
12. 6.1900	Charakter als Wirklicher Geheimer Legationsrat
12. 6.1900	zugleich Stellvertretender preuß. Bevollmächtigter zum Bundesrat
7. 4.1906	Gesandter in Kristiania, Übernahme der Geschäfte 29.4., Übergabe des Beglaubigungsschreibens 1.5., bis 23.12.1906, dann Urlaub
18. 1.1907	Versetzung in den Ruhestand

Dann Wohnsitz in Dresden.

Literatur:

Samoanische Texte, unter Beihülfe von Eingeborenen gesammelt und übersetzt von Oskar Stübel, hrsg. von Friedrich Wilhelm Karl Müller. Berlin 1896.

Stümbke, Annemarie

* 29. 3.1901 Karlsruhe

kath.

Eltern: Georg S., Verwaltungsamtmann; Marie Louise geb. Thunert

ledig

Lyzeum Hildaschule in Koblenz – 1917 Abitur; einjähriger Aufenthalt in den Niederlanden, dann ein Jahr Höhere Handelsschule in Koblenz; später Tätigkeiten bei der American Express Company, der Stadtverwaltung Koblenz und einem Reisebüro in Koblenz, 1924 bis 1929 beim Büro der United States Lines in Bremen.

1. 5.1929	DA B Washington, bis 31.12.1938

Seit 1.1.1938 zugleich journalistische Tätigkeit beim DNB in Washington, Mai 1942 Rückkehr nach Deutschland, seit Febr. 1943 Tätigkeit für die Nachrichtenagenturen Transocean und Europapress in Stockholm.

15. 9.1943	DA G Stockholm, Presseabt., Lektorin
15. 6.1944	Wissenschaftliche Hilfsarbeiterin

Stünkel, Dietrich

* 24.10.1913 Hannover

ev.

Eltern: Wilhelm S.; Regina geb. Diedrich

∞ 17.11.1942 Grete geb. Fell

Kind: Katrin (10.11.1943)

Abitur; Studium in München, Genf und Kiel: Jura, Volkswirtschaft – 31.3.1937 Diplom-Volkswirt, 22.6.1938 Dr.oec.publ.; Juli bis Dez. 1938 freier wissenschaftlicher Mitarbeiter der IG Farben, 1.1. bis 31.3.1939 Mitarbeiter der Wirtschaftsgruppe Papierverarbeitung, seit 1.4.1939 beim Reichsamt für wehrwirtschaftliche Planung.- 1.5.1937 NSDAP.

4. 1.1943	DA AA, Wissenschaftlicher Hilfsarbeiter, Rundfunkpolitische Abt., Ref. IVa/Italien, 12.3. bis 10.4.1943 kommissarische Beschäftigung an der B Rom (Quirinal), zuletzt im Vorkommando der Rundfunkpolitischen Abt. in der Ausweichstelle des AA in Steinseiffen
4. 8.1943	Dienstvertrag
26. 4.1944	Beendigung des Dienstverhältnisses zum 30.4.

Dann Wohnsitz in Bremen.

Literatur:

Stünkel, Franz Dietrich: die Arbeitsteilungen der Banken in Norwegen. München 1938.

Stünzner, Otto

* 21. 4.1888 Altenburg/Thüringen
† 30.11.1975 Leipzig

ev.

Eltern: Otto S., Kaufmann; Flora geb. Schmidt

ledig

Herzog-Ernst-Realgymnasium in Altenburg – Ostern 1907 Abitur; 1907 bis 1911 Studium in Jena, Leipzig und Freiburg i.Br.: Staatswissenschaften – Juli 1911 Dr.rer.pol.; Jan. bis Sept. 1912 journalistische Tätigkeit in Berlin und London, Okt. 1912 bis Aug. 1914 Tätigkeit für die Deutsche Bank in Chemnitz; Aug. 1914 bis

19.12.1918 Militärdienst: 30.7.1917 Leutnant d.R.; Jan. 1920 bis Febr. 1923 Tätigkeit für die Frankfurter Messe in Schweden, Finnland und Italien, Aug. 1923 bis Mai 1926 Aufenthalt in den USA, verschiedene Tätigkeiten vorwiegend in der Landwirtschaft, Aug. 1926 bis Juni 1927 Tätigkeit für die Disconto-Gesellschaft in Berlin, Febr. bis Nov. 1928 gelegentliche Tätigkeit für den Sprachendienst des AA und den Ausschuss zur Untersuchung der Erzeugungs- und Absatzbedingungen der deutschen Wirtschaft (Enquête-Ausschuss), 10.12.1928 bis 31.5.1929 Büroangestellter beim Statistischen Reichsamt, Juli 1929 bis Febr. 1936 journalistische Tätigkeit für dt. und schwed. Zeitungen in Berlin und Warschau, 2.3. bis 30.9.1936 Wissenschaftlicher Hilfsarbeiter beim Statistischen Reichsamt.

1.10.1936	DA AA, Wissenschaftlicher Hilfsarbeiter, Kulturpolitische Abt., Ref. W/Wissenschaftliche Beziehungen zum Ausland, seit 29.11.1943 in der Ausweichstelle des AA in Krummhübel
5. 7.1939	Dienstvertrag

Seit 1.11.1944 Tätigkeit beim Landratsamt Hirschberg, seit 5.1.1945 Militärdienst.

Literatur:

Otto Stünzner: Banken und Wertpapierbörse. Beiträge zu der Stellung der Banken auf dem Wertpapiermarkte. Altenburg 1911; ders. (Hrsg.): Finnland. Eine Sammlung von Aufsätzen. Streiflichter auf Volk und Wirtschaft. Frankfurt/Main 1921 (Schriften des Frankfurter Messamts 4); ders.: Grüßet einander. Eine Hilfe zur Gemeinschaft. (Ost-)Berlin 1960.

Stüven, Heinrich

* 13. 3.1915 Hechthausen/Land Hadeln
† 21. 7.1944 an der Ostfront (gefallen)

gottgläubig

Eltern: Heinrich S., Kaufmann; Anna geb. Thorborg; Stiefvater: Hermann von Holt

Staatliches Gymnasium Stade – Ostern 1933 Abitur; 1933 bis 1937 Studium in Hamburg: Jura, Volkswirtschaft, Japanisch – 1937 Referendarexamen, 1939 Dr.jur.; seit 1937 im Justizdienst – 1941 Assessorexamen; 1.7.1940 bis 27.11.1941 bei der Einwandererzentrale Litzmannstadt.- 1.7.1937 NSDAP.

28.11.1941	AA, Dienstvertrag als Wissenschaftlicher Hilfsarbeiter, DA 28.11., Politische Abt., Ref. II/Westeuropa
23. 3.1942	Militärdienst, 1.10.1943 Leutnant d.R.

Literatur:

Heinrich Stüven: Die Anwendung fremder Goldklauselgesetze unter besonderer Berücksichtigung der amerikanischen Joint Resolution vom 5. Juni 1933 und der deutschen Fremdwährungsschuldengesetzgebung von 1936. Hamburg 1939.

Stumm, Ferdinand
(seit 5.5.1888 preuß. Adels- und Freiherrnstand)

* 12. 7.1843 Neunkirchen/Saar
† 10. 5.1925 Locarno

ev.

Eltern: Carl S., Hüttenbesitzer; Maria geb. Böcking

∞ 28.6.1879 Pauline geb. Freiin von Hoffmann (gebürtige amerik. Staatsangehörige; Vater: Louis Freiherr v.H., Bankier)

Kinder: Ferdinand (29.6.1880), Maria (21.4.1882), Carl Alphons (23.11.1883), Herbert (16.6.1885), Friedrich Wilhelm (14.5.1888)

Vereinigte höhere Bürgerschule und Provinzialgewerbeschule in Trier – 1861 Abitur; stiller Gesellschafter der Eisenwerke Gebrüder Stumm; seit 5.11.1861 im preuß. Militärdienst: 1862 Offiziersexamen, 15.1.1863 Sekonde-Lieutenant, 1864 Teilnahme am Krieg gegen Dänemark, 1865 Reisen durch Rußland und im Orient, 1866 Teilnahme am Krieg gegen Österreich, seit 27.10.1868 à la suite des Regiments.

31. 1.1867	Kommandierung zur preuß. G Florenz, Jan. bis Juni 1868 Teilnahme an der brit. militärischen Expedition gegen Äthiopien
1. 6.1869	Zulassung zur diplomatischen Laufbahn, Attaché
11. 8.1869	Ministerium der auswärtigen Angelegenheiten (seit 4.1.1870 AA), DA 1.9.
1870	Militärdienst (22.8.1870 Premier-Lieutenant), Teilnahme am Krieg gegen Frankreich
20. 6.1871	B Paris, seit 1.12. Urlaub
15. 2.1872	Diplomatische Prüfung
22. 2.1872	Charakter als Legationssekretär
6. 3.1872	preuß. G Rom (Vatikan), Wahrnehmung der Geschäfte des Legationssekretärs, DA 10.3., bis 29.12.
17. 9.1872	Ausscheiden aus dem Militärdienst, später Rittmeister d.R.
23. 4.1873	G Washington, Legationssekretär, DA 18.5., bis Anfang Januar 1874
17. 4.1874	G Bern, Legationssekretär, DA 17.5.

12. 7.1874	preuß. G München, Legationssekretär, DA 15.7., bis April 1876, 20.11.1874 bis 18.1.1875 kommissarische Leitung der G Brüssel
3. 4.1876	B Paris, 2. Sekretär, bis Mitte Dez. 1878
6. 8.1878	Charakter als Legationsrat
11.11.1878	B St. Petersburg, 1. Sekretär, DA 1.1.1879, seit 4.12.1880 Urlaub
19. 3.1881	B London, 1. Sekretär, DA 18.4., bis 8.1.1883
25.10.1882	preuß. Gesandter in Darmstadt, Übernahme der Geschäfte Mitte Jan. 1883, Übergabe des Beglaubigungsschreibens 20.1., bis 9.5.1885, 15.7. bis 12.9. und 15.12.1883 bis 9.7.1884 zugleich kommissarische Leitung der preuß. G Karlsruhe
8. 5.1885	kommissarische Leitung der G Kopenhagen, Übernahme der Geschäfte 18.5., bis 24.5.1887
20.10.1885	Gesandter, Übergabe des Beglaubigungsschreibens 3.11.
8. 5.1887	Gesandter in Madrid, Übernahme der Geschäfte 7.6., Übergabe des Beglaubigungsschreibens 18.6., bis 2.7.1892
17. 3.1888	Botschafter (Umwandlung der G in eine B)
22. 6.1892	Versetzung in den einstweiligen Ruhestand, Wirklicher Geheimer Rat mit dem Prädikat Exzellenz
25.11.1923	Versetzung in den Ruhestand zum 1.12.

Wohnsitz auf Schloss Holzhausen/Kirchhain, Verwaltung seiner Besitzungen, 1903 Vorsitzender des Aufsichtsrats der Gebrüder Stumm GmbH.

Literatur:

Meine Erlebnisse bei der Englischen Expedition in Abyssinien, Januar bis Juni 1868. Mit einer Karte von Abyssinien und einem Plan von Magdala. Von F. Stumm, Lieutenant im Hannover'schen Husaren-Regiment Nr 15. Frankfurt/Main 1868.

Antiquitäten und alte Gemälde aus dem Nachlass des verstorbenen Freiherrn Ferdinand von Stumm, Kaiserlicher Botschafter a.D. – Ausstellung, Versteigerung: Dienstag den 4. Oktober 1932. Vorwort Alfred Kuhn. Berlin 1932.

Stumm, Ferdinand Freiherr von

* 29. 6.1880 Zarkoje Selo/St. Petersburg
† 23. 3.1954 Grafenaschau/Obb.

ev.

Eltern: Ferdinand S. (seit 5.5.1888 preuß. Adels- und Freiherrnstand), Diplomat; Pauline geb. Freiin von Hoffmann

∞ I. 30.3.1910 Constance geb. Hoyt (gebürtige amerik. Staatsangehörige; Vater: Henry Martyn H., Jurist, United States Solicitor General, Counsellor to the State Department); II. 15.5.1926 Vera geb. Freiin von Wolff (gebürtige russ. Staatsangehörige; Vater: Nikolaus Freiherr v.W., Ks. russ. Kammerherr, Hofmeister und Wirklicher Staatsrat, Reichsdumadeputierter, livländischer Landrat, Großgrundbesitzer)

Kinder aus I. Ehe: Carl (25.2.1911), Nora (23.10.1916); aus II. Ehe: Nikolaus (7.6.1928)

Privatunterricht, Friedrichsgymnasium in Kassel – Ostern 1898 Abitur; 1898 bis 1902 Studium in Oxford, Genf, Straßburg und Bonn: Jura – 26.7.1902 Referendarexamen; 19.9.1902 bis 23.9.1903 im preuß. Justizdienst; 1.10.1902 bis 30.9.1903 Einjährig Freiwilliger, Jan. 1906 Leutnant d.R., Juli 1918 Oberleutnant d.R.; 1903/04 Studium an der Handelshochschule Köln.

8.10.1904	Einberufung in den Auswärtigen Dienst (diplomatische Laufbahn), AA, Attaché, DA 15.11., Abt. IB (Personal und Verwaltung)
5. 1.1905	preuß. G Rom (Vatikan), DA 25.1., bis 21.1.1906
13. 1.1906	AA, DA 25.1., Abt. IB (Personal und Verwaltung)
2. 3.1906	B St. Petersburg, DA 1.4., seit 3.12. Urlaub
27.11.1907	Diplomatische Prüfung
11.12.1907	Legationssekretär
11.12.1907	B Washington, 3. Sekretär, DA 14.1.1908, bis 5.7.1910, 3.8. bis 13.10.1909 kommissarische Leitung der G Belgrad
20. 1.1910	2. Sekretär
1. 9.1910	preuß. G Stuttgart, Legationssekretär, DA 1.10., bis 7.10.1911, 11. bis 26.11.1910 kommissarische Leitung der preuß. G Darmstadt
3. 9.1911	B Rom (Quirinal), 2. Sekretär, DA 8.10., bis 4.6.1914
3. 6.1914	G Brüssel, 1. Sekretär, DA 6.6., bis 4.8. (Kriegszustand)
15. 8.1914	B Konstantinopel, Wahrnehmung der Geschäfte des Botschaftsrats, DA 23.8., bis 22.10.
4.10.1914	G Den Haag, kommissarische Beschäftigung, DA 31.10., bis 3.1.1918
12.11.1914	Versetzung in den einstweiligen Ruhestand, jedoch Weiterbeschäftigung
27. 1.1915	Charakter als Legationsrat
3.12.1917	AA, DA 4.1.1918, Abt. IV (Nachrichten), Wahrnehmung der Geschäfte des Dirigenten
1. 3.1918	Wirklicher Legationsrat und Vortragender Rat
5. 1.1919	Entlassung aus dem Reichsdienst

Wohnsitz auf Schloss Holzhausen/Kirchhain, Aufsichtsrat verschiedener Unternehmen des Stumm-Konzerns; später Wohnsitz in Ascona.

Nachlass im Politischen Archiv des Auswärtigen Amts.

Stumm, Wilhelm von

* 25. 1.1869 Frankfurt/Main
† 30. 3.1935 Berlin

ev.

Eltern: Friedrich S. (seit 5.5.1888 preuß. Adels- und Freiherrnstand), preuß. Offizier, Rentier; Mathilde geb. de Backer

⚭ 5.4.1916 Marie geb. Gräfin von Platen-Hallermund (Vater: Carl Graf und Edler Herr v.P.-H., Fideikommissherr, preuß. Offizier, Generalerbpostmeister in Hannover)

Kinder: Wilhelm (30.6.1917), Elisabeth (29.7.1918), Friedrich (2.3.1920)

Realgymnasium in Trier – 1887 Realgymnasialabitur; 1887/88 Studien an der TH Hannover: Physik, Mathematik; 1.10.1888 bis 30.9.1889 Einjährig Freiwilliger; 1888 bis 1890 Studien in Berlin: Philosophische Fakultät, Jura; Frühjahr 1889 externe Abiturergänzungsprüfung am Friedrich-Wilhelm-Gymnasium in Köln; 1890 bis 1893 Studium in Berlin: Jura – 18.12.1893 Referendarexamen; seit Frühjahr 1890 zugleich im Militärdienst: 18.11.1890 Sekonde-Lieutenant, seit 1.11.1892 à la suite des Regiments, 1898 Oberleutnant d.R., 18.10.1908 Rittmeister d.R.

17. 3.1894	Kommandierung zur Dienstleistung ins AA
21. 6.1894	B London, DA 1.7., bis 9.7.1895
25. 6.1895	AA, DA 24.7., Abt. III (Recht), währenddessen dreimonatige informatorische Beschäftigung bei Geheimer Registratur, Geheimer Kalkulatur, Legationskasse und Chiffrierbüro
15.11.1895	B Washington, DA 9.12., bis 5.5.1896, dann Urlaub
1896	kommissarische Leitung der preuß. G Karlsruhe, Übernahme der Geschäfte 4.8., bis 11.8.
19. 6.1897	Diplomatische Prüfung
26. 6.1897	Ausscheiden aus dem Militärdienst
1. 7.1897	Legationssekretär, B Paris, kommissarische Beschäftigung, DA 10.7., bis 23.10.
15.10.1897	B Wien, DA 25.10., bis 19.4.1901, 30.4. bis 20.5.1900 kommissarische Leitung der G Brüssel
4. 4.1900	3. Sekretär
3. 8.1900	2. Sekretär
25. 3.1901	B Paris, 2. Sekretär, DA 21.4., bis 23.12.
20.11.1901	B St. Petersburg, 2. Sekretär, DA 2.1.1902, bis 22.7.1905
25. 9.1904	Charakter als Legationsrat

23. 6.1905	B Madrid, 1. Sekretär (Botschaftsrat), DA 31.7., bis 20.4.1906
9. 4.1906	B London, 1. Sekretär (Botschaftsrat), DA 28.4., bis 9.12.1908
29.11.1908	AA, DA 10.12., Abt. IA (Politik), Wahrnehmung der Aufgaben eines Vortragenden Rates
22. 3.1909	Wirklicher Legationsrat und Vortragender Rat
12.11.1910	Geheimer Legationsrat
5. 5.1911	Titel und Rang eines außerordentlichen Gesandten und bevollmächtigten Ministers
6. 5.1911	Dirigent der Abt. IA (Politik)
22.11.1916	Unterstaatssekretär, Charakter als Wirklicher Geheimer Legationsrat, Übernahme der Geschäfte 24.11., Geschäftsbereich seit 30.11. Abt. IA (Politik), Abt. IV (Nachrichten) und Hofref.
7.12.1916	Mitglied und Stellvertretender Vorsitzender der Prüfungskommission für das Diplomatische Examen
7.12.1916	zugleich Stellvertretender preuß. Bevollmächtigter zum Bundesrat
15. 9.1918	Charakter als Wirklicher Geheimer Rat mit dem Prädikat Exzellenz
7.12.1918	Versetzung in den einstweiligen Ruhestand
31.10.1919	Versetzung in den Ruhestand

Gesellschafter der Gebrüder Stumm GmbH, Mitglied bzw. Vorsitzender verschiedener Aufsichtsräte der Montan- und Chemieindustrie.

Südhof, Hermann

* 16. 6.1882 Achmer/Bramsche
† 7.10.1955 Bad Soden/Taunus

ev.

Eltern: Hermann Tebbe-S., Landwirt; Johanne geb. Hellmich

∞ 27.12.1917 Martha geb. Riebenstahl (Vater: Kaufmann)

Kinder: Johanne (7.11.1918), Margarete (10.3.1920), Heinrich (22.3.1921)

Präparandenanstalt in Melle – 1902 1. Volksschullehrerprüfung; seit 1902 im preuß. Volksschuldienst, später im preuß. Fach- und Fortbildungsschuldienst, dann im preuß. höheren Schuldienst – 1904 2. Volksschullehrerprüfung, 1909 Mittelschullehrerprüfung; Studium an der Handelshochschule Berlin – 1911 Diplomhandelslehrerprüfung; Studium in Berlin und Greifswald: Philosophische Fakultät –

14.5.1914 Dr.phil., 1914 Prüfung für das Höhere Lehramt; 1904 und 1917 Lehrer, zuletzt Direktor an der Deutschen Schule in Constanza und der Deutschen Oberrealschule in Bukarest, 1917 Studienrat in Berlin, 1921 Regierungs- und Gewerbeschulrat am brandenburgischen Provinzialschulkollegium in Berlin, Abt. III (Fach- und Fortbildungsschulwesen).

2.1922	AA, nebenberufliche kommissarische Tätigkeit
22. 3.1922	AA, DA 1.4., Abt. VI (Kultur), Leitung des Ref. B I/Dt. Schulwesen im Ausland, sowie das übrige Bildungswesen (mit Ausnahme der Hochschulen)
9. 7.1923	Legationsrat I.Kl.
27.12.1927	Entlassung aus dem Reichsdienst

Dann Ministerialrat im preuß. Ministerium für Handel und Gewerbe.

Literatur:

Hermann Südhof: Beiträge zur Verkehrsgeographie von Rumänien. Binnenschiffahrts- und Seeverkehr. Greifswald 1914; Ernst Brandenburg: The English Clerk. Elementarbuch des gesprochenen und geschriebenen Englisch für kaufmännische Schulen, mit deutschen Übungstücken von Hermann Südhof. Berlin 1925; Hermann Südhof: Gesammelte Aufsätze zur Reform des beruflichen Bildungswesen. Berlin 1934; Otto Boelitz, Hermann Südhof (Hrsg.): Die deutsche Auslandschule. Beiträge zur Erkenntnis ihres Wesens und ihrer Aufgaben. Langensalza, Berlin, Leipzig 1929; Hermann Südhof: Das Berufs- und Fachschulwesen in Deutschland. Entwicklung, Aufbau, Arbeit. Frankfurt/Main 1936; Friedrich Feld, Hermann Südhof: Grundfragen der Erziehung für Beruf und Wirtschaft. Einführende Übersicht über die wirtschaftspädagogischen Hauptprobleme in Theorie und Praxis. Stuttgart 1939; Hermann Südhof: Die geschichtliche Entwicklung der deutschen Berufserziehung, Stuttgart 1939.

Sundermann, Emmy

* 11. 5.1906 Charlottenburg/Berlin

ev.

Eltern: Emil Ortmann, Stellmacher, Polier; Klara geb. Giersberg

∞ 12.5.1941 Dr.phil. Karl-Heinrich S., wissenschaftlicher Oberassistent (Vater: Friedrich-Wilhelm S., Kaufmann)

1925 Abitur; 1925 bis 1934 Studium in Berlin und am Wellesley-College in Wellesley, Massachusetts/USA: Moderne Sprachen, Germanistik, Geschichte, Philosophie – Abschlussexamen; April 1926 bis Jan. 1931 Wissenschaftliche Hilfsarbeiterin am Englischen Seminar der Universität Berlin, 1934 bis 1939 Arbeit an einer Dissertation über brit. Kolonisierungsmethoden, 3.4.1939 bis 31.3.1943 Wissenschaftliche Assistentin und Referentin am Arbeitswissenschaftlichen Institut der DAF.- 1.4.1941 NSDAP.

| 16. 8.1943 | AA, Dienstvertrag als Wissenschaftliche Hilfsarbeiterin, DA 16.8., Kulturpolitische Abt., Ref. H/Haushalts- und Geldangelegenheiten, dann Ref. Soz Wi/Sozial- und Wirtschaftsfragen |

Literatur:

F.M. Rentorff (d.i. Emmy Ortmann); Slums. Englisches Wohnungselend. Berlin 1940 (Schriftenreihe England ohne Maske, Nr. 15).

Supan, Wolfgang

* 19. 3.1909 Wolkersdorf/Weinviertel

gebürtiger österr. Staatsangehöriger

kath.

ledig

1928 Abitur; Studium in Wien: Jura – März 1933 Dr.jur.; Anwaltsassessor in Wien, dann Studienpräfekt der Konsularakademie in Wien, dann Stipendiat in Genf.- 1.4.1933 NSDAP.

| 10. 5.1940 | GK Zagreb, Dienstvertrag als Wissenschaftlicher Hilfsarbeiter, DA 27.5., bis 14.7.1943 |
| 15. 7.1943 | Militärdienst |

Syburg, Friedrich von

* 15.10.1854 Groß-Glogau
† 8. 6.1934 Marburg

ev.

Eltern: August von S., preuß. Offizier; Julie geb. Gaffron

∞ 6.3.1905 Marie geb. Kayser (Vater: Georg Eugen K., Brauereibesitzer)

Kind: Kurt (13.1.1906)

Evangelisches Gymnasium in Groß-Glogau – Ostern 1873 Abitur; 1873 bis 1877 Studium in Berlin und Leipzig: Jura – 15.6.1877 Referendarexamen; 1.4.1874 bis 31.3.1875 Einjährig Freiwilliger, 12.7.1879 Sekonde-Lieutenant d.R.; seit 14.7.1877 im preuß. Justizdienst – 28.3.1883 Assessorexamen.

14.11.1883	Einberufung in den Auswärtigen Dienst (konsularische Laufbahn), AA, DA 19.11., Abt. II (Handelspolitik und Recht)
21. 9.1885	Abt. III (Recht)
7.11.1885	GK Shanghai, Vizekonsul, DA 15.1.1886, bis Ende Juni 1889, 20.5. bis 6.9.1887 kommissarische Leitung des K Canton, zugleich 20.5.1887 bis 2.3.1888 kommissarische Leitung des K Hongkong
27. 4.1889	Konsul in Bombay, Übernahme der Geschäfte 13.10., bis 1.5.1895, 8.5.1891 bis Anfang 1892 Urlaub
8.12.1895	Konsul in Algier, Übernahme der Geschäfte 18.1.1896, bis 29.4.1898, 22.4.1896 bis Ende März 1897 zugleich Vertretung der österr. Interessen
15. 3.1898	Leitung des GK Batavia, Übernahme der Geschäfte 24.8., bis 5.8.1903, 1899 bis 1901 während 22 Monaten zugleich Vertretung der russ. Interessen
30. 7.1899	Generalkonsul
4. 6.1903	Generalkonsul in Yokohama, Übernahme der Geschäfte 21.11., bis Mitte Jan. 1913, 1.3.1909 bis 31.3.1910 Urlaub, währenddessen 1.11.1909 bis 20.1.1910 kommissarische Beschäftigung im AA
30.11.1912	Gesandter in Addis Abeba, Übernahme der Geschäfte 16.4.1913, Übergabe des Beglaubigungsschreibens 20.4., bis 22.6.1920
18. 9.1920	Versetzung in den Ruhestand

Dann Aufenthalt vorwiegend in Nervenheilanstalten in Berlin und Marburg.

Szczesny, Julius

* 18. 9.1819 Seelesen/Ostpreußen
† 7. 8.1888 Charlottenbrunn/Schlesien

ev.-luth.

Eltern: Louis S., Pfarrer; Friederike geb. van Takken

⚭ 20.2.1854 Auguste geb. Schülke (Vater: Regierungsbaukondukteur)

Kind: Victor

Gymnasien in Braunsberg, Rastenburg und Lyck – Abitur; 1840 bis 1845 Studium in Königsberg i.Pr.: Theologie, dann Jura – Auskultatorexamen; seit 1.5.1844 im preuß. Verwaltungsdienst – April/Mai 1845 Regierungsreferendarexamen; 1.10.1844 bis 30.9.1845 Einjährig Freiwilliger; 4.3.1850 bis 1.3.1851 Bürgermeister der Stadt

Culm/Warthe, dann kommissarischer Landrat des Kreises Strasburg/Westpreußen, 17.10.1853 Landrat, seit 30.9.1860 Polizeiverwalter in Eydkuhnen, 27.7.1869 Polizeirat.

30.11.1872	Einberufung in den Auswärtigen Dienst, Konsul in Kowno (Neueinrichtung), Übernahme der Geschäfte 22.1.1873, bis 11.8.1886
4.10.1886	Versetzung in den Ruhestand zum 1.10.